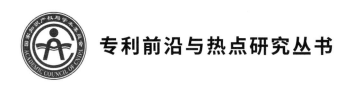
专利前沿与热点研究丛书

通信领域标准必要专利的
必要性检查和授权许可

国家知识产权局学术委员会◎组织编写

知识产权出版社

全国百佳图书出版单位
—北京—

图书在版编目（CIP）数据

通信领域标准必要专利的必要性检查和授权许可/国家知识产权局学术委员会组织编写. —北京：知识产权出版社，2024.1
ISBN 978-7-5130-8942-5

Ⅰ.①通… Ⅱ.①国… Ⅲ.①通信系统—标准体系—专利权法—研究 Ⅳ.①D913.404

中国国家版本馆 CIP 数据核字（2023）第 191817 号

内容提要

本书根据国家战略指引，分别按全球主要国家和地区涉及标准必要专利的行政层面、司法层面以及国内规制情况、产业主体诉求这四条路径，从标准必要专利必要性检查、许可谈判框架、许可费计算三个方向具体展开进行详细研究。期望通过上述方式，探索适合我国国情的标准必要专利必要性检查行政指引，做好标准必要专利许可指南制定的基础研究工作，并为国内创新主体应对标准必要专利定价权谈判和国际诉讼提供支撑。

责任编辑：卢海鹰　王瑞璞	责任校对：王　岩
封面设计：杨杨工作室·张冀	责任印制：刘译文

通信领域标准必要专利的必要性检查和授权许可
国家知识产权局学术委员会　组织编写

出版发行：知识产权出版社 有限责任公司	网　　址：http://www.ipph.cn
社　　址：北京市海淀区气象路 50 号院	邮　　编：100081
责编电话：010-82000860 转 8116	责编邮箱：wangruipu@cnipr.com
发行电话：010-82000860 转 8101/8102	发行传真：010-82000893/82005070/82000270
印　　刷：三河市国英印务有限公司	经　　销：新华书店、各大网上书店及相关专业书店
开　　本：787mm×1092mm　1/16	印　　张：16.5
版　　次：2024 年 1 月第 1 版	印　　次：2024 年 1 月第 1 次印刷
字　　数：368 千字	定　　价：99.00 元

ISBN 978-7-5130-8942-5

编 委 会

主　任：廖　涛

副主任：魏保志　蒋　彤　吴红秀

编　委：张小凤　金　源　孙　琨

前　言

移动通信产业"互联互通"的特点，要求产业链严格遵守国际通信标准，因此争夺标准必要专利（Standard Essential Patent，SEP）是该产业竞争的重要内容。5G 标准必要专利技术方向包括无线资源管理、接入技术、多载波传输、信道编码、核心网，以及下一代接入网。当前 5G 通信标准的 R15、R16 和 R17 都已经冻版完成，R18 标准制定工作正在开展，5G 标准化工作已进入 5G – Advanced 演进阶段。

按照《知识产权强国建设纲要（2021—2035 年）》提出的"推动专利与国际标准制定有效结合"，以及《"十四五"国家知识产权保护和运用规划》提出的"促进技术、专利与标准协同发展，研究制定标准必要专利许可指南，引导创新主体将自主知识产权转化为技术标准"的规划要求，国家知识产权局学术委员会组织力量对通信领域标准必要专利的热点问题开展研究，力求把握通信 5G/5G＋技术及其标准规则发展的重要窗口期，立足全球视野对通信领域标准必要专利相关问题和对策提出建议。

本书分别对全球主要国家和地区关于标准必要专利的行政层面、司法层面以及国内规制情况、产业和主体诉求四条路径进行梳理，从标准必要专利必要性检查、许可谈判框架、许可费计算三个重要方向的争议要点开展研究。其中，在标准必要专利必要性检查中主要聚焦必要性检查对象、必要性检查时机和请求主体、必要性检查的执行主体、必要性检查的机制和流程以及必要性检查的标准和方法；在标准必要专利许可谈判框架中，借鉴国内外行政规定和司法实践，以许可谈判整体流程和每个流程步骤中的诚信认定为基础，以信息披露和保密协议为补充，提出国内外许可谈判框架构建时应当考量的重要因素；在标准必要专利许可费计算中，以许可费基数和许可费计算方法为切入点，从许可费与产业发展关系、专利池许可费计算等方面，提出国内外许可层级和许可费计算方式的主要考虑因素。

本书的顺利出版离不开社会各界一如既往的关心和支持，凝聚着业界的汗水和智慧。希望本书能够为国内业界充分借鉴国外规制经验，更好应对标准必要专利定价权谈判和国际诉讼提供参考。由于研究人员水平有限，书中难免有纰漏之处，所涉及的数据分析和结论建议仅供读者参考。

编委会

2023 年 10 月

课题研究团队

一、项目管理

国家知识产权局专利局：张小凤　王　涛

二、课题组

承 担 单 位：国家知识产权局专利局审查业务管理部
　　　　　　　国家知识产权局专利局通信发明审查部

课题负责人：蒋　彤

课题组组长：张小凤　金　源

课题组成员：蒋　彤　张小凤　金　源　郑晓双　朱　丹　杜永艳
　　　　　　　薛　钰　陈　皓　马莹莹　汪　巍　高巍巍　刘翠杰
　　　　　　　赵慧敏

统 稿 人：张小凤　金　源

三、研究分工

资 料 检 索：陈　皓

调 研 分 析：朱　丹　马莹莹

图 表 制 作：赵慧敏

报 告 执 笔：金　源　郑晓双　朱　丹　杜永艳　薛　钰　陈　皓
　　　　　　　马莹莹　汪　巍　高巍巍　刘翠杰　赵慧敏

报 告 审 校：蒋　彤

四、报告撰稿

马莹莹：主要执笔第 1 章第 1.1 节，参与执笔第 1 章第 1.2 ~ 第 1.3 节、第 2 章第 2.4 节、第 3 章第 3.4 节、第 4 章第 4.4 节

朱　丹：主要执笔第 1 章第 1.2 ~ 1.3 节，参与执笔第 1 章第 1.1 节

薛　钰：主要执笔第 2 章第 2.1.1 ~ 2.1.2 节、第 2.2.4 节、第 2.3.4 节、第 2.4.4 节、第 2.5.4 节

刘翠杰：主要执笔第 2 章第 2.2.1 ~ 2.2.2 节、第 2.3.1 ~ 2.3.2 节、第 2.4.1 ~ 2.4.2 节、第 2.5.1 ~ 2.5.2 节

汪　巍：主要执笔第 2 章第 2.2.3 节、第 2.2.5 节、第 2.3.3 节、第 2.3.5 节、第 2.4.3 节、第 2.4.5 节、第 2.5.3 节、第 2.5.5 节

郑晓双：主要执笔第 2 章第 2.1.3 节，参与执笔第 2 章第 2.2.5 节、第 2.3.5 节、第 2.4.5 节、第 2.5.5 节

杜永艳：主要执笔第 3 章第 3.1 节、第 3.2.3 节、第 3.3.1 节、第 3.3.3 节、第 3.4.2 节

陈　皓：主要执笔第 3 章第 3.2.1 节 ~ 第 3.2.2 节、第 3.3.2 节、第 3.4.1 节，参与执笔第 3.3.1 节

金　源：主要执笔第 4 章第 4.1 节、第 4.2.1 节 ~ 第 4.2.2 节、第 4.3.1 节 ~ 第 4.3.2 节、第 4.4.1 节 ~ 第 4.4.2 节

高巍巍：主要执笔第 4 章第 4.2.3 节、第 4.3.3 节、第 4.4.3 节，参与执笔第 4 章第 4.2.4 节、第 4.3.4 节

赵慧敏：主要执笔第 4 章第 4.2.4 节、第 4.3.4 节、第 4.4.4 节

目　录

第 1 章　绪　论

标准必要专利（Standard Essential Patent，SEP）是指为实施某一技术标准而必须使用的专利，与普通专利相比，其特征是权利要求与标准对应。由于标准的公共属性与专利一定程度的私有属性具有天然的矛盾性，因此在 SEP 的许可和实施过程中容易引发 SEP 专利权人和 SEP 实施人之间的纠纷。为了既激励创新，使新技术贡献者获取应有的回报，又维护正当的竞争秩序，保护 SEP 实施人和社会公众的利益，作为惯例，国际标准化组织（International Organization for Standardization，ISO）都会对 SEP 专利权人的权利进行一些限制，要求 SEP 专利权人对 SEP 实施人作出许可 SEP 的"公平、合理、无歧视"（Fair Reasonable and Non‑Discriminatory，FRAND）承诺。❶

SEP 多见于专利技术集中、标准化程度高的技术领域，随着近年来通信及其垂直领域相关技术的飞速发展，通信标准关系到产业发展和国家战略，各国都将通信标准视为"构筑竞争优势的战略必争地"，相应地，与通信标准相关的 SEP 也成为关注热点。

1.1　通信领域标准必要专利发展概况

世界各国已将 SEP 作为先导，以技术标准来推动国际科技治理。正是因为标准的不可替代性和专利的垄断性，移动通信 5G 专利及音视频编解码 SEP 等正在愈发深刻地影响着相关产业的发展，逐渐成为左右全球市场竞争与创新的重要砝码。

1.1.1　技术实力变化导致产业实体格局变化

进入 4G、5G 时代后，全球声明的 SEP 数量持续增加，同时拥有 SEP 的专利权人变得越来越分散。一方面，实体企业的数量在增加，尤其是我国通信企业的发展更是一枝独秀，先后崛起了华为、中兴公司等网络设备厂商，也涌现出荣耀、OPPO、小米、TCL、联想公司等手机终端厂商，我国已逐渐成为通信终端的制造中心和主要销售市场。随着这些新兴企业的生产规模不断扩大和销售数量不断增加，并且十分重视知识产权保护，这些企业所拥有的 SEP 数量也不断增加。另一方面，仅以专利对外授权许可作为经营模式的非专利实施主体（Non‑Practicing Entities，NPE）的数量亦不断增加。诺基亚、爱立信等传统专利权人纷纷脱实向虚，全面剥离手机终端业务，欧美市

---

❶ 美国称为合理、无歧视（Reasonable and Non‑Discriminatory，RAND）原则。

场孕育出持有大量 SEP 的 NPE，将 SEP 许可作为主营业务，如美国交互数字（IDC）、高智发明（IV）、维睿格（Vringo）、无线星球（UP）等公司。在这种环境下，SEP 授权许可谈判及授权许可模式变得多样化、复杂化，由此带来的 SEP 纠纷亦呈现复杂化的趋势。

截至 2022 年 2 月 25 日，❶ 全球共声明 5G SEP 217 749 项，涉及46 879个专利族。❷ 图 1-1-1 为 5G SEP 主要来源国及地区分布，其中，中国（18 728族，39.95%）、美国（16 206族，34.57%）分列前两位，韩国（4 293族）、日本（3 736族）和欧洲（1 833族）分列第三至五位。

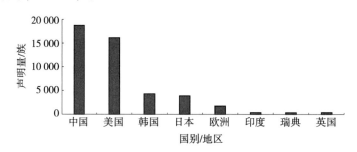

图 1-1-1　5G SEP 主要来源国及地区分布

1.1.2　专利权人与实施人两大阵营冲突不断加剧

在 2G、3G 时代，以摩托罗拉、诺基亚、爱立信、西门子公司为代表的传统通信厂商既作为 SEP 专利权人手握大量 SEP，也是重要的 SEP 实施人，交叉许可是业界主要的许可方式，彼此制约相互平衡。但在 4G、5G 时代，SEP 专利权人和 SEP 实施人因主营业务的不同，形成了立场截然相反的两个阵营。一方面，部分代表专利权人的 NPE 倾向采取激进的谈判策略，将 SEP 侵权诉讼及禁令作为撬动许可谈判的杠杆；另一方面，代表实施人的终端制造企业即使持有一定量的 SEP，却因无法与 NPE 进行交叉许可，处于明显不对等的谈判地位，难以在谈判中获得专利权人承诺过的 FRAND 许可条件。因此，这一阶段围绕 SEP，全球主要司法辖区掀起大量平行诉讼。

经统计，2000 年之后全球具有代表性的 107 件 SEP 诉讼案件中，涉及"禁令"的案件最多，其次为"费率纠纷""侵权纠纷"等，诉讼地集中于德国，其次为美国、英国和中国（见图 1-1-2）。

---

❶ 研究数据选取 IPlytics 数据库中欧洲电信标准化协会（ETSI）涉及 5G 的标准协议。
❷ 专利族是指具有相同优先权的在不同国家或国际组织多次申请、公布或批准的内容相同或基本相同的一组专利文献。

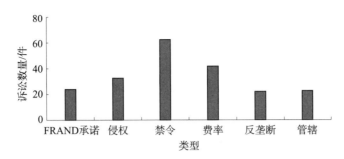

图 1 - 1 - 2 全球 SEP 诉讼案件类型分布

1.1.3 通信领域主要标准化组织的标准必要专利政策特点

作为 SEP 问题的政策基础，标准化组织的 SEP 政策、披露和声明规定、许可范围、解释条款与 SEP 必要性、许可层级、费率计算等焦点问题密切相关，通过比较主要国际标准化组织欧洲电信标准化协会 (European Telecommunications Standards Institute, ETSI)❶ 和美国电气和电子工程师协会 (Institute of Electrical and Electronics Engineers, IEEE)❷ 的相关政策规定，可以发现以下特点。

（1）FRAND 原则的宽松性质及其影响

FRAND 原则虽然是通信领域主要标准化组织的通用许可原则，但是没有哪个组织对"公平、合理、无歧视"给出进一步解释，因此 FRAND 原则在各大标准化组织中是较为宽泛的原则性条款。ETSI 和 IEEE 的知识产权政策声明均表明了其在知识产权事务上的态度，即标准化组织的工作重点在标准制定、技术推进上，而对具体的知识产权事务，则不作过多的规范和管理，例如两者都不对声明的潜在 SEP 进行必要性、有效性的检查，对双方该如何谈判，也不作过多规范和干预，也不负责争议的解决。

实践中，FRAND 原则的这种宽松模糊性让 SEP 侵权与救济法律纠纷的解决思路存在不确定性，也是近年来专利权人和实施人利益冲突日趋严重的原因之一。专利权人可能利用这种模糊的条款索取高额的费用，提高产品生产成本和价格，增加消费者负担；实施人也可能利用条款的模糊性，实施一些拖延策略以尽量降低 SEP 费用。各国司法部门和行政部门都在依照自身法律体系，对 FRAND 原则进行解释并根据解释作出司法判决和出台行政指引。

（2）标准化组织政策的差异

关于许可层级，IEEE 明确提到可以根据最小可销售合规实施❸进行许可，而 ETSI

---

❶ ANNEX 6：ETSI Intellectual Property Rights Policy [EB/OL]. [2022 - 11 - 12]. https：//www. etsi. org/images/files/IPR/esti - ipr - policy. pdf.

❷ IEEE SA Standards Board Bylaws [EB/OL]. [2022 - 11 - 12]. https：//standards. ieee. org/about/policies/bylaws/.

❸ 也称作最小可销售专利实施单元（SSPPU）。

对许可层级规定较为模糊，业界对于 ETSI 政策中的许可层级也存在争议。❶ 关于许可谈判、禁令的规定，IEEE 在平衡实施人和专利权人双方利益方面走得更远，虽然没有对具体谈判流程和步骤进行规定，但是对谈判原则以及基本的行为进行了善意与非善意的区分。在禁令方面，ETSI 未涉及禁令相关规定，暗示着 ETSI 认为 SEP 对禁令的申请不应当与普通专利的禁令救济有所区别，而 IEEE 对 SEP 禁令的申请进行了一定程度的规制，这样做的目的主要是防止专利权人利用标准化所取得的市场力量无限扩张其权利。

表 1 - 1 - 1   主要标准化组织知识产权政策对比

标准化组织	有无披露义务/性质	披露时间	许可条款
ITU/ISO/IEC❷	有/鼓励性	从一开始	RAND 或 RF
ETSI	有/鼓励性	及时	FRAND
IEEE	有/鼓励性	标准批准前	RAND、RF、NA（可选）公开最大费率

1.2   我国通信领域标准必要专利面临的问题和挑战

近年来，5G SEP 成为美国、英国、欧盟、日本、韩国等主要经济体重点关注的问题，SEP 定价权争夺激烈。随着中国智能终端产业的升级以及消费市场的不断成长，中国很难在通信、音视频等相关 SEP 定价权的争夺中独善其身，面临着内外双重压力和多方挑战，值得研究和关注。

1.2.1   标准必要专利定价权事关我国通信产业历史机遇的把握

一个合理的 SEP 定价区间，对于相关终端市场的活跃和繁荣，对于标准化的推广和实施，都有至关重要的意义。公开数据显示，2021 年中国的通信终端厂商制造、销售了全球 48% 的智能手机；与此同时，中国消费者购买了全球 1/4 的智能手机。而在中国智能手机市场中，中国手机厂商已经拥有 70% 以上的市场份额，❸ 但与美国苹果公司相比利润却十分微薄。有关数据显示，在 2020 年前后，国产智能手机在国内的市场份额超过了 67%，却只分享了 17% 的利润，而苹果手机在国内市场份额仅为 13%，却

---

❶ ETSI 前总干事 Karl Heinz Rosenbrock 在文章 *Why the ETSI IPR Policy Requires Licensing to All* 中提出，ETSI 的知识产权（IPR）政策并不排除组件级许可，而参与 ETSI 知识产权政策起草的知识产权专家 Bertram Huber 则持相反观点，认为 ETSI 并无进行组件级许可的意图，而是遵循了终端级许可的行业惯例。

❷ 国际电信联盟（International Telecommunicaiton Union，ITU）和国际电工委员会（International Electrotechnical Commission，IEC）。

❸ 中国智能手机断崖式下跌产生蝴蝶效应，高通芯片前景堪忧 [EB/OL]. (2022 - 08 - 07) [2022 - 11 - 13]. https://finance.sina.com.cn/cj/2022 - 08 - 07/doc - imizmscv5188509.shtml.

获得了超过 66% 的利润。从全球智能手机市场的利润分配来看，国产智能手机的利润率很多不足 10%。❶ 全球智能手机厂商市场占有率的起伏可以反映出市场的偏好变化及中国智能高端制造业的兴起，利润分配不均折射出的或许是中国智能手机的品牌力和核心竞争力与世界顶尖水平仍有差距，但是，中国智能手机产业利润率不足 10% 的事实可以给 SEP 定价区间提供最直接的启示。

随着 5G 技术的发展和 5G 标准的推广，针对 5G SEP 许可收费的诉讼和事件频发，除了爱立信与苹果、诺基亚与 OPPO 公司之间轰轰烈烈的全球平行诉讼外，全球主要 SEP 专利权人也纷纷发布了其自身拥有的 5G SEP 组合的收费标准，费用从每台手机 1.2 美元到 20 美元不等（基于手机售价）。综合分析这些专利权人公开发布的费率，今后每售出一台 5G 手机，就要支付售价的 40% 给全球通信 SEP 专利权人（音视频领域 SEP 另行收费，且没有行业累积费率），这显然不是一个理性、可持续的 SEP 定价区间。一个合理的 SEP 定价区间绝不能超出市场和产业所能负担的最大承载值，也绝不能超出它对产品组件的最大实际贡献，否则极有可能导致市场的萧条和行业的凋零，而且会使中国再次错失手机制造产业升级换代的历史机遇。

表 1 - 2 - 1　5G 许可费率❷

公司	公布时间	手持终端	
		SEP	**ALL（所有专利）**
爱立信	2017 年 3 月	高端：5 美元/部 低端：2.5 美元/部	
高通	2017 年 11 月	单模：2.275% 多模：3.25%	单模：4% 多模：5%
诺基亚	2018 年 8 月	不超过 3 欧元/部	
InterDigital	2020 年 1 月	不超过 0.6%（0.36 ~ 1.2 美元）	
华为	2021 年 3 月	不超过 2.5 美元/部	

1.2.2 "行政 + 司法"话语权争夺激烈，我国需要提升国际影响力

1.2.2.1 世界主要法域的政治实体频繁发布行政政策，持续输出影响力

世界主要法域的政治实体，包括美国、英国、欧盟、日本、韩国等，都不吝于参与 SEP 许可框架的规则制定权的激烈竞争，纷纷出台了既相似又有强烈地域色彩的 SEP 政策。这些政策既反映了创新大国在标准制定和实施过程中不甘示弱、持续输出

---

❶ 中国手机厂商利润低得可怜，国内市场份额过半，利润仅 10%［EB/OL］.（2021 - 04 - 27）［2023 - 07 - 01］. https：//t. cj. sina. com. cn/articles/view/1863275165/6fof529d01900rs1d？autocallup = no&isfromsina = no.
❷ 5G + 产业标准必要专利发展最新态势（2021 年）［EB/OL］.（2021 - 12 - 31）［2022 - 11 - 17］. http：//www. caict. ac. cn/kxyj/9wfb/ztbg/202112/p020211227580474617527. pdf.

影响力的态势，也深刻反映了这些国家和地区 SEP 相关产业自身的需求和驱动。

（1）美国在专利权人和实施人利益之间回摆，适时调整标准必要专利政策

自 2013 年以来，美国先后出台了大量有关 SEP 和创新政策的文件，在国家层面将 SEP 技术标准作为确保美国领先地位，实现全球治理的重要工具。相关政策主要包括 2013 年、2019 年、2021 年先后发布的三份行政政策声明或草案，以及 2015 年、2019 年和 2021 年先后发布的三版针对 IEEE 的知识产权政策商业评估函，其政策导向性各有不同，关注重点均为自愿受 FRAND 承诺约束的 SEP 的救济措施，同时对 SEP 许可费率计算基准进行了说明。在 2021 年的政策声明（草案）中，同时增加了对 SEP 许可谈判流程的相关规范。

十年间，美国对 SEP 纠纷中禁令救济的使用、许可费率计算基准等经历了一个反复的过程，比如针对 SEP 专利权人是否可以在专利诉讼中申请禁令救济这一问题，美国政府就体现出前后截然不同的态度。2019 年 12 月发布的对自愿受 F/RAND 承诺约束的标准必要专利的救济措施的政策声明❶明确 SEP 专利权人可以在专利诉讼中申请禁令救济，但在 2021 年 7 月的政策声明（草案）中，拜登政府意图限制 SEP 专利权人申请禁令救济的权利。另外，美国联邦贸易委员会（FTC）在四年前就对高通"无许可无芯片"的 SEP 许可模式发起了反垄断诉讼，并获得司法支持。但近期，美国的司法部、能源部、国防部等多个政府部门均明确表示应保护以高通公司为代表的 5G 通信企业，于是美国联邦第九巡回上诉法院最终支持了高通公司的诉求，FTC 也表示放弃对高通公司的反垄断诉讼。

显然，从专利权人利益保护到实施人利益保护的重心调整，背后的部分原因在于美国高科技企业市场角色的转变。随着中国科技企业的崛起，特别是中国科技企业在 5G 标准中开始掌握话语权，美国部分市场主体开始由 SEP 专利权人转变为 SEP 实施人。在这种情况下，美国的态度是适时调整知识产权政策，以应对国际竞争新态势。

（2）欧盟以提高标准必要专利透明度为重点，积极构建并推广全球 SEP 许可框架

无独有偶，欧盟也早在 2013 年起就开始了 SEP 政策的研究和制定，其推出的一系列政策文件包括：2017 年标准必要专利的欧盟方案❷、2020 年知识产权行动计划❸、

---

❶ UNITED STATES DEPARTMENT OF JUSTICE, UNITED STATES PATENT & TRADEMARK OFFICE, NATIONAL INSTITUTE OF STANDARDS AND TECHNOLOGY（NIST）. Policy Statement on Remedies for Standards – Essential Patents Subject to Voluntary F/Rand Commitments［EB/OL］.（2019 – 12 – 19）［2022 – 11 – 18］. https：//www. uspto. gov/sites/default/files/documents/SEP%20policy%20statement%20signed. pdf.

❷ EUROPEAN COMMISSION. Communication From the Commission to the European Parliament, The Council and the European Economic and Social Committee, Setting Out the EU Approach to Standard Essential Patent［EB/OL］.（2017 – 11 – 29）［2022 – 11 – 18］. https：//ec. europa. eu/docsroom/documents/26583/attachments/1/translations/en/renditions/native.

❸ EUROPEAN COMMISSION. Communication From the Commission to the European Parliament, The Council, The European Economic and Social Committee and the Committee of the Regions, Making the most of the EU's innovative potential An intellectual property action plan to support the EU's recovery and resilience［EB/OL］.（2020 – 11 – 25）［2022 – 11 – 18］. https：//eur – lex. europa. eu/legal – content/EN/TXT/PDF/? uri = CELEX：52020DC0760&from = EN.

2021 年标准必要专利评估和许可报告❶，以及 2022 年知识产权——标准必要专利新框架征求意见草案❷等。这些文件对 SEP 所涉及的一系列核心问题，例如 FRAND 许可原则、专利披露透明度、SEP 信息分享机制等问题均进行了澄清。欧洲的 SEP 许可框架已基本成形。

在 2022 年 SEP 新框架的征求意见稿中，欧盟认为有效的知识产权框架应在鼓励创新和不阻碍公司获得知识产权（即垄断行为）之间取得平衡。欧盟认为，产生 SEP 纠纷的主要原因是：①SEP 的透明度和可预测性不足；②FRAND 条款和条件的不确定性；③执法成本高，执法效率低。

针对上述问题，欧盟提出了三大政策支柱，如图 1-2-1 所示。

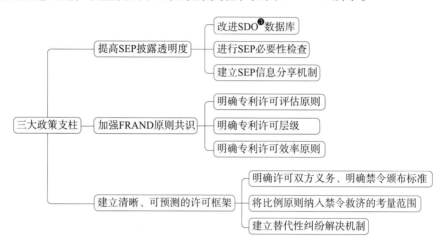

图 1-2-1　欧盟新框架三大政策支柱及具体举措

欧盟曾试图将欧洲专利局（EPO）打造成为评估 SEP 必要性的权威机构，从源头上掌握 SEP 定价权。2020 年 11 月，欧盟提出有必要建立独立的第三方必要性检查制度，以提高法律确定性。2021 年 1 月，欧盟专家组再次指出应成立独立机构对 SEP 开展评估，鼓励专利权人在标准报批前开展专利必要性评估工作并允许实施人对必要性提出疑问。2021 年 9 月，欧盟通过的草案中指出 EPO 将是该必要性评估机构的较佳选择。

但欧盟在最后阶段选择成立以欧盟知识产权局（EUIPO）为中心的能力中心。由于 EUIPO 是欧洲负责审查商标和外观设计的机构，其审查范围不涉及专利，该方案一经披露，公众就 EUIPO 的胜任能力提出了质疑。后续需持续关注欧盟的能力中心如何

---

❶　Group of Experts on Licensing and Valuation of Standard Essential Patents "SEPs Expert Group" (E03600). Contribution to the Debate on SEPs [EB/OL]. (2021-01-31) [2022-11-19]. https：//www. pagewhite. com/images/content/SEPs_Expert_Group_Contribution_to_the_Debate_on_SEPs. pdf.

❷　欧盟委员会关于"知识产权——标准必要专利新框架"征求意见的通知 [EB/OL]. [2022-11-19]. http：//img. ppac. org. cn/attachments/2022/03/16467004851f7038eb1712bd6c. pdf.

❸　标准开发与发展组织（Standards Developing/Development Organization，SDO）。

008 | 通信领域标准必要专利的必要性检查和授权许可

开展必要性检查和欧盟致力改善 SEP 透明性的其他机制。

（3）日本努力营造 SEP 许可环境，对外展示平衡专利权人和实施人的中立立场

日本特许厅（JPO）积极参与 SEP 的规则制定。自 2018 年以来，日本特许厅共发布了两版标准必要专利许可谈判指南以及两版标准必要专利必要性判定咨询意见手册。同时，日本特许厅积极承担 SEP 必要性检查服务。一方面，日本出台的指引对于如何判定专利是 SEP，形成了完整的判断程序和判断方法，并首次明确提出"虚拟产品对象"的概念，对于完善 SEP 必要性判定方法具有重要的借鉴意义。另一方面，日本经济产业省（METI）也高度重视 SEP 问题。2020 年之后，日本经济产业省发布了包括标准必要专利许可环境研究组中期报告、与标准必要专利许可相关的诚实谈判指南（以下简称"诚实谈判指南"）❶ 和多组件产品标准必要专利的合理价值计算指南❷在内的多份政策或报告。

日本知识产权战略总部发布的"知识产权推进计划 2021"❸ 可以反映出日本对于 SEP 的政策导向，其认为：日本企业在获取包括 5G 技术在内的 SEP 的竞赛中相对落后，企业需要提高其作为 SEP 专利权人的地位以增强竞争力，日本必须参与制定 SEP 规则才能获得全球的主动权和代表权，向全球展示出平衡专利权人和实施人意见的中立立场。

（4）韩国积极发布标准必要专利相关指南以提升国内专利竞争力

韩国知识产权局（KIPO）同样重视在 SEP 问题上持续发挥规则指引作用，但主要是针对韩国企业、大学等申请人，更多的是进行标准、专利等应用的普及推广，已分别于 2016 年和 2021 年发布了两版标准必要专利指南❹。并且，韩国知识产权局于 2020 年发布了标准专利纠纷应对指南❺，目的是为在标准专利纠纷方面缺乏经验的公司在应对 SEP 纠纷时提供实用指南。

1.2.2.2　不同司法辖区博弈激烈，企图打造诉讼优选地占据主动

不同司法辖区的司法规则博弈越来越激烈，英国、德国法院通过激进的司法实践和判例吸引 SEP 专利权人掀起战火，打造诉讼优选地的企图十分明显。同时域外反禁

---

❶ METI's "Good Faith Negotiation Guidelines for Standard Essential Patent Licenses" [EB/OL]. (2022 - 11 - 11) [2022 - 11 - 19]. https：//www. worldipreview. com/contributed - article/meti - s - good - faith - negotiation - guidelines - for - standard - essential - patent - licenses #：~：text = METI% E2% 80% 99s% 20% E2% 80% 98Good% 20Faith% 20Negotiation% 20Guidelines% 20for% 20Standard% 20Essential，refuses% 20the% 20offer% 20proposed% 20at% 20STEP% 203%29%20%5BImplementer%5D.

❷ 经済産業省. マルチコンポーネント製品に係る標準必須特許の フェアバリューの算定に関する考え方 [EB/OL]. (2020 - 04 - 21) [2022 - 11 - 19]. https：//www. meti. go. jp/policy/mono_info_service/mono/smart_mono/sep/200421sep_fairvalue_hp. pdf.

❸ 知的財産戦略本部. 知的財産推進計画 2021（案）[EB/OL]. [2022 - 11 - 19]. https：//www. kantei. go. jp/jp/singi/titeki2/210713/siryou2. pdf.

❹ 韩国特许厅发布韩国标准必要专利指南 2.0 [EB/OL]. [2022 - 11 - 19]. http：//www. acpaa. cn/upload/file/202205/ba7e1103 - bc13 - 427e - ab61 - 67134adfd810. pdf.

❺ 韩国知识产权局. 표준특허（Standard Essential Patent）분쟁대응 가이드 [EB/OL]. [2022 - 11 - 19]. https：//www. ip - navi. or. kr/precedent/fileDownload. navi? file_code = STRATEGY201902.

诉令的颁发也愈加频繁，现有域外法院对禁诉令/反禁诉令相关规则的调整，将给 SEP FRAND 许可谈判已经达成的共识增加较大的变数。❶

（1）英国法院通过裁定全球许可费率并配合适用禁诉令制度，干扰他国司法管辖

英国法院在个案中不断强化其全球 SEP 许可费率裁决的主导权。通过先前的无线星球诉华为案（*UP VS. HW*）、康文森诉华为与中兴案中，英国法院逐步确立起专利权人单方请求裁决全球 FRAND 费率、禁令颁发与全球费率挂钩的 FRAND 禁令模式，这使得英国法院成为裁决 SEP 纠纷案件的热门司法辖区。近期的司法判决进一步凸显出英国法院强化司法管辖主导权，继续贯彻推进 FRAND 禁令模式的司法态度，或将加剧各国司法管辖权的冲突。

（2）德国通过放宽禁令发放尺度，以快制慢打造诉讼优选地

在德国，随着以汽车厂商为代表的产业阵营不断推动，该国通过专利法改革来回应 SEP 所涉及利益平衡问题。针对专利权人最本质的禁令救济条件这一核心问题，德国于 2021 年 6 月通过的专利法改革法案明确了比例原则的适用，试图在禁令的发放尺度上给予实施人一定倾斜空间，将"专利权人请求停止侵害中的利益、请求停止侵权的经济效果、复杂产品、第三方利益"等因素都纳入了予以禁令救济的考量范围。这一改革法案主要是为了应对德国汽车企业在车联网环境下的专利纠纷问题，具有积极保护本国汽车产业的政治色彩。但该修订表述过于含糊，目前还没有法院判例支持这一原则的践行，实施人在德国依旧面临着被快速下达禁令的风险。一旦法院下达禁令，专利权人不必等到二审判决，即可以通过提交低额度的担保金额快速执行一审禁令判决，这给实施人带来了巨大的市场和规则的双重压力。

同时，在近期的平行诉讼案件中，德国法院对中国法院也进行了全方位的挑战。如在 OPPO 和夏普诉讼案中，在广东省深圳市中级人民法院发出"禁诉令"后 7 小时，德国慕尼黑第一地区法院即向 OPPO 下达了"反禁诉令"，要求 OPPO 向中国法院申请撤回禁诉令。

1.2.2.3 我国标准必要专利治理研究亟待加速，以期在重要窗口期争夺话语权

近年来，党中央和政府已经越来越重视 SEP 治理问题，也通过一系列纲要和规划在宏观战略指导层面进行了部署，但相比其他主要国家和地区，我国在 SEP 行政政策方面起步较晚，鲜少正式发布在 SEP 和 FRAND 承诺方面的具体主张，比如 2013 年《国家标准涉及专利的管理规定（暂行）》❷ 首次引入 FRAND 原则，但未作出详细规定。目前，仍然主要依靠司法裁决向外界传递我国的立场。

2012 年，《最高人民法院关于充分发挥审判职能作用为深化科技体制改革和加快国

---

❶ 5G + 产业标准必要专利发展最新态势（2021 年）[EB/OL].（2021 − 12 − 31）[2022 − 11 − 17]. http：//www. caict. ac. cn/kxyj/9wfb/ztbg/202112/p020211227580474617527. pdf.

❷ 国家标准涉及专利的管理规定（暂行）[EB/OL].［2022 − 11 − 17］. https：//www. waizi. org. cn/doc/90451. html.

家创新体系建设提供司法保障的意见》❶ 印发；2016 年，《最高人民法院关于审理侵犯专利权纠纷案件应用法律若干问题的解释（二）》❷ 明确 SEP 专利权人的 FRAND 义务影响到侵权判定，并完善了对 FRAND 许可费进行司法干预的法律基础。2017 年，北京市高级人民法院发布《专利侵权判定指南（2017）》❸。2018 年广东省高级人民法院出台国内首个《关于审理标准必要专利纠纷案件的工作指引（试行）》，明确了审判工作中 SEP 审理的基本问题，对许可费计算方法进行了探索。

与此同时，在标准化组织与评估机构层面，我国部分标准化组织正对其 SEP 知识产权政策展开修订，于 2022 年 9 月发布了《汽车行业标准必要专利许可指引（2022版）》❹。在执法层面，SEP 专利权人的专利权滥用行为被纳入监管机构的重点监管范畴。中国监管机构也一直重视对 SEP 专利权利滥用行为的规制，包括此前对 IDC、高通公司等专利权人滥用 SEP 行为的调查等。2020 年 11 月，《关于禁止滥用知识产权排除、限制竞争行为的规定（2020 年修订版）》❺ 正式发布，其中明确经营者滥用知识产权，排除、限制竞争的行为，包括搭售、附加不合理限制条件、差别待遇等，适用《反垄断法》进行规制。2023 年 6 月 30 日，国家市场监管总局发布了《关于标准必要专利领域的反垄断指南（征求意见稿）》❻。

我国亟须立足于国内产业和行业需求，制定执行层面的系统性指引，在 SEP 规则的关键较量中，一方面提高我国 SEP 竞争力，向外界传达我国的立场观点，另一方面，也要对创新主体尤其是在国际谈判中经验欠缺的企业或中小企业进行引导和支持。

1.2.3 我国标准必要专利问题备受瞩目，应对风险能力仍显不足

1.2.3.1 我国成为标准必要专利诉讼高发地，焦点问题争议不断

通过梳理主要国家和地区的 SEP 诉讼案件分布情况，可以看出，中国已经成为继德国、美国、英国之后的诉讼高发地（见图 1 - 2 - 2）。

近年来，SEP 诉讼案件争议焦点从 FRAND 许可费率的确定、侵权禁令救济的颁发、SEP 专利权人滥用市场支配地位的认定等实体法层面逐渐延伸至以全球许可费率的裁判和禁诉令的颁发为代表的程序法层面。中国作为新兴的高科技阵地与市场，从被裹挟加入者变成积极参与者，SEP 诉讼案件涉及的焦点问题分布也愈发广泛（见图

---

❶ 最高人民法院关于充分发挥审判职能作用为深化科技体制改革和加快国家创新体系建设提供司法保障的意见 [EB/OL]. [2022 - 11 - 27]. https：//www. court. gov. cn/fabu/xiangqing/4825. html.

❷ 最高人民法院关于审理侵犯专利权纠纷案件应用法律若干问题的解释（二）[EB/OL]. (2016 - 03 - 22) [2022 - 11 - 27]. https：//www. court. gov. cn/zixun - xiangqing - 18482. html.

❸ 北京市高级人民法院《专利侵权判定指南（2017）》[EB/OL]. (2017 - 04 - 20) [2022 - 11 - 27]. https：//bjgy. bjcourt. gov. cn/article/detail/2017/04/id/2820737. shtml.

❹ 《汽车行业标准必要专利许可指引（2022 版）》发布 [EB/OL]. (2022 - 09 - 13) [2022 - 11 - 27]. http：//www. ppac. org. cn/news/detail - 1 - 424. html.

❺ 关于禁止滥用知识产权排除、限制竞争行为的规定（2020 年修订版）[EB/OL]. (2020 - 11 - 04) [2022 - 11 - 18]. http：//ipisc. ysu. edu. cn/info/1005/1128. htm.

❻ 国家市场监管总局：《关于标准必要专利领域的反垄断指南（征求意见稿）》全文发布 (2023 - 07 - 01) [2023 - 07 - 03]. http：//iprdaily. cn/article_ 34484. html.

1-2-3）。近两年来，更是因中国法院对裁决全球许可费率和颁发具有全球范围效力禁诉令的支持而被广泛关注。

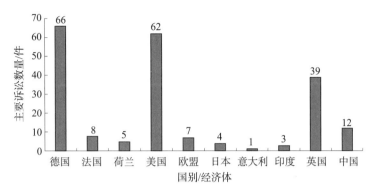

图1-2-2 SEP诉讼案件主要国家及经济体分布

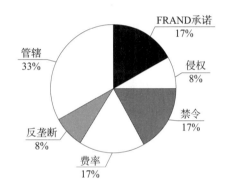

图1-2-3 我国SEP诉讼案件涉及焦点问题分布

虽然我国法院也在各国司法博弈中进行了尝试，最高人民法院通过司法解释的方式明晰了针对SEP颁发禁令的抗辩规则（《最高人民法院关于审理侵犯专利权纠纷案件应用法律若干问题的解释（二）》第24条），通过司法判决的形式明晰了禁诉令颁发要件和审理SEP全球许可条件的管辖要件，地方司法机构也在积极制定与SEP相关的裁判规则，但由于我国法院在SEP案件审理思路及程序设置上尚处于探索阶段，另外，包括欧美国家在内的发达国家法院在焦点问题上也并不统一，也给我国带来了一定风险。

1.2.3.2 我国企业应诉增多，不同主体面临不同困境

（1）我国通信企业成为SEP国际诉讼的主要被诉主体，应诉能力不足

最新数据显示，华为、中兴、OPPO、小米等企业成为世界各地主要SEP诉讼案件的被诉方，如在诺基亚与OPPO的5G许可纠纷中，诺基亚先后在德国、法国、西班牙、俄罗斯、印度、印尼、英国、中国、荷兰等国对OPPO发起数十起诉讼，虽然OPPO也在中国、德国对诺基亚公司发起反制诉讼，但这也能反映出，在SEP全球博弈中，中国企业正面临着不断增加的SEP高额许可费所带来的成本压力、巨大的诉讼压

力以及域外诉讼所带来的禁售压力。大部分国内创新主体基于所处的发展阶段，应诉经验并不充分，面对如此复杂的国际环境甚至国外 NPE 的围追堵截时，无法承受如此重负，需要更加有力的指引和支持。

（2）历史原因导致我国 SEP 专利权人行使权利时面临困境

对于国内创新主体来说，大多属于实施人阵营，同时少量的企业，如华为、中兴公司也作为专利权人，具有一定的国际、国内 SEP 许可谈判和诉讼的经验，并具备了和跨国公司平等竞争的实力。中国作为全球仅有的市场大国和制造基地，其专利的理论价值和内在价值应该是巨大的，但由于特殊历史发展阶段的问题，中国专利巨大的内在价值并未被充分认可，而发达国家经过长期演进形成了完善的知识产权司法体系，在知识产权侵权诉讼中通过高判赔和禁令的实践，已从国家法律的高度认可了知识产权的价值，从而在战略高度维护了本国的长远利益，这就导致我国专利权人在面对西方传统强势实施人行使权利时，往往陷入专利价值被质疑、维权成本巨大等困境。

1.2.3.3 我国标准必要专利国际规则话语权不足，受到外部多方力量钳制

欧盟将近两年备受热议的 SEP 禁诉令争论从国内法提升到了国际法层面，分别在 2021 年 7 月、2022 年 2 月就我国 SEP 案件诉诸世界贸易组织（WTO）争端解决机制，❶ 并且，美国、日本和加拿大等也已经要求加入欧盟在 WTO 就中国在 SEP 问题上有关禁令的做法寻求争端解决机制的磋商。深入分析可知，欧盟意图不仅在于获得相关裁判文书，而是更多聚焦上述判决的法律依据以及未来影响（见表 1-2-2）。

表 1-2-2 欧盟就 SEP 向 WTO 发起诉讼概况

时间	欧盟的诉求	我国的回应
2021 年 7 月	未公开裁判文书，违反《与贸易有关的知识产权协议》（TRIPS）第 63 条第 3 款关于透明度的规定❷；中国法院颁发全球"禁诉令"及"反禁诉令"的法律依据、上述决定被选为"典型案例"的原因及影响、确定全球许可费率管辖权的法律依据等	提供了对方获取判决信息的渠道，说明了判决的影响力，欢迎基于中欧知识产权工作组等双边渠道深入讨论
2022 年 2 月	认为发布禁诉令行为违反了 TRIPS 第 1 条第 1 款、第 28 条第 1 款、第 41 条第 1 款以及中国加入世界贸易组织法律文件《中华人民共和国加入议定书》第 2 条 A 款第 2 项的规定❸	暂未回应

---

❶ 吴征. 欧盟就中国审理 SEP 案件"禁诉令"等问题再次提请 WTO 设立专家组［EB/OL］.（2022-12-12）［2022-12-13］. https：//www.soecc.org.cn/p/web.show/bid-4gjsotqmx9skg.html.

❷ TRIPS 第 63 条第 3 款规定：每一成员应准备就另一成员的书面请求提供第一款所指类型的信息。一成员如有理由认为属知识产权领域的一特定司法裁决、行政裁定或双边协定影响其在本协定项下的权利，也可书面请求为其提供或向其告知此类具体司法裁决、行政裁定或双边协定的足够细节。

❸ 限制或试图限制专利权人行使其专利权、禁止专利权人向非中国法院提起诉讼、阻碍合法贸易、未提供防止滥用执法程序的保障措施，以及未以统一、公正、合理的方式执行《中华人民共和国民事诉讼法》。

中国并不是禁诉令的创新地，实际上在 2020 年以前，中国既没有禁诉令的立法，也没有签发禁诉令的司法实践。自 2020 年 8 月以来，我国法院在康文森对华为、小米对 InterDigital、中兴对康文森、OPPO 对夏普、三星对爱立信案件中出台了禁诉裁定。

欧盟将中方诉至 WTO，随后美国、日本、加拿大等国纷纷声称为贸易利益相关方加入磋商，一方面是由于当前正是 5G 专利许可费最终确定实际征收费率的窗口期，随着中国企业在 5G 技术、标准和专利上的崛起，削弱了西方国家一直对"标准控制"持有的优越感和特权，欧盟作为欧洲专利权人的代表向来自中国的专利实施人施压，同时随着中国在通信领域 5G 标准的贡献增大，以往欧美和日本等的通信强企技术优势逐渐衰退，只有通过打压来阻碍我国技术和经济的快速发展。另一方面，我国在 SEP 问题上长期以来都是西方规则的"追随者"，导致我国企业在以往的国际谈判中处于劣势，当我国开始在 SEP 问题上提出主张时，西方国家担心失去诉讼优选和主导权，因此为我国 SEP 制度的探索和完善增加阻力，来削弱我国在 SEP 问题上的国际话语权。

当然，欧盟、美国、日本、加拿大等诉诸 WTO 争端解决机制仅仅是我国 SEP，尤其是通信领域 SEP 面临巨大国际压力的一个缩影，根据上面的分析可知，其具有深层次的经济因素政治因素，即不愿意看到中国成为事实上的专利权使用费和标准的中心。值得我们警醒和注意的是，在我国 5G 技术和标准发展起来之后，围绕 5G 背后的一系列法律问题，势必成为中国与曾经的技术标准领导者——欧美各国直接正面碰撞的交锋点。

1.3　"中国方案"对策初探

中国在国际舞台上如何参与制定国际规则，拥有更多的话语权和主动权，获得与我国技术发展相匹配的 SEP 全球治理权事关重大，在全球视野中对通信领域 SEP 相关问题和对策进行研究，对全面助力知识产权强国战略，推动我国多个产业升级，引导各产业 SEP 专利权人和实施人公平参与国际竞争都具有十分重要的意义。

1.3.1　三个国内关键因素锚定方向

（1）宏观政策指引要求加强专利与标准协同发展

2021 年 9 月，中共中央、国务院印发《知识产权强国建设纲要（2021—2035 年）》，❶ 提出"完善规制知识产权滥用行为的法律制度""推动专利与国际标准制定有效结合"；2021 年 10 月，中共中央、国务院印发《国家标准化发展纲要》，❷ 提出"完善标准必要专利制度，加强标准制定过程中的知识产权保护，促进创新成果产业化应用""鼓励企业构建技术、专利、标准联动创新体系"等；2021 年 10 月，国务院印发

---

❶　中共中央、国务院印发《知识产权强国建设纲要（2021—2035 年）》［EB/OL］.（2021 - 09 - 23）［2022 - 12 - 10］. https：//www. cnipa. gov. cn/art/2021/9/23/art_2742_170305. html.

❷　国家标准化发展纲要［EB/OL］.［2022 - 12 - 10］. http：//www. catarc. org. cn/upload/202110/25/2021 10251427539900. pdf.

《"十四五"国家知识产权保护和运用规划》❶, 提出"推动在数字经济、智能制造、生命健康、新材料等领域组建产业知识产权联盟, 构筑产业专利池。促进技术、专利与标准协同发展, 研究制定 SEP 许可指南, 引导创新主体将自主知识产权转化为技术标准"。上述政策文件中都要求加强专利和标准的协同发展。

（2）加强知识产权保护, 优化国内营商环境

坚持改革开放是我国的一项基本国策。习近平总书记在党的二十大报告中指出"中国坚持对外开放的基本国策, 坚定奉行互利共赢的开放战略, 不断以中国新发展为世界提供新机遇, 推动建设开放型世界经济, 更好惠及各国人民"。在过去的几十年尤其是党的十八大以来的十年中, 我国矢志不渝地坚持对外开放, 在知识产权领域全面寻求与落实在世界知识产权组织框架下的多边合作, 同时首倡引领、身体力行推动共建"一带一路"高质量发展, 坚定奉行互利共赢的开放战略, 构建开放包容的世界市场, 不断完善知识产权全链条保护, 强化知识产权保护力度, 优化国内营商环境。

（3）我国创新主体多为实施人的基本现状将继续维持

我国通信产业历经 1G 空白、2G 跟随、3G 突破、4G 并跑到 5G 引领这一过程, 以华为、中兴为代表的一部分中国通信企业在国际标准制定舞台上迅速崛起, 以 OPPO、小米等为代表的企业也逐渐加大研发投入, 成为参与标准制定的中坚力量, 但是不可否认的是, 我国绝大多数创新主体, 尤其是与 5G 技术相关联的垂直行业, 例如汽车行业、物联网行业, 仍处在知识产权资产积累阶段, 正处在从被收取专利费的实施人到收取专利费的专利权人这一角色转变的过程中, 知识产权维权实力尚不充分。

基于以上三个关键因素, 一方面, 可以预见, 作为坚持改革开放、优化营商环境的重要一环, 知识产权保护力度、对专利权人权利的保护必将进一步得到加强; 另一方面, 从我国重要创新主体在 SEP 国际博弈体系中的定位可以看出, 我国创新主体依然是实施人占大多数、国外老牌专利权人维权意识强烈且强势维权的现状在未来较长一段时间内将继续维持。因此在当前通信产业面临重要历史发展窗口的情况下, 要探索如何在知识产权强保护的宏观政策中平衡我国产业发展需求, 如何以中国特色知识产权强国的姿态把握全球化的新一轮科技革命浪潮。

1.3.2 三条路径透视 FRAND 原则, 聚焦关键问题

SEP 许可实践中产生的大量问题都可以归因为 FRAND 原则的宽松性、模糊性, 包括双方费率难以达成一致、谈判无法顺利进行、司法诉讼频发等情况, 也正是由于 FRAND 原则的上述特性, 给了各国纷纷出台行政指引、各国法院按照各自对 FRAND 原则的解释进行诉讼裁定的空间和可能性。我国在寻求 SEP 治理方案的过程中也应当以 FRAND 原则为核心, 分析 FRAND 原则在我国法律体系下的内涵和法律适用, 并以此为基础研究如何在行政层面提供助力以有效发挥 FRAND 原则的杠杆作用。

---

❶ "十四五"国家知识产权保护和运用规划 [EB/OL]. [2022 - 12 - 10]. http://www.gov.cn/zhengce/content/2021 - 10/28/content_5647274.htm.

1.3.2.1 聚焦各国行政规制的主要方面

在深入研究分析了美国、欧盟、日本、韩国、英国、德国等主要国家和经济体的 SEP 方案、实施意图之后,总结得出各国的行政政策的主要内容和侧重点(见表 1 - 3 - 1)。一方面在于构建 SEP 许可谈判的 FRAND 框架,FRAND 框架是基础,其中诚信认定、过错认定是需要重点考虑的部分,许可费率是争议的核心;另一方面,SEP 必要性检查是价值认定的关键,是谈判的起点。

表 1 - 3 - 1 主要国家和经济体 SEP 政策内容对比

国家/经济体	政策类型	主要内容	侧重点
美国	多行政部门联合政策声明	禁令救济、谈判流程	原则、框架
欧盟	欧盟政策实施方案及征集意见、欧洲标准化委员会指南	SEP 新框架、必要性检查、许可费率、诚信认定、价值认定	原则、框架
英国	知识产权局征集意见	SEP 规则框架、许可、诉讼	原则、框架
德国	地区法院指南	FRAND 抗辩、禁令救济	
日本	日本特许厅指南及日本经济产业省指南	必要性检查、谈判流程、许可费率、诚信认定、价值认定	主体、流程、内容、方法细节
韩国	韩国知识产权局指南	必要性检查、谈判流程、许可费率	原则、流程、方法
中国	国家标准化管理委员会(以下简称"国标委")和国家知识产权局联合规定、国家市场监督管理总局规定、地方人民法院指南、最高人民法院司法解释	许可费率、诚信认定、价值认定、过错认定	原则、框架

虽然各国/经济体在大多数声明中指明其行政政策不具有法律效力,但是从政策声明发布后实际的 SEP 纠纷诉讼案例来看,上述政策声明仍然影响了具体案例的判决方向。

1.3.2.2 关注全球主要司法诉讼焦点

通过梳理全球具有代表性的 SEP 诉讼案例,禁令、费率、侵权判定等是诉讼的焦点问题。

(1)禁令救济是各国/经济司法博弈的关键点

对比分析美国、欧盟、日本、韩国法院及我国法院对 SEP 禁令救济问题的处理,不难发现其规则构架方式、分析思路和实施效果的不同。如果说 FRAND 承诺是对 SEP 专利权人的约束,那么对实施人的约束就是当实施人拒不接受 SEP 专利权人符合

FRAND承诺的许可条件时，是否向实施人颁发专利权人禁令。禁令对企业的影响是巨大的，其不但会影响企业在全球的商业利益和产品布局，而且可能成为企业打击竞争对手的"利器"。一方面，若不能提供及时且有效的民事救济，如适当情形下的禁令救济，而专利持有人无法就其创新获得合理补偿，这可能会阻止其参与标准制定及未来的创新。另一方面，在SEP中，由于标准具有天然的垄断性，专利权人可能会"劫持"专利实施人，因此，在司法实践中，在SEP语境下，是否应该不附加任何条件即授权具有优势地位的专利权人获得针对侵权的禁令救济？该要点也成为禁令救济的关键争议点。

（2）SEP许可费率为核心问题

根据标准组织的知识产权政策，大多数标准化组织并不负责判断何谓"合理"许可条件，也不介入相关专利许可事宜，而是由专利权人和标准实施人单独就具体的许可条款进行谈判。经过充分谈判双方仍不能就合理的许可条件达成一致意见时，一方或双方可能会提起诉讼并请求法院确定有关SEP的合理许可费。就目前情况而言，围绕司法确定SEP合理许可费的情形、前提、方法等问题产生了一系列的争议。理想状态的FRAND许可费率是综合考虑了SEP价值、产品利润贡献率、市场贡献率、专利研发成本等因素后而量化的一个费率。但从全球来看，尽管FRAND原则已经被各国/经济体普遍接受，但如何理解其内涵，如何根据这一原则计算许可费率，仍缺乏统一的认识。

（3）SEP过度声明对许可费率的影响

根据目前许可费率计算的行业惯例，SEP数量与许可费率的确定具有密切关系，但是由于标准化组织并不对声明SEP进行必要性检查，站在实施人为主体的立场，以不确定必要性且过度声明的SEP作为基础进行费率计算，不仅会压缩我国手机行业的利润空间，也将在很大程度上制约我国自动驾驶、物联网等新兴产业的快速发展。

1.3.2.3 创新主体对"原则具体化"的迫切需求

（1）SEP价值评估之必要性检查

我国创新主体无论作为实施人还是专利权人，对于费率计算中的信息透明度均存在迫切需求，因此为实现FRAND许可费，需要SEP专利权人在符合行业特点和保密前提下披露必要的专利信息，实施人在合理范围内对经营信息保持公开透明，减少因信息不对称造成的不信任，从而使各方对许可市场状态有所了解，提升交易信息的透明度，实现各自在行业竞争中应获得的正当市场利益。

站在实施人为主体的立场，应加强SEP信息透明度，在专利是否为标准技术所"必要"方面，提供相应指导，引导行业健康发展。我国专利行政主管机构也可参考其他行政机关的相关声明，对SEP进行必要性检查，以参与SEP过度声明问题的解决。上述做法的好处是，一方面，利好中国众多企业，有利于中国在SEP上的话语权提升，实现中国在知识产权关键领域拥有定价的"锚"；另一方面，也可以通过SEP的必要性检查来加深授权确权阶段的权利合理性认识，提升源头保护意识，适应高质量发展需要。

（2）SEP 许可谈判框架的特点和价值

SEP 许可关系着专利权人与实施人之间的重大利益，双方基于 FRAND 原则开展的善意谈判有利于快速达成交易、实现商业目标。但是，现有的 SEP 许可生态存在不透明和低效的种种问题，专利权人的权利和市场力量的滥用广为公众关注。为此，各国政府都在启动和构建 SEP 的善意许可谈判框架。欧洲法院形成的"华为 – 中兴"规则和日本经济产业省发布的诚实谈判指南是 SEP 许可谈判框架的先行者，对于促进 SEP 参与者更加高效地达成许可协议，减少不必要的争议与诉讼很有助益。

FRAND 许可谈判框架将直接影响禁令的发放尺度，是 SEP 规则的关键组成部分，也是影响产业实施人命脉的核心问题。建议中国政府相关部门客观看待并适时引导 FRAND 框架的导向。政府相关部门制定的 SEP 许可谈判框架，囿于缺乏个案的法律执行力，在商业互信基础薄弱、市场力量不平衡、产业格局多极化、平行诉讼泛滥的今天，要发挥积极的引导作用，需要成功司法案例的有力支撑，需要与产业、司法部门形成合力，共同打造符合中国产业实际的、有明确示范引导意义的许可谈判框架。

SEP 专利权人在参与标准制定过程中作出 FRAND 承诺，即意味着愿意让渡部分权利促进该标准所涉专利技术的实施。实施人愿意投入产品，实施该通信标准，也意味着拥有接受 FRAND 许可的善意。因此，在 SEP 案件中，禁令的颁发需十分慎重，对于用金钱可以补偿的案例不宜直接颁发禁令，更需特别避免出现类似于德国法院、英国法院倾向于专利权人单侧权利行使的现象。因为在 FRAND 框架下对实施人义务过重，已经出现明显不平等导向，一方面吸引更多的专利权人到英国、德国诉讼，而使英国、德国争先成为专利权人特别是 NPE 在全球发起诉讼的优选地。另一方面也给全球实体产业在实施 SEP 时，带来不可回避且难以救济的困难。

（3）标准必要专利定价权的主导

通过司法实践和行政指引对我国企业的专利进行合理定价和比较，能有效改变西方国家专利价格高、中国专利价格低的旧有定价体系，为 SEP 价值设定合理锚点。历史上高收费的西方国家专利权人将不得不依照该锚点调低许可费，从而实质性降低整个产业的许可费负担。同时，中国专利价值的提升更能为我国企业参与国际竞争提供有力的武器。

符合市场主体认可和商业交易逻辑的许可费计算方法不可能割裂许可费率和许可费基数的对应关系；无论是最小可销售单元（The Smallest Satable Patent Practicing Unit，SSPPU）还是终端收费，都不能脱离 SEP 对许可费基数承载的产品或产品组件的实际贡献。随着物联网产品形态的多样化、消费者对智能手机通信功能的依赖度降低，确有必要重新审视 SEP 的合理价值，而 SEP 的合理价值一定离不开它对于产品组件的实际贡献，也一定不能超过这一产品组件所能承载的许可费上限。

基于产业界的实践，中国作为智能终端、物联网产业的制造中心和主要消费市场，在中国的相关产业需要承担何种水平的许可费用，以及中国的消费者需要分担多大比例的许可成本这两个事务上，是全球 SEP 定价权博弈的关键问题。而面临日益复杂的国际形势，中国的行政主管机关、司法审判部门的主导权依旧是解决上述两个关键问题的重要力量。

1.3.3 思路框架

通过对行政政策分析、司法判决梳理、我国产业和主体诉求分析，在行政层面、司法层面以及国内产业和主体诉求三个层面，并具体到 SEP 必要性检查、许可谈判框架、许可费率计算这三个方面进行详细剖析。

（1）回应对提升透明度的需求，研究必要性检查相应机制

SEP 的"必要性"是平衡专利权人和实施人双方利益的基础，为给出必要性检查的可行性机制，将机制细化为以下五个研究要点：检查对象、检查时机和请求主体、执行主体、检查机制和流程、评估标准。

（2）分析现有许可框架指引构建适用中国的 FRAND 谈判框架

不平衡的 SEP 许可协议都可能是由于 FRAND 谈判过程中的缺陷或"灰色地带"造成的，因而持续讨论的主要目标之一是通过构建更好的 FRAND 谈判框架来解决这些问题。但是，毋庸置疑，FRAND 原则是一个强大的工具，可以在系统层面影响规范，通过将 FRAND 分析集中在意愿要求上，从而促成专利权人和实施人双边谈判框架的确定。目前欧盟、美国、日本在其自身演化的 FRAND/RAND 框架上加快推进了 SEP 治理的步伐，而我们要思考的是，如何将 FRAND 合规性与谈判各方的行为认定联系起来，结合诚信谈判的行为准则判断，划定哪些行为是或不是超出 FRAND 范围来定义框架。

基于以上思路，将许可谈判框架细化为以下研究要点：许可谈判的总体流程（包括侵权通知的发出、许可意愿的表达、FRAND 要约与反要约等）、诚信认定、信息披露和保密协议。

（3）研究费率计算中影响定价权的关键因素

定价权的争夺和费率的确定是专利权人和实施人双方博弈的焦点，尤其在 5G/5G＋技术延伸至垂直行业、新旧规则交替窗口期，通过分析许可费率的关键因素以掌握定价权是本研究的一个重要方面。许可费率可细化为影响因素、许可层级、计算方法以及专利池等要点。

第 2 章　标准必要专利的必要性检查

本章从标准必要专利必要性检查的定义和作用出发，从行政、司法两个层面对标准必要专利必要性检查的五个关键问题进行分析。

2.1　必要性检查概述

2.1.1　定　义

在通信领域，标准是指为在一定范围内获得最佳秩序，经协商一致制定并由公认机构批准，共同使用的和重复使用的一种规范性文件。该领域内普遍认为，如果相关技术标准的实施必须以侵害专利权为前提，则该专利对相关技术标准而言，就是必要的专利。

SEP 是否为实施标准真正必要的专利在其整个生命阶段都会被予以关注，即在相关专利的产生、加入专利池、许可谈判、侵权诉讼、合同诉讼、反垄断诉讼等不同阶段，均有可能涉及对相关专利是否属于真正的标准必要专利的判断，即标准必要专利的必要性检查。

必要性检查可以分为广义的必要性检查和狭义的必要性检查。广义的必要性检查泛指针对标准相关专利进行的全面检查评估，包括专利的有效性（即专利是否授权、是否被无效、是否在有效期内等）、对标性（即专利是否与相应的标准对应）、重要性（即考察标准中的技术方案是何种类型，是必选的、推荐的还是选择使用的等）；而狭义的必要性检查，是指仅检查标准相关专利的对标性，即判断相应标准中的相关内容是否落入标准相关专利的保护范围，通过将专利的保护范围和标准中的相关内容进行对比分析得出必要性检查的结论。

狭义的必要性检查目的明确。从标准角度来讲，需要在相关的标准文本定稿后才有评估价值，但无论标准的文本是草案还是最终版本、类别是选择性还是强制性，只要实施人采用了这一标准文本，这一文本就成为实施人角度上确定的标准文本，其中涉及的专利就应当被定义为标准必要专利；从专利角度来讲，需要声明的相关专利被授予专利权后才有评估的必要，但其还可能经历后续专利运营过程中的专利无效和诉讼的考验；最后从必要性角度来讲，相关专利的技术方案被写入相应标准中，即标准中的相关内容落入了专利的保护范围，才认为满足了必要性的基本要求。本章所研究的必要性检查为狭义的必要性检查，主要检查所声明的有效授权专利是否涵盖了相应标准的技术方案，即判断相应标准中的相关内容是否落入授权专利的保护范围，也可以称为对标性的分析。

2.1.2 作 用

必要性检查作用主要体现在三个方面，即识别真正的标准必要专利，提高标准必要专利市场透明度，合理估算权利人贡献，为标准必要专利定价提供基础数据，以及加快谈判进度，促进标准必要专利纠纷的真正解决。

（1）识别真正的标准必要专利，提高标准必要专利市场透明度

从标准必要专利本身的性质来说，是通过专利的独占权来避免侵权，并据此对外许可以获取商业利润，因而相关的声明专利是否是真正的标准必要专利尤为重要。从理论上来讲，只有真正的标准必要专利才应该收取许可费用，在标准必要专利许可谈判中，相关专利的标准必要性对于许可谈判的走向和许可费率的确定有重大的影响。然而标准的制定并非一蹴而就，需要多方参与和竞争，由于这一现实因素，标准相关的声明专利中普遍存在各专利权人进行过度声明的问题。以第三代移动通信伙伴项目（3GPP）组织下的 5G 相关专利为例，许多专利分析机构都发布了关于标准必要专利的研究报告，❶ 业内普遍认为真正的标准必要专利仅占其声明的全部标准必要专利的 20% ~ 30%，如果不对专利的标准必要性进行检查核实，那么专利实施人可能需要支付不必要的额外许可费。因此为解决目前存在的专利权人可能过度声明的问题，应当通过必要性检查筛选出真正的标准必要专利，从而挤出水分，激发市场活力，为实施人合理估值，也能够提高标准必要专利信息的透明度以引导行业健康发展。

（2）合理估算权利人贡献，为标准必要专利定价提供基础数据

通信领域中的几乎所有的通信产品都离不开其通信所依赖的协议标准，因此，SEP 是移动通信行业所有企业必须面对和遵守的游戏规则，是影响产品成本、市场准入进而影响企业竞争力的重要因素。通信领域内绝大多数产品存在实施 SEP 的问题，近年来，5G 领域相关的 SEP 纠纷也愈演愈烈。由于 SEP 专利权人和实施人立场的不同，两者在 SEP 纠纷中必然持相反的主张，专利权人存在对其所持有的标准必要专利的数量和必要性进行夸大的倾向，而实施人则会尽可能地质疑持有人所持有的标准必要专利的必要性。也就是说，在 SEP 专利权人和实施人进行许可谈判或诉讼过程中，双方都希望 FRAND 许可费率能够符合各自利益，被许可方希望费率尽可能低以降低实施成本，而许可方希望通过将自己的专利技术贡献到标准中去，以此获得一个较为合理的回报，弥补研发成本与风险。而要在许可或诉讼中达成共识，只有确定出专利权人所

---

❶ 东京调研公司 Cyber Creative Institute 的 2013 年报告指出在 ETSI 网站上声明的 3GPP 长期演进技术（LTE）和长期演进技术升级版（LTE - Advanced）标准必要专利仅有约 56% 的专利为真正的标准必要专利；2009 年 Fairfield Resources International 研究机构发布了《对声明为 WCDMA 标准必要专利（截至 2008 年 12 月）的评估》的研究报告，其结论是仅有约 28% 的专利为真正的 WCDMA 标准必要专利；Fairfield Resources International 研究机构雇用技术专家对声明为 GSM 标准必要专利的 561 个专利族评估后，认为只有 27% 属于真正的标准必要专利；博安咨询集团（PA Consulting Group）的分析报告指称声明为 3GPP 标准必要专利中仅有 36% 为真正的标准必要专利，而被声明为 LTE 标准必要专利中仅有 40% 为真正的标准必要专利；Concur IP 的《5G SEP 全景报告》对 1.5 万个专利家族进行了必要性分析，指出具备标准必要性的专利比例为 20%。

第 2 章　标准必要专利的必要性检查 ┃ 021

持相关专利是否为真正的标准必要专利，才能合理估算出专利权人的实际贡献值，这将为确定出合理的许可费率提供基础数据。

（3）加快谈判进度，促进标准必要专利纠纷的真正解决

在专利纠纷中，SEP 的重要作用之一是免去了在侵权认定中将专利的保护范围与涉嫌侵权的产品或方法进行对比的过程。SEP 专利权人可以以标准为链条，举证产品侵犯专利权，即只要证明标准内容落入 SEP 的保护范围，即可初步证明实施该标准的产品侵犯了该 SEP 的专利权，而无须证明产品是否落入 SEP 的范围，避免了非标准必要专利侵权举证难的问题；在 SEP 专利权人完成初步举证之后，如果产品制造商不能提供质疑或反证，就只能接受专利权人的主张。因而执行了相关标准的产品将对真正的标准必要专利构成侵权，即 SEP 专利权人只需证明所持专利是标准必要专利并且涉嫌侵权的产品或方法采用了相关标准，即可初步推定侵权，这一特点使得 SEP 专利权人的举证变得更容易，但前提是 SEP 专利权人要对标准相关的专利进行必要性检查，并得到肯定的结果，即相关专利属于真正的标准必要专利，标准中的相关内容落入专利的保护范围，只有这样，实施标准中相关内容的产品才有可能侵犯该专利的专利权。

在面对 SEP 纠纷时，由于技术、标准跟进等信息的不对等，SEP 实施人经常无暇或无力辨识 SEP 的必要性，导致其在诉讼和许可谈判中处于被动地位。因此，SEP 实施人可以通过行政机构或专业的中立机构进行相关专利的必要性检查（包括专利包的必要性评估或者单件专利的必要性检查），从而得到可靠有效的评估结果，对相关诉讼走向起到决定性作用，才能真正意义上加速与 SEP 专利权人的谈判进度，从而真正解决许可谈判中的矛盾和纠纷。

2.1.3　关键问题

必要性检查的目的是识别真正的标准必要专利，为实现这一目的，需要围绕查什么（检查对象）、谁想查（请求主体和时机）、谁来查（执行主体）和怎么查（检查机制和流程、检查标准和方法）这几个方面进行深入研判。因此，必要性检查需要解决的关键问题主要包括以下五个方面：必要性检查对象、必要性检查时机和请求主体、必要性检查的执行主体、必要性检查的机制和流程以及必要性检查的标准和方法。

（1）必要性检查对象

根据检查目的的不同，必要性检查对象也有所不同，包括针对单件专利的必要性检查和对大数量专利包进行的整体必要性检查。为区分上述不同检查对象的必要性检查，本章将针对大数量的专利包进行的必要性检查，即整体评估，将之定义为专利包的必要性评估。因此必要性检查可以分为针对单件专利的必要性检查和针对专利包的必要性评估。单件专利的必要性检查主要用于给出单件专利是否为标准必要专利的准确结果；而专利包的必要性评估主要用于评估专利包持有人的 SEP 实力，虽然理想情况下获得专利包中每一件专利的准确的必要性检查结果才是最没有争议的，但囿于利益相关者的时间和资源成本，目前通常通过抽样的方式进行专利包的必要性评估。

针对专利包的必要性评估主要用于费率诉讼，目的是评估专利包持有人的 SEP 实

力，以确定最终的许可费率。针对单件专利的必要性检查，主要用于侵权诉讼。即使侵权诉讼涉及多件专利，也需要对多件专利中的每一件逐项进行必要性检查，最终给出单件专利是否为标准必要专利的准确结果。对于单件的待评估专利，要经过专业人员进行必要性检查这一流程的评估才有可能认定为标准必要专利。

因此，必要性检查对象是指声明为标准必要专利但是未经过必要性确认的专利或专利包，或者未向标准组织声明其标准必要性但实际与标准相关的潜在标准必要专利或专利包。对单件专利进行必要性检查和对专利包进行必要性评估的目的、时机、检查标准及方法等均有所区别，因此有必要针对不同对象分别进行梳理和研判。

（2）必要性检查的请求时机和请求主体

必要性检查的请求时机是指在什么时间点可以提出必要性检查。必要性检查的请求主体是指提出必要性检查请求的主体，既可以是自然人，也可以是机构。必要性检查请求主体可以分为两类：利益相关方和非利益相关方。在实践中，不同的必要性检查请求时机和请求主体所需要的检查方法也不相同。

（3）必要性检查的执行主体

必要性检查的执行主体是指对专利或专利包执行必要性检查的主体。必要性检查的执行主体对于是否能够获得准确客观的必要性检查结果具有重要影响。由于不同执行主体的能力、资源、立场和目的不完全相同，导致不同执行主体给出的必要性检查结果可能存在较大差异，进而导致必要性检查结果难以获得利益相关方的共同认可。例如，专利权人和实施人都有可能出于自身利益的考虑，而做出更加有利于自身的必要性检查结果。因此，需要对现有实践中必要性检查的执行主体进行分析和研究，以确定合适的执行主体。

（4）必要性检查的机制和流程

必要性检查的机制和流程是指必要性检查的基本形式规范和操作流程步骤。通过科学合理地设计必要性检查的机制和流程，可以确保在规定时间内得出较为客观公正的必要性检查结果。

（5）必要性检查的标准和方法

必要性检查是指通过分析目标专利与相关标准的对应关系，判断相关标准是否落入目标专利的保护范围。必要性检查的标准是指进行上述分析和判断时所应当遵循的原则和标准。必要性检查的方法是指具体进行必要性检查的分析和判断方法。采用何种评估标准和方法直接关系到必要性检查结果的客观性和准确性，不同的评估标准和方法有可能导致不同的必要性检查结果。需要对现有实践中必要性检查的评估标准和方法进行分析和研究，以确定客观公正的评估标准和行之有效的评估方法。

2.2　国外必要性检查行政政策

为了提高标准必要专利的透明度，促进诚信的标准必要专利许可谈判过程，多个国家和地区都出台了关于标准必要专利的政策性文件，针对必要性检查给出了相应的规定或者指导意见。欧盟近年还发布了多份相关的研究报告，具体可参考表 2 - 2 - 1。

表 2 - 2 - 1　主要国家/地区标准必要专利政策及研究报告

国家/地区	发布机构	发布时间	政策或报告名称
欧洲	欧盟委员会	2017 年 11 月	标准必要专利的欧盟方案
	欧盟 CEN/CENELEC 工作组	2019 年 6 月	5G 和物联网标准必要专利授权原则和指引❶
	欧盟委员会联合研究中心	2020 年 11 月	对 ETSI 公开的潜在必要专利的全景研究（*Landscape Study of Potentially Essential Patents Disclosed to ETSI*）❷
	欧盟委员会联合研究中心	2020 年	SEP 必要性评估的试点研究（*Pilot Study for Essentiality Assessment of SEP*）❸
	欧盟委员会专家组	2021 年 1 月	标准必要专利评估和许可报告
	德国慕尼黑第一地区法院	2020 年 2 月	关于审理侵犯专利权纠纷案件时反垄断强制许可抗辩适用指南❹
日本	日本特许厅	2019 年 6 月	标准必要专利必要性判定咨询意见手册（2019 年 6 月修订）❺
韩国	韩国知识产权局	2020 年	标准专利纠纷应对指南

　　另外，欧盟委员会还在 2023 年 4 月 27 日推出了与标准必要专利及 FRAND 原则相关的新草案，其寻求建立一个新的管理中心，要求专利持有人注册他们所认为的 SEP，并对提交注册的 SEP 进行强制的必要性检查。

　　以下从必要性检查对象、时机和请求主体、执行主体、检查机制和流程及检查标准和方法等五个方面对主要国家和地区的相关政策性文件中关于必要性检查的内容进

---

❶ CEN WORKSHOP AGREEMENT. Principles and guidance for licensing Standard Essential Patents in 5G and the Internet of Things（IoT），including the Industrial Internet［EB/OL］．（2019 - 06 - 30）［2022 - 11 - 20］．https：//www. cencenelec. eu/media/CEN - CENELEC/CWAs/ICT/cwa17431. pdf.

❷ BEKKERS R，RAITERI E，MARTINELLI A，et al. Landscape Study of Potentially Essential Patents Disclosed to ETSI［EB/OL］．［2022 - 11 - 20］．https：//pure. tue. nl/ws/portalfiles/portal/165349260/jrc121411_sep_landscape_final. pdf.

❸ BEKKERS R，HENKEL J，TUR E，et al. Pilot Study for Essentiality Assessment of Standard Essential Patents［EB/OL］．［2022 - 11 - 20］．https：//www. researchgate. net/publication/346427514_Pilot_Study_for_Essentiality_Assessment_of_Standard_Essential_Patents.

❹ Guidelines on the Handling of the FRAND Defence Pursuant to Huawei v. ZTE Within the Munich Patent Infringement Proceedings［EB/OL］．［2022 - 11 - 23］．https：//www. katheraugenstein. com/wp - content/uploads/2020/02/2020 - 02 - 04 - Munich - FRAND - Guidelines. pdf.

❺ JPO. Manual of "Hantei"（Advisory Opinion）for Essentiality Check（Revised Version）［EB/OL］．［2022 - 11 - 23］．https：//www. jpo. go. jp/e/system/trial_appeal/document/hantei_hyojun/manual - of - hantei. pdf.

行简要梳理和分析。

2.2.1 对 象

对于必要性检查的两类对象——单件专利和专利包，不同国家和地区基于各自不同立场和目的，针对不同对象，出台了相关政策对其进行规范或指引。

欧盟在通信领域标准制定方面具有雄厚实力，一直以来也致力于创建 SEP 监管和实施环境，以持续发挥其领导角色。欧盟出台的政策"标准必要专利的欧盟方案"中认为 SEP 的检查对象包括专利包和单件专利。确定 SEP 的必要性是一项复杂的工作，需要法律和技术专业知识以及较高的时间成本。当专利包中的专利数量过大时，为对 SEP 的必要性作出更高程度的审查，需要对审查成本进行平衡，因此可以将检查对象限制为某个专利族的某件专利和样本上。实际上，欧盟对专利包的必要性评估非常重视。欧盟组织研究发布的标准必要专利评估和许可报告和 SEP 必要性评估的试点研究中均提出除了单件专利的标准必要性检查之外，需对 SEP 组合的强度进行评估，包括必要性和有效性等信息。德国则在相关政策文件❶中指明必要性检查对象可以是专利组合，即专利包。

日本和韩国同样积极参与 SEP 必要性检查规则制定。日本特许厅出台的必要性检查的相关政策性文件"标准必要专利必要性判定咨询意见手册（2019 年 6 月修订）"中，主要是针对单件标准相关专利进行必要性检查；韩国知识产权局出台的涉及必要性检查的相关政策性文件标准专利纠纷应对指南中，则提到必要性检查对象可以是数量较大的标准相关专利包和单件标准相关专利。

目前，美国尚未出台 SEP 必要性检查相关政策，其主要是通过司法判例对 SEP 必要性检查进行方向性指引。

综上所述，世界主要国家和地区关于必要性检查对象都有各自的倾向性及相关规定或指引，大部分国家和地区都会考虑单件专利和专利包这两类检查对象。这为我国 SEP 必要性检查提供了参考和借鉴。

2.2.2 时机和请求主体

必要性检查请求主体主要分为两类：利益相关方和非利益相关方。利益相关方主要指必要性检查结果会直接影响其利益的个人或者机构，例如 FRAND 许可谈判涉及的双方，专利侵权诉讼涉及的双方等；非利益相关方主要指必要性检查结果不会直接影响其利益的个人或者机构。

关于必要性检查请求主体，欧盟在标准必要专利评估和许可报告中提到必要性检查请求主体包括专利权人和专利实施人等利益相关者。而日本的"标准必要专利必要性判定咨询意见手册（2019 年 6 月修订）"中则具体指明了"只有对必要性判定存在

---

❶ Guidelines on the Handling of the FRAND Defence Pursuant to Huawei v. ZTE Within the Munich Patent Infringement Proceedings [EB/OL]. [2022 – 11 – 23]. http：//www. katheraugenstein. com/app/uploads/2020 – 02 – 04 – Munich – FRAND – Guidelines. pdf.

请求利益（benefit of interest）的相关方才能向日本特许厅提出必要性判定请求"，并对典型的必要性判定的请求主体进行了示例说明，典型的必要性检查请求主体可以包括：FRAND 许可谈判双方、SEP 出售方及购买方、涉及专利权的商业并购方，以及以专利权设置抵押的双方。这些场景中的相关方均被认为是具有请求利益，可以提出必要性判定请求。特别地，对于没有请求利益的请求方，日本特许厅将在程序上直接驳回其必要性判定请求。

如果将必要性检查请求主体限定在利益相关方范围内，可以节省必要性检查执行主体的资源。如果将必要性检查请求主体进一步扩大到非利益相关方，即允许所有人和机构提出必要性检查请求，则可以提高标准必要专利的透明度，但是可能对专利权人或者许可谈判过程造成不利影响。

而针对必要性检查请求的时机，欧盟在标准必要专利评估和许可报告中指出：需要对涉及标准必要专利的必要性在合适的时间点进行详细审查。

可以看出，不同国家和地区的相关政策性文件对必要性检查的时机和请求主体都有各自的规定。不同的请求主体范围和检查时机可能会带来不同的影响，所需要的检查方法也不相同。

2.2.3　执行主体

目前有多个国家和地区政策性文件都包括关于必要性检查执行主体的内容。

关于必要性检查的执行主体，欧盟的"标准必要专利的欧盟方案"提到需要对涉及标准必要专利的必要性做更高程度的审查。这将需要由一个具有技术能力和市场识别能力的独立的第三方在合适的时间点进行详细审查。在检查涉及标准必要专利的必要性时，专利局自然而然地成为利用协同效应提高效率和降低成本的最佳选择，也可以由一个独立的欧洲机构来处理涉及标准必要专利必要性的评估工作。

欧盟的"标准必要专利的欧盟方案"建议：成立独立机构对标准必要专利开展评估。专利局是必要性评估的首选机构；通过成立类似于欧洲专利局的独立机构或监管经认证的律所等第三方机构开展涉及标准必要专利的必要性检查，鼓励专利权人在标准报批前开展相关评估工作并允许实施人对必要性提出疑问。可以利用人工智能等技术减少评估成本，涉及标准必要专利的权利人应当承担检查费用。欧盟委员会主导的一项标准必要专利必要性检查试点项目中就采用了包括专利局审查员在内的各类专家进行必要性检查。

日本特许厅的"标准必要专利必要性判定咨询意见手册（2019 年 6 月修订）"规定：日本特许厅审判和上诉部门的一个小组就专利发明的标准必要性提供没有法律约束力的咨询意见。根据相关资料，❶ 日本特许厅的必要性检查制度自 2018 年开始实施以来，截至 2020 年 3 月 10 日，日本特许厅未收到依据"标准必要专利必要性判定咨询

❶　RUDI N. A. BEKKERS et al. Pilot Study for Essentiality Assessment of Standard Essential Patents ［EB/OL］. ［2022 – 11 – 20］. https：//www. researchgate. net/publication/346427514_Pilot_Study_for_Essentiality_Assessment_of_Standard_Essential_Patents.

意见制度"提出的必要性检查请求。可能的原因包括：①有几项严格的接受标准。请求方必须愿意证明专利是必要的（因此该程序不能由认为专利是非必要的一方发起）；双方必须声明存在争议（如果一方否认存在争议，则请求是不会被接受的），并且必须认可他们在程序中扮演的角色。②相关信息（也包括谈判）将被公开。各方可能不愿意这些信息被公开，而且各方可能已经签订了禁止公开此类信息的保密协议。③测试本身被限制得很狭窄。请求方必须根据标准定义虚拟对象；此对象可能不包含可选功能，而且必须指明标准中的特定部分。该程序不考虑专利可能对标准的另一部分而言是必要的。因此该程序只能确认专利对整个标准是必要的，但不能确认专利对整个标准是不必要的（因为该专利可能对未被调查的另一部分内容而言是必要的）。④只调查一项专利，无法了解专利组合层面的必要性情况。2019 年 6 月，日本特许厅对该制度进行了修订，修订版有几项重要的内容变化。通过放宽接受标准，允许否定性意见（即所提交的虚拟对象不侵犯专利），包括标准中的可选特征，允许保密，以及更多其他内容，使得该制度可能对潜在用户更具吸引力。

韩国知识产权局的标准专利纠纷应对指南提到标准必要性评估最好在专利专家的帮助下进行。如果许可对象国中包含日本，请使用日本特许厅的"标准专利必要性判断"系统。专利池设置知识产权管理机构，负责专利池的运作及对外许可相关业务。知识产权管理机构认定标准文件和专利权保护范围具有对应性，那么就负责针对此专利的对外许可业务。在没有专利池的技术领域，专利权人只能通过起诉企业和机构侵犯自己的标准必要专利来维护自己的权利。在诉讼过程中，为了减少时间和金钱上的损失，实施人和专利权人共同分析和比对标准文件和专利权保护范围，如果双方对分析比对结果达成谈判一致，那么通过沟通可以撤销诉讼。

综上所述，多个国家和地区的相关政策性文件中针对必要性检查执行主体都有相应的规定且内容不尽相同。而且，欧盟实施的必要性检查试点项目和日本的"标准必要专利必要性判定咨询意见制度"都表明：由国家或地区的专利行政主管机构担任必要性检查的执行主体有着明显优势，不仅准确性较高，而且可以保证结果的公正性，容易得到各方的认可。

2.2.4 机制和流程

为了规范标准必要专利必要性检查的形式和操作步骤，各国和地区发布的政策文件中对必要性检查多有提及，对必要性检查的机制和流程也有所涉及。一般来说，必要性检查需要考虑其基本操作流程步骤以及每个步骤的时限要求、必要性检查过程中所涉及的法律文书、必要性检查的程序及检查结果发布和挑战机制等。

关于必要性检查的机制和流程，欧盟提出有必要建立独立的第三方必要性检查制度，以提高法律确定性，并指出应成立独立机构对标准必要专利开展评估，鼓励专利权人在标准报批前开展专利评估工作并允许实施人对必要性提出疑问。欧盟委员会的"SEP 必要性评估的试点研究"还对必要性检查流程进行了简要说明，其中包括在独立机构进行必要性检查之前的质疑程序（不超过 6 个月）。

与欧盟的简要说明不同，日本特许厅发布的"标准必要专利必要性判定咨询意见手册（2019 年 6 月修订）"对必要性检查的机制和流程有非常详细的规定，用来为必要性检查提供流程参考。该文件规定了根据确定标准必要专利必要性的咨询意见制度，必要性检查的流程包括 5 个步骤：第 1 步，由请求方请求提供咨询意见（确定与标准对应的虚拟对象产品与日本授权专利的对照解释）；第 2 步，由被请求方进行回应；第 3 步，由咨询小组进行处理（比较或者确定授权专利和虚拟对象产品的对应关系）；第 4 步，出具咨询意见（针对虚拟对象是否落在授权权利要求的保护范围内）；第 5 步，基于咨询意见，判断授权专利是否属于标准必要专利。关于必要性检查中涉及的法律文书，日本特许厅的上述文件还规定了必要性判定过程涉及的两个主要法律文书，即必要性判定请求书以及被请求方的答复书。

2.2.5　标准和方法

必要性检查存在单件专利和专利包两类不同对象，针对不同类型的必要性检查对象通常需要采取不同的标准和方法。当前欧盟、日本、韩国等的政策性文件对必要性检查的标准和方法各有不同的规定。

2.2.5.1　单件专利的必要性检查

关于单件专利必要性检查的标准，欧盟、日本、韩国的政策性文件均有所涉及。其中欧盟的"SEP 必要性评估的试点研究"对必要性检查的方法和原则给出了建议，涉及标准必要专利的必要性检查可行性、可信度和是否成功主要考虑以下因素：评估的时间、评估的成本、评估者的独立性、评估的严谨性。但是并没有给出单件专利必要性检查的具体可操作的标准。日本和韩国则对单件专利必要性检查给出了较为详细的检查标准。

（1）日　本

日本特许厅发布的"标准必要专利必要性判定咨询意见手册（2019 年 6 月修订）"提出了虚拟对象产品的概念，并且规定，必要性检查的咨询意见必须针对虚拟对象产品（以下简称"虚拟对象"或"符合标准的虚拟对象"），而且必须在标准文档必不可少的配置项具体指定虚拟对象产品的配置，以与提出请求的发明专利的组成配置相对应。原则上不允许跨越多个标准制定组织的多个标准文档指定虚拟对象。但是，如果在必要性检查所针对的标准文件中引用了关于其他标准文档的特定声明（包括另一个标准制定组织的标准文档），并且只有在必要性检查请求所针对的标准是明确的情况下，才有可能指定包括引用内容的虚拟对象。

可以用来确定虚拟对象的配置包括如下两种：

1）对于标准文档而言（无条件的）必要的配置，也称为标准文档中的必要配置。

2）当必须从多个配置中任意选择一项时，对于标准文档而言必要的配置，也称为标准文档中的选择性必要配置。例如，当标准文档中写明了：①必须选择 LED 灯或荧光灯作为警示灯，以及②如果警示灯是 LED 灯，则警示灯包含直流电源，如果警示灯是荧光灯，则警示灯包括交流电源；那么在警示灯为 LED 灯的情况下，直流电源也是必要特征。

上述①和②中的"必要配置"包括以下配置：尽管标准文档没有明确描述，但是在技术上是不证自明的必要配置，而且这一点可以通过证据证明；或者，尽管标准文档描述了一些没有指定为必要的配置，但是在技术上是不证自明的必要配置，而且这一点可以通过证据证明。

必要性判定方法的具体流程步骤参见图2-2-1。针对专利权人请求判定专利属于SEP的情况，按照专利权人的权利要求对照表（claim chart，CC）中提供的方式来定义虚拟对象产品，就可以进行必要性判定。

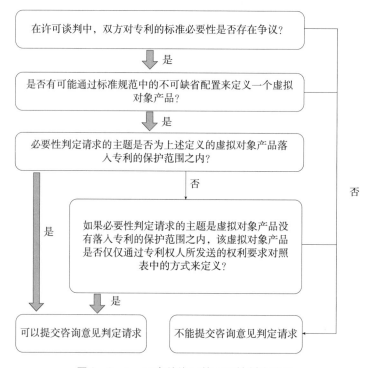

图 2 - 2 - 1　日本特许厅的必要性判定流程

实践中可能存在争议的是由实施人请求判定专利不是SEP的情况。❶ 在这种情况下，定义虚拟对象产品的标准必须来自专利权人在许可谈判中提供的权利要求对照表，而如果请求方以专利权人权利要求对照表之外的方式来定义虚拟对象产品，则日本特许厅无法得出必要性判定的结论。这是因为标准通常包括了大量的技术主题，理论上请求方可以选择多套不可缺省的标准配置来定义出多个不同的虚拟对象产品。对于实施人在必要性判定请求中，以不同于专利权人权利要求对照表中的方式来定义虚拟对象产品的情况，日本特许厅规定其将至多作出特定的虚拟对象产品没有落入专利权利要求保护范围之内的结论，而不对标准必要性作出判定。也就是说，即使某个虚拟对

❶ 刘影. 日本标准必要专利必要性判定方法［EB/OL］.［2022 - 11 - 27］. https：//zhuanlan. zhihu. com/p/271725550.

象产品没有落入专利权保护范围之内，也不意味着该专利一定不是标准必要专利。事实上，在许可谈判中，专利权人发给许可对象的权利要求对照表是主张专利属于 SEP 的最佳理由，很难想象专利权人会不采取对其最有利的方式来定义虚拟对象产品。因此，日本特许厅认为，对于请求判定专利不属于 SEP 的情况，只有将虚拟对象产品通过专利权人的权利要求对照表中的方式来定义，这样才能实现准确的判定结果。

（2）韩　国

韩国知识产权局在标准专利纠纷应对指南中提出了以下必要性判断标准。

一般的必要性判断原则如下：在涉及标准相关专利的情况下，如果声明产品中使用了标准，则无须将产品与专利权利要求进行匹配，但通过将标准规范与专利权利要求进行匹配，可以判断是否侵权。原则上，在确定标准规范和专利权利要求是否相互对应时，适用与侵权判断相同的标准。即仅当权利要求中描述的所有要素都在标准规范中指定时，才构成侵权。如果权利要求的所有要素与标准各部分描述的内容一致，可以认定该专利是标准必要专利；如果某些要素对应的内容没有在任何标准规范中明确表达，则可以认定该专利不是标准必要专利；如果在标准规范中描述了标准实施的部分关键内容，但是没有列出所有的实现细节，实际上，即使它极有可能如权利要求中描述的那样实现，但如果存在替代的实现方法，则无法认定该专利是标准必要专利。

此外，对于标准中涉及强制性项目和可选项目以及标准中涉及配置文件这两种特殊情况，该指南也给出了相应的必要性判断原则，具体如下。

1）标准中涉及强制性项目和可选项目的情形

强制性项目是指实施标准时必须应用的强制性技术。可选项目是指实施标准时实施人可以自主决定是否应用的可选技术。不同标准中区分强制性和可选项目的方法可能不同。大多数标准都会指明可选项目。但是，如果没有指明，则需要检查它是否属于可选项目，或者根据技术描述中是否使用了强制使用标准的表达方式来判断。要被判定为标准必要专利，在实施标准的过程中，不得有专利技术以外的替代技术。也就是说，即使构成专利权利要求的部分要素与标准规范中的可选项目相对应，也存在实施人不选择的替代方案，不能将该专利视为标准必要专利，但是，这也并不意味着即刻认定专利侵权不成立。如果实施人实施了该可选项目，则专利侵权仍然可能成立。在这种情况下，需要检查该可选项目是否实际在实施人的产品中实现。专利权人对此承担举证责任。

2）标准中涉及检查配置文件的情形

有的标准规范将以各种不同方式实现的内容分别作为配置文件提供（诸如在视频编解码器领域中）。对于机顶盒和电视机等视频播放设备来说，由于必须播放以各种方式压缩的输入图像，因此很多情况下这些设备都支持相应标准的所有配置文件。闭路电视（Closed‑Circuit Television，CCTV）或黑匣子等图像生成装置，则通常仅使用对应标准中某一部分配置文件的情况。在这种情况下，如果在谈判过程中无法证实这一点，则可能需要支付与未使用的配置文件对应的不必要的许可费。因此，在判断一项专利是否为标准必要性时，需要确定专利权的范围对于标准规范中的哪个配置文件而言是必要的。如果专利权人没有通过权利要求对照表等方式明确提供此类信息，实施人可以要求专利权人提供证据，证明每项拟议专利的哪些配置文件符合标准，并且根据提供的数据审查哪个专利对哪个配置文件而言是必要的。

综上所述，就一般原则而言，日本和韩国的必要性判断标准均注重发明的实质，其中，日本的必要性判断标准采用"由标准定义的虚拟对象产品"与权利要求进行对比，其中在确定虚拟对象产品时，不仅考虑了标准文档中的必要配置和选择性必要配置，还考虑了标准文档中没有描述或者没有指定为必要但是在技术上是不证自明的必要配置，这种必要性判断标准的可操作性强，有利于解决双方对必要性的争议。韩国的必要性判断标准采用的是"专利侵权判定原则"。但是，针对必要性检查的某些特殊情况，日本和韩国的必要性判断标准存在明显不同。例如，针对标准规范中存在"可选项目"的情况，日本认为当专利的权利要求与"标准文档中的选择性必要配置"相对应时，可以认为专利属于标准必要专利，但是还需要进一步判断产品是否实施了该可选项目，才能够确定是否存在侵权；而韩国则认为"即使构成权利要求的部分要素与标准规范中的可选项目相对应，也存在实施人不选择的替代方案，因此不能将其视为标准的必要专利"。

2.2.5.2 专利包的必要性评估

日本特许厅的"标准必要专利必要性判定咨询意见手册（2019年6月修订）"不涉及对专利包的必要性评估。韩国知识产权局的标准专利纠纷应对指南规定，如果需要进行检查的专利数量过多，实际上可能无法一一衡量单个专利的价值来计算相对强度，在这种情况下，可以通过对专利的一部分进行抽样，与专利持有人协商分析其质量水平。

欧盟的标准必要专利的欧盟方案指出，欧盟委员会将与利益相关方（包括合适的法院、仲裁员和调解人）合作开发和使用抽样的方法进行专利包必要性评估，以兼顾效率和效果。且欧盟的相关研究报告❶对于专利包必要性评估作了较为细致的研究。

（1）抽样的使用

抽样是指选择专利子集进行进一步必要性评估。可以基于所有公开的潜在必要专利、从给定的公开方的所有公开的潜在必要专利的集合或从给定的所有者的所有公开的潜在必要专利的集合来进行抽样。在抽样满足所需的置信水平的情况下，抽样可以降低一组给定评估的总成本。统计数据表明，只要样本以完全随机的方式抽取，样本越大，总体结果就越具有代表性。一些研究报告建议采用10%的样本量的工作假设进行指示性计算。

（2）评估标准

将专利包的必要性定义为被认定为SEP的专利总数除以针对必要性进行评估的专利总数，即最终计算结果为一个比率。综合考虑标准文件信息、权利要求对照表、当

---

❶ BEKKERS K, HENKEL J, TUR E, et al. Pilot Study for Essentiality Assessment of Standard Essential Patents [EB/OL]. [2022-11-20]. https：//www.researchgate.net/publication/346427514_Pilot_Study_for_Essentiality_Assessment_of_Standard_Essential_Patents.

前所有权信息、审查过程信息等进行必要性判断，并接受公众质疑，以提高评估质量。

　　基于本节对主要国家和地区必要性检查行政政策的总体分析可知，在行政层面，除了美国主要通过司法判例对必要性检查进行方向性指引以外，欧洲、日本和韩国近年来均出台了必要性检查的相关政策，对必要性检查的检查对象、请求主体和时机、执行主体、检查机制和流程、检查标准等进行了不同程度的规范或指引，对我国具有一定的参考和借鉴意义。

2.3　国外必要性检查司法判定

　　在与 SEP 相关的侵权诉讼、合同诉讼、反垄断诉讼各类案件中，SEP 必要性检查是关键的一环，直接影响诉讼结果。当前世界主要国家和经济体如美国、欧盟、英国、德国、日本等在司法程序中对于 SEP 必要性的判断与认定各有不同之处，这与这些国家和经济体在 SEP 规则制定中的不同立场息息相关。本节主要从必要性检查对象、时机和请求主体、执行主体、检查机制和流程、检查标准和方法等方面对国家和经济体司法实践中的 SEP 必要性检查内容进行分析和对比。

2.3.1　对　象

　　在司法实践中，SEP 必要性检查对象包括单件专利和专利包两类，其在不同的诉讼纠纷中发挥不同的作用。

　　单件专利的必要性检查在 SEP 个案的侵权纠纷中有较多应用。例如，2013 年在美国联邦第九巡回上诉法院审理的微软诉摩托罗拉案[1]，涉及摩托罗拉的 15 项 H.264 专利和 11 项 802.11 专利的必要性检查。2014 年在日本高等法院审理的三星诉苹果案[2]，对专利 JP4642898 是否涉及标准必要专利侵权进行了认定。

　　专利包的必要性评估在 SEP 许可使用费纠纷中应用较多，主要用于宏观分析相关方技术实力对比或对标准所作出的贡献度。如前面提及的三星诉苹果案中，在认定三星的专利技术对通用移动通信系统（UMTS）标准的贡献度时，其包括在 UMTS 标准中的 SEP 数量成为认定关键，日本高等法院以美国知识产权咨询公司 Fairfield Resources International（FRI）对 UMTS 标准作出的调查报告为依据认定三星专利对 UMTS 标准的贡献度，并据此裁定最终许可费。又如 2017 年英国法院审理的无线星球诉华为案[3]，在双方当事人持有的相关专利数量基本一致的情况下，主要分歧在于标准所包含的 SEP 总数。双方基于各自目的，对此持不同计算方法，法院最终采取了折中取值的方法对 2G、3G、4G 手机标准包括的 SEP 数量进行认定。另有 2017 年在美国加州法院审理的

---

[1]　*Microsoft Corp. v. Motorola, Inc.*, 10 - cv - 01823 - JLR. 2012.

[2]　*Samsung Electronics Co. Ltd. v. Apple Japan*, Judgment rendered on May 16, 2014 2013（Ne）10043.

[3]　*Unwired Planet v Huawei*, UK Court of Appeal,［2018］, Case No. A3/2017/1784, EWCA Civ 234.

*TCL 诉爱立信案*❶，其中爱立信对全球涉及移动终端的专利族分析了其涉及 4G 专利的标准必要性。除此之外，一些第三方研究机构如 IPlytics、Concur IP、Dolcera、Amplified & GreyB、Clarivate、东京调研公司（Cyber Creative Institute）、CCI、中国信息通信研究院（以下简称"中国信通院"）等，通常会不定期对不同领域的 SEP 整体情况进行分析并发布报告。

2.3.2　时机和请求主体

由于标准的发展是动态的过程，在具体司法实践中对必要性检查的时机并无明确规定和限制，一般情况下基于实际诉讼过程的需要开展必要性检查。

提出必要性检查请求的主体均为涉及标准必要专利许可谈判或司法诉讼的利益相关方，一般情况下为许可谈判的双方或者涉诉双方，可能是专利权人，也可能是实施人。司法实践中第三方很少作为必要性检查的请求主体出现，其中一个重要原因是利益相关方通常需要签订保密协议，限制了第三方的参与。在前述微软诉摩托罗拉案中，摩托罗拉主张其 24 件专利为标准必要专利，法院基于摩托罗拉提出的专家证言作出了必要性的判断。

2.3.3　执行主体

从现有世界范围内涉及标准必要专利的司法诉讼案件来看，必要性检查的执行主体主要包括以下五种：第一种是专利权人或专利许可组织（也称为专利联盟或者专利池）；第二种是实施人；第三种是第三方专利分析机构；第四种是国家或地区的专利行政主管机构；第五种是法院。以下对上述必要性检查执行主体进行具体分析。

（1）专利权人或专利许可组织

专利权人或专利许可组织的优势在于对技术与标准比较熟悉。在实践中，在具备充分资源（例如，拥有能够胜任必要性检查的技术专家和法律专家）的情况下，专利权人或者专利许可组织可以自己进行必要性检查，并且基于所确认的标准必要专利，在许可谈判中要求实施人支付这些专利的授权许可费。但是由专利权人或专利许可组织进行必要性检查，可能存在以下不足之处：在利益的驱动下，专利权人或专利许可组织有可能违反诚信原则，而将非标准必要专利认定为标准必要专利。因此专利权人或专利许可组织所作出的必要性检查结果通常难以获得实施人的完全认可。

（2）实施人

在实践中，在具备充分资源的情况下，实施人也可以自己进行必要性检查，并且

---

❶ *TCL Commun. Tech. Holdings, Ltd. v. Telefonaktiebolaget LM Ericsson*，Case – No. 2018 – 1363，2018 – 1732，TCL 和爱立信双方于 2007 年 3 月就爱立信的 2G/GSM 专利组合签订了为期 7 年的许可协议，多年来双方还开始就 3G/UMTS 和 4G/LTE 许可进行谈判。2012 年 10 月至 2014 年底，在谈判仍在进行的同时，爱立信在法国、英国、巴西、俄罗斯、阿根廷和德国六个非美国司法管辖区发起了多项专利侵权诉讼。2014 年 3 月，TCL 向美国加利福尼亚中区联邦地区法院提起诉讼，要求声明爱立信未能提供 FRAND 费率，最终多项诉讼转移到加州法院与 TCL 案件合并，James V. Selna 法官于 2017 年 12 月作出判决。

基于必要性检查结果，与专利权人进行专利许可费的谈判。但是由实施人进行必要性检查，同样可能存在以下不足之处：在利益的驱动下，实施人有可能倾向于将标准必要专利认定为非标准必要专利。因此实施人所作出的必要性检查结果通常也难以获得专利权人或专利许可组织的完全认可。而且，实践中大量的实施人本身并不拥有能够胜任必要性检查的技术专家和法律专家，因此这些实施人难以独立完成必要性检查。

（3）第三方专利分析机构

在实践中，在不具备充分资源的情况下，专利权人、专利许可组织和实施人可以聘请独立的第三方专利分析机构进行必要性检查。而且，有些第三方专利分析机构和个人也会自主地对某些技术领域中的标准必要专利进行必要性检查，并且公开发布评估报告。这些评估报告也常常在涉及标准必要专利的许可谈判或者侵权诉讼中得到引用，作为许可谈判或者司法判决的依据。现有的第三方专利分析机构包括国际专利评估联盟（IPEC）、3G 专利平台（3G Patent Platform）、IPlytics、Concur IP、Dolcera、Amplified&GreyB、Clarivate、CCI、中国信通院和北京墨丘科技有限公司等。第三方专利评估机构的优势在于，其不仅拥有相关技术领域的技术专家和法律专家，而且拥有较为完善的专利评估机制。因而在必要性检查中，其能够同时考虑技术因素和法律因素，从而得出较为准确的结论。以上文中提到的 3G 专利平台为例，其制订了一套详细的专利评估机制，结构包括评估政策委员会、由第三方提出的专利评估机制、一个评估团、由许可管理机构提供的管理支持等。对评估决定不服的，该平台还提供了评估上诉程序。这种程序在一定程度上保障了必要性检查的公正性。以 Concur IP 为例，在美国进行的 *TCL* 诉爱立信案、华为诉 *T-Mobile* 案、华硕诉 *InterDigital* 案和高通反垄断诉讼案中，以及在英国进行的无线星球诉华为案中，Concur IP 均针对包含大量标准必要专利的专利包进行了必要性评估。

但是由第三方专利分析机构进行必要性检查，可能存在以下不足之处：如果第三方专利分析机构是在受专利权人、专利许可组织和实施人聘请的情况下作出的必要性检查报告，那么由于前者会接受后者的聘请费用，这也令人担忧必要性检查结果是否能真正做到客观中立。另外，第三方专利分析机构收取的必要性检查费用对于某些中小企业和初创企业等实施人而言较高，可能难以承受。

（4）国家或地区的专利行政主管机构

国家或地区的专利行政主管机构作为必要性检查执行主体，相对于其他第三方机构而言具备权威性和中立性。同时专利行政主管机构所拥有的各领域的专利审查员可以作为必要性检查的技术专家和法律专家，在包含大量专利的专利包的必要性检查工作中具备优势。因此，由国家或地区的专利行政主管机构进行必要性检查可以保证结果的公正性，同时也具备较高的技术可行性。

在实践中已有国家或地区的专利行政主管机构进行必要性检查的先例。日本特许厅发布的"标准必要专利必要性判定咨询意见手册（2019 年 6 月修订）"规定可以由日本特许厅执行标准必要专利的必要性检查。欧盟委员会主导的一项标准必要专利必要性检查试点项目采用包括专利审查员在内的各类专家进行必要性检查。根据该试点

项目的报告，在各种主体进行必要性评估的对比中，获得权利要求对照表的专利审查员得出的结果最为一致（一致率达84%）。❶

（5）法　院

法院的优势在于其所具有的天然的权威性和中立性。法院可以直接采用专利权人和实施人提交的（由自身作出的或者第三方作出的）必要性检查结果。在涉案专利数量较少的情况下，法院也可以作为必要性检查的执行主体，基于相关事实和证据作出自己的必要性判断结果。在案件审理过程中，法院还可以参考技术专家、技术陪审员或者技术调查官的意见，以弥补法官在技术知识方面可能存在的不足。但是法院也存在以下不足之处：对于包含庞大数量专利的专利包而言，要求法院对其作出认定是很困难的。

2.3.4　机制和流程

由于必要性检查当前并不属于具有法律约束力的行为，在具体司法实践中对必要性检查的机制和流程并无明确规定和限制。

目前司法案例中涉及单件专利的必要性检查机制在实际操作层面包括独立评估人机制、双人检查机制和争议等情况下的多人合议制。独立评估人评价机制即由单独个人完成案件的必要性检查并输出结果。双人检查机制则包括主审人员和复核人员，主审人员负责确定比对的标准及附件、评估基础、发明点，给出初步检查结论；复核人员需要对结论进行复核，确保结论的客观性和准确性。多人合议制则多是针对有争议的案件，是由多人合议来完成案件的必要性检查结果认定。在日本 CCI 的报告❷和IPlytics 的报告❸中都采取过类似的检查机制。

2.3.5　标准和方法

必要性检查存在单件专利和专利包两类不同对象，针对不同类型的必要性检查对象通常需要采取不同的评估标准和方法。当前在国外已经有多个司法判定涉及具体的必要性检查的评估标准。

具体来说，在权利要求保护范围的解释规则方面，欧盟、美国、英国、日本、韩国和中国均不局限于权利要求字面含义，在某种程度上要考虑说明书和附图的内容，而且以上各国和经济体基本采用等同原则。针对标准中涉及可选项的特殊情况，在美国进行的微软诉摩托罗拉案中，法院认定涉及标准中可选项的专利也属于必要专利；

---

❶ BEKKERS R, HENKEL J, TUR E, et al. Pilot Study for Essentiality Assessment of Standard Essential Patents [EB/OL]. [2022 – 11 – 20]. https：//www. researchgate. net/publication/346427514_Pilot_Study_for_Essentiality_Assessment_of_Standard_Essential_Patents.

❷ Cyber Creative, Essentiality Evaluation of SEP Declared 5G Patents （3rd division） [EB/OL]. [2022 – 12 – 01]. https：//www. cybersoken. com/file/press%205G%20Patents, 5G – SEP%20en. pdf.

❸ IPlytics. Who is leading the 5G patent race? A patent landscape analysis on declared SEPs and standards contributions [EB/OL]. [2022 – 12 – 01]. https：//www. lexology. com/library/detail. aspx? g = d4fd9cab – 1078 – 42d7 – 8205 – 89f86343950f.

在日本审理的三星诉苹果案中，法院认定涉及标准中可选项的专利也属于必要专利。针对 SEP 专利包必要性检查，以上各国和经济体基本采用大体相似的标准和方法，具体来说，在数据来源选择方面，不同评估机构都采取了 ETSI 声明的 SEP 数据作为基础，其中有的额外增加了其他数据库作为补充。在评估样本选择上，基本是以至少一件同族授权且有效为样本选取标准；同时根据待分析数据量大小分别采取全部评估或按特定标准抽样评估的方式。在评估方式上，基本是采取将专利权利要求与标准进行对比的方式确定专利的标准必要性。

2.3.5.1 单件专利必要性检查

对于单件专利的必要性检查主要是对目标专利与标准的对应性进行评估，即判断相关标准是否落入目标专利的保护范围。通常可以采用两种不同的判断原则判断相关标准是否落入目标专利的保护范围，即新颖性判断原则和专利侵权判定原则。从上述各国和地区已有的司法判决来看，标准必要专利的必要性检查在本质上与专利侵权的判断规则基本一致。

专利侵权判定原则中的两个主要原则是权利要求保护范围的解释规则和等同原则。下面对主要国家和地区的法律规定和司法实践中权利要求保护范围的解释规则和等同原则进行梳理和分析。

（1）权利要求保护范围的解释规则

当前主要国家和地区对权利要求保护范围的解释规则在法律支持和理论依据上各有不同，在司法实践中采用的判断原则也不一致。

在欧盟，权利要求的解释由欧洲专利公约（EPC）第 69 条❶和解释该条款的议定书❷进行规范。解释议定书否定了两种对第 69 条的规定进行解释的方法：即严格局限于专利权利要求字面含义的做法和只将权利要求书作为一个指引的做法。

尽管有 EPC 第 69 条和相关议定书，但考虑侵权的情形下所作的权利要求的解释在欧盟各个国家之间可能会显著不同。

在法国，权利要求中的一些特征可能会因为其对要求保护的发明所要解决技术问题没有贡献，而被认定为非必要，这些非必要特征在侵权分析时不被考虑。这一规则类似我国早期侵权判断中采用的多余指定原则。然而，德国、英国和意大利并不采用这一规则。

在德国，法院多采用"面向功能的权利要求解释"，即考虑特定用语在发明中的作

---

❶ EPC 第 69 条规定：（1）欧洲专利或欧洲专利申请保护的范围由权利要求确定，但说明书和附图可用于解释权利要求。（2）在到授予欧洲专利为止的期间里，欧洲专利申请的保护范围由根据第 93 条公布的申请中所包含的最新提交的权利要求确定。但是，授予的欧洲专利或异议过程中修改过的权利要求溯及既往地确定欧洲专利申请给出的保护，只要该保护的范围没有被扩大。

❷ 与 EPC 第 69 条相关的议定书规定：第 69 条不应被解释为，欧洲专利的保护范围应理解为是由权利要求中使用的用语的严格字面含义确定的，说明书和附图只是用来解释权利要求的含混不清之处。也不应被解释为权利要求只是起一种指导的作用，其给出的实际保护可以根据所属领域的技术人员对说明书和附图的理解，扩展到专利权人所设想的范围。相反，权利要求应该解释为在这两个极端之间划定了一个将对专利权人的保护与为第三方提供合理程度的确定性结合起来的范围。

用，以解释该用语的含义。按照字面解释确定专利保护范围时，德国法院不承认现有技术抗辩，通常不考虑专利审查档案。对功能性权利要求的使用规定了严格的限制条件，但对于使用功能性权利要求的专利，则给予了较宽范围的保护。对于以方法界定产品的权利要求也给予了较宽的保护，被控侵权产品无论是通过什么方法生产的，只要与权利要求中界定的生成物相同，就落入专利的保护范围之内。

英国法院对于权利要求的解释原则是与时俱进不断变化的。加入 EPC 之前，法院原则上采取周边限定主义，这是一种较为严格的解释方法，通常将权利要求的保护范围限定在权利要求的字面含义之内。与此同时，为弥补周边限定主义的不足，英国法院还提出了"发明精髓原则"，这是一种相对宽松的权利要求解释方法。根据该原则，权利要求中的技术特征可以划分为本质特征和非本质特征，被控侵权物缺少非本质特征，或者用等同物将非本质特征替换，仍然构成侵权。❶ EPC 生效后，英国上议院对专利权利要求解释的态度逐渐放缓，转向基于"目的解释"的权利要求解释方法，亦被称为"Catnic – Improver"标准。这一标准最初由 Catnic 案和 Improver 案确立。Catnic 案❷中确立的解释原则是：按照本领域技术人员所理解的专利权人要求的范围确定专利保护范围。Improver 案❸中，Hoffmann 法官对"目的解释"方法进行了进一步阐述。他认为相较于字面解释，目的解释方法在解释权利要求时是更加合理的。并且，为认定被控侵权物是否在专利权保护范围，他对权利要求的解释总结为三个问题，分别为：①变换物对发明起作用的方式是否有实质性影响？②本领域技术人员在专利公开日是否可以明显看到变换物对发明起作用的方式没有实质影响？③本领域技术人员是否认为专利权人的意思是将权利要求限定在其字面含义？这三个问题被称为"议定书问题"。到了 2004 年 10 月，Kirin – Amgen 案❹中，Hoffmann 法官对"目的解释"方法进行了重新阐述。Hoffmann 指出：目的解释要求根据一个本领域理性人所理解的作者的意思进行解释。进行目的解释时，不必参考专利申请过程中的材料。确定欧洲专利的保护范围只需要回答一个问题：本领域技术人员对专利权人使用权利要求书中的语言是如何理解的？Cantic 案的方法与议定书是一致的，议定书是适用 Cantic 案所确立的解释方法的指南，并且议定书没有取代该案的解释方法。❺

对解释权利要求的基准时间，英国法院没有统一确定，已有判决中既有适用公开日的先例，也有适用申请日（优先权日）的先例。虽然没有明确的书面规则，但英国法院在确定专利保护范围时通常会考虑每一个技术特征。英国没有特别关注功能性权利要求和以方法界定的产品权利要求的问题。从现有司法判例来看，英国原则上按照普通权利要求的标准来解释功能性权利要求，但对于如何解释以方法界定产品的权利要求，目前还没有新的标准。

❶ 闫文军. 专利权的保护范围 [M]. 北京：法律出版社，2018：231 – 232.
❷ Catnic Components Limited and another v. Hill & Smith Limited，(1982) RPC 183.
❸ Improver Corp. and others v. Remington Consumer Products Ltd. and others，(1990) FSR 181.
❹ Kirin – Amgen Inc. and others v. Hoechst Marion Roussel Limited，[2004] UKLD 46.
❺ 闫文军. 专利权的保护范围 [M]. 北京：法律出版社，2018：252.

在美国，美国专利法第 112 条确立了权利要求的地位：权利要求应当特别指明和清楚地界定申请人认为是其发明的标的。此外，美国专利权利要求的解释规则建立于判例法之上。1996 年，在 *Vitronics* 诉 *Conceptronic* 案❶中，美国联邦巡回上诉法院明确界定了用于解释权利要求的资料。2005 年，在飞利浦诉 *AWH* 案❷中，美国联邦巡回上诉法院阐释了对权利要求进行字面解释的方法，该案确立了美国专利权利要求解释的一般规则。

在解释权利要求时，美国法院首先看权利要求本身，从本领域普通技术人员的角度看权利要求用语的"普通和习惯含义"。一般情况下，同一专利文件中，同一用语具有相同的含义，互换性质的用语具有相同的含义。不同专利文件中，应根据具体情况解释所使用的相同用语。权利要求中每一个用语都具有其意义，独立权利要求通常不应解释为包含从属权利要求的限定内容。❸ 除权利要求书本身之外，说明书、附图和审查档案是法院解释权利要求时首先使用的内部证据。说明书可以支持权利要求用语的普通含义，可以对权利要求用语含义作出特别界定，当存在歧义时，可以指示应采用哪个可能的含义，可以澄清权利要求用语的含糊不清之处。❹ 说明书所描述的发明的某些技术效果可以限制权利要求的范围。审查档案可以成为确定发明人赋予权利要求用语的含义的证据。一方面，若权利要求的修改明确地限制了权利要求用语的含义时，可以认为其限制了专利的保护范围；另一方面，如果专利权人的陈述清晰且无误地显示放弃某一内容，也可以作为限制专利范围的依据。除内部证据之外，专家证言、发明人陈述、词典、论文、审查档案中没有引述的在先技术都可以作为解释权利要求的外部证据。❺

美国专利法允许采用功能限定的方式撰写权利要求。美国专利商标局（USPTO）于 1994 年 4 月 20 日修改了专利审查指南，统一了功能限定权利要求的审查标准和解释标准。根据新的审查指南，如果在先技术可以实现权利要求中的功能，且在先技术是专利所描述的具体方案的等同物，可以拒绝授予专利权；如果在先技术虽然可以实现权利要求中的功能，但与说明书中描述的具体方案既不相同也不等同，则不影响专利权的授予。可见，美国专利法语境下的功能限定权利要求，应当字面解释为说明书所记载的相应具体结构、材料、步骤以及其等同物。

美国专利法并没有对以方法界定产品的权利要求作出专门规定，但在实践中允许撰写为以方法界定产品的权利要求。关于方法特征是否对产品的保护范围产生限定作用这一问题，美国法院历来存在两种不同的观点。2009 年，美国联邦巡回上诉法院以满席审理的方式对 *Abbott Laboratories* 诉 *Sandoz* 案❻作出判决，认为在划定专利权利范围

❶　90F. 3d 1576, 1582, 39 USPQ 2d 1573, 1576 177（Fed. Cir. 1996）.

❷　415 F. 3d 1303（Fed. Cir. 2005）.

❸　闫文军. 专利权的保护范围［M］. 北京：法律出版社，2018：67 – 75.

❹　KAHRL R. C. Patent Claim Construction［M］. 2 ed. New York：Wolters Kluwer, 2015：5 – 9.

❺　闫文军. 专利权的保护范围［M］. 北京：法律出版社，2018：129.

❻　556 F. 3d 1282（Fed. Cir. 2009）.

时，应当将方法限定产品权利要求中的方法记载作为限定因素来考虑。

在日本，日本专利法第 70 条规定：专利发明的技术范围，应当根据专利申请书附属的专利权利要求范围的记载确定。在上述场合，在解释专利权利要求范围记载的用语的意义时，应参考专利申请书附属的说明书和附图。以上条款构成解释权利要求保护范围的基本依据。

在解释权利要求中用语的含义时，法院一般根据该用语的上下文确定其普遍含义。具体而言，法院一般先利用词典等文献确定权利要求中用语的含义，再看说明书中对该用语是否有特别的定义，如果没有，就按照词典等文献的解释确定该用语的普遍含义。❶

日本对于参考说明书解释权利要求，在行政诉讼和侵权诉讼中有不同的做法。行政诉讼中，只有权利要求中的用语没有明确唯一含义时，法院才参考说明书进行解释。而在侵权诉讼中，法院在任何情况下都可以参考说明书和附图解释权利要求中的术语。❷ 日本重视说明书中作用效果的描述，如果被控侵权物不具备说明书中描述的作用效果，则认定其未落入权利要求保护的字面范围。

日本专利法中没有关于功能性权利要求的专门规定，但其理论和实务受美国影响比较大。在专利授权过程中，日本特许厅虽然不禁止撰写并使用功能性权利要求，但采取权利要求解释的方式对功能性权利要求进行了限制。日本专利法第 70 条的规定同样适用于功能性权利要求的解释。日本法院一般通过参考专利权利要求范围以外的说明书、附图、专利申请经过以及专利申请时的技术常识，以专利说明书所开示的具体构成的技术思想为基础，确定专利技术的范围。❸ 1978 年的"部件自动选别及组装装置"案、1998 年的"磁气媒体阅读机"案、2013 年的"电脑等器具的防盗链接装置"案，所反映出的功能性权利要求的解释规则基本相同，即功能性权利要求的保护范围的边界应当延伸至与说明书披露的技术方案的技术思想相同，且为本领域技术人员通过阅读说明书等专利文件能够实施的范围，并不限于具体实施例本身，也不能无限放大至包括所有实现该特定功能的具体结构。

对于如何解释以方法界定产品的权利要求，日本曾有三种不同的观点。2015 年日本最高法院在两个判决❹中确定了方法界定产品权利要求的解释规则，即"物同一说"的解释方法。根据该规则，只要被控侵权物与使用权利要求中的方法生产的产品相同，就认定构成侵权，而不考虑权利要求中记载的制备方法。换言之，对于物的发明来说，其专利权的效力应及于与该物构造、特性相同的物，而不考虑是采用什么方法制造的。在该判决之后，日本特许厅修改了专利和实用新型审查指南，明确了方法界定产品权利要求的使用标准。根据该指南的规定，只有在申请时不能用结构或性质直接界定的

---

❶ 闫文军. 专利权的保护范围 [M]. 北京：法律出版社，2018：351.

❷ 闫文军. 专利权的保护范围 [M]. 北京：法律出版社，2018：345.

❸ 转引自 [日] 末吉互：所谓功能权利要求的解释，载 [日] 牧野利秋、饭村敏明编：新裁判失误大系. 知识产权关系诉讼法，青林书院 2001 年版，第 86 页。

❹ 日本最高法院平 24（受）1204 号、平 24（受）2658 号判决书。

产品，或使用结构或性质直接界定不切实际时，才可以使用方法界定。❶

在韩国，权利要求的解释与日本和美国占主导地位的解释方法相同。

从各国对权利要求保护范围的解释规则可以看出，在侵权判定中，主要国家和地区基本上不局限于权利要求字面含义，会在不同程度上考虑说明书和附图的内容。

（2）等同原则

按照等同原则确定专利的保护范围，到底是属于权利要求解释的内容，还是侵权判定的内容，理论和实务界都存在不同的认识。通常而言，字面解释基本上是围绕权利要求书本身进行的，而适用等同原则往往是将权利要求中的技术特征与被控侵权物中的相应技术特征进行对比。在标准必要专利的必要性检查中，同样涉及将专利与通信标准进行对比，以判断二者之间是否构成相同或等同。

当前世界上不同国家和地区的等同原则的适用有所不同，其中部分国家和地区的适用情况如下。

2000 年 11 月，EPC 成员国外交会议在德国慕尼黑召开，在这次会议上，对 EPC 和 EPC 第 69 条解释议定书都进行了修订。最终被采纳的解释议定书针对 EPC 第 69 条新增第 2 项规定：为确定欧洲专利的保护范围，应当适当考虑与权利要求书中载明的技术特征相等同的每个技术特征。

在德国，除字面解释之外，法院承认超越权利要求字面含义的等同实施方式也属于专利的保护范围。认定等同的标准是，从一个普通技术人员的角度，根据说明书和附图以及技术人员的专门知识，确定在专利申请日（优先权日）是否可以从权利要求中得出被控侵权物具有相同效果的解决手段的结论。按照等同理论确定专利保护范围时，被告可以提出现有技术抗辩。捐献原则和禁止反悔原则可以限制等同原则的适用。

在英国，*Kirin – Amgen* 案中，Hoffmann 法官认为，在欧洲不存在等同原则，也不需要采用美国的等同原则。2000 年议定书修改时增加的关于等同的规定，只是将等同物作为本领域技术人员理解权利要求的背景知识。如果字面主义阻碍了在解释专利权利要求方面给予专利权人合理的保护，有两种解决做法。一种做法是在解释权利要求时坚持字面主义，并发展出一个超越权利要求范围并扩大到等同物的原则，美国就是这么做的。另一种做法是放弃字面主义，英国上议院在 *Cantic* 案中就是这么做的。虽然议定书增加了关于等同物的规定，但英国法院仍然继续适用以前的解释方法，即目的解释原则。总体而言，解释权利要求用语的含义，并不区分其字面含义和等同含义，而是参考说明书和附图，基于对发明人目的的考虑，确定专利的保护范围。❷

2007 年，欧洲专利公约（2000）和欧洲专利公约第 69 条解释议定书生效后，英国法院仍按 *Kirin – Amgen* 案的规则对待等同问题。然而，英国最高法院的最新判决中，似乎并没有否定等同原则。2017 年 10 月，在 *Eli Lilly* 案❸中，英国最高法院 Neuberger 法官对 *Improver* 案提出的三个问题进行了修正：①尽管不在专利相关权利要求的字面含

---

❶　日本特许厅专利和实用新型审查指南第二部分第 2 章第 3 节。

❷　闫文军 . 专利权的保护范围 ［M］. 北京：法律出版社，2018：270.

❸　*Actavis UK，Ltd. v. Eli Lilly & Company.*

义之内，该变换物是否以与发明基本相同的手段实现基本相同的效果？②本领域技术人员在专利优先权日阅读了专利之后，是否显而易见地知道变换物像发明一样以实质上相同的手段，实现了实质上相同的效果？③本领域技术人员是否会得出结论，专利权人本来的意思是将严格遵循权利要求的字面含义作为发明的必要条件？为在不构成字面侵权的情况下确认构成专利侵权，专利权人必须确定上述前两个问题的回答是"是"，而第三个问题的答案是"否"。可见，修正后的问题实质上就是等同的认定标准，在某种程度上来讲，英国最高法院在 *Eli Lilly* 案中承认了等同原则。❶

在美国，等同原则的适用是美国专利侵权判断中的一个热点问题，等同侵权理论和具体判断方法都是通过司法判例确立的。❷ *Winans* 诉 *Denmead* 案是美国等同原则的开端。1950 年的 *Graver Tank & Mfg. Co.* 诉 *Linde Air Products Co.* 案确立了等同原则在专利侵权判定中的重要作用，并明确了与认定等同的"方式/功能/效果"基本相同的标准。1997 年的 *Hilton Davis Chemical Company* 诉 *Warner - Jenkinson Company* 案❸对适用等同原则的多个问题进行了详细论述。

关于等同原则适用的方法，美国联邦最高法院在 *Hilton* 案中否定了"整体等同"，确定了"全部技术特征等同"的方法。联邦最高法院在判决中指出：对于确定专利发明的范围来说，权利要求中的每一个技术特征都是重要的，必须将等同原则适用于权利要求中的每一个特征，而不是适用于整个发明。在根据"全部技术特征等同方法"认定等同时，要看被控侵权物中是否有权利要求中的每个技术特征及其等同物，但这并不要求权利要求中的技术特征与被控侵权物中的技术特征必须是一一对应的。❹

关于认定等同的标准，在 *Hilton* 案中，美国联邦巡回上诉法院认为，认定等同侵权的根本标准是被控侵权物与专利发明之间是否具有"非实质性差异"。而在认定"非实质性差异"时，可以采用"功能、方式、效果"三一致标准，即某一特定的技术特征所起到的作用、该技术特征起作用的方式和通过该技术特征所实现的效果是否一致。美国联邦最高法院则认为，采用什么语言结构来认定等同并不重要，重要的是等同应当是技术特征之间的等同，应避免通过适用等同原则来实质上忽略权利要求中的任何技术特征。具体采用什么标准，应当根据案件的具体情况而定。*Hilton* 案之后，美国法院经常采用"三一致标准"认定等同，同时还存在其他认定标准，例如"显而易见性标准"和"可知置换性标准"。

关于禁止反悔原则的适用，美国联邦最高法院通过 *Hilton* 案和 *Festo* 案❺的判决，再次明确权利要求修改是等同原则的"弹性障碍"规则，即若权利要求在审查过程中经过修改，不能对修改的部分一概适用等同原则，而是要区分不同的情况，以确定是否适用等同原则。联邦最高法院在判决中指出：应当由专利权人承担指明在审

---

❶ 闫文军. 专利权的保护范围 [M]. 北京：法律出版社，2018：276.

❷ 李明德. 美国知识产权法 [M]. 北京：法律出版社，2003：85.

❸ *Warner - Jenkinson Company v. Hilton Davis Chemical Company*，117 S. Ct. 1040（U. S. 1997）.

❹ 闫文军. 专利权的保护范围 [M]. 北京：法律出版社，2018：157.

❺ 493 F. 3D 1368（Fed. Cir. 2007）.

查过程中对权利要求所进行的修改是由于什么原因的责任，然后再由法院判断专利权人解释的修改理由是否足以避免禁止反悔原则的适用。如果从审查档案中无法判断对权利要求的修改是出于什么原因，法院就应当推定专利权人在权利要求中加入新的限定特征是为了使其权利要求具备新颖性和非显而易见性，在这样的情况下，对该技术特征适用等同原则就要受到禁止反悔原则的限制。可见，美国联邦最高法院将不能证明修改原因的修改排除在适用等同原则的范围之外。此外，禁止反悔的适用，只是针对经过修改而放弃的内容，并不导致修改后的技术特征就完全不能再适用等同原则。❶

20 世纪 80 年代以后，日本法院出现了积极承认等同原则并将它适用于专利技术范围解释的趋势。1998 年 2 月，日本最高法院在"无限折动用滚珠花键轴承"案❷明确肯定了等同原则，并提出了适用等同原则的 5 个要件：①非本质部分，即不同的部分不是专利发明的本质部分。在认定非本质部分时，日本法院一般以说明书的记载和现有技术为基础，并参考专利申请经过和其他材料进行认定。②置换可能性，即使将被控侵权物中的不同部分与专利发明中的相应部分进行替换，也能产生相同的作用效果，并实现发明的目的。③置换容易性，即上述替换对本领域技术人员来说，在制造被控侵权物时是容易想到的。即使用申请时已经存在的技术进行置换，也不影响置换容易性的判断。④非现有技术，即被控侵权物与专利申请时的现有技术或本领域普通技术人员能够在专利申请日从现有技术容易推导出的技术并不相同。容易推导的判断对象是被控侵权物的全体。⑤特别事由，即没有诸如在专利申请过程中将被控侵权物从专利权利要求中有意识地排除的特别事由。❸

韩国法院通常遵循日本或美国的方式在具体案件中适用等同原则。

从上述各国对等同原则的适用情况可以看出，世界主要国家和地区基本上认可在侵权判定中适用等同原则，但是在具体司法实践中判断标准则各有不同。

2.3.5.2 专利包的必要性评估

从上文中所提到的各国涉及 SEP 必要性检查的司法案例来看，在 SEP 许可费诉讼、侵权纠纷中对于专利包进行必要性评估应用了不同的标准和方法。有的由利益相关方委托第三方采用特定方法进行评估，有的是直接引用第三方公开的研究报告作为证据。一般情况下，由于专利包数量往往较大，主要采用整体估算或者"抽样+个案"评估的方式，专利的抽样数量和评估标准在不同的方法应用或不同的第三方报告中也有所不同。表 2-3-1 给出了近年来不同机构出具的通信领域 SEP 评估报告的整体情况。

❶ 闫文军. 专利权的保护范围 [M]. 北京：法律出版社，2018：179.
❷ 日本最高法院 1998 年（平成 10 年）平6（才）1083 号判决书。
❸ 闫文军. 专利权的保护范围 [M]. 北京：法律出版社，2018：378-405.

表 2 - 3 - 1　第三方专利包评估报告对比

报告时间	评估机构	数据来源	评估样本	评估方式
2019 年 6 月	思保环球（CPA Global）	ETSI	9 423项专利族中选择至少有一件同族授权的3 929项专利族	每个专利族选择一件专利，与 100 个以上 R15 技术规范进行对比，确定相关性的高低程度
2020 年 5 月	Amplified & GreyB	ETSI	12 002项专利族中选取至少一件同族授权且法律状态为维持的6 402项专利族	每个专利族与标准进行对标分析
2020 年 10 月	CCI	ETSI + 国际专利文档（Inpadoc）数据库	40 703项专利族中选取至少一件同族授权的20 852项专利族；选取其中 27 家持有至少 100 个授权专利族的公司，对每个公司的专利按时间顺序抽样，抽样比例为 10.4%，共计2 166项专利族作为分析样本	每个专利族与标准进行对比，主审 + 复核双检查机制
2021 年 2 月	Iplytics	ETSI + Inpadoc 数据库	根据不同国际专利分类（IPC）/联合专利分类（CPC）分类、不同授权年份、不同3GPP组和版本等随机抽样在美国或欧洲有同族授权的 1 000项专利族	每个专利族与标准对比，技术专家和专利律师双重验证机制
2021 年 3 月	Amplified & GreyB	ETSI	18 887项专利族中选择至少有一件授权且有效的10 763项专利族	每个专利族权利要求与 700 个以上 5G 标准进行对比
2022 年 3 月	Clarivate	ETSI + 德温特专利数据库 + Inpadoc 数据库	46 322项专利族中至少有一件在五局❶之一授权的28 457项专利族	人工对比（具体评估方式尚不明确）

从上述报告来看，在数据来源选择方面，不同评估机构基本采取了 ETSI 声明的

---

❶ 五局指中国、美国、欧洲、日本和韩国的专利局。

SEP 数据作为基础，其中有的额外增加了其他数据库如 Inpadoc 数据库❶和德温特专利数据库作为补充。在评估样本选择上，基本是以至少一件同族授权且有效为样本选取标准；同时根据待分析数据量大小分别采取全部评估或抽样评估的方式。在评估方式上，基本是采取将专利权利要求与标准进行对比的方式确定专利的标准必要性，部分报告采用双检查机制，部分报告并未公开评估机制和评估专家信息，因此降低了可信度。

（1）抽样的使用

以上报告中最大人工对比数量为10 763项专利族，评估耗时费力。较为普遍的人工对比数量为千项级别，从1 000项到6 000项不等。其中一件报告中说明抽样比例为10.4%，一件报告中说明采用随机抽样的方式，但并未公开关于抽样的具体方法及抽样可信度情况。

司法实践中应用且经过法院认可的应用抽样的案例包括：在无线星球诉华为案中专家通过随机抽取的方式抽取了两种专利样本，分别为38项和30项，被认为能够得到90%的置信度；在 TCL 诉爱立信案中，专家从15个最大的专利所有者所有的专利中抽取了1/3的专利样本，共计2 600项专利族，这种抽样方式为法院和对方所认可。

（2）评估方法

上述第三方专利包评价报告中，部分报告说明了必要性评价标准和评估方法。比如 CCI 的报告中，根据 A 对应、B 部分对应、C 不对应给出必要性检查结论，只有符合结论 A 才认为是标准必要专利；Iplytics 的报告则简要给出了全映射评估标准。在司法实践中应用的方法包括更改数值比例法（Modified Numeric Proportionality Approach，MNPA）和华为专利分析法（Huawei Patent Analysis，HPA）。

1）MNPA 法

该方法在无线星球诉华为案中由无线星球采用以计算 4G SEP 的总数，以截至2014年3月12日向 ETSI 提交的所有 4G/LTE 标准 SEP 声明为基础进行判断，具体包括7个步骤。

首先在步骤1~3中，进行 SEP 声明的普查，定义和去重，得到6 619项 SEP；

步骤4：剔除无效专利及不包含美国或欧洲专利的专利家族，得到5 296项；

步骤5：分离出"核心"专利族3 377项，非核心专利族1 919项。其中，无线星球主张以2008年12月31日 LTE 第8版的确定时间为分界线，在此之后的标准必要专利均被认定为非核心专利；

步骤6：分离出手机专利族，得到核心手机专利族2 128项，非核心手机专利族1 209项；

步骤7：以16.6%作为必要性比例对上述结果进行必要性筛选，得到真正核心 LTE 手机专利族355项。

上述方法及最终结果在诉讼过程中得到修订。

---

❶ Inpadoc 数据库是欧洲专利局运营的针对全球专利文献法律状态的数据库。

2）HPA 法

该方法在无线星球诉华为案中由华为采用，以计算 2G、3G、4G SEP 的总数。同样以在 ETSI 声明的 SEP 为基础，具体包括 5 个步骤。

步骤 1：辨识和去重，统计已声明的标准必要专利数量，去重，得到 109 662 项。

步骤 2：识别未向 ETSI 明确声明的额外专利族成员，这一步骤利用公开的 Inpadoc 数据库进行，并将专利族补齐，得到 141 666 项。

步骤 3：将所有专利族分为 5 个组别。

第一组：至少有一项已授权且未到期的专利和一个英文或中文成员；

第二组：至少有一项已授权且未到期的专利，但无英文或中文成员；

第三组：仅已到期的成员；

第四组：未授权的专利；

第五组：专利族的信息无法在 Inpadoc 数据库中获得。

其中，只选定第一组进行进一步分析。

步骤 4：按标准对专利家族进行分组，得到 4G/LTE 7 077 项专利，3G/UMTS 5 158 项专利，2G/GSM 1 525 项专利。

步骤 5：进行第一组的必要性筛选。将专利权利要求与相关标准规范进行对比，如果标准规范提供了明确理由否认一项专利为必要专利，则该专利家族被视为非必要，并且对其中权利要求涉及手机端的专利进行进一步筛选，得到权利要求中涉及手机端的标准必要专利：4G/LTE 1 812 项，3G/UMTS 1 089 项，2G/GSM 350 项。

以上两种方法整体对比情况可参考表 2 - 3 - 2。

表 2 - 3 - 2　MNPA 法和 HPA 法对比

类别		方法名称	
		MNPA 法	HPA 法
数据基础		ETSI 声明的 4G SEP	ESTI 声明 2G、3G、4G SEP + in-padoc 数据库
去重后专利族数量		6 619 项	109 662 项
有效专利族筛选标准		有效且包含美国或欧洲专利的专利族	至少有一项已授权且未到期的专利和一个英文或中文同族
有效专利族数量		5 296 项	11 384 项
4G/LTE	专利族数量	3 377 项（核心）＋ 1 919 项（非核心）	7 077 项
	必要专利族筛选标准	16.60%	权利要求与标准规范进行对比
	必要专利族数量	355 项（核心）＋ 1 773 项（非核心）	1 812 项

续表

类别		方法名称	
		MNPA 法	HPA 法
3G/UMTS	必要专利族数量	324 项（参考第三方报告）	1 089 项
2G/GSM	必要专利族数量	102 项（参考第三方报告）	350 项

在无线星球诉华为案中，由于无线星球和华为分别采取了上述不同方法，得到不同结论。最终法官认为，HPA 法高估了 4G 手机 SEP 数量，而 MNPA 法得出的数量为 355 项又过低，最后折中取值 800。对于 2G 和 3G 的 SEP 总数，法院以 HPA 法计算出的最终结果为基础进行调整，最终确定 2G 手机 SEP 的总数为 154 项、3G 手机 SEP 的总数为 479 项。

基于本节对必要性检查国外司法实践的分析可知，必要性检查结果对于许可谈判的走向和许可费率的确定具有重大影响。尽管各国在法律法规上对必要性检查的适用原则基本一致，但个案差异仍然导致具体司法实践中判断标准各有不同。当前专利权人或专利许可组织、实施人、第三方专利分析机构、国家或地区的专利行政主管机构以及法院等多方参与必要性检查，其能力、资源、立场、目的各不相同，检查机制、流程、方法和标准也不透明，造成检查结果的中立性和公信力普遍不足。

2.4　国内必要性检查现状

通信领域的国际标准组织，比较有代表性的包括 IEEE、MPEG、ETSI、ITU 等。在其标准必要专利披露政策中，均以不同程度声明仅可提供标准相关的专利信息，不负责 SEP 的必要性检查。如 IEEE❶ 规定：不负责确定专利权利要求的有效性、必要性或解释；ETSI、MPEG、ITU 等规定：不负责有关标准的专利相关性和必要性的鉴定。这主要是由于声明的 SEP 数量庞大，如果对声明的每件专利都进行必要性检查需要付出大量的时间和人力成本，对于标准组织来说难以实现。

中国通信技术及产业创新发展日新月异，标准必要专利的作用在其中愈发凸显。近年来涉及中国创新主体的 SEP 诉讼纠纷日益增多，在中国法院提起的相关诉讼也在不断增长，其中大量诉讼案例与 SEP 必要性检查及认定相关。本节主要梳理了 SEP 必要性检查在中国的现状，并结合行业内的主要观点进行分析。

2.4.1　对　象

我国的行政政策、法律法规等对必要性检查对象并未进行规定。在国内司法实践中，对于单件专利的必要性检查和专利包的必要性评估均有涉及。如 2015 年 7 月西电捷通诉索尼公司案，争议焦点为专利号为 ZL02139508.X 的发明专利与 GB15629.11 -

---

❶　IEEE SA Standards Board Bylaws.

2003/XG1－2006 标准是否对应的问题。❶ 在中国的华为诉三星案中，原告、被告均引入第三方证据就双方在 SEP 专利包方面的技术实力进行了对比。

在对创新主体的调研中，大部分创新主体认为，在进行 SEP 必要性检查时，既可以对专利包的必要性进行检查，也可以对单件专利的必要性进行检查。对专利包的检查方法可以考虑包的大小，比如 100 件专利以下的包逐个检查，100 件以上的建议采取随机抽样的方式抽查。从专利区域性方面，初期可以只聚焦中国专利，坚持地域性原则以及"司法礼让"，避免不必要的争议和非议，后期可以视情况扩展至欧洲、美国等主要市场的竞争对手。考虑到分析工作量较大，初期建议仅针对独立权利要求进行必要性检查。对于同族专利，应该检查同族专利中保护范围最小的专利，如果保护范围最小的专利其必要性没有问题，则可以认定整个专利族的必要性没有问题。

2.4.2 时机和请求主体

标准发展体系是动态的，同时标准和专利的必要性也不是一成不变的。虽然专利组合不断地被评估与标准的相关性，但要求整个专利组合接受严格的必要性检查不仅不现实也是不经济的。

（1）国内行政政策

关于必要性检查时机和请求主体，我国现行法律中没有明确规定，且迄今为止还尚未出台关于标准必要专利的必要性检查的政策文件，也未实施相关的行政制度。关于必要性检查时机，我国的相关研究报告❷中提到：当实施人提出异议，认为涉案专利并非标准必要专利，或没有全面覆盖标准时，由法院对当事人存在争议的技术特征进行认定。

（2）国内司法实践

事实上，关于何时启动必要性检查，站在专利权人或实施人的不同立场上，不同的请求主体必要性检查的目的往往不同，提出的时机也有所差异。从时间维度来看，可以将 SEP 的生命周期划分为三段：SEP 前期、SEP 中期和 SEP 后期。根据 SEP 的生命周期的不同时期，对当前司法实践中 SEP 必要性检查可能的时机和请求主体进行分析。

在 SEP 前期，即标准尚未定版、权利要求仍未确权阶段，专利权人为了实现专利

---

❶ 2015 年 7 月，西电捷通在北京知识产权法院起诉索尼公司侵害其发明专利，被告索尼公司就管辖权提出异议，经北京知识产权法院和北京市高级人民法院的裁定，驳回了索尼公司的管辖权异议，且北京知识产权法院于 2016 年 2 月对索尼公司的被控侵权行为是否成立进行了审理，作出一审判决并裁定索尼公司侵权行为成立。索尼公司对北京知识产权法院的一审判决不服，于 2017 年 6 月向北京市高级人民法院提出上诉，虽然索尼公司在一审过程中对涉案专利和标准的对标性不持异议，但在上诉中，索尼公司提出"一审法院系基于涉案专利与国家相关部门联合发布的 GB15629.11－2003/XG1－2006 对应认定被诉侵权技术方案落入涉案专利保护范围，但涉案专利与 GB15629.11－2003/ XG1－2006 标准事实上不对应"，即认为涉案专利并不是标准必要专利。法院最终裁定索尼公司对涉案专利技术方案理解有误，涉案专利权利要求 1 与 GB15629.11－2003/XG1－2006 标准中的技术方案相同。

❷ 北京市高级人民法院"标准必要专利诉讼案件法律问题与对策探析"研究报告［EB/OL］.（2020－10－12）［2023－07－01］. https：//baijiahao. baidu. com/s? id=1680583549309013332&wfr=spider&for=pc.

价值的自我评估，会通过必要性检查尽量找到证明相应专利"必要（包括专利的对标性、专利产品的实施、专利权稳定等）"的证据。这时候，往往是专利权人内部的评估，和常规意义上的必要性检查有所不同。

在 SEP 中期，即标准发布后、谈判开始前这一阶段，如果对专利组合全部进行严格的必要性检查往往会导致经济上的低效率。这时，专利权人可以在专利申请入池前或者作为标准组织的成员进行标准必要专利声明时，委托第三方分析机构进行必要性检查，为专利提供价值自证。分析机构也会在对行业内的专利进行统计分析时对部分专利进行必要性检查。这些机构可以发布全局性的 SEP 必要性采样数据分析报告，作为必要性检查结果的参考。然而事实上，这些第三方分析机构通常不是独立的，其背后难免会体现支持者的意志，因此会导致其必要性检查的中立性和权威性存在不确定性（见图 2 - 4 - 1）。

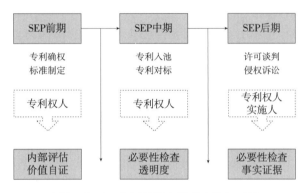

图 2 - 4 - 1　必要性检查请求主体与时机

在 SEP 后期的许可谈判阶段，从实施人角度看，许可谈判期间的必要性检查是评估专利组合价值的必要步骤，也会成为与权利人技术讨论的重要依据，通常以权利人提供的代表性专利的权利要求对照表作为判断依据。实施人为了反驳 SEP 价值，通过必要性检查尽量找到专利"不必要（不对标、产品未实施、专利不稳定）"的证据。对于有实力的实施人可以通过内部评估，即通过内部知识产权团队与技术专家、工程师一起准备专利权利要求对照表，而是否可以进行外部评估，则取决于许可谈判双方是否签订保密协议以及保密协议的具体执行策略。在这个阶段，对于不具备必要性内部评估实力的中小企业或初创企业，建议通过签订保密协议的第三方机构或中立的政府机构开展必要性检查。

在 SEP 后期的诉讼纠纷解决阶段，必要性检查通常仅针对诉讼中的专利进行，一般是针对单件专利。除非诉讼涉及费率确认，否则不会对整个专利包进行必要性检查或抽查。比如在无线星球诉华为案中，华为请汤森路透公司通过抽样分析对 2G、3G、4G 相关的真正 SEP 进行统计。这个阶段可以通过外部评估，也可以通过自行委托或申请法院委托进行。例如，在中国进行的华为诉三星案中，涉诉双方分别提交了相应的第三方证据，就双方在 SEP 专利包方面的技术实力进行了对比，用以证明己方的标准必要专利数量和标准必要专利率高于对方。必要性检查的时机通常是由实施人提出异议，认为涉案专利并非标准必要专利，或没有全面覆盖标准时，再由法院对当事人存在争议的技术特征进行认定。例如，在上述的华为诉三星案中，法院还调取了中国信通院发布的《LTE 标准必要专利评估报告》作为第三方证据用于查明原告、被告双方的真实标准必要专利数。

（3）行业主要观点

对于必要性检查的请求主体，行业内主要有两种观点：一种是只有专利权人和实施人可以请求进行专利的必要性检查，为避免不必要的资源浪费，请求主体应当限定为利益相关方；另一种观点是第三方也可以提出必要性检查请求，请求主体的限定取决于必要性审查机构的性质。除非审查机构有明确规定，否则第三方可以寻求审查机构对全行业的 SEP 进行必要性审查，目的是获取全行业 SEP 全景。统计结果可以用作计算许可费率自上而下计算法中的分子和分母，甚至可以设立挑战机制，由第三方对 SEP 必要性提出疑问并提供相应证据。

对于请求时机，于实施人而言，主要是在有 SEP 纠纷的谈判期间和诉讼期间进行必要性检查。从实施人角度来看，许可谈判期间的必要性检查是评估专利组合价值的必要步骤，也会成为与权利人技术讨论的重要依据，通常将权利人提供的代表性专利的权利要求对照表作为判断依据。分析机构对行业内的专利进行统计分析时也会启动必要性检查。我国专利权人认为，专利加入专利池之前也需要进行必要性检查。此外，在专利无效、出售、运营等节点，也可能启动必要性检查。

2.4.3 执行主体

（1）国内法律

我国现行法律中没有关于必要性检查执行主体的规定。

（2）行政规范和行业规范

我国目前尚未出台关于标准必要专利的必要性检查的政策文件，也未实施相关的行政制度。

在行业实践中，我国的必要性检查执行主体主要包括以下五种：第一种是专利权人或专利许可组织（也称为专利联盟或者专利池）；第二种是实施人；第三种是第三方专利分析机构；第四种是国家或地区的专利行政主管机构；第五种是法院。

（3）国内司法规定和案例

2020 年北京市高级人民法院发布《"标准必要专利诉讼案件法律问题与对策探析"研究报告》●，报告对必要性检查的执行主体给出指导性意见，即当实施人提出异议，认为涉案专利并非标准必要专利，或没有全面覆盖标准时，由法院对当事人存在争议的技术特征进行认定，也就是说，法院作为执行主体进行必要性检查。

在中国进行的华为诉三星案中，华为引用了包括英国调查人员协会（Assiociation of

● "标准必要专利诉讼案件法律问题与对策探析"研究报告 [EB/OL]. (2020 – 10 – 12) [2023 – 07 – 01]. https：//baijiahao. baidu. com/s？id＝1680583549309013332&wfr＝spider&for＝pc.

British Investigators, ABI) Research、日本 CCI、美国 FRI 以及丁崎教授在内的多个第三方的必要性评估报告;而三星引用了包括中国台湾地区"经济部智慧财产局"、汤森路透以及邓飞博士的必要性评估报告。法院还调取了中国信通院的《LTE 标准必要专利评估报告》,作为第三方证据用于查明原告、被告双方的真实标准必要专利数。

在中国的西电捷通诉索尼案中,法院裁定索尼对涉案专利技术方案理解有误,涉案专利权利要求 1 与 GB15629. 11 - 2003/XG1 - 2006 标准中的技术方案相同。

(4) 行业主要观点

行业内普遍认为,有些执行主体,例如独立第三方,可能受到赞助方的影响,其必要性检查结果的可信度存疑。而不同机构的必要性审查的结果很可能会有差异,这些差异往往成为许可谈判的焦点问题。从结果的效力来说,不同执行主体所出具的结果具有不同效力。司法具有终极裁决权,被认可度高是制度使然;其次为行政机关,具有较高可信度。我国现阶段,国家知识产权局、专业律师代理事务所、司法鉴定机构更适合作为执行主体。但是无论选择何种执行主体,都需要考虑检查结果在不同情况下的认可度,例如专利入池、诉讼等。结合实践,专利池认可律师的评估结果,法院认可司法鉴定机构的评估结果。

而专利权人认为,包括必要性在内的透明度问题大多是伪问题,因为真正的行内人士都清楚业界的许可情况——各大公司年报、诉讼判决、第三方报告等信息,基本可以知悉各家公司支付的专利费、专利实力水平、研发投入、标准投入、标准影响力、标准提案数等,业界基本"心知肚明"。日本特许厅的服务是可用的,但尚未有被使用的记录;此外,它只能针对日本专利进行。在采用强制性的必要性检查方式时,应谨慎行事,这可能影响到研发投资的经济性和由此产生的商业协议,并可能导致重大诉讼。必要性检查服务的地域限制也需要得到遵守。将服务强加给专利权人或技术使用者可能抑制其对标准发展的参与度。

2.4.4 机制和流程

(1) 国内行政政策和司法实践

对于标准必要专利的必要性检查,目前国内法律法规和行政政策中均未对其机制和流程提出建议或加以限制。

而在实践中,设计必要性检查的机制和流程时,为确保在规定时间内得出较为准确、公正的必要性检查结果,需要考虑的主要内容包括:必要性检查的基本操作流程步骤和每个步骤的时限要求、请求主体的资格、请求文件的形式和内容、必要性检查报告的内容和反馈形式、针对必要性检查结果的质疑程序等。

(2) 行业主要观点

关于检查机制,为提高结果的可靠性,可以借鉴司法程序,首先采取单人检查制,如对检查结果不认可,可以设置复核或者异议程序,届时采取合议制更加合适。

关于检查机制中异议程序,有观点认为没有必要设立异议程序,因为司法程序中也没有异议程序,再者从多国司法执法及商业实践中看,也没有必要;也有观点认为应当设置充分沟通和辩论的程序，不过可以视情况选择保密或公开。

关于检查机制中必要性检查结果的发布形式，应当视请求主体而有所不同，如果请求主体是专利权人，则应当有保密性要求，因为检查结果为权利人所用，是否公开是权利人的权利；如果是实施人或者第三方提出的检查请求，其检查结果可以没有保密性要求，是否公开由申请人决定。

关于检查机制中不同的检查对象，即单件专利和专利包，其必要性检查可以采用不同的方法，单个专利检查多是诉讼中充分对抗后的精细判断，专利包则属于大致判断，因此一般是根据检查对象和需求决定必要性检查的粒度和力度。

关于检查机制中检查人员的考量，目前相对被认可的是由技术专家和法律专家共同进行必要性检查。

关于检查机制下设置的检查流程，行业内一般认为有必要规范检查程序，可以参考法庭的检查程序，即专利权人首先提交权利要求和标准的对照表以及可能的解释内容，检查人员据此进行审查，如果审查初步意见对专利权人不利，可以听取专利权人的进一步解释，最后反馈审查结果。

2.4.5　标准和方法

2.4.5.1　国际标准组织对必要性检查的相关规定

尽管各国际标准组织均声明不负责 SEP 必要性检查，但是各组织均对 SEP 必要性进行了解释说明，从相关说明中可以看出各组织对单件专利必要性认定的简要标准，不涉及专利包必要性评估内容。

IEEE 规定，必要性要求在执行标准条款的强制性或者选择性部分是必要的，并且没有商业上和技术上可行的非侵犯选择；ETSI 规定，为避免对标准仅通过技术选择来执行的特殊情况的怀疑，所有申请知识产权的技术都被认为是必要的；开放有线电视应用平台（OCAP）规定，世界上现有或者未来的任何专利或者已公布的专利申请必然受到标准规范执行的侵犯，没有替代性的技术可供选择；近场通信论坛（NFC Form）规定，执行标准规格或其中的部分必然会侵犯专利权，且没有技术上可行的替代性技术的选择。

2.4.5.2　国内法律

关于必要性检查的评估标准，国内没有明确的法律规定。但是关于侵权判定原则中的权利要求保护范围的解释规则和等同原则，有以下相关的法律规定和司法解释。

我国对权利要求的解释采用"折中解释"的基本原则。我国关于专利保护范围的解释规则是以《专利法》作为基础，同时通过相关司法解释来确立的。《中华人民共和国专利法》（2020 年修正）第 64 条规定："发明或者实用新型专利权的保护范围以其权利要求的内容为准，说明书及附图可以用于解释权利要求的内容。"2009 年最高人民法院公布的《最高人民法院关于审理侵犯专利权纠纷案件应用法律若干问题的解释》第 2 条规定："人民法院应当根据权利要求的记载，结合本领域普通技术人员阅读说明书及附图后对权利要求的理解，确定专利法第 59 条第 1 款❶规定的权利要求的内容。"根据上述条款，专利权的保护范围，应当界定在本领域普通技术人员在阅读说明书及附图之后，对权利要求记载内容的理解范围之内。

关于权利要求解释的时机，历史上发展出不同的观点。在郑某俐诉精工爱普生株式会社案❷中，最高人民法院在判决中明确，专利无效行政诉讼中，权利要求的解释无须以权利要求不清楚为前提条件。此后，最高人民法院在（2012）民提字第 3 号判决中进一步明确，专利侵权纠纷中，权利要求的解释同样无须以权利要求不清楚为条件。

用于解释权利要求的资料包括：说明书、附图、权利要求书中的相关权利要求、专利审查档案、工具书、教科书等公知文献以及本领域普通技术人员的通常理解。使用说明书解释权利要求的情形主要有以下 3 种：①使用说明书解释权利要求中无普通含义的用语；②权利要求中的用语具有多种含义，通过说明书确定应当采用何种理解方式；③说明书改变权利要求用语的普遍含义。❸ 发明目的对于权利要求的解释具有指导作用，通常而言，在解释权利要求时，应采纳符合发明目的的解释。在使用相关权利要求进行解释时，一般遵循两项基本原则：①通常推定不同的权利要求具有不同的保护范围，利用这一原则，专利中其他权利要求可以用于解释有争议的权利要求用语的含义；②不同权利要求中采用的相同技术术语通常应解释为具有相同的含义。

在我国专利审查过程中，对使用功能性特征限定权利要求的限制是比较严格的，而对权利要求中所包含的功能性限定的技术特征，通常理解为覆盖了所有能够实现所述功能的实施方式。专利行政诉讼中，法院对功能性特征进行解释的标准并不统一。专利侵权诉讼中，根据我国司法解释的规定，功能性特征的范围包括说明书和附图描述的该功能或效果的具体实施方式及其等同实施方式，这一范围是功能性特征的字面范围。

2001 年 6 月，《最高人民法院关于审理专利纠纷案件适用法律问题的若干规定》公布，第一次以司法解释的形式将等同原则确定为专利侵权判断中的一项司法原则，并明确了等同原则是指技术特征的等同，并非专利技术方案的整体等同。根据该司法解释的规定，构成等同特征需要满足两个要件：一是被控侵权物中的技术特征与权利要求记载的技术特征以基本相同的手段，实现基本相同的功能，达到基本相同的效果；二是被控侵权物中的不同特征是本领域的普通技术人员无须经过创造性劳动就能够联想到的特征。等同判断的基准时间是侵权日。

2009 年之后，最高人民法院通过相继公布的与侵权专利权相关的两个司法解释，陆续明确了对适用等同原则进行限制的其他司法原则，包括：禁止反悔原则、捐献原则、全面覆盖原则、特意排除规则等。禁止反悔规则是指，当一方当事人在专利授权和无效阶段对申请文件作出修改或意见陈述，且被他人所信赖，该当事人以后就不能再否认该行为，不得在专利侵权诉讼中针对已经放弃的保护范围主张权利；捐献原则

---

❶ 对应《中华人民共和国专利法》（2020 年修正）第 64 条。
❷ 最高人民法院（2010）知行字第 53 号判决书。
❸ 闫文军. 专利权的保护范围 [M]. 北京：法律出版社，2018：448 – 450.

源自美国，基本含义是，对于仅在说明书中进行描述而未记载在权利要求中的技术方案，视为专利权人将其捐献给社会公众，权利人不得在专利侵权诉讼中主张上述已经捐献的内容属于等同特征所确定的范围❶；全面覆盖原则是指如果被控侵权产品包含了专利权利要求中记载的全部技术特征，则落入专利权的保护范围。特意排除规则是指，从专利权利要求的保护范围中被特意排除的技术方案，专利权人不得再主张构成等同范围。

由于 SEP 必要性检查日益凸显重要作用，国内也已开展相关研究。其中一项研究❷指出，判断原告请求保护的专利是否属于标准必要专利，需要确定该专利所保护的技术方案与标准是否具有对应性。判断二者是否具有对应性，就是将专利所保护的技术方案与标准中的相关技术内容进行比对。就比对方法而言，应当通过逐一比对涉案专利权利要求和技术标准文句对应表来判断涉案专利权利要求与纳入标准的技术方案之间的对应性以及确定该技术方案是必选还是可选，进而认定某项专利是否属于真正的标准必要专利。对于专利包必要性评估尚未涉及。

2.4.5.3 国内行政规范及行业规范

2009 年国家标准化管理委员会公布了《涉及专利的国家标准制修订管理规定（暂行）（征求意见稿）》，其中规定"国家标准中涉及的专利技术应是实施该项标准必需的技术，且不存在拒绝涉及该专利的实质性理由"。

2010 年国家质量监督检验检疫总局和国家标准化管理委员会发布了《国家标准涉及专利的处置规则（征求意见稿）》，其中将"必要专利"定义为："实施标准时，无法通过采用另一个商业上可行的不侵权的实施方式来避免该专利的某一权利要求被侵犯的专利"。

2014 年 1 月 1 日实施的《国家标准涉及专利的管理规定（暂行）》规定："国家标准中涉及的专利应当是必要专利，即实施该项标准必不可少的专利。"

以上文件都对标准必要专利相关问题进行了规范。

在行业实践中，必要性检查中所采用的权利要求保护范围的解释规则和等同原则与侵权判定基本保持一致。实践中并未超出普通专利的侵权理论，会同时考虑字面对应、经解释后对应等原则。

2.4.5.4 国内司法实践

（1）单件专利必要性检查

对于单件专利的必要性检查，国内有代表性的案例是西电捷通诉索尼案❸。

2015 年 7 月，西电捷通在北京知识产权法院起诉索尼侵害其发明专利，被告索尼就管辖权提出异议，经北京知识产权法院和北京市高级人民法院的裁定，驳回了索尼的管辖权异议，且北京知识产权法院于 2016 年 2 月对索尼的被控侵权行为是否成立进

---

❶ 闫文军. 专利权的保护范围 ［M］. 北京：法律出版社，2018：492.
❷ "标准必要专利诉讼案件法律问题与对策探析" 研究报告 ［EB/OL］.（2020 - 10 - 12）［2023 - 07 - 01］. https：//baijiahao. baidu. com/s？id = 1680583549309013332&wfr = spider&for = pc.
❸ 北京市高级人民法院（2017）京民终 454 号民事判决书.

行了审理，作出一审判决并裁定索尼侵权行为成立。索尼对北京知识产权法院的一审判决不服，于 2017 年 6 月向北京市高级人民法院提出上诉，虽然索尼在一审过程中对涉案专利和标准的对标性不持异议，但在上诉中，索尼提出"一审法院系基于涉案专利与国家相关部门联合发布的 GB15629.11 – 2003/XG1 – 2006 对应认定被诉侵权技术方案落入涉案专利保护范围，但涉案专利与 GB15629.11 – 2003/XG1 – 2006 标准事实上不对应"，即认为涉案专利并不是标准必要专利，对于上诉请求，北京市高级人民法院通过审理最终认定涉案专利属于标准必要专利，从北京市高级人民法院对该涉案专利的标准必要性认定过程可以看出司法实践中的判断标准。

1）涉案专利及对应标准

涉案专利的名称为"一种无线局域网移动设备安全接入及数据保密通信的方法"，专利号为 ZL02139508.X，该发明专利于 2002 年 11 月 6 日提出申请，2005 年 3 月 2 日授权公告，涉案专利共有 14 项权利要求，西电捷通在侵权中主张权利要求 1、2、5、6，其中独立权利要求 1 的内容如下。

一种无线局域网移动设备安全接入及数据保密通信的方法，其特征在于，接入认证过程包括如下步骤：

步骤一，移动终端 MT 将移动终端 MT 的证书发往无线接入点 AP 提出接入认证请求。

步骤二，无线接入点 AP 将移动终端 MT 证书与无线接入点 AP 证书发往认证服务器 AS 提出证书认证请求。

步骤三，认证服务器 AS 对无线接入点 AP 以及移动终端 MT 的证书进行认证。

步骤四，认证服务器 AS 将对无线接入点 AP 的认证结果以及将对移动终端 MT 的认证结果通过证书认证响应发给无线接入点 AP，执行步骤五；若移动终端 MT 认证未通过，无线接入点 AP 拒绝移动终端 MT 接入。

步骤五，无线接入点 AP 将无线接入点 AP 证书认证结果以及移动终端 MT 证书认证结果通过接入认证响应返回给移动终端 MT。

步骤六，移动终端 MT 对接收到的无线接入点 AP 证书认证结果进行判断；若无线接入点 AP 认证通过，执行步骤七；否则，移动终端 MT 拒绝登录至无线接入点 AP。

步骤七，移动终端 MT 与无线接入点 AP 之间的接入认证过程完成，双方开始进行通信。

上述专利涉及的标准为国家质量监督检验检疫总局发布的 GB15629.11 – 2003、GB15629.11 – 2003/XG1 – 2006 标准，后者对前者国家标准中涉及无线局域网安全的部分进行了修改，标准涉及具体部分为 GB15629.11 – 2003/XG1 – 2006 标准的第 8.1.4.2 节证书鉴别过程，流程和标准内容（因标准内容较细，仅体现和涉案专利步骤相关部分）如图 2 – 4 – 2 所示。

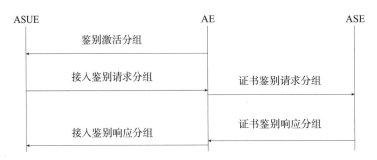

图2-4-2 GB15629.11-2003/XG1-2006标准第8.1.4.2节的证书鉴别过程

图2-4-2显示了AE向ASUE发送鉴别激活分组激活ASUE进行双向证书鉴别；当ASUE接收到由AE发送的鉴别激活分组时，ASUE生成并发送接入鉴别请求分组给AE；若接入鉴别请求分组中的标识FLAG指示要进行证书验证或AE自己需要进行证书验证，AE向ASE发送证书鉴别请求分组；ASE在收到证书鉴别请求分组后，进行如下处理：ASE参照RFC3280验证STA$_{AE}$证书和STA$_{ASUE}$证书，根据验证结构，构造证书鉴别响应分组，发往AE，证书鉴别响应分组中包括证书的验证结果字段，字段中的第一个证书及结果对应STA$_{ASUE}$证书，第二个证书及结果对应STA$_{AE}$证书；AE收到证书鉴别响应分组后，AE查找自身所信任的ASUE签名，验证其签名，若不正确，则丢弃，然后如果ASUE证书鉴别结果成功，则生成下一次证书鉴别过程中的鉴别标识并保存，然后设定接入结果为成功，构造接入鉴别响应分组发送给ASUE，若ASUE证书鉴别结果不成功，AE设定接入结果为不成功，接入鉴别响应分组中包括接入结果和AE的签名字段；ASUE收到接入鉴别响应分组后，验证AE的签名是否正确，若不正确，则丢弃该接入鉴别响应分组。

2）双方争议焦点及抗辩

对涉案专利与标准是否对标，双方的争议焦点主要在于：一是标准在权利要求1的步骤一之前多了一个步骤。权利要求1的步骤一是"移动终端MT将移动终端MT的证书发往无线接入点AP提出接入认证请求"，而标准中是先由AE向ASUE发送鉴别激活分组激活ASUE进行双向证书鉴别；当ASUE接收到由AE发送的鉴别激活分组时，ASUE生成并发送接入鉴别请求分组给AE，也就是说标准中在步骤一之前多了一个发送鉴别激活分组的步骤。二是对权利要求①的步骤四的理解存在分歧。权利要求4的步骤四是"认证服务器AS将对无线接入点AP的认证结果以及将对移动终端MT的认证结果通过证书认证响应发给无线接入点AP，执行步骤五；若移动终端MT认证未通过，无线接入点AP拒绝移动终端MT接入"，关于其中"执行步骤五"是在所有情况下都执行，还是仅在MT认证通过时才执行步骤五，双方存在不同的理解。

索尼认为：专利步骤一中，MT主动地向AP发出WAPI接入请求，而标准中，MT被动地响应于AP的激活指令后，向AP发出WAPI接入请求，主动和被动不同。专利步骤三中，若AS对MT的认证不通过，则经过步骤四（AS将对MT的认证结果发送给AP）和步骤五（AP将对MT认证结果转发给MT），仍然会执行步骤六及步骤七，即

MT 仍然会对 AP 的认证结果进行判断以确定是否连接 AP；标准中，在 MT 通过步骤五获知 MT 未被通过时，MT 不再对 AP 认证结果进行判断，因此不执行专利的步骤六和步骤七。

西电捷通认为：索尼所声称的"鉴别激活分组"的步骤是在涉案专利权利要求 1 步骤一之前额外增加的步骤，权利要求 1 并没有对应步骤。"鉴别激活分组"实际上是标准为互联互通而增加的统一性的辅助步骤，而涉案专利并没有对于如何启动鉴别进行限定，或者说涉案专利实际上包含了所有可能的启动鉴别的方式。从涉案专利没有限定的角度而言，标准中的"鉴别激活分组"步骤实际上也是包含在权利要求 1 的保护范围。关于涉案专利步骤五、步骤六、步骤七，索尼对标准中的相关步骤理解是片面的，而且比对方式错误。

3）法院认定

法院认为❶，判断涉案专利属于标准必要专利需要对涉案标准中的技术方案是否全面覆盖涉案专利权利要求 1 进行认定，也就是仅需认定涉案专利上述争议的技术特征与标准中技术方案中的相应技术特征是否相同或等同。

对争议焦点一，涉案专利权利要求 1 记载为"移动终端 MT 将移动终端 MT 的证书发往无线接入点 AP 提出接入认证请求"，其中，权利要求 1 并未明确提出接入认证请求是 MT 主动还是被动。根据 GB15629.11－2003/XG1－2006 标准第 28 页"8.1.4.2.1 鉴别激活分组"及"8.1.4.2.2 接入鉴别请求分组"所记载的内容，无线接入点 AE 向移动终端 ASUE 发动鉴别激活，数据字段包括无线接入点 AP 证书。移动终端 ASUE 向无线接入点 AE 发动接入鉴别请求数据字段，数据字段包括移动终端 ASUE 的证书、随机字符串。因此，权利要求 1 步骤一对应的是"8.1.4.2.2 接入鉴别请求分组"部分内容。"8.1.4.2.1 鉴别激活分组"系"8.1.4.2.2 接入鉴别请求分组"的前一步骤。在上述标准内容中均未明确说明移动终端 MT 将移动终端 MT 的证书发往无线接入点 AP 提出接入认证请求系主动还是被动。而且在涉案专利说明书并未明确记载移动终端 MT 主动将其证书发往无线接入点 AP 提出接入认证请求的前提下，无论主动或被动，均与步骤一相同。索尼关于涉案专利步骤一与标准相应技术特征的理解有误。

对争议焦点二，根据涉案专利权利要求 1 步骤四至步骤七，认证服务器 AS 将对无线接入点 AP 的认证结果以及将对移动终端 MT 的认证结果通过证书认证响应发给无线接入点 AP，若移动终端 MT 认证未通过，无线接入点 AP 拒绝移动终端 MT 接入；无线接入点 AP 将无线接入点 AP 证书认证结果以及移动终端 MT 证书认证结果通过接入认证响应返回给移动终端 MT；移动终端 MT 对接收到的无线接入点 AP 证书认证结果进行判断；若无线接入点 AP 认证未通过，移动终端 MT 拒绝登录至无线接入点 AP。根据上述内容，步骤四中针对的是移动终端 MT 认证未通过，无线接入点 AP 拒绝移动终端 MT 接入；而步骤六针对的是无线接入点 AP 认证未通过，移动终端 MT 拒绝登录至无线接入点 AP。换言之，只要移动终端 MT 或无线接入点 AP 有一个认证未通过，则不会

---

❶ 北京市高级人民法院（2017）京民终 454 号民事判决书。

执行步骤七。而且如果移动终端 MT 认证未通过，则不会进行后续步骤，无线接入点 AP 直接拒绝移动终端 MT 接入。根据上述分析，索尼对步骤三中 AS 对 MT 的认证不通过而导致的后续步骤理解有误。根据 GB15629.11 – 2003/XG1 – 2006 标准第 31 页 "8.1.4.2.4 证书鉴别响应分组" 部分记载，如果移动终端 ASUE 的证书认证未通过，无线接入点解除与移动终端的链路验证，即拒绝移动终端接入。该步骤记载内容与权利要求 1 步骤四 "若移动终端 MT 认证未通过，无线接入点 AP 拒绝移动终端 MT 接入" 相同。

综上，法院裁定索尼对涉案专利技术方案理解有误，涉案专利权利要求 1 与 GB15629.11 – 2003/XG1 – 2006 标准中的技术方案相同。

可见，在上述涉案专利是否属于标准必要专利的认定中，对争议焦点一，法院认定尽管标准比专利的方法步骤一之前存在多余的步骤，但不影响专利必要性的认定，因为标准落入专利的范围内；对争议焦点二，涉及对权利要求范围的解释，法院通过对权利要求解读并与标准比较，得出两者相同的结论。

（2）专利包的必要性评估

对专利包的必要性评估，国内比较有代表性的案例是华为诉三星案。

原告华为就被告三星侵犯专利号为 ZL201010137731.2 的中国专利开展了专利诉讼，在诉讼中，原告、被告双方通过引入第三方证据的方式就双方的技术实力进行了对比。

1）华为引入的评价专利包价值的第三方证据

华为引入的证据包括：

① 三份 ABI Research 研究报告，用以证明 2005 ~ 2015 年，3GPP 所采纳的提案数华为要多于三星

该三份报告包括 2011 年的《LTE 知识产权评估——标准制定视角》研究报告，报告分析的技术规范包括 3GPP RAN1、3GPP RAN2、3GPP RAN3 等领域。该报告在获批采纳的提案数方面的结论为：2005 年至 2011 年上半年，LTE RAN 标准获批采纳的提案总数中，华为的总数为 398.23，三星的总数为 288.20，在获批提案数排名前 15 位的公司中，华为排名第三，三星排名第六。

2013 年 ABI Research 出具《3GPP 内部标准引领地位》研究报告，报告分析的技术规范包括 RAN：RAN1、RAN2、RAN3、RAN4、RAN5，SA：SA1、SA2、SA3、SA4、SA5，CT：CT1、CT3、CT4。在这些技术规范中，华为获批的提案数为 4582，三星为 855，华为排名第二，三星排名第九。

2016 年 ABI Research 出具《3GPP 组织中 LTE 标准领导地位和终端标准必要专利组合分析》研究报告，其着眼于所有工作组中被采纳的提案，但特别关注了涉及终端设备使用的 LTE 技术的六个工作组。报告分析的技术规范包括 RAN：RAN1、RAN2、RAN3、RAN4、RAN5，SA：SA1、SA2、SA3、SA4、SA5，CT：CT1、CT3、CT4，认为在上述技术规范中，华为获批采纳的提案数为 6596，三星的提案数为 1324，华为排名第二，三星排名第七；在 3GPP 中 6 个与终端设备密切相关的工作组中，华为获批采

纳的提案总数为 3630，三星的提案数为 834，华为排名第二，三星排名第八。

② 日本 CCI 的研究报告，用于证明华为的真正标准必要专利数要多于三星

2012 年 CCI 发布了《向 ETSI 声明的 LTE 必要专利评估》的研究报告，该研究报告显示，在所有统计的公司中，三星声明的标准必要专利的数量为 652 族，占声明比例的 11%；华为声明的标准必要专利的数量为 603 族，占声明比例的 10.2%；分别排在第二和第三位。研究人员采用抽样评估方法得出必要专利的数量，研究机构选取三星的专利样本为 174 个，选取华为的专利样本为 161 个，经过评估，以声明专利为基数的标准必要专利的比例，三星为 43.7%，华为为 45.3%。经估算，三星必要专利的数量为 233 族，占总数的 7.7%，华为必要专利的数量为 273 族，占总数的 9%。

③ FRI 的研究报告，用于证明华为经必要性检查后的标准必要专利数要多于三星

2009 年 FRI 研究机构发布了《声明对 WCDMA 标准必要的专利（截至 2008 年 12 月）评估》的研究报告，该报告针对华为的 111 项声明的标准必要专利族进行了必要性检查，其中认为 51 项专利族为必要和可能必要专利（必要专利和可能必要专利的比例为 46%）；三星合计被研究的 103 项声明的标准必要专利族，认为 15 项专利族为必要专利和可能必要专利（必要专利和可能必要专利的比例为 15%）。

④ 丁峙教授的专家报告，用于证明华为经必要性检查后的标准必要专利数多于三星，华为的必要专利率要大大高于三星

该专家报告依据汤森路透公司的数据（以下简称"TR 数据"）作出，该报告指出，根据 TR 数据，在 4G/LTE 领域，分析结果发现全球声明标准必要专利族总共有 7077 个专利族，其中 2535 个被认定为标准必要专利。华为拥有 711 个声明标准必要专利族（占总数 10%），其中 356 个被认定为标准必要专利（占总数 14%），华为必要专利率为 50%。三星拥有 791 个声明 LTE 专利族（占总数 11%），其中 196 个被认定为标准必要专利（占总数 8%），三星必要专利率为 25%。

2）三星引入的评价专利包价值的第三方证据

三星引入的证据包括：

① 中国台湾地区"经济部智慧财产局"2014 年度的《专利趋势分析结案报告》，用于证明三星声明的 SEP 族数更多

报告指出，4G LTE SEP 族数中，三星为 652 族，华为为 602 族，分别占 4G LTE SEP 族数的 11.0% 和 10.2%。

该报告中还公开对比 TS36 主要的标准（包括 TS36.211、TS36.212、TS36.213、TS36.321 以及 TS36.331）获得通过提案的件数，显示华为和华为子公司海思（Hisilicon）的提案总和远远高于三星，与爱立信并驾齐驱，三星提供的证据也与华为引入的 ABI 报告关于提案数的统计相互印证。

② 两份汤森路透报告，用于证明三星的真正标准必要专利数要高于华为

汤森路透于 2014 年 8 月 20 日发布了《LTE 标准的专利分析最终版演示材料》，该报告对每个专利进行评级，其中，A 级被认定为与 LTE 标准高度相关/必要；B 级被认定为与 LTE 标准相关，但可能不是必要的或可能在未来是必要的；C 级被认为和 LTE

标准相关，但是不太可能是必要的；D级被认为与LTE标准无关。报告认为，三星专利1008件，LTE标准高度相关/必要的有292件，比例为28.97%；华为专利422件，LTE标准高度相关/必要的有118件，比例为27.96%。汤森路透于2015年7月28日发布的《LTE标准的专利分析》指出，在其分析的2 660件美国授权专利中，三星专利512件，LTE标准高度相关/必要的有230件，比例为44.92%；华为专利8件，LTE标准高度相关/必要的有3件，比例为37.5%。

③ 邓飞博士的专家报告，用于证明三星的专利价值更高

该报告指出，衡量专利价值的指标是该专利的"前向引用"次数，通常专利越重要、价值越高，则其产生的以及与其相关的未来创新也越多，因而被引次数也越多。该报告分析显示：将三星和华为各自的LTE标准必要专利的被引用次数按照各专利的年龄调整后，三星被引用的总次数大于华为。三星平均每项专利在有效期内被引用34.3次，而华为平均每项专利被引用14.3次。因此，华为的LTE标准必要专利以被引用次数为指标，其强度或价值低于三星。

3）法院调取的第三方证据

除了原告、被告双方所提交的证据之外，法院调取的第三方证据为：中国信通院的《LTE标准必要专利评估报告》，将其作为第三方证据用于查明原告被告双方的真实标准必要专利数。

报告选取2013年1月1日至2015年8月31日声明的已授权专利族作为标准必要专利评估对象，对每个专利族选择一篇授权专利进行判定，此授权专利选择的顺序按照美国授权专利、欧洲授权专利、中国授权专利、其他英语国家授权专利进行。标准必要专利判定原则为全面覆盖原则。报告共选取了共计一千多件专利，并据此估算LTE必要专利整体分布。仅选择了有英文或中文的授权专利族评估，未评估无英文或者无中文授权专利族。

报告认为，在4G/LTE标准必要专利声明中，华为的标准必要率要大大高于三星。

同时，报告对中国法域下的4G/LTE标准必要专利进行了必要性评估，因此，在中国法域下，华为的标准必要专利数要明显高于三星。

4）法院认定

法院根据上述证据，从双方在3GPP国际标准组织中被采纳的获批提案数的视角，双方在ETSI所声明的标准必要专利的数量和评估为标准必要专利的数量视角，以及双方在其所在法院互诉标准必要专利侵权案件的视角，得出双方所拥有的LTE标准必要专利的实力、双方所拥有的3G/UMTS和4G/LTE标准必要专利的实力和双方标准必要专利的实力，认为在全球范围内，华为和三星在3G/4G的标准必要专利的实力相当，但在中国法域内，华为在3G/4G标准必要专利的实力要强于三星。

通过华为诉三星案中引入的第三方证据可以看出，各第三方报告关于标准必要专利的抽样数量和评价标准有所不同。

关于抽样数量，从上述报告可以看出，通常的必要性检查的抽样中较为合理的数量是几百件，以此来平衡评价结果的可信度和必要性检查的工作量。从上述第三方专

利包的对比情况来看，汤森路透的报告是分析专利数量最多的，达到了上千件。但是，通常情况下，必要检查的精细程度越高，其抽样的数量越少，各不同第三方调查机构同时也会根据其必要性检查的精细程度，适当调整抽样的数量。

关于必要性评价标准，虽然上述第三方专利包评价报告中，除了汤森路透的报告，多数报告并未明确说明必要性评价标准。汤森路透公司的报告较为完整地展示了必要性评价的基准，其对每个专利进行评级，并对每个专利分级为 A ~ D 四个等级，其中，A 级被认定为与 LTE 标准高度相关/必要；B 级被认定为与 LTE 标准相关，但可能不是必要的或可能在未来是必要的；C 级被认为和 LTE 标准相关，但是不太可能是必要的；D 级被认为与 LTE 标准无关。

由于汤森路透区分了四个等级，并且在 B 级和 C 级限定了可能或不太可能是标准必要专利这种概然性规定，因此在进行必要性检查时，上述标准在一定程度上降低了实施主体评估每件案件的精细度。

由此可知，当前我国尚未在行政层面对必要性检查进行规范和指引，司法层面也未有直接明确的法律规定。而中国作为新兴的高科技阵地与市场，国内创新主体大多属于实施人阵营，对国家层面的必要性检查规范与指引有较高的需求。

2.5　必要性检查相关指引探索

基于上文对 SEP 必要性检查国内外现状分析可知，当前 SEP 必要性检查正处于各方积极参与、尚未统一标准的关键时期。

（1）欧洲、日本、韩国竞相发布必要性检查指引或报告

从行政层面来看，世界主要国家和地区中除了美国主要通过司法判例对必要性检查进行方向性指引以外，欧洲、日本和韩国均出台了必要性检查的相关政策，对必要性检查的检查对象、请求主体和时机、执行主体、检查机制和流程、检查标准等进行了不同程度的规范或指引。其中日本已经推出了以日本特许厅为检查机构的必要性检查服务，欧洲 2023 年 4 月发布文件确认，欧盟知识产权局（EUIPO）将承担必要性评估。目前中国尚未在行政层面对必要性检查进行必要指引。

（2）当前必要性检查过程的透明性、检查结果的中立性和公信力普遍不足

从司法实践层面来看，中国、美国、欧洲均是 SEP 诉讼高发地，一般性的必要性检查结果并不具备法律约束力，主要以法院最终认定为准。当前多方参与必要性检查，其检查机制、流程、方法和标准的公开透明性仍显不足，必要性检查的执行主体的中立性和公信力参差不齐。

（3）必要性检查成本高、难度大，不同创新主体诉求各有侧重

从行业主要观点来看，专利持有人普遍认为在不涉及谈判纠纷的情况下，无须对声明的 SEP 进行必要性检查，但是对纠纷中涉及的必要性检查仍有需求；而作为利益相关方的实施人则更加认可必要性检查的作用。国内创新主体大多属于实施人阵营，根据最新数据显示，华为、中兴、OPPO、小米等企业成为世界上主要 SEP 诉讼的被诉

方，同时少量企业，如华为、中兴作为专利权人，具有一定的国际、国内 SEP 许可谈判和诉讼的经验。在 SEP 实践中，由于标准覆盖领域广、技术人员水平要求高，必要性检查实施成本高、评估难度大，导致中小企业和初创企业难以支撑必要性检查。

因此，当前对标准必要专利的必要性检查进行规范和指引意义重大。本节基于本章第一节提出的必要性检查的五个关键问题，即检查对象、请求主体和时机、执行主体、检查机制和流程、检查标准和方法，逐一地进行分析研究和探索。

2.5.1 对象

世界主要国家和地区都积极参与必要性检查规则制定，并针对不同的必要性检查对象出台了相关政策对其进行规范或指引。日本主要是立足于单件标准相关专利的必要性检查，而韩国、欧盟的必要性检查对象除了单件标准相关专利，还包括数量较大的标准相关专利包。

事实上，在各国司法实践中，标准相关专利的检查对象包括专利包和单件专利。尤其是随着侵权纠纷频发，对 SEP 组合的强度进行评估，包括必要性和有效性等信息在评估争议双方实力的过程中十分必要。前期调研中，我国大部分创新主体也认为无论是单件专利还是一定数量的专利包都应纳入必要性检查的范围。

单件专利的必要性检查和专利包的必要性评估，在检查时机、请求主体、检查机制、流程及评标准方面均有所不同。因此，根据当前 SEP 必要性检查国内外发展现状及业内主要观点，中国若开展必要性检查相关工作，需紧密结合实际需要，将单件专利和专利包均列为必要性检查的对象，并进行相应指引。

2.5.2 时机和请求主体

目前，世界范围内并没有对必要性检查的时机作出明确限制。行政政策层面，大部分国家或地区认为需要在合适的时间点对标准相关专利进行必要性详细检查，日本特许厅发布的 Hantei 系统则要求双方必须声明存在争议时才可提出必要性检查，也就是说，如果一方否认存在争议，则必要性检查请求是不会被接受的。而在司法实践中，往往是在许可谈判或侵权诉讼纠纷中对相关专利提出必要性检查。

主要国家和经济体行政层面和司法实践中通常请求主体为利益相关方，但欧盟也提出允许第三方提出请求。对比主要国家和经济体关于必要性检查的行政政策文件中关于请求主体的相关内容不难发现，必要性检查主体往往是利益相关方，欧盟在相关政策文件❶中也提出了可以允许其他第三方提出必要性检查请求。在司法审查中，必要性检查往往作为专利许可合同的违约、许可使用费纠纷或专利侵权纠纷中的证据或违约抗辩的事实基础而提出，这时请求主体一般为产生纠纷的利益双方。

是否将请求主体扩大至第三方，不同阵营各执一词。在对创新主体的调研过程中，

---

❶ BEKKERS R，HENKEL J，MASTUR E，et al. Pilot study for essentiality assessment of Standard Essential Patents [EB/OL]. [2022 – 11 – 20]. https：//publications. jrc. ec. europa. eu/repository/handle/JRC119894.

有观点认为，为建立有效、透明的 SEP 数据库，鼓励权利人披露真实的 SEP，应该允许第三方主体对 SEP 的有效性、真实性以及对应性提出必要性检查，进一步地，可以设立挑战机制，允许第三方包括高校、科研院所、竞争公司等社会公众，对已有 SEP 必要性提出疑问并提供相应证据。当然也有不同观点认为，如果必要性检查的请求主体不限于利益相关方，这将对专利权人或者许可谈判过程造成非正常干扰，给专利权人带来过重负担，为避免不必要的资源浪费，不建议接受无任何正当利益的第三方提出的必要性检查申请。

实践中第三方可能选择其特别关注的专利提出必要性检查，例如，专利权人声明为标准必要专利，但是第三方持否定意见，通过识别出真正的标准必要专利，可以合理估算出专利权人的实际贡献值，并为确定合理的许可费率提供基础数据。事实上，基于专利文本的公开性，第三方可以通过分析机构自主获得信息，对行业性内标准相关专利进行必要性检查，目的是获取全行业 SEP 全景。必要性检查的统计结果可以用作许可谈判过程中许可费计算时自上而下计算法的分子和分母。

综上所述，如我国开展必要性检查相关工作，对必要性检查请求主体和时机不宜进行过多限制。可以基于 SEP 生命周期对必要性检查请求主体和时机进行区分。在 SEP 前期（标准尚未定版、权利要求仍未确权），一般由专利权人进行内部评估作为专利价值自证，并非常规意义的必要性检查；在 SEP 中期（标准发布后、谈判开始前），专利入池或必要性声明时，可由权利人提出必要性检查；在 SEP 后期（标准必要专利的许可和诉讼阶段），利益相关方是目前司法层面公认的请求进行必要性检查的适格主体，而其他非利益相关方也可以基于商业考虑向第三方机构提出必要性检查请求或自行开展必要性检查。

2.5.3　执行主体

本章第 2.2 ~ 2.4 节中已经对主要国家和地区行政政策和司法判定中涉及必要性检查执行主体的内容进行了梳理和分析，再结合现有许可实践情况可以发现，每种执行主体都有各自的特点和所适用的场景。在当前必要性检查普遍属于市场行为、不具备法律效力的情况下，在 SEP 的不同时期，可以根据必要性检查的目的以及自身所拥有的不同能力和资源，选择合适的执行主体。包括如下五种。

（1）专利权人或专利许可组织（包括专利联盟或者专利池）

在 SEP 中期，即标准发布后，谈判开始前这一阶段，如果具备充分资源（例如，拥有能够胜任必要性检查的技术专家和法律专家等），专利权人可以自行开展必要性检查，为将来的许可谈判做准备，或者为加入许可专利池提供专利价值自证；专利许可组织也可以自行开展必要性检查，以此来构建完善而强有力的专利组合，从而为将来的许可谈判做准备。

（2）实施人

在 SEP 后期的许可谈判期间或者诉讼纠纷解决期间，实施人为了否定侵权事实的存在，或者否定专利的价值以降低许可费率，通常会通过必要性检查尽量证明专利不是标准必要的。如果具备充分资源（例如，拥有能够胜任必要性检查的技术专家和法律专家等），实施人可以自行开展必要性检查。

（3）第三方专利分析机构

在 SEP 中期，专利权人如果不具备充分资源，或者认为对全部专利组合进行严格的必要性检查会导致经济上的低效率。这时，专利权人可以委托第三方专利分析机构进行必要性检查，为将来的许可谈判做准备，或者为加入许可专利池提供专利价值自证；专利许可组织也可以委托第三方专利分析机构进行必要性检查，以此来构建完善而强有力的专利组合，为将来的许可谈判做准备。

在 SEP 后期的许可谈判期间或者诉讼纠纷解决期间，实施人如果不具备充分资源，可以通过专利分析机构开展必要性检查。如果专利权人要求与实施人签订保密协议，实施人应当尽可能在保密协议中保留通过第三方机构开展必要性检查的权利。

（4）国家或地区的专利行政主管机构

国家或地区的专利行政主管机构具备足够的公信力和权威性，不会倾向任何一方。专利行政主管机构拥有数量庞大、技术领域全面、兼具技术和法律背景的审查员，不仅可以胜任单件 SEP 的必要性检查，而且还可以胜任专利包的必要性检查。由专利行政主管机构进行必要性检查可以保证结果的公正性，同时也具备较高的技术可行性。因此，由行政机构在适当的时机提供必要性检查服务也可作为一个可选项。在 SEP 中期，专利权人如果不具备充分资源，或者认为对全部专利组合进行严格的必要性检查会导致经济上的低效率，则可以委托开展服务的行政机构进行必要性检查，为将来的许可谈判做准备，或者加入许可专利池提供专利价值自证。

在 SEP 中期，如果不具备充分资源（例如，拥有能够胜任必要性检查的技术专家和法律专家等），专利许可组织也可以委托开展服务的行政机构进行必要性检查，为将来的许可谈判做准备。

在 SEP 后期的许可谈判期间或者诉讼纠纷解决期间，实施人如果不具备充分资源，可以通过开展服务的行政机构开展必要性检查。如果专利权人要求与实施人签订保密协议，实施人应当尽可能在保密协议中保留通过第三方机构开展必要性检查的权利。

在 SEP 后期的诉讼纠纷解决期间，法院可以指定开展服务的行政机构进行必要性检查。

（5）法　院

在 SEP 后期的诉讼阶段，法院可以直接采用专利权人和实施人提交的必要性检查结果，也可以作为执行主体，基于相关事实和证据进行必要性检查。

2.5.4　机制和流程

在世界范围内标准必要专利实施或诉讼的主要国家和地区的司法实践中均涉及针对标准必要专利的必要性检查，但除日本外的其他国家和地区还未发布统一规范的必要性检查机制，这种复杂的情形造成必要性检查结果的独立性和公信力普遍不足。而国内现有的标准组织同样缺少一个制度化的外部独立评估组织和机制，造成标准制定组织内部不同权利人之间长时间谈判的内耗，虽然某些标准制定组织的工作过程中也会聘请外部专家或外部机构充当技术评估人进行技术事实的认定，但是这种临时性措施因为没有完善的制度设计作保障，不能成为一套行之有效的机制，其结果的权威性不能服众，也会造成谈判周期的延长。

现有的必要性检查机制包括独立评估人机制、双人检查机制或多人合议机制。其中，独立评估人机制由于其没有复核的程序因而极易导致结果不够准确；双人检查机制采用主审加复核机制；多人合议制采用多人进行合议的形式来保证结果的准确性，但由于没有权威的机制来发布认定结果，也不能保证必要性检查结果的公信力。因此若对标准必要专利的必要性检查机制进行规范，应力求在检查结果准确性的基础上保障检查结果的独立性和权威性，尽量从源头上解决 SEP 纠纷，加快谈判进程，从机制规范上提高必要性检查结果的公信力，从流程指引上保障必要性检查结果的准确性。

基于此，本节示例性提出一种能够尽可能保障必要性检查结果准确性和公信力的必要性检查机制，称为"必要性双保障机制"，拟从制度上保障针对单件标准必要专利或针对专利包进行必要性检查时公正、有效和准确。

该必要性双保障机制在横向上可通过具有公信力的主评机构和具备技术事实认定的辅评检察官协调检查来实现横向双保障，其中主评机构本着独立、公平的原则负责机制整体上的组织和管理；在纵向上通过单件专利两名辅评检察官背靠背检查的方式实现必要性检查结果的纵向双保障。其中可以由主评机构根据两组辅评检查官给出的必要性检查结果最终确定所针对的标准必要专利的必要性认定结果。本节所定义的必要性双保障机制如图 2-5-1 所示。

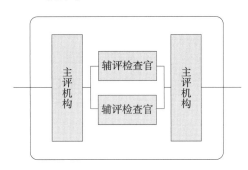

图 2-5-1　必要性双保障机制

该必要性双保障机制的主评机构可以由第 2.5.3 节所建议执行主体中的机构来承担，其中由国家或地区的专利行政主管机构或者法院等行政机构来承担时更具公信力。主评机构主要负责必要性检查全流程管理、辅评检查官资格确定、辅评检查官抽取规则的确定和执行以及有争议检查结果的结论确定。其中，必要性检查全流程管理包括必要性检查申请的接收、文件的核实、申请的分发以及必要性检查结果的汇总和结果确定。

该必要性双保障机制中的辅评检查官用于针对单件待查专利进行技术事实上的对照和认定，即以必要性检查请求书所提交的相关信息为基础，对待查专利的权利要求进行必要性检查并给出肯定或否定的必要性检查结论。辅评检查官人选的维护可以通过必要性检查辅评检查池的形式开展，由主评机构进行辅评检查官资格的考核和确定。

进行背靠背双检查的辅评检查官人选有多种类型，由于其对技术能力有要求，因此辅评检查官资格至少需要有相关技术领域的技术背景，可以包括：相关技术领域标准组织中的技术专家或技术顾问、专利审查行政机构中相关技术领域的专利审查员、在相关技术领域中具有高级职称或从事相关工作10年以上的研发人员或在专利代理机构从事10年以上相关技术领域工作的专利律师或专利代理师等。

虽然专利的有效性和保护范围涉及法律判断，但更重要的是技术上的理解，因此标准组织中的技术专家对标准的技术内容及其未来的实施方式有着更为深刻的认识，在标准制定中讨论相关专利是否是必要专利具有得天独厚的条件，只要在标准制定过程中加入适当的法律规范，标准组织中的技术专家将成为必要性检查辅评检查官的最佳承担者。

而国家专利行政主管机构作为中立的专利审查行政机构，机构内进行专利审查的审查员具备相应领域的技术能力和法律运用能力，因此专利审查员也是必要性检查辅评检查官的优选成员。

无论是针对单件专利还是专利包，均可通过必要性双保障机制进行必要性检查。但由于针对单件专利的必要性检查和针对专利包的必要性检查的对象和目的有所不同，因此在具体设置时可在必要性双保障机制的大原则下进行针对性设置，使得针对不同检查对象有相应的必要性双保障流程，以提高必要性检查双保障机制的普适性和针对性。以下针对单件专利和专利包分别示例性地提供一套必要性双保障的流程供参考。

2.5.4.1 针对单件专利的必要性双保障流程

依据上述必要性检查的双保障机制，本节基于公正、有效、准确的原则，提供一套基于必要性双保障机制的必要性双保障流程，如图2-5-2所示。

必要性双保障流程的具体程序包括：①请求人提交必要性检查请求书；②主评机构对必要性检查请求书文书核查；③按照抽取规则抽取辅评检察官并分配；④各辅评检察官进行独立的必要性检查；⑤主评机构确定初步必要性检查结果；⑥必要性检查结果反馈；⑦30日异议质疑期；⑧根据异议情况确定是否签发必要性检查认证结果。

以下对上述必要性双保障流程的具体程序进行详细说明。

（1）请求人提交必要性检查请求书

提出必要性检查的请求人可以是自然人，也可以是单位或机构，一般为利益相关方。其中包括专利权人、实施人或潜在实施人、专利池管理机构、标准制定相关机构等。根据SEP所处时期的不同，可以对必要性检查请求主体和时机进行适当限制，从而初步筛出更有需要的检查对象，也平衡执行主体所要耗费的资源成本。

必要性检查请求书应提交的资料包括：相关专利的信息、相关标准规范信息以及反映目标专利权利要求与相关标准对应关系的权利要求对照表，即CC表。其中相关专利的信息应至少包括专利申请文本、专利授权公布文本及必要的专利审查信息；相关标准规范信息应至少包括所涉及标准的名称以及版本号。进一步地，请求书中还应该

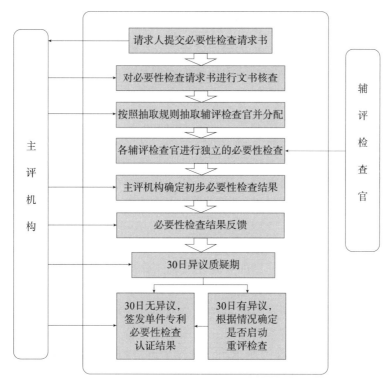

图 2 – 5 – 2　针对单件专利的必要性双保障流程

包括支持其请求主题的具体说理，即关于标准相应内容是否落入专利权保护范围的理由和解释，从而提高检查结果的准确性。

　　而且，由于请求主体对必要性检查的请求书和最终的检查结果可能负有保密责任，因此根据提出请求的主体不同，请求书中可以包括"是否保密"的选项，用于满足差异化的请求主体和请求目的，避免过度抑制专利权人请求必要性检查的积极性。

　　而 CC 表应给出某一权利要求中各技术特征所对应在标准中的章节和内容。如果必要性检查请求书中给出了准确的 CC 表，则辅评检查官可以基于 CC 表直接判断出对应性。可以将权利要求分解成若干技术特征，然后在相关标准中查找与技术特征相关的内容，将权利要求的技术特征和标准中的相关内容一一对照地列在表格中。对于方法类的权利要求，可以按步骤来分解技术特征，一个步骤为一个特征；对于产品类的权利要求，可以按产品的部件特征和连接关系来分解技术特征。一项权利要求中的所有技术特征都必须存在于分解后的技术特征中，不能省略任何技术特征。需要注意的是：虽然在制定 CC 表时，通常需要将权利要求分解成若干技术特征，但是应当将权利要求作为一个整体理解其保护范围，不应当将各技术特征割裂开来与标准进行对比。在相关标准中查找与技术特征相关的内容时，也要确保从标准中提取的相关内容能够构成一个完整技术方案，该技术方案应该是相关标准中与权利要求最接近的技术方案。

　　（2）主评机构对必要性检查请求书文书核查

　　主评机构负责对请求人所提交的必要性检查请求书和资料进行核查，主要通过浏览请求书和相关案件确定所提交的申请相关信息是否完备和清楚。若不符合要求，则需要限期重新提交，若符合要求，则进行下一步的分配。

（3）主评机构按照抽取规则抽取辅评检察官并分配

在所建立的辅评检查池中按照一定的抽取规则抽取两名辅评检查官。其中所述抽取规则可以为随机抽取、按序排队等。为保持独立性和公正性应在满足基本回避原则的基础上抽取不同类型的两类辅评检查官。

应该对符合资格的辅评检察官信息进行公示，且申请加入辅评检查池的辅评检察官应签署声明书，向主评机构书面披露可能对必要性检查过程的独立性或公正性产生影响的任何事实或情况，例如国籍、工作经历、持股情况、个人关系等，为保护辅评检察官的隐私，上述信息对外保密，仅用于在辅评检察官抽取过程中应抽取规则提供信息参考。

主评机构在抽取和分配前，依据请求书的相关信息和辅评检查官所提交的书面披露内容，基于基本的回避原则，例如非现在所属工作单位、未持有专利权人的公司股份等，进行辅评检查官的抽取和分配。主评机构抽取和分配后，辅评检查官若有相关需要回避的情形，应在收到通知后的 5 个工作日内，向主评机构提出回避请求，并说明提出回避请求所依据的具体事实和理由，由主评机构在收到回避请求的 5 个工作日内作出最终是否回避的决定并说明理由，且在主评机构作出最终是否回避的决定前，辅评检查官应当继续履行职责。

（4）各辅评检察官进行独立的必要性检查

辅评检察官在收到相关的必要性检查请求分配通知后，依据本章第 2.5.5 节针对单件专利的必要性检查评估标准进行请求书所涉及专利的必要性检查。

（5）主评机构出具初步必要性检查结果

主评机构根据两名辅评检查官的必要性检查结果确定初步的必要性检查结果。若两名辅评检查官的结论相同，则直接进入必要性检查结果的公示阶段；若两名辅评检查官的结论不相同，则由主评机构再次抽取检查官针对辅评检查官提供的必要性核查理由进行判断，确定必要性检查结果，再进入必要性检查结果的公示阶段。其中，若主评机构检查官也无法确定准确的检查结果，则抽取多名辅评检查官成立多人合议组进行结果复评，从而给出必要性检查结果，再进入必要性检查结果的公示阶段。

（6）必要性检查结果反馈

主评机构将确定的初步必要性检查结果进行反馈，或者根据请求人的请求进行限制范围下的通知或公示反馈。例如，若请求人为专利权人，其在请求书中勾选了保密选项，则主评机构可以仅将初步必要性检查结果反馈给请求人（例如通过邮件的方式）。再如，若请求人为专利实施人，其在请求书中未勾选保密选项，则主评机构可以将初步必要性检查结果在反馈给请求人的同时，也反馈或公示给专利权人。

（7）30 日异议质疑期

异议期的设置主要是为了保证必要性检查结果的公正性和准确性，在 30 日异议期内，请求人或利益相关人均可针对公示的必要性检查结果提出异议，并充分阐述理由。

（8）根据异议情况确定是否签发必要性检查认证结果

若 30 日内无异议，则主评机构负责签发请求书所请求的授权专利的必要性检查认证结果；若 30 日内收到异议意见，则主评机构根据异议内容确定是否需要启动必要性检查的重评程序，即重新抽取两名辅评检查官进行独立的必要性检查。

2.5.4.2　针对专利包的必要性双保障流程

针对专利包的必要性双保障流程与针对单件专利的必要性双保障流程类似，均是基于公正、有效、准确的原则，本节示例性地提供一套针对专利包的必要性双保障流程，如图 2 - 5 - 3 所示。

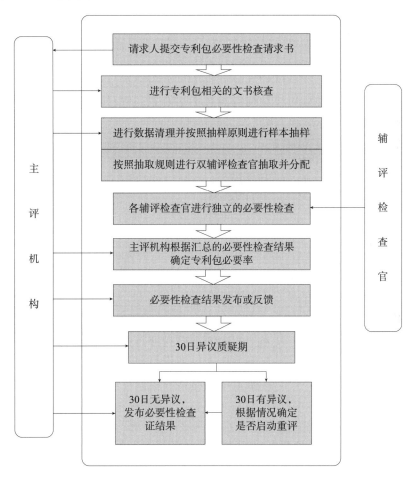

图 2 - 5 - 3　针对专利包的必要性双保障流程

在针对专利包的必要性双保障流程中，主评机构主要负责针对专利包的必要性评估全流程管理、辅评检查官资格确定、辅评检查官抽取规则的确定和执行，针对基础数据的数据有效性核查、数据清理以及清理后的数据抽样，对有争议检查结果的结论确定以及最终给出必要性检查必要率。其中，针对专利包的必要性评估全流程管理包括必要性检查申请的接收、文件的核实、申请的分发以及必要性检查结果的汇总和结果确定等。

专利包的必要性双保障流程具体包括：①请求人提交专利包必要性评估请求书；②主评机构针对专利包相关的文书核查；③主评机构进行数据清理并按照抽样原则进行样本抽样；④按照抽取规则进行双辅评检查官抽取并分配；⑤各辅评检察官进行独立的必要性检查；⑥主评机构根据汇总的必要性检查结果确定必要率等必要性评估结果；⑦专利包必要性评估结果发布或反馈；⑧30 日异议质疑期；⑨根据异议情况确定是否发布必要性检查结果。

对于专利包的必要性评估，需要根据实际需求进行数据清理、抽样和评估，一般根据评估目的、评估要求的不同可采取不同的评估标准和评估方式。其中数据清理标准、抽样标准和方法、评估标准和结果参见本章第 2.5.5 节的具体内容。

2.5.5　标准和方法

必要性检查存在单件专利和专利包两类不同对象，针对不同类型的必要性检查对象需要采取不同的评估标准和方法。

2.5.5.1　单件专利的必要性检查

（1）必要性检查的基础条件

必要性检查所针对的目标专利需要满足以下要求：目标专利当前应已授权且至少为部分有效状态，即至少有一个权利要求是有效的。如果目标专利当前为全部无效状态，则无须进行必要性检查。

必要性检查涉及的相关标准需要满足以下要求：相关标准已经冻结。

（2）必要性检查的判定原则

当目标专利和相关标准满足以上基础条件时，可以针对目标专利进行必要性检查。必要性检查实质上就是判断目标专利所保护的技术方案与相关标准是否具有对应性。在分析目标专利所保护的技术方案与相关标准的对应性时，应当以权利要求为基本单位，即将目标专利的权利要求单独地与相关标准进行对比。只要目标专利中有一个权利要求对相关标准而言是必要的，那么就可以认为该目标专利是该相关标准的标准必要专利。

必要性检查的判定原则主要包括"侵权判定原则"和"新颖性判定原则"。

"侵权判定原则"是指参照专利侵权诉讼中判定产品或方法是否对专利构成侵权时所采用的判定原则进行必要性检查。即判断相关标准中的技术方案是否构成对目标专利的"侵权"。如果构成，则目标专利是标准必要专利；如果不构成，则目标专利不是标准必要专利。按照该原则，在必要性检查中，首先需要通过权利要求的解释准确划定权利要求的保护范围，然后将相关标准看作被控侵权产品，判断相关标准是否落入目标专利的字面范围和等同范围。在必要性检查中需要考虑权利要求保护范围的解释规则和等同原则。

"新颖性判定原则"是指参照专利实质审查程序中所采用的新颖性判定原则进行必要性检查。即假设相关标准在目标专利的申请日或者优先权日之前已经公开，然后判断相关标准是否能破坏目标专利的新颖性。如果能，则目标专利是标准必要专利；如果不能，则目标专利不是标准必要专利。

从多国已有的司法实践来看，一般是按照侵权判定规则进行必要性检查。因此，如中国开展必要性检查相关工作，也可依据"侵权判定原则"进行必要性检查。在本章第 2.4.5 节中对我国《专利法》和相关司法解释中关于权利要求保护范围的解释规则和等同原则的内容已经进行了梳理和分析。在我国进行必要性检查时，也应当按照以上相关规定对权利要求保护范围进行解释规则并适用等同原则，并且在适用等同原则时还应考虑禁止反悔原则、捐献原则和特意排除规则的限制。

2.5.5.2　专利包的必要性评估

对数量较大的专利包，逐件进行必要性检查是不现实的，通常会采用整体预测法、相关性评估法、比例抽样评估法、随机抽样评估法等方法，有时候还会利用人工智能技术进行自动化的必要性检查，这些方法尽管准确率相对较低，但是能够以较低的成本和较短的时间获得专利包的整体必要性情况。

对专利包的必要性评估，一般根据评估目的、评估要求的不同可采取不同的评估方式。如果是在进入专利池前进行的必要性评估，需由专利池确定具体的评估方式，理论上应逐一进行必要性检查，也可根据实际情况采取"抽样 + 逐一检查"的方式；在许可费率纠纷中对纠纷双方在技术实力对比过程中进行的必要性评估，一般在纠纷双方和法院均无异议的情况下可采取"抽样 + 逐一检查"的方式，或采用"分类 + 整体筛查"的方式；在进行专利并购、收购、融资等过程中进行必要性评估，则根据利益相关方的评估要求选择具体评估方式。

如我国制定必要性检查相关指引，也应充分考虑评估目的、评估要求、数据包规模等实际因素允许采用不同的评估方式，以利益相关方或公众认可为准。

如采用当前较为通用的"抽样 + 单件专利检查"的方式，可以考虑从数据来源、数据识别与清理、数据抽样、评估方式几个方面确定评估标准和方法，作为推荐和参考标准，但不宜作为限制。

在具体执行专利包必要性评估的过程中，需要对数据来源、数据识别与清理、数据抽样、评估方式等进行逐一细化和规范。

（1）数据来源选择与确定

专利包评估的数据来源包括两种主要情况：一种是对确定的专利包进行必要性评估，比如某一请求人提供了具有明确 SEP 专利号列表的专利包，对此进行评估其数据来源是确定的；另一种是对尚未确定的专利包进行评估，比如对涉及某个具体标准的所有 SEP 的必要性进行评估，则需要选择合适的数据来源作为评估基础。根据 FRAND 原则，世界各标准组织均对 SEP 披露制度进行了规定，虽然普遍以专利权人声明为准，标准组织不负责进行必要性检查，但是各标准组织的 SEP 数据库作为专利包必要性评估的源数据具有天然优势。当然也不排除部分 SEP 并未进行声明其与标准相关，根据实际需要，在源数据基础上可结合其他专利库进行必要的数据补充。

比如，通信领域 ETSI IPR 数据库中公开的潜在 SEP，在当前各国司法实践中被广泛用作专利包必要性评估的数据来源，其作为源数据的全面性和权威性在业内认可度较高。

（2）数据识别与数据清理

无论是具有专利号列表的确定专利包，还是自选来源的专利包，其原始数据中都有可能存在重复、失效、明显错误等问题，需要对其进行数据识别与清理。

1）数据初筛及专利族合并

对于原始专利包数据首先应进行数据初筛，包括去除重复数据、筛除明显错误数据以及进行同族专利合并，以专利族为单位进行下一步数据处理。

现行各种专利包评估报告中大多数以专利族为单位进行评估，仅有少量报告以专利件数为单位，如美国专利商标局在 2022 年 2 月发布的《企业发展 5G 的专利活动》❶报告中，就是以在 ETSI 声明的 106 000 项专利为依据进行整体分析的。实际上，由于专利族是指具有相同优先权的在不同国家或国际组织多次申请、公布或批准的内容相同或基本相同的一组专利文献，因此对其中一项专利进行必要性检查基本能够代表整个专利族的对标性。按单件专利项数进行分析容易造成对保护范围相同的多件专利进行重复检查，浪费检查资源。同时，在专利许可实践中，涉及专利包的许可通常也是以专利族为单位进行评估和谈判的。

因此一般在专利包评估中选择专利族作为评估单位，既可以保障评估结果相对准确，也可以节约检查资源。以在 ETSI 声明的 5G SEP 数据为例，专利权人或申请人是以单个专利为单位进行声明的。截至 2022 年 2 月 25 日，从数据库中可检索得到声明的 5G SEP 共 217 749 项。对这种规模的专利包进行必要性评估工作量相当庞大，而如果将同族专利进行合并，对每个专利族选择其中一项专利进行检查，则会大幅减少工作量。同时，如上 5G SEP 在进行专利族合并后，共包括 46 879 个专利族，数据量仅为原始数据量的 21.5%。

2）法律状态识别

应识别各专利族中专利法律状态，选择同族中至少有一项已获得授权且处于专利权维持状态的专利族作为待评估数据，如全部同族专利均未获得授权或授权后已过期或失效，则需将该族数据剔除。同样以上述 5G SEP 为例，在以该标准识别法律状态后，符合条件的专利族共 13 762 项，数据量减少了 70.6%。

数据识别与清理后，形成以专利族分列的待评估专利列表。

（3）抽样标准与抽样方法

抽样的目的是通过对抽取样本的检查来获得对数据包整体的统计数据。为作出有效判断，要求所抽取的样本对总体具有一定的代表性。理论上来说，抽取的样本量越大，检查结果的可信度越高。但是相应的对样本进行检查所需的工作量就越大，因此抽样需要考虑检查成本和结果可信度之间的平衡。由于待抽样专利包为确定的统计对

---

❶ *Patenting activity among 5G technology developers.* https：//www.uspto.gov/sites/default/files/documents/USPTO - 5G - Patent Activity Report - Feb2022. pdf.

象，建议可采用概率抽样方法，按照随机化原则从专利包总体中抽取样本，这样抽取的样本具有代表性，可以通过样本推断专利包总体特性。

在概率抽样方法中，可根据专利包的不同采用单纯随机抽样方法和分层抽样方法。单纯随机抽样方法的抽样误差确定，抽样方法明确，适合对属于某一特定标准分类下的专利包进行抽样，其缺点是在数据包规模越大的情况下抽样效率越低；分层抽样方法则需要对专利包进行分类，对每个不同类别的专利包分别抽样，其在大规模数据包抽样中效率较高，缺点是分层的方式和准确度在一定程度上影响了抽样样本的代表性。

在确定抽样比例时，需考虑专利包规模对抽样样本评估结果置信度的影响。建议以不小于 10% 的比例进行抽样。❶ 此外，由于 SEP 的特殊性，可以根据授权时间与标准定标时间的关系、同族数量、授权情况、授权国家是否为主要市场国家等灵活调整抽样比例，以最终满足置信度要求为准。

仍以 5G SEP 为例，在单纯随机抽样之外，还可以从不同角度根据实际需求选择不同的分层抽样方式。

1）三方专利族分层抽样

在对相关专利的主要来源国、主要目标局、全球范围内主要市场，以及创新主体认可度进行综合分析的基础上，可以选择中国、美国、欧洲三方专利族，或中国、美国、欧洲、日本、韩国五局中任意三局专利总量的三方专利族作为分层抽样的分层标准。

在全部 46 879 个专利族中，共有 13 332 个专利族申请了中国、美国、欧洲三方专利，占比为 28.4%。共有 15 311 个专利族申请了五局中任意三局的专利，占比为 32.6%。对于符合三方专利族条件的数据，由于其属于 SEP 的概率相对更高，可选择比不符合三方专利族条件数据更高的抽样比例。这种方式比较适合评估某一指定专利包的整体必要性比率。

2）IPC 分类号分层抽样

国际专利分类（International Patent Classification，IPC）作为使专利文献获得统一国际分类的手段，为各知识产权局使用，代表了适合于发明专利领域的知识体系，也比较适合作为分层抽样的依据。

比如，声明的 46 879 族 5G SEP 涉及 644 个 IPC 分类号，其中数量最多的前 4 个 IPC 分类号的专利数量占全部 5G 专利数量的近 40%。因此，根据前 4 个 IPC 分类号确定 4 项 5G SEP 的关键技术，具体可参考表 2-5-1。

❶ Group of Experts on Licensing and Valuation of Standard Essential Patents "SEPs Expert Group" (E03600). [EB/OL]. (2021-01-31) [2022-11-19]. https：//www. pagewhite. com/images/content/SEPs_Expert_Group_Contribution_to_the_Debate_on_SEPs. pdf.

表 2 - 5 - 1　IPC 4 项核心技术的专利族数量占比

序号	核心技术（IPC 定义）	IPC	专利数量/族	比例/%
1	本地无线资源管理	H04W72	7 764	17%
2	传输通道的多重使用	H04L5	4 142	9%
3	差错检测或纠错	H04L1	3 288	7%
4	无线电传输系统	H04B7	3 001	6%
5	其他	—	28 684	61%
	合计	—	46 879	100%

如采用上述 4 个 IPC 分类号作为分层依据，则可选择对属于上述 4 个 IPC 分类号的数据采取更高的抽样比例。

3）技术规范分层抽样

3GPP 确定了完整的端到端蜂窝系统的技术规范，包括用户设备、无线接入、核心网和服务框架。技术规范（Technical Specification，TS）中描述了某一项或多项具体技术。3GPP 中技术规范的数量与创新程度密切相关，若针对某个技术规范的专利数量多，则意味着该技术规范集中了大量的研发力量，代表着技术发展的趋势。该技术规范就可以被认为核心技术。因此技术规范作为分层依据也是个比较合理的选择。

比如，声明的 46 879 个族的 5G SEP 涉及 281 个技术规范，其中涉及前 28 个技术规范的专利数量占全部声明专利的 90% 以上。将相近的 28 个技术规范进行技术合并，重新分类后，可确定 6 项 5G SEP 核心技术，具体见表 2 - 5 - 2。

表 2 - 5 - 2　6 项核心技术规范的专利族数量及占比

序号	技术规范	专利数量/族	占比/%
1	无线资源管理	21 968	47%
2	接入技术（随机接入、非正交多址接入等）	6 445	14%
3	多载波传输（F - OFDM、W - OFDM 等）	4 675	10%
4	信道编码	4 037	9%
5	核心网	3 805	8%
6	下一代接入网（NG - RAN）	1 185	3%
7	其他	4 764	9%
	合计	46 879	100%

如采用上述 6 项关键技术作为分层依据，则可选择对属于上述技术规范的数据采取更高的抽样比例。

采用技术规范分层和采用 IPC 分层本质相同，都是利用关键技术分层，并对关键技术所属分层数据设置更高的抽样比例。只是二者区分关键技术的手段不同。这两种分层方式比较适合的应用场景是对不同专利权人在 SEP 实力方面的对比评估。

4）关键词分层抽样

另一种可能的分层抽样方式是关键词分层。即根据实际需要设置特定关键词，基于关键词进行分层，对符合关键词条件的数据设置更高的抽样比例。

比如实际专利纠纷主要涉及终端设备，则可以终端设备作为关键词，适当扩展后对整体数据进行分层。在声明的 46 879 个族的 5G SEP 中，以此种方式分层处理后符合条件的数据为 9 446 族。

总的来说，无论哪种分层抽样方式，都在一定程度上牺牲了随机性，但是对提高抽样效率、减少样本数量从而减少逐件检查的工作量具有重要作用，在实际应用过程中需要充分考虑评估目的、数据包规模、请求人诉求、争议关键点等问题，选择最为适宜的抽样方法。

（4）评估方式

对抽样得到的专利族样本进行必要性评估主要包括如下几个方面。

1）选择待评估专利

抽样得到的专利族中每个专利族一般会包括在多个不同国家和地区布局的专利，在确认专利族中不同专利的权利要求基本相似的情况下，可选择其中一项专利进行评估。具体选择的标准可以是授权时间最早的专利、独立权利要求保护范围最小的专利或指定国家和地区的专利。

2）确定权利要求对照表

由于是对抽样样本进行必要性检查，请求人一般不能在请求时提供权利要求对照表。根据实际情况，在抽样样本确定后，可以由申请人自愿提供权利要求对照表，或者由评估方自行制定权利要求对照表。评估方在制定权利要求对照表时首先需将权利要求与 SEP 声明中涉及的标准文本进行对应，如无法对应，则扩展查找可能对应的标准，再制定相应的权利要求对照表。

3）逐一必要性检查

对抽样专利样本逐一进行必要性检查，其检查标准与单件专利的必要性检查标准相同，具体可参考本章第 2.5.5 节单件专利的必要性检查。

4）专利包必要性评估结论

在对全部专利样本进行必要性检查完成后，根据专利样本的必要性比率确定整个专利包的必要性比率。

一般而言，在抽样满足置信度要求的情况下，抽样样本的必要性比率即可推断为专利包的必要性比率。在实际检查过程中，如果是按照分层抽样的方法抽取样本，则需要根据不同分类下的抽样比例综合测算整个专利包的必要性比率。比如，在采用 IPC 分层抽样方法的情况下，对不同 IPC 分层数据，其抽样样本的必要性检查结果需用该 IPC 的数据在 5G SEP 总数据中所占比例进行加权，才能最终体现到整个专利包的必要性比率中。

（5）人工智能在专利包必要性评估中的应用

专利包的必要性评估涉及专利数量较大，即使以抽样方式进行评估，也往往耗时费力。在能够平衡工作量和检查效果的情况下，适当引入人工智能（Artificial Intelligence，AI），尤其是将其引入涉及大量数据处理的数据初筛和抽样环节，甚至对标性检查环节，非常值得考虑。

1）AI 数据初筛

在原始数据初筛环节，对重复数据或同族数据等，采用自动化方式进行合并、去重等处理较为方便。对明显错误数据、不完整数据，可使用 AI 工具进行纠错和补全。

2）AI 数据抽样

对限定条件的数据抽样，使用 AI 处理更为便捷。比如 AI 可对某一标准按名称和时间进行分类学习后，根据专利包评估的不同限定条件，如分类号、同族数量、授权时间、授权国家或地区等进行智能抽样，并依据同样的准则进行专利包整体必要率的反向计算。

3）AI 生成权利要求对照表

在 SEP 声明的标准与权利要求不对应的情况下，可以使用 AI 工具从海量标准中检索可能对应的标准（通过学习确定对应比率下限），智能生成权利要求对照表，再由人工进行确认，可大大节省标准检索的工作量。

4）AI 对标性检查

在深度学习相关标准和专利的基础上，一方面可利用 AI 工具排除与标准明显不具备对应性的专利，即进行非标准必要专利排查，进一步缩小抽样范围；另一方面在满足请求方要求的情况下，可使用 AI 工具进行整个专利包的必要性检查，避免抽样带来的抽样误差，在 AI 判断准确度满足需求的情况下其结果更接近专利包的真实必要比率。

第 3 章　标准必要专利许可框架

3.1　标准必要专利许可框架概述

3.1.1　概　念

由于标准组织对 FRAND 承诺的宽泛要求，其没有明确界定符合 FRAND 的标准，而是将界定 FRAND 条款和条件的任务留给了谈判各方，对在授权许可谈判中做到什么程度才满足 FRAND 原则并没有统一的标准，而授权许可谈判框架提供了一种可参考的模式，它对谈判各方的权利和义务作出一定规定和指引，以期望促进 SEP 专利权人和实施人达成 FRAND 许可协议，在一定程度上对是否符合 FRAND 承诺给出判断倾向。

标准必要专利许可框架是为实现标准必要专利授权许可的公平、合理和无歧视，平衡 SEP 专利权人和实施人之间的利益，对 SEP 授权许可谈判过程进行规范，明确标准必要专利权人和实施人应遵循的原则、谈判流程、双方履行义务以及非善意行为等，是促进标准必要专利授权许可在程序上实现 FRAND 的一种指引。

截至 2022 年 11 月，世界多国和经济体已经建立或者正在建立标准必要专利授权许可框架。例如，日本经济产业省组织在 2022 年 3 月 31 日发布诚实谈判指南，该指南设立了一个包括日本专利在内的 SEP 许可谈判时专利权人和标准实施人均应遵守的诚实谈判规则，明确许可谈判中的四个步骤；韩国知识产权局 2020 年发布的标准专利纠纷应对指南也对 SEP 授权许可谈判流程、诚信认定等作出了规定；欧盟于 2022 年 2 月 14 日发布了"知识产权 – 标准必要专利的新框架"的立法提案程序并公开征集意见，以期望提高 SEP 的透明度，明确 FRAND 条款，提高执法效率和有效性。

在 2021 年底于北京召开的"5G 时代标准必要专利政策"学术研讨会上，与会专家学者达成了基本共识，认为我国相关部门应出台标准必要专利授权许可指南，司法机关、反垄断部门应该积极介入，促进专利权人和实施人回归理性谈判，反映出我国产业对标准必要专利授权许可指南的迫切需求。

3.1.2　作　用

标准必要专利授权许可谈判涉及复杂的技术问题和疑难的法律问题，标准必要专利许可框架对 SEP 授权许可谈判过程进行规范，其一般不具有法律效力，但其在构建专利授权许可与实施的良性生态上有重要作用，主要包括：

（1）对标准必要专利权人和标准实施人产生指引作用，促使双方更高效地达成许可协议。

（2）通过授权许可框架来实现许可谈判中程序的 FRAND。

（3）为不具备 SEP 授权许可经验的实施人提供指引，例如明确许可谈判流程和义务、专利许可费计算等。

（4）有助于法院在审理 SEP 侵权纠纷案件中，通过许可谈判框架来考察诉讼双方的义务，作为禁令颁发的考量因素。

（5）减少授权许可谈判中不必要的争议和诉讼。

可见，授权许可谈判框架就是对标准必要专利授权许可的双方行为进行规制，以促进双方以 FRAND 承诺的方式达成许可。

3.2 国外标准必要专利许可框架行政层面

3.2.1 流 程

3.2.1.1 美 国

美国与标准必要专利相关的政策性文件主要是"对自愿受 F/RAND 承诺约束的标准必要专利的救济措施的政策声明"，这一文件自 2013 年发布以来，经历了多次修改。其中，2013 年版政策声明❶几乎不涉及与许可谈判相关的内容；2019 年版政策声明❷提出"鼓励标准必要专利权人和潜在实施人进行善意的许可协商"，这可被视为 SEP 许可谈判的原则性规定；2021 年版政策声明（草案）❸在原则性规定的基础上，新增了关于 SEP 许可谈判的程序性规定。

根据 2021 年版政策声明（草案），美国行政层面对 SEP 许可谈判流程的规定如下。

首先，善意的 SEP 专利权人应当提醒潜在实施人可能实施了侵权行为，并提供信息说明相关 SEP 或代表性 SEP 是如何被侵权的，以及应当发出善意的 FRAND 要约。

其次，善意的潜在实施人应当评估相关信息，并以促进许可谈判的方式在符合商业惯例的合理时间内进行回复。例如，潜在实施人的善意回复行为包括：①接受要约；②进行善意的 FRAND 还价；③对要约条款提出具体意见，包括专利有效性和侵权；

---

❶ UNITED STATES DEPARTMENT OF JUSTICE, UNITED STATES PATENT & TRADEMARK OFFICE. Policy Statement on Remedies for Standards – Essential Patents Subject to Voluntary F/Rand Commitments ［EB/OL］. （2013 – 01 – 08）［2022 – 11 – 18］. https：//www. essentialpatentblog. com/wp – content/uploads/sites/64/2013/11/Final_DOJ – PTO_Policy_Statement_on_FRAND_SEPs_1 – 8 – 13. pdf.

❷ UNITED STATES DEPARTMENT OF JUSTICE, UNITED STATES PATENT & TRADEMARK OFFICE, NATIONAL INSTITUTE OF STANDARDS AND TECHNOLOGY （NIST）. Policy Statement on Remedies for Standards – Essential Patents Subject to Voluntary F/Rand Commitments ［EB/OL］. （2019 – 12 – 19）［2022 – 11 – 18］. https：//www. uspto. gov/sites/default/files/documents/SEP%20policy%20statement%20signed. pdf.

❸ UNITED STATES DEPARTMENT OF JUSTICE, UNITED STATES PATENT & TRADEMARK OFFICE, NATIONAL INSTITUTE OF STANDARDS AND TECHNOLOGY （NIST）. Draft Policy Statement on Remedies for Standards – Essential Patents Subject to Voluntary F/Rand Commitments ［EB/OL］. （2021 – 12 – 06）［2022 – 11 – 18］. https：//www. justice. gov/atr/page/file/1453471/download.

④提议由中立方解决有争议的问题；⑤要求 SEP 专利权人提供所需的更多具体信息，以用于评估报价是否合理。

最后，善意的 SEP 专利权人应当以促进许可谈判的方式在符合商业惯例的合理时间内进行回复。例如，SEP 专利权人的善意回复行为包括：①接受还价；②回应对原始报价条款的具体意见，并提出新的善意 FRAND 报价；③响应信息请求，以便潜在被许可方能够更好地评估 FRAND 报价；④提议由中立方解决有争议的问题。

如果许可谈判破裂，美国鼓励各方通过同意寻求替代性争议解决方案或司法机构来解决争议问题。

虽然相比于许可谈判的程序性行为义务，美国更注重实质性 FRAND，然而，从美国 2013 年版、2019 年版和 2021 年版政策声明的演化过程可以窥见，美国政府对标准必要专利许可谈判程序性框架的重视程度在逐渐加强。美国司法层面多聚焦于 FRAND 许可费的计算，并无设定许可谈判行为框架的代表性判例，整体来看，美国主要通过行政层面强化标准必要专利的许可框架，通过司法层面制定 FRAND 许可费的计算规则，行政与司法互为补充，共同发力。

3.2.1.2 欧 盟

由于 5G SEP 专利和申请的数量日益增多，5G 技术与垂直行业（如车联网、物联网等）的交叉日益明显，欧盟认为需要建立一个更加清晰、更可预测的框架，以鼓励专利权人和实施人进行诚信谈判，而不是诉诸诉讼。

欧盟早在 2013 年就开始着手对 SEP 问题进行调研，2014 年欧盟委员会工作组开始相关的准备工作，包括建立调查问卷，并于 2014 年 10 月到 2015 年 2 月开展公众咨询。2018 年欧盟成立标准专利许可和评估专家组，通过倾听市场主体的利益诉求，研究 SEP 前沿问题和难点问题，为政府 SEP 相关决策提供参考。2017 年至今，欧盟频频发布相关政策文件，SEP 许可框架已基本成型。

2017 年 11 月，欧盟委员会发布标准必要专利的欧盟方案，该方案指出：标准必要专利的诉讼率高于其他专利，这增加了在这个领域明确争议框架的必要性。有必要让利益相关者，尤其是标准开发与发展组织（Standards Developing/Development Organization，SDO）和 SEP 专利权人，主动提高对 FRAND 许可过程及其影响的认知，特别是对中小型企业，委员会支持在该问题上采取行动。FRAND 进程需要双方本着善意进行谈判，包括及时作出反馈。为评估 FRAND 报价并给出适当的反要约，有必要对以下内容作出明确的解释：专利对于标准的必要性、SEP 使用者涉嫌侵权的产品、使用费的计算和 FRAND 的非歧视因素。反要约应该是具体的、明确的，也就是说，它不能仅局限于反对 SEP 专利权人的报价以及参考第三方确定的许可使用费，它还应该包含有关具体产品中标准使用情况的信息。就潜在实施人给出反要约的及时性而言，还无法确定一般的基准，因为具体情况有所不同，需要衡量要约的合理回应时间，以及 SEP 专利权人初始要约中所提供信息的细节和质量。

欧洲的标准发展组织也在积极行动，欧洲标准化委员会（European Committee for Standardization，CEN）和欧洲电工标准化委员会（European Committee for Electrotechnical Standardization，CENELEC）共同组成了 CEN/CENELEC 工作组，研究制定与标准必要专利相关的许可指引。CEN/CENELEC 发布的"CWA95000"❶ 中，对 SEP 许可谈判无特别具体的建议流程，仅提出了相关原则，包括：①保障许可范围的广泛性。FRAND 许可应对任何想要实施标准的人有效，拒绝向一些实施人许可 SEP 可能是非 FRAND 的；②公平合理之对价应当立足于专利化的标准技术对用户的实际价值；③专利转让后的 FRAND 义务仍保持不变。

2019 年 6 月，CEN/CENELEC 工作组正式公布了 5G 和物联网标准必要专利授权原则和指引，该指引规定 SEP 专利权人和潜在实施人应当进行诚信谈判，旨在以及时和高效的方式达成 FRAND 授权许可。指引还对标准必要专利的许可框架进行了初步阐述，包括如下内容：当 SEP 专利权人相信，实施该标准的当事人正在侵害该标准必要专利，且需要获得授权，SEP 专利权人应该通知该当事人，说明其主张的侵权事实，并要求其进入 FRAND 授权协商。SEP 专利权人应该提供潜在实施人，关于其标准必要专利清单和为何需要获得授权的信息。SEP 专利权人应该提出初步授权要约，并说明为何该要约属于 FRAND。如果潜在实施人不同意，其应该立即提出反要约，并说明为何其认为标准必要专利权人的要约不符合 FRAND，而反要约才符合 FRAND。潜在实施人在协商的同时，可自由挑战该 SEP 专利权人所持有专利的必要性与有效性，但不应该滥用以作为不必要的拖延手段。

2021 年 1 月，欧洲 SEP 专家组发布标准必要专利评估和许可报告，进一步总结了促进"善意"谈判的两种框架。第一种谈判框架是欧盟法院基于华为 - 中兴案所设立的由 SEP 专利权人主动发起的许可流程，第二种则是由实施人主动向 SEP 专利权人寻求许可的谈判流程。在第二种谈判框架之下，欧盟可以引入规则，要求实施人在将涉标产品商业化之前，提前向 SEP 专利权人寻求许可，只要这些 SEP 专利权人已经充分证明了相关 SEP 的必要性，并将标准许可条框或标准许可协议通过相关 SDO 向公众公开。通过公开这些信息，SEP 专利权人可以被认为已经履行了华为 - 中兴谈判框架下的第 1 步（即通知潜在实施人相关 SEP 是如何被侵权的）和第 3 步（即发出 FRAND 许可要约）。然后，潜在实施人应当主动寻求授权许可，以完成第 2 步（即表达期望缔结 FRAND 许可的意愿）、第 4 步和第 5 步（即毫不拖延地、勤勉地回应 SEP 专利权人，以及若不接受 SEP 专利权人提出的许可提议应发出许可反要约）。根据该框架的第 6 步，潜在实施人必须基于反要约为过去和将来的专利使用费提供担保。

整体来看，欧盟致力建立一个公平和平衡的许可框架，并将立法和非立法的行动结合起来。以华为 - 中兴案为起点，经过若干司法判例的延伸和扩展，欧盟在司法层面已经形成相对完整且具有可操作性的谈判框架，并被多数国家接受和认可。相较于司法层面，欧盟在行政层面对谈判框架的规制相对弱化，主要聚焦于制定许可谈判的基本原则和宏观指引，并创造性地提出了由潜在实施人主动发起的替代性许可框架，

---

❶ CEN WORKSHOP AGREEMENT. Core Principles and Approaches for Licensing of Standard Essential Patents［EB/OL］．（2019－06－30）［2022－11－20］．https：//2020. standict. eu/sites/default/files/CWA95000. pdf.

这一框架能够增加 SEP 许可的透明度，有助于创造公平的竞争环境。由专利权人主动发起和由实施人主动发起的许可框架互为补充，在鼓励许可双方进行诚信谈判方面发挥了重要的作用。

3.2.1.3　日　本

日本经济产业省发布的《诚实谈判指南》以及日本特许厅发布的标准必要专利许可谈判指南（2022 提案）❶（以下简称"许可谈判指南"）中都规定了 SEP 许可谈判流程。

（1）日本经济产业省规定

日本经济产业省制定诚实谈判指南时，着眼国际趋势，参考了基于欧盟法院初步判决的框架，该框架明确了双方在许可谈判的每个步骤中应当采取的行动。诚实谈判指南详细说明了在许可谈判的每个步骤中，谈判双方可以采取的应对措施。该指南适用于受 FRAND 承诺约束的标准必要专利的许可谈判，其中包括日本专利的许可谈判（见图 3 - 2 - 1）。

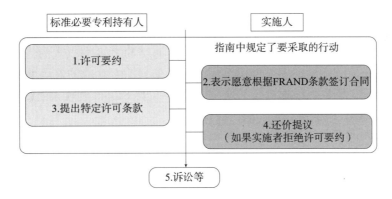

图 3 - 2 - 1　日本经济产业省诚实谈判指南中的 SEP 许可谈判步骤

日本经济产业省规定的许可谈判步骤包括 4 步。

第 1 步：SEP 专利权人提出许可要约。SEP 专利权人向实施人提出标准必要专利许可要约时，SEP 专利权人应当自愿或者根据实施人的请求向实施人提供被许可专利的下列信息，包括：①专利号列表；②权利要求对照表，其中应当将专利权利要求与标准按照每个元素进行对照，当存在大量标的专利时，可以仅针对具有代表性的专利提供权利要求对照表；③表明实施人的产品符合相应标准的信息；④表明存在 FRAND 承诺和相应标准的信息；❷⑤当 SEP 专利权人提供将专利权利要求与标准按照每个元素进行对照的权利要求对照表时，如果实施人提出要求，SEP 专利权人最好不要将其包括

---

❶　JAPAN PATENT OFFICE. Guide to Licensing Negotiations Involving Standard Essential Patents［EB/OL］.（2022 - 07 - 31）［2022 - 11 - 28］. https：//www.jpo.go.jp/e/system/laws/rule/guideline/patent/document/rev - seps - tebiki/guide - seps - en.pdf.

❷　SEP 专利权人无需准备新文件即可提供此信息。如果现有文件能够表明存在与标的专利对应的 FRAND 承诺和标准号，则标准必要专利权人提供该现有文件（例如提交给标准制定组织的许可声明表）就足够了。

在保密协议中。❶

第 2 步：实施人表示愿意根据 FRAND 条款签订合同。如果 SEP 专利权人已采取第 1 步中规定的行动，实施人应向 SEP 专利权人表达其根据 FRAND 条款获得标的专利许可的意愿。即使在表达意愿的同时，实施人仍然可以在谈判过程中对标的专利的必要性、有效性或侵权行为进行适当质疑，其根据 FRAND 条款善意获得许可的意愿也不会被否定。即使在实施人表示意愿之后，如果实施人需要他们的知识来进行自己的许可谈判，SEP 专利权人也不应阻止实施人将 SEP 专利权人提供的信息披露给供应商、律师、专利代理人等。

第 3 步：SEP 专利权人提出特定许可要约。如果实施人已采取第 2 步中规定的行动，则 SEP 专利权人应向实施人提供具体的许可条款，包括许可费。除了解释许可费的计算方式外，SEP 专利权人还应通过使用有关第三方许可的信息❷、专利池的许可费率和法院案件等适当信息，来解释许可条款符合 FRAND 原则，以便实施人能够客观地理解许可条款满足 FRAND 一致性。

第 4 步：如果实施人拒绝第 3 步中的要约，则应当发出还价提议。如果 SEP 专利权人已采取第 3 步中规定的行动，并且实施人不接受 SEP 专利权人提出的许可条款，实施人应提供具体的许可条款，包括许可费，作为对 SEP 专利权人的还价。实施人除说明许可费的计算方式外，还应使用第三方许可信息、专利池的许可费率和法院案件等适当信息，以说明许可条款符合 FRAND 原则，以便 SEP 专利权人能够客观地理解许可条款满足 FRAND 一致性。

日本经济产业省明确指出，不必严格遵守诚实谈判指南规定的谈判顺序，SEP 专利权人可以同时实施第 1 步和第 3 步，实施人也可以同时实施第 2 步和第 4 步。

（2）日本特许厅规定

日本特许厅许可谈判指南客观总结了涉及许可谈判的问题。许可谈判指南中 SEP 许可谈判流程的主要步骤与诚实谈判指南类似，并且还提供了更多的细节，包括已有判决和许可实践的做法，以及实务中的不同观点。

日本特许厅建议的许可谈判步骤主要包括以下步骤。

第 1 步：专利权人提出许可谈判要约。专利权人通常通过向实施人提供证据，证实存在侵权行为的事实，包括以下证据：①SEP 确认文件（专利号列表、待授权的标准技术名称、专利效力所及地域范围等）；②SEP 专利范围与标准规格及/或产品之对照表（CC 表等）。当专利权人持有大量 SEP 时，双方有时会讨论将谈判限制在关键专利上，以便使谈判过程合理化。CC 表可能有助于实施人分析他们是否侵犯了 SEP。同

---

❶ 这不适用于 CC 表包含非公开信息的情况，例如标准必要专利权人对文字的解释。但是，即使 SEP 专利权人根据保密协议提供了 CC 表，如果实施人需要他们的知识来进行许可谈判，SEP 专利权人不应阻止实施人向其供应商、律师、专利代理人等披露这些 CC 表。另一方面，即使标准必要专利权人根据实施人的请求提供了没有保密协议的 CC 表，实施人也不得在未经标准必要专利权人同意的情况下出于许可谈判以外的目的向第三方披露，例如在互联网发布。

❷ 诚实谈判指南中的"第三方许可"是指标准必要专利权人或实施人过去曾与第三方签订的许可协议。在某些情况下，与第三方的保密协议会阻止 SEP 专利权人或实施人向另一方提供有关第三方许可的信息。

时，专利权人也借由提供 CC 表来表达善意，即愿意向实施人提供必要信息。当专利为 SEP 且专利主张的细节与标准文件一致时，如果实施人宣传其产品符合技术标准，则表明专利请求项与技术标准本身之间的对应关系可能是充分的。因此，将专利主张映射到实际产品可能并不总是必要的。

第 2 步：实施人对取得授权表达善意的意愿。当实施人收到专利权人的许可谈判要约后，即使不同意专利权人的要约，也不要对该要约置之不理，而是要善意地作出回应，这可能有助于降低实施人的潜在风险。在收到专利权人提供的 SEP 清单及 CC 表后，如果实施人得出结论认为其需要获得 SEP 许可，可以进一步表达与专利权人签订许可协议的意愿。一些法院认为，这种善意的意愿应该用实施人的行动，而不是言语来衡量。换言之，不仅是表达意愿，还需要进一步结合实施人对待谈判的方式和态度来证明。

第 3 步：专利权人根据 FRAND 承诺提出特定要约。如果实施人表示愿意获得许可，专利权人可以立即向实施人提出根据 FRAND 承诺获得许可的书面要约。除了说明其许可费的计算方法外，专利权人通常应当提供具体的理由，解释为什么该要约是以 FRAND 承诺为根据进行许可的。这样做是为让实施人确定权利人所提出的许可条款是否合理和无歧视。

对于包含大量 SEP 的授权组合，即使专利权人以市场接受的可比较的许可条款提出许可条件，专利权人仍应提供对具体理由的充分解释，足以让实施人确定这些条款是否合理和无歧视。这些具体的理由可能包括：①对专利权人如何计算许可费的解释，足以让实施人客观地理解许可条款符合 FRAND；或者②可比较的许可及其条款清单，包括向其他公司支付的或从其他公司收到的同等技术的许可费，专利池的许可费等。根据与其他公司的许可协议中的保密条款，也可以不披露可比许可条件。

第 4 步：实施人基于 FRAND 承诺提出反要约。如果实施人不同意专利权人的特定要约，实施人可以进一步提出符合 FRAND 承诺的反要约。在提出反要约时，除了说明许可费的计算方法外，实施人还应提供具体理由，以证明其反要约是基于 FRAND 承诺发出的，这样做是为让专利权人确定反要约条款是否合理且无歧视。这些具体理由包括：①解释实施人提出的许可费是如何计算的，足以使专利权人能够客观地理解其所提交的反要约条款符合 FRAND 承诺；②提供可比较的许可实践及其条款，包括根据保密条款而可能披露或不披露的内容，例如同等条件下支付给其他公司或从其他公司获得的使用费、专利池使用费等。

当实施人收到专利权人基于 FRAND 承诺的授权要约后，实施人提出反要约的合理时间段将根据具体情况确定。在 SEP 技术不复杂的情况下，实施人可以在相对较短的时间内提出反要约。当因技术复杂或其他问题，需要一定时间来处理时，实施人在数月或更长时间内作出回应也可能是合理的。

第 5 步：专利权人拒绝反要约和争议解决。一般来说，谈判通过专利权人和实施人之间的要约和反要约进行，如果专利权人拒绝接受经由实施人提出的反要约，并且双方未能达成协议，若一方或双方不希望在未达成协议的情况下浪费时间，当事人可能经诉讼来解决。当事人可能同意经替代性争议解决机制（Alternative Dispute Resolution，ADR），例如调解或仲裁等，作为诉讼的替代选择方案来解决争议。

整体来看，日本政府认为，随着全球不同行业之间涉及标准必要专利许可纠纷的增加，有必要通过提高标准必要专利许可谈判过程的透明度和可预测性，营造更优的许可环境；有必要预先设定谈判规则，对竞争法进行必要的补充。日本政府希望基于行政层面制定许可谈判规则，并向全球进行推广和传播，其发布许可谈判指南和诚实谈判指南也重点围绕谈判框架而展开。

许可谈判指南于2018年发布，主要以平行的方式描述了与谈判双方不同行为相关的正反司法观点，信息全面，但规则性较弱，不足以确保谈判的可预测性，也难以为法官提供有效的指引。为解决这一问题，日本政府于2022年3月发布了诚实谈判指南，这一指南考虑了全球范围内SEP最新实践，由于提供了正向的行为框架，明确告知谈判双方应当履行何种行为义务，在规则层面，可操作性较许可谈判指南有所增强，能够在一定程度上起到约束双方当事人实施诚实谈判行为规范的作用。

3.2.1.4 韩　国

韩国标准专利纠纷应对指南规定了标准必要专利许可谈判的基本步骤。标准必要专利的许可协商主要包括三个阶段：许可请求审查阶段、许可费谈判阶段和谈判结束阶段，如图3-2-2所示。

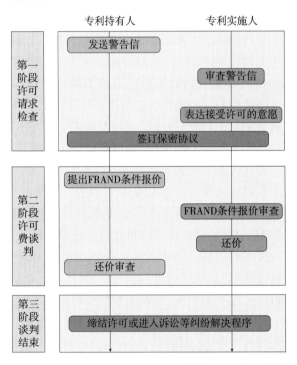

图3-2-2　韩国标准专利纠纷应对指南的SEP许可谈判步骤

第一阶段：许可请求审查。专利权人通过发送警告信向实施人请求许可。实施人通过审查警告信等方式对专利权人提出的许可请求进行审查，并表达是否同意获得许可。在某些情况下，实施人首先请求许可，但在大多数情况下，它从专利权人的许可请求开始。由于专利权人对专利侵权负有举证责任，专利权人在发出警告信时，应当具体记载并提示以下内容：专利清单（记载专利号）、侵权对象产品（产品编号等）、标准规格的名称、标准规格与权利要求的对应关系（CC 表）、专利权人向标准化组织声明 FRAND 的书面材料。一般情况下，专利侵权警告信需要包括用于说明侵权对象的产品与专利权利要求项之间对应关系的对照表，但是在明示产品使用标准规格的情况下，提示与标准规格的对应关系就足够了。根据情况，CC 表中用于说明标准规格与专利权利要求项的对应关系的内容中可以包含专利权人的机密信息，此时，在提供 CC 表之前，专利权人可以要求签署保密协议。为显示今后诚实地进行协商，优选接受合理的保密协议签署要求。

当专利权人发出警告信时，实施人对其进行审查，即使这样的审查花费了合理的时间，也不会认为这是实施人拖延谈判的行为。因此，在开始正式许可谈判之前，有必要仔细审查以下事项：①专利是否侵权，即判断专利是否对标准必不可少，实施人是否在使用标准；②专利权是否有效，即检查专利是否为有效专利，发出警告的人是否具有合法权限；③识别业务影响，即全面检查当前产品状态、相关销售和销售国家等业务状态；④是否存在合同或法律豁免，即通过审查是否存在合同赔偿条款以及对方是否为现有被许可人，确认专利权是否已合法用尽。在审查结束后，如果实施人向专利权人表明愿意根据 FRAND 条件进行许可协商，则专利权人和实施人双方签订保密协议，进入正式的许可谈判过程。在对警告信进行审查的步骤中，为相互提供信息，也在很多情况下先签订保密协议。

收到警告信时，通常会考虑在多快的时间内进行答复。这实际上取决于审查结果，如专利数量、技术难度、实施人对技术的理解程度等情况，以及关于必要性和有效性的讨论，因此，没有规定在一段时间内一次性作出答复。但是，由于法院会判断是否在合理时间内作出答复，因此最好不要不作任何答复，或作出毫无意义的答复。而是应当诚实地说明，实际答复可能需要一些时间，并要求提供必要的材料，以便进行认真的审查。

第二阶段：许可费谈判，即实施人向专利权人表达其获得许可的意向后，就许可费金额等许可条款进行认真谈判的阶段。专利权人根据 FRAND 条件向实施人提出专利许可费金额，由于 FRAND 条件并没有被标准化组织和法院作为明确的标准提出，因此专利权人和实施人都可以从他们的角度提出合理的使用费。如果难以达成协议，将通过诉讼或仲裁等方式最终确定。

专利权人在提出许可条件时，应充分说明其许可条件满足合理、无歧视的原因。当实施人确认专利权人的许可条件时，应提出充分依据，客观地确定使用何种计算法得出的许可条件。因此，如果专利权人在提供许可条件时没有提出具体的计算依据，或者在提出的计算依据中存在无法理解的部分，实施人可以要求专利权人立即进行解释；如果专利权人没有明确说明其理由，专利权人就被视为没有依据 FRAND 条款进行谈判，反而会出现滥用权利等问题；如果专利权人提出许可条件，并附有具体依据，实施人应审查其是否可以接受这一条件。实施人必须逐一深入审查专利权人提出的各项理由，以确定是否存在逻辑漏洞或判断依据材料的准确性等。

实施人审查专利权人的许可条件后，如对条件有异议，可以制定更合理、非歧视性的许可条件，向专利权人提出。此时，应说明具体许可条款的计算方法和依据，如专利权人提供给实施人的方法和依据。审查专利权人的专利使用权条件，提出反要约时，实施人需要注意的是，专利权只有在专利注册的每个国家内享有权利（属地主义原则），因此可以根据国家或地区不同进行不同的专利许可费计算。特别是，如果实施人在国外生产或销售产品的国家仅限于特定国家，则最好在适当的时候提出许可费反要约，以尽可能降低该国的许可费率。特别是，在提出许可费时，必须仔细审查是否存在许可费堆叠，并在此基础上提出反要约。

在审查专利权人的许可条件后，准备反要约时，主要有两种方法。第一种是提出许可条件，以修改专利权人的许可条件；第二种是提出以新方式计算的许可条件。第一种方法下，修改专利权人的许可条件，以降低专利许可费金额，侧重于逻辑上基础薄弱的部分。例如，在专利权人提出的专利许可费条件下，通过合理逻辑，降低标的专利在标准技术的所有标准必要专利中的比重，从而降低总专利许可费金额。第二方法下，如果不能根据 FRAND 条件提出更合理的理由来取代专利权人的许可条款中的每个要素，那么则应以新的方式提出计算的许可条款。例如，当专利权人提出一个合理水平的自上而下（Top－down）许可条款时，实施人可以通过确定可比他人的许可条款，以新的计算方式提出新的条件。

第三阶段：谈判结束阶段，即通过同意许可条件而达成许可协议，或因未达成协议而进入诉讼等程序。从诉讼经验少、诉讼成本负担沉重的实施人的角度来看，应避免进行无协议诉讼。特别是在诉讼案件中，专利权人可能提出禁令救济请求，因此实施人需要准备充分的证据，证明善意地参与了谈判过程。双方签订许可协议时，即使约定了许可费金额，实际的许可协议也有很多其他考虑因素，由于专利权人和实施人之间存在信息不对称，实施人需要认真细致地审阅许可协议中除许可费以外的其他条款。

综上所述，比较主要国家和地区行政文件中关于许可框架的相关内容，具有以下特点。

一是世界主要国家和地区希望通过规制谈判框架以优化市场环境的目标基本一致。从世界范围来看，美国、欧洲、日本、韩国的目标基本一致，都希望通过标准必要专利谈判框架的制定，优化竞争环境以及提高信息披露透明度和许可谈判效率。

二是在基本一致的目标下，实现的手段略有差异。由于主要国家和地区实际情况的差异，在实现这一目标的手段上有所不同。欧盟由于在司法层面已经形成相对完整且具有可操作性的谈判框架，并被多数国家接受和认可，因此在行政层面对谈判框架的规制相对弱化，重点聚焦于许可谈判的基本原则和宏观指引；日本和韩国则主要立足于行政层面，通过积极制定许可指南或谈判指南，期望在全球建立一个合适的许可协商环境；美国遵循欧美法系的司法传统，通常基于合同法来解决 FRAND 许可问题，因此注重实质性 FRAND 许可，司法层面多聚焦于 FRAND 许可费的计算，但通过其政策演变可以发现，美国政府对标准必要专利许可谈判程序性框架的重视程度在逐渐加强。

三是专利权人主动发起的"乒乓"谈判流程得到世界主要国家和地区的认可。在许可谈判框架的选择上，由专利权人主动发起的"乒乓"谈判流程已经得到世界主要国家和地区的认可，虽然在执行的顺序上并无强制性规定，但该流程的实质性步骤，即专利权人发出侵权通知、实施人表达接受许可的意愿、专利权人发出许可要约、实施人若不接受则提出反要约等步骤，基本构成世界范围内的许可谈判通用流程。

四是专利权人主动发起的"乒乓"谈判流程存在替代方案。值得一提的是，欧洲和韩国都认为，在某些情况下可以由实施人主动发起授权许可。特别是欧洲，对实施人主动发起的谈判流程进行了较为详细的规定。

五是反要约被拒绝后，对实施人是否需要提供担保这一问题存在一定的争议。若实施人的反要约未被专利权人接受，欧盟要求实施人对过去和未来的使用费提供适当的担保，而在欧洲以外的区域，例如美国、日本和韩国，这一义务似乎并未获得官方认可。

六是通过 ADR 作为诉讼的替代方案是世界范围内较为推崇的争议解决机制。若专利权人和实施人无法达成一致意见，美国、日本和韩国均在其发布的政策性文件中提出，ADR 可能是更节省成本的争议解决方法，鼓励同意寻求替代性争议解决方案来解决许可纠纷。

七是实施人可以保留质疑 SEP 有效性或必要性的权利也得到普遍认可。早期德国法院将"被诉侵权人向专利权人提出无条件的要约"解释为不得质疑被许可专利的有效性，可以看到，这一规则已经逐渐被推翻。美国、欧洲、日本均在其发布的政策性文件中提出，实施人在谈判协商的过程中，仍然可以挑战标准必要专利的必要性和有效性。

八是实施人的合理回复时间通常需要依据具体情况确定。实施人通常需要在多长的时间内进行回复，各国普遍认为不能一概而论，需要根据个案的具体情况单独确定。合理的回复时间和技术复杂度、专利数量、信息披露程度等因素有关，通常应当符合商业惯例。

3.2.2　诚信认定

3.2.2.1　美　国

诚信认定与禁令的颁发密切相关。美国法院从衡平法体系出发，认为只有当普通法的救济存在不足，即金钱补偿不足以弥补专利权人所受损害时，才会考虑禁令的颁发。根据 *eBay* 案❶所确立的"四要素测试"原则，法院衡量禁令颁发的必要性时会考虑专利权人所受损害、公共利益、金钱损害是否足以弥补所受损害等因素。由于专利权人自愿作出 FRAND 承诺，通常会被认定为难以确定无法弥补的损害，因此，自 *eBay*

---

❶ *eBay Inc. v. MercExchange*，［2006］L. L. C. 547 U. S. 388.

案以来，可以看到，禁令救济很少被授予受 FRAND 承诺约束的标准必要专利。受此影响，美国行政层面涉及诚信认定的规则较少，2013 年和 2019 年政策声明中，均未对诚信认定进行系统性规制。

美国 2021 年版政策声明（草案）指出：①SEP 专利权人的机会主义行为，通过威胁获得禁令来使得 SEP 补偿高于之前能够通过谈判获得的补偿，可能阻止对标准化产品的投资和延迟引入，从而提高价格，并最终损害消费者和小企业的利益。同时，当标准实施人不愿意接受 FRAND 许可或拖延许可谈判，可能减少 SEP 专利权人参与开发或为标准贡献技术的意愿；如果没有足够的激励措施，专利权人可能选择封闭标准，不提供相互操作性及增强消费者选择。②参与善意谈判的 SEP 专利权人应提醒潜在的实施人，提供他认为将被侵权或正在被侵权的特定 SEP 的信息，说明 SEP 或一组具有代表性的 SEP 被侵权，并提供善意的 FRAND 报价。愿意取得 FRAND 许可并诚信谈判的潜在实施人应评估专利权人提供的信息，并在商业上合理的时间内作出回应，以推进谈判或获得许可。从以上描述可以看出，"标准实施人不愿意接受 FRAND 许可或拖延许可谈判"可能被认定为不诚信行为。

随着全球 SEP 纠纷的升级，可以看到，相比于 2013 年版和 2019 年版政策声明，2021 年版政策声明（草案）新增了部分关于诚信认定的规定，包括：潜在实施人拒绝支付法院或其他中立机构裁决的 FRAND 许可费，可能被认定为非诚信。反之，潜在实施人同意受中立机构裁决的许可费约束，或者保留挑战专利有效性、可执行性或必要性的权利，或者在达成许可后仍保留挑战专利有效性或必要性的权利，均不能直接被认定为非善意。但整体而言，美国行政层面对诚信认定的规定仍然较为简单。

3.2.2.2 欧 盟

同标准必要专利许可谈判框架相类似，欧盟境内对谈判非善意行为的规制，主要通过司法层面予以实现。基于若干司法判例的延伸和扩展，欧洲法院已经形成相对成熟的判断准则，并被其他国家所借鉴。例如，日本特许厅发布的"许可谈判指南"关于非善意行为的阐述，多来自欧洲司法判例。相比于司法层面的体系化和完备化，欧盟行政层面对诚信认定的规定较少，且零星散布于多个政策性文件和报告之中。

欧盟委员会发布的标准必要专利的欧盟方案指出：一方面，在专利包仅限于与被许可方生产或销售其产品相关的所有 SEP 的前提下，SEP 专利权人可以提供更多专利，包括非 SEP，但不能要求被许可方也接受这些其他专利的许可；另一方面，一般情况下，如果实施人对其所需的所有 SEP 没有获得许可的意愿，或者不接受所有 SEP 的许可，可能是非善意的表现。并且，为符合 FRAND，反要约需要与所有 SEP 相关，而不能仅针对单个专利。

CEN/CENELEC 工作组公布的 5G 和物联网标准必要专利授权原则和指引规定：任何一方当事人提议通过公平的仲裁程序确定全球 FRAND 许可条件，不应当被视为非善意行为。

欧盟专家组发布的标准必要专利评估和许可报告指出：两名成员提出两项相互竞争的提案，涉及法院是否应确定最能反映 FRAND 原则的费率，还是在当事人不能同意

FRAND 费率的情况下发布禁令。如果 SEP 专利权人作出 FRAND 许可要约，潜在实施人拒绝该要约，且不能提供足够的证据，足以证明 SEP 专利权人的要约不满足 FRAND 条件，那么 SEP 专利权人可能被授予禁令。该报告中还涉及与非歧视性相关的规定：给同等条件的实施人提供批量折扣；给类似情况的竞争对手提供年度费用上限；在比较一次性总付协议和运行特许权使用费协议时，一次性付款通常会打折；激励实施人在许可计划的早期阶段获得许可的优惠条款，这些都不应被视为歧视性条款。如果专利权人选择向某些实施人寻求许可，而选择性忽视其他处境相似的实施人，则专利权人可能被视为具有歧视性行为。

3.2.2.3 日 本

日本特许厅"许可谈判指南"按照谈判流程的顺序，详细列举了专利权人和实施人可能被视为非诚信的各项行为。其中，专利权人被视为非善意主要发生在许可谈判的第 1 步和第 3 步，实施人被视为非善意主要发生在许可谈判的第 2 步和第 4 步。

第 1 步（专利权人提出许可侵权通知）中，以下这些行为可能增加专利权人被视为恶意的可能性：①在对实施人发出警告信之前或发出警告信之后，立即或者在开启谈判之后即刻向法院提出禁令要求；②在与实施人进行许可谈判时，不澄清 SEP 是怎样被侵犯的，例如不指明 SEP 和技术标准的文件；③声称除非实施人签订保密协议，否则它不会向实施人提供标准和/或产品的 SEP CC 表，即使文件中不包含任何机密信息；④要约规定的时间期限未预留合理的考虑时间；⑤不向实施人披露专利组合的内容，包括组合涵盖的技术、专利数量、地区等。

第 2 步（实施人对获得授权许可表达意愿）中，以下这些行为可能增加实施人被视为恶意的可能性：①对非常晚的答复不给出任何合理理由，或拒绝谈判，甚至继续使用侵权（或潜在的侵权）技术；②声称除非首先提供所有关于 SEP 的标准必要性和有效性的理由，否则不会开始谈判；③不合理地拖延谈判，例如，坚持要求专利权人提供因与他人签订保密协议而不能披露的信息；④拒绝签订保密协议，同时要求专利权人提供 CC 表，包括含有保密信息的详细的权利要求解释，或反复修改保密协议条件以拖延谈判；⑤反复作出无意义的答复；⑥与其他多个实施人勾结，以他人未获得许可为由，顽固地拒绝获得许可。

即使实施人认为专利权人提供的参考材料不充分，其完全不作出回应的行为也会增加实施人被视为恶意的可能性。在这种情况下，实施人至少可以要求专利权人提供具体和必要的参考材料进行回应，可能有助于降低风险。当关于 SEP 的标准必要性、有效性和侵权的讨论还在进行时，如果实施人没有及时表达其获得许可的意愿，不一定会被视为恶意行为。另一方面，一些法院已经裁定，实施人应该及时表达其获得许可的意愿，同时保留其对 SEP 标准必要性、有效性和侵权问题提出疑问的权利。因此，从最小化禁令风险的角度来看，实施人在谈判的早期阶段表达其获得许可的意愿，同时保留其对 SEP 标准必要性、有效性和侵权问题提出疑问的权利会更加安全。

第 3 步（专利权人基于 FRAND 承诺提出许可要约）中，以下这些行为可能增加专利权人被视为恶意的可能性：①在提供 FRAND 许可条件之前，寻求针对善意实施人的禁令，目的是在许可谈判中获得筹码；②即使谈判正在进行，向已经表达了在 FRAND 基础上获得许可意愿的实施人的商业伙伴发送警告信，表示专利权人将寻求禁令救济；③提出一个相对于法院的裁决和类似的许可条款明显不合理的初始报价，并在谈判过程中坚持这一报价；④不解释许可费是如何计算的，或不证明许可报价是按照 FRAND 承诺提出的。

第 4 步（实施人基于 FRAND 承诺提出反要约）中，以下这些行为可能增加实施人被视为恶意的可能性：①在专利权人提出基于 FRAND 承诺的许可要约后，不以 FRAND 承诺提供任何反要约；②与法院判决和可比较的许可条件相比，提出明显不合理的反要约，并在谈判过程中坚持该反要约；③没有解释提出反要约的许可费是如何计算的，也没有说明反要约是否符合 FRAND 承诺。当需要进一步讨论以确定待许可专利和标准之间的技术关联性以及专利的有效性时，或者当专利权人没有提供具体的 FRAND 许可条件时，实施人未提供 FRAND 反要约不会立即被视为恶意行为。此外，就 ADR 的选择来说，虽然拒绝选择 ADR 可能不会立即被视为恶意，但在某些情况下继续这样做，可能存在被视为恶意的风险。

3.2.2.4　韩　国

根据韩国标准专利纠纷应对指南的规定，标准专利许可谈判的第一阶段和第二阶段可能判定实施人不诚信的情况总结如表 3-2-1 所示。

表 3-2-1　标准专利纠纷应对指南中可能判定实施人不诚信的情况

阶段	可能判定实施人不诚信的情况
第一阶段：许可请求审查	不解释为什么需要时间来答复许可请求，根本不响应谈判
	在没有决定是否就整个专利组合进行谈判的情况下，声称除非确定所有标准专利的必要性和有效性的基础，否则不会启动谈判
	由于不断要求专利权人提供与他人签订保密协议而无法公开的信息，而导致谈判被推迟
	要求专利权人提供 CC 表，包括对权利要求的详细解释，但不回应签订保密协议的要求
	几乎没有实质内容的重复答复
	仅以他人未取得许可为由，固执地拒绝取得许可
第二阶段：许可费协商	尽管有具体证据表明专利权人提出的许可条件满足 FRAND 条件，但并未提出对 FRAND 条件的还价
	还价时没有解释是如何计算符合 FRAND 条款的许可费

在专利许可谈判的第一阶段和第二阶段可能判定专利权人不诚信的情况总结如表 3-2-2 所示。

表 3 - 2 - 2 标准专利纠纷应对指南中可能判定专利权人不诚信的情况

阶段	可能判定专利权人不诚信的情况
第一阶段：许可请求审查	专利权人在向实施人发送警告信之前或之后不久提起禁令救济诉讼
	提出许可请求时，未充分提供指定标准专利的数据和表明标准专利必要性的数据
	声称没有保密协议就不能提供 CC 表
第二阶段：许可费协商	尽管在提出 FRAND 条款之前实施人已经表示愿意为获得谈判优势而获得许可，仍然对实施人提起了禁令诉讼
	即使许可谈判正在进行中，仍然向实施人发送警告信
	首先提出明显不合理的条件
	未说明许可费的计算方式以及许可请求符合 FRAND 条款

综上所述，比较主要国家和地区行政文件中关于诚信认定的相关内容，发现具有以下特点。

一是世界主要国家和地区均重视诚信认定规则，但实现途径有所不同。诚信认定与许可谈判的框架紧密联系，体现在谈判流程的各个步骤之中。从世界范围来看，日本和韩国主要立足于行政层面，积极制定许可指南或谈判指南，因此也通过指南一并列举了可能被认定为存在恶意的行为，在一定程度上为谈判双方提供有效指引；欧盟则是通过司法判例呈现出相对成熟的判断准则，并被其他国家所借鉴；美国由于很少颁发禁令，涉及诚信认定的规则较少，但随着全球 SEP 纠纷的升级，美国也开始逐渐完善相关政策。

二是从诚信规则的体例来看，按照与许可谈判步骤/阶段一一对应的方式明确非善意行为，是较为普遍的制定方式。日本和韩国分别发布的许可指南中，均按照与谈判步骤/阶段相对应的方式列举了可能被认定为恶意行为的若干种情形；欧洲虽然在政策性文件中对诚信认定的具体规则较少涉及，但自欧洲法院通过华为 - 中兴案设定许可框架以来，欧盟境内的司法判决基本是遵照谈判框架，逐项分析各个步骤下是否存在不诚信行为。显然，将这些司法判例整合起来，与谈判步骤一一对应的恶意行为边界同样是清晰而具体的。

三是从诚信规则的内容来看，可能被认定为存在恶意的行为具有共性。专利权人可能被认定为存在恶意的行为主要包括三大类：①以禁令威胁谋取不合理的谈判优势；②未完全履行信息披露义务；③坚持明显不合理的许可条件。实施人可能被认定为存在恶意的行为也主要包括三大类：①拒绝给予回应；②以不合理的理由拖延谈判；③坚持明显不合理的许可条件。

四是除恶意行为之外，明确非恶意行为同样具有重要意义。可以看到，美国、欧洲、日本均在一定程度上指出哪些行为不应当被视为或立即被视为恶意谈判，例如，提议或接受 ADR 不应当被视为非善意行为;实施人保留挑战专利有效性或必要性的权利不应当被视为存在恶意。明确非恶意行为同样具有重要意义,通过正反两个方面的诚信行为规则,可以为许可谈判提供更多的可预期性。

3.2.3　披露以及保密协议

在标准必要专利的授权许可中,信息获取是非常重要的,信息披露不充分势必导致标准必要专利供需双方的信息不对称,进而产生很多纠纷和争议。在标准制定中,各大标准组织均对标准对应的专利申请相关信息披露提出了要求;标准实施阶段,基于理性经济人理论,标准必要专利权人不披露或者虚假披露标准必要专利在先许可费信息的原因是追求更高的经济利益,标准实施人也因为信息不透明对可比协议的"可比性"产生怀疑。

信息披露和保密是矛盾的,在标准必要专利中,信息的披露和保密主要在以下三个阶段涉及。

(1) 在标准制定阶段,根据国际标准组织的要求,进行专利申请相关信息的披露。

(2) 在许可谈判过程中,尤其在发出侵权通知时,哪些信息是在无需签订保密协议的情况下,专利权人可以提供给实施人的。

(3) 许可谈判中,专利权人和实施人签订保密协议,保密协议中所涵盖的保密信息范围包括哪些,保密信息在诉讼中是否可用作抗辩等。

3.2.3.1　主要国家和地区行政层面关于信息披露的相关内容

针对以上方面涉及的披露和保密情形,对主要国家和地区标准必要专利许可框架相关文件涉及的内容进行比较,主要情况如表 3 - 2 - 3 所示。

表 3 - 2 - 3　主要国家和地区标准必要专利相关文件中信息披露和保密协议相关规定

主要国家和地区	相关文件	申请信息披露	谈判中无保密协议情况下可提供信息	保密协议相关规定
美国	美国 2021 年对自愿受 F/RAND 承诺约束的标准必要专利的救济措施的政策声明	记载标准组织知识产权政策要求参与者披露知识产权信息	无	无
日本	日本特许厅许可谈判指南 (2022 年提案)	无	明确许可谈判中,专利权人在无保密协议情况下需提供的信息	涉及保密协议中实施人和专利权人的机密信息范围,保密协议涉及的方面等
	日本经济产业省诚实谈判指南	无	明确许可要约中需提供的信息,建议 CC 表不纳入保密协议范围	无

主要国家和地区	相关文件	申请信息披露	谈判中无保密协议情况下可提供信息	保密协议相关规定
韩国	标准必要专利指南 2.0	详细说明标准化组织的知识产权政策要求申明的内容，申明格式等	无	无
	标准专利纠纷应对指南	明确标准化组织披露原则、披露要求，并详细介绍如何查看专利池披露信息	说明了警告信的内容，首先签署保密协议，以便在警告信的审查阶段提供相互信息	详细说明了签署保密协议注意事项
欧盟	标准必要专利的欧盟方案	提出增加 SEP 披露的透明度，建议增加申明数据库透明度，例如提高申明质量，加强审核	不明确	不明确
	5G 和物联网标准必要专利授权原则和指引	提出透明性问题	无	提出签订保密协议是常见做法，介绍了签订保密协议后专利权人应提供的信息
	德国慕尼黑第一地区法院关于审理侵犯专利权纠纷案件时反垄断强制许可抗辩适用指南	无	无	明确保密协议中保密请求需满足的条件，保密条款对法院的作用
	欧盟专家组标准必要专利评估和许可报告	提高数据库的透明度	建议无须要求实施人首先签署保密协议，提供 CC 表	无

下面分别从上述三个阶段介绍主要国家和地区行政文件涉及的相关内容。

根据主要国家和地区行政文件，对信息披露的内容虽有涉及，但是基本上以国际标准组织的披露要求为准，并未提出进一步的披露要求，这可能与披露要求更多的是在标准制定阶段有关，因此，主要遵从标准组织的要求。主要国家和地区行政文件中，美国仅提出了原则性的规定，并未介绍细节；日本并不涉及披露要求；韩国和欧盟涉及披露要求大致内容如下。

（1）韩　国

韩国主要是列举了各个标准组织的披露要求。韩国标准必要专利指南 2.0 的作用是介绍标准必要专利相关知识的指南，出于科普的目的，其详细、客观地介绍了各个标准制定组织的披露要求，包括标准化组织的知识产权规定和专利声明、声明格式、申明内容，也列举了因没有遵守知识产权规定被限制行使标准必要专利权的案例，例如高通起诉 BROADCOM 和飞利浦起诉 LG 电子公司案例，最终法院都因为没有进行专利申明，判决专利权人无法行使专利权。

（2）欧　盟

欧盟主要是对标准组织提出了进一步的披露要求。欧盟的标准必要专利的欧盟方案提出了关于增加 SEP 披露透明度的要求，其认为有关 SEP 是否存在、范围、相关性的信息，对于公平的许可谈判，潜在的标准使用者确定披露的 SEP 范围以及必要的授权合作伙伴至关重要。其提出 5 点建议：一是提高记录在 SDO 数据库中的信息的质量和可访问性，消除重复和明显的错误，对数据库信息进行严格审查；二是开发一个信息工具以协助许可谈判；三是加强再次审核，专利权人应在最终标准被采纳（及其后的重大修订）之时以及作出最终的专利授权决定时，再次审查其声明的相关性；四是必要性检查，减少过度声明；五是激励 SEP 专利权人修改和维护相关声明。

3.2.3.2　主要国家和地区行政层面关于无保密协议可披露信息的相关内容

对在无须签订保密协议的情况下，哪些信息可以提供，美国不涉及，日本、韩国和欧盟的相关内容如下。

（1）日　本

日本经济产业省诚实谈判指南明确提出了：当标准专利权人向实施人提出标准必要专利许可要约时，标准必要专利权人应自愿或应实施人的要求，向实施人提供有关许可的专利信息，包括：专利号列表，将权利要求逐个元素映射到标准的 CC 表（当存在大量专利时，CC 表为代表性专利的对照表），实施人的产品符合相应标准的信息，表明存在 FRAND 承诺的信息，相应标准的编号。同时提出，如果实施人要求，标准必要专利权人最好不要将 CC 表纳入保密协议范围。

（2）韩　国

韩国标准专利纠纷应对指南提出了：在许多情况下，首先签署保密协议，以便在警告信的审查阶段提供相互信息。

同时认为专利权人在发出警告信时必须详细提供：专利清单（专利号）、侵权商品、标准名称、CC 表、专利权人向标准化机构提交的 FRAND 书面申明，在某些情况下，专利权人的机密信息可能包含在内容中，以说明标准与权利要求的对应关系。

可见，韩国也认可 CC 表可以属于保密的范畴。

（3）欧　盟

欧盟的标准必要专利评估和许可报告中对信息披露和增加透明性提出了很多的建议，例如将 CC 表纳入标准组织数据库中，这样避免保密协议签署中涵盖该信息。在提高标准专利权人许可要求的透明度中，提出标准必要专利权人针对实施人存在专利侵权时，至少包括以下信息：①优先权日期和优先权国家；②所有国家的家族成员；③相关专利族；④授权日期和⑤每个专利的到期日期。除上述信息外，还应提供专利列表中的 CC 表（无需实施人首先签订保密协议）。

但是在欧盟的标准必要专利评估和许可报告中上述内容只是建议，在总分五星的推荐标准中，该建议获得四颗半星的推荐。

3.2.3.3　主要国家和地区行政层面关于保密协议相关内容

有关保密协议的签订，主要是日本、韩国和欧盟涉及，主要内容如下。

（1）日　本

日本特许厅的许可谈判指南（2022 提案）提出了关于保密协议的一些内容，主要涉及保密协议的定义、实施人和专利权人的保密信息包括哪些，以及 CC 表是否属于保密信息等。

保密协议是（非公开协议）确保在谈判期间所披露的商业或技术层面的敏感信息不会被泄露给第三方。通过缔结保密协议，各方当事人会发现在谈判期间敏感信息更容易被披露，从而使得许可谈判更为有效。

实施人的机密可能包括与业务相关的信息（如市场预测和销售信息等），以及关于实施人产品的未公开的技术信息。

专利权人的机密信息可能包括对权利要求术语的解释和标准文件中的相应部分、用于解释和支持费率或金额的类似 FRAND 许可条款。

关于签订保密协议提醒事项包括：当事人在签订保密协议时，应注意保密协议的措辞，以避免未来在法庭上作为善意谈判提供证据时有被阻止的风险。

签订保密协议时，具体条款可包括：哪些信息需要保密、谁将收到机密信息、机密信息的表示方法、是否涵盖口头传达的信息、协议期限、信息以后能否在诉讼中用作抗辩、保密义务的期限、非保密的信息（公共领域内的信息和合法获取的信息等），双方当事人还可以考虑制定适用于许可谈判过程、内容和结果的保密条款。各方当事人可能需要考虑，例如，是否所有条款和协议的存在都是保密的，是否只有金额条款是保密的，或者是否只有销量信息（例如过去的销售额）保密等。

对于 CC 表是否属于保密内容，该指南提出：一些 CC 表解释了权利要求术语与标准规格书或产品的相应特征之间的联系。在某些情况下，专利权人可能声称解释包括机密信息。在这种情况下，当事人可以在许可谈判中签订保密协议。虽然专利范围和标准文件都是公开的，本身并不具有机密性，但专利权人往往以专利权利要求范围和标准文件之间的对应关系及其解释系机密信息为由，要求签订保密协议作为 CC 表的条件。另一方面，实施人倾向于认为，在 CC 表只提供权利要求术语和标准文件之间简单比较的情况下，CC 表不构成机密信息，不应受保密协议的约束。

（2）韩　国

韩国提出为协商标准专利许可，专利权人和实施人提供双方掌握的机密信息，在某些情况下，有必要在全面许可谈判开始之前获得保密协议且很常见，并强调从签订保密协议开始，对每一项内容都必须认真考虑。同时提出了实施人应该注意的事项。

① 可公开的数据，如标准对应的专利列表，对应于已经公开的数据，例如专利号列表，无需将其设置为保密范畴。提出对专利权人提供的信息保密，有必要协商以尽量减少要维护的信息。

② 保密协议的义务包括禁止向第三方披露机密信息的内容，因此在签订时，要尽量将未来协商过程中能够获得帮助的主体排除在第三人之外。

③ 保密协议的内容包括许可谈判过程中的所有书面信息，最好将法院排除在此类信息保密的主题之外。

④ 许可谈判的结果通常要求也不能向第三方披露。

韩国的标准专利纠纷应对指南特别强调，对于没有太多许可谈判经验的被许可人来说，他们不关心专利权人要求的保密协议，他们害怕如果不接受保密协议条款，会被认为是没有诚意参与谈判，因此很多情况下都按照原样签订了合同，但是保密协议在整个谈判过程中都发挥作用，且可能成为影响谈判成败的重要内容，因此，需要仔细检查保密协议的每一项，并要在咨询专利和法律许可方面拥有丰富经验的专家后再签订保密协议。

（3）欧　盟

欧盟的 5G 和物联网标准必要专利授权原则和指引提出了六个原则，其中第三个是关于保密协议的原则，包括：在符合保密方式下，每一方都应该提供给他方与实施签订 FRAND 授权合理必要的信息。如果任一方要求，双方应该立即签订合理的 NDA，以方便机密信息交换。对第三人的契约保密义务也可适用，并限制交换的信息。

综上所述，通过比对主要国家和地区行政相关文件中关于信息披露和保密相关内容，具有以下特点。

一是韩国和日本规定较为详细，为标准必要专利谈判双方提供了较多、较细的参考。由于日本和韩国行政文件的作用是为不具备授权许可经验的实施人服务，在日本特许厅许可谈判指南（2022 提案）和韩国的标准必要专利指南 2.0、标准专利纠纷应对指南都详细地写明了披露、保密协议等相关内容，具有较大的参考价值。

二是关于侵权通知所包含的信息披露，主要国家和地区较为保守。主要国家和地区授权许可行政层面还是采取保守的态度，美国、欧盟等都未明确，韩国和日本也未对不需保密协议签订可提供的信息划分明确的界限，例如日本特许厅许可谈判指南（2022 提案）提出提供专利号列表、标准技术名称、专利效力地域范围，提出 CC 表可能需要签订保密协议。韩国的标准专利纠纷应对指南与日本的内容相似。

三是对于争议较大的权利要求对照表是否保密，并没有明确一致性结论。日本经济产业省的诚实谈判指南明确当 SEP 专利权人提供将专利权利要求映射到标准元素的

CC 表时，如果实施人要求，标准必要专利权人最好不要将其纳入保密协议范围，但是在日本特许厅许可谈判指南（2022 提案）也提出在某些情况下，专利权人可能声称 CC 表的解释包括机密信息，在这种情况下，当事人可以在许可谈判中缔结保密协议，并提出通过判断 CC 表中是否包含机密事实的方式来认定其是否属于保密内容。在 2021 年欧盟委员会的 SEP 专家组报告中，建议无需签订保密协议即可提供高级别 CC 表。上述内容均为建议，并未明确将 CC 表划出保密范畴之外。

四是对谈判的许可费，主要国家和地区的行政文件都未说明其属于公开内容。主要国家和地区虽然都提到了许可费的可比协议，但大部分认可其属于保密范畴，没有一个国家或经济体认为许可费属于公开内容。关于许可费的透明性，欧盟的"标准必要专利的欧盟方案"提出专利权人通过专利池或其他许可平台，制定有效的解决方案，促进物联网领域（特别是中小企业）中的大量实施人的许可，同时提供足够的透明度和可预测性，但也不是将其认定为可公开内容。

3.3 标准必要专利许可谈判司法层面

3.3.1 欧盟标准必要专利许可谈判

在以德国为代表的大陆法系中，请求停止侵害是专利权人的法定权利。一般情况下，只要认定专利侵权成立，专利权人的禁令请求都会得到支持。被诉侵权人想要阻止禁令的颁发，需要提出抗辩，并证明专利权人存在违反竞争法或滥用知识产权的情形。

在华为诉中兴案之前，德国法院在审理涉及 SEP 侵权案件时，并不考虑专利权人是否作出过 FRAND 承诺，而是遵循 2009 年橙皮书标准案❶所确立的特殊停止侵权抗辩规则。该抗辩规则要件主要包括两点：①被诉侵权人已经向专利权人提出了无条件的、真实的、合理的和易于接受的要约。其中，摩托罗拉诉苹果案中，"无条件要约"被解释为不得质疑被许可专利的有效性。摩托罗拉诉微软案中，"合理的"和"易于接受的"要约被解释为被诉侵权人应提出"明显过多"的许可费报价以证明拒绝许可行为构成滥用。②被诉侵权人须预期履行相关合同义务，包括向专利权人提供财务账单以便查证使用专利及获益情况，并在合理期限内准备足额的专利使用费。

橙皮书标准案确立的抗辩规则受到欧盟委员会的质疑。2014 年 4 月，欧盟委员会裁定，摩托罗拉就 FRAND 许可声明所覆盖的 SEP 向法院寻求禁令的行为构成欧盟竞争法下所禁止的滥用市场支配地位行为，并认为"潜在被许可人本质上无权挑战 SEP 必

---

❶ 这是德国联邦最高法院审理的一起重大案件，该案涉及飞利浦拥有的可刻录光盘和可重写光盘标准必要专利技术，该标准发布在橙皮书上，故称"橙皮书标准"。*Royal Dutch Philips Electronics Ltd v. Defendants*, 06 May 2009, Az. KZR 39/06.

要性和有效性"的观点有违反自由竞争之嫌。❶

总体来看，欧盟法院在裁决华为诉中兴案之前，德国法院授予禁令的条件对专利权人更加有利，但欧盟委员会的执法标准对专利实施人更为有利。❷ 此后，欧盟法院通过华为诉中兴案对专利权人和实施人的利益进行了适度的平衡。欧盟法院审理的华为诉中兴案具有里程碑意义。该案确立了 SEP 专利权人和实施人进行许可谈判的基本框架。这一基本框架的提出具有两方面的重要意义：一是在禁令颁发层面，为禁令的颁发与否提供了考量因素；二是在 SEP 许可谈判方面，通过规范 SEP 专利权人和实施人双方的行为义务，为 SEP 许可谈判设置了基本框架，有效促进了许可谈判的顺利进行，减少了不必要的司法摩擦。

华为诉中兴案❸所设定的 SEP 许可谈判框架可以划分为 5 步。

第 1 步：SEP 专利权人向专利实施人发出侵权通知，该通知应明确指出遭受侵权的专利，以及说明被指控侵权人以何种方式侵权。

第 2 步：被控侵权人表达以 FRAND 方式签订许可协议的意愿。

第 3 步：SEP 专利权人向被控侵权人发出基于 FRAND 条款的具体的、书面的许可要约，该要约应指明许可费及其计算方式。

第 4 步：被控侵权人应当按照业界认可的商业惯例和善意原则，勤勉地作出回应，这一认定必须结合客观因素判断，具体来说应认为不存在拖延手段。如果被控侵权人不认可该许可要约，应当基于 FRAND 条款以书面形式发出具体的许可反要约。

第 5 步：若许可反要约被拒绝，且被控侵权人在达成许可协议之前已经使用了 SEP，那么被控侵权人应当提供适当的担保，例如提供银行担保或者将所需金额存入保证金账户。针对该担保的计算除了必须包括"对 SEP 过去的使用行为的数额"外，被控侵权人还必须能够就这些使用行为开立担保账户。当事方可以选择以"共同协议"的方式，不拖延地请求独立第三方机构确定许可费。

华为诉中兴案的裁判结果在欧盟范围内对各成员国相关司法认定产生了约束力，影响重大。此后，欧盟各成员国的司法判决均遵循该基本框架，严格适用欧盟法院的规则，并通过判例不断对该基本框架进行解释和完善，从而以判例法（case law）的形式，逐渐形成欧盟关于 SEP 许可谈判的行为指南。下面对各个步骤所涉及的内容和相关法院的司法态度进行详细阐述。

3.3.1.1 专利权人向专利实施人发出侵权通知

侵权通知是欧盟标准必要专利许可行为框架的第 1 步，是 SEP 授权许可的发起，要求标准必要专利权人应将对标准必要专利的侵权行为适当地通知标准实施人，在禁令颁发中，欧盟及欧洲各国法院也将首先评估被诉标准实施人是否已得到适当通知，

---

❶ 广东省高级人民法院知识产权审判庭. 通信领域标准必要专利法律问题研究［M］. 北京：知识产权出版社，2020：76.

❷ 广东省高级人民法院知识产权审判庭. 通信领域标准必要专利法律问题研究［M］. 北京：知识产权出版社，2020：73.

❸ *Huawei v. ZTE*，CJEU，［2015］16 July 2015，Case C‒170/13.

关于通知"适当"的考虑因素包括通知发出的时间、通知的发出方和接收方、通知包含的内容等，下面对侵权通知的各方面要求进行详细介绍。

（1）侵权通知的必要性

欧洲各国法院规定标准必要专利权人必须是已经通知过标准实施人其行为构成对特定标准必要专利的侵权行为后，才可以寻求禁令救济，否则，将会违反《欧盟运作条约》（Treaty on the Functioning of the European Union，TFEU）第 102 条的规定"一个或多个企业滥用其在共同市场或其重大部分的支配地位，应被禁止，因为这可能会影响成员国之间的贸易，与共同市场不相容"。如果标准必要专利权人未在诉讼程序开始之前适当通知标准实施人其侵权行为，即属于违反第 102 条的情况；反之，如果标准必要专利权人在提起禁令救济之前，已经适当通知标准实施人其侵权行为并提交符合FRAND 原则的许可协议提案，则不违反第 102 条的情况。由此可见，侵权通知适当发出是符合 FRAND 原则的首要条件，而且该义务在互联网和通信领域尤为重要。

上述情况也存在例外情形，当通知侵权构成"毫无意义的手续"时，标准必要专利权人就不需要向标准实施人发出侵权通知。例如：在 Tagivan（MPEG - LA）诉华为案和圣劳伦斯公司诉德国电信公司案中指出，当根据案件的整体情况判断，可以合理地假设如果该实施人已经能清楚意识到其侵权行为时，❶ 则标准必要专利持有人就不需要对标准必要专利实施人进行侵权通知。对某些实施人，标准必要专利权人虽然没有直接向其发出侵权通知，但是如果有证据表明标准实施人通过其他方式已经明确获知其行为侵权，则是否是标准必要专利权人本人向标准实施人指出了侵权行为将不再重要。❷

英国法院虽然也认为对侵权行为进行通知是标准必要专利权人在对实施人提起侵权诉讼之前所必须满足的强制性要求，但其也不会仅仅因为标准必要专利权人未向专利实施人发出侵权通知而拒绝标准必要专利权人的禁令申请。例如，英国法院在无线星球诉华为案❸中指出，在一般情况下，如果实施人熟知相关技术细节以及可能产生侵权的各项标准必要专利，却无意取得 FRAND 许可，则不应仅仅因为标准必要专利权人未于发起侵权诉讼程序前正式向实施人发出侵权通知就拒绝标准必要专利权人的禁令申请。

（2）侵权通知的发出时间

侵权通知的发出时间原则上可以是标准必要专利权人获知实施人侵权行为后的任何时间点，根据诉前义务的要求，欧洲各国法院判例根据康文森诉华为案❹，确认了标准必要专利权人和标准实施人应遵循的权利/义务制度，规定专利权人必须在"提起诉讼之前"或"在司法主张之前"通知被控侵权人，说明相关标准必要专利和侵权性质。

❶ *Tagivan（MPEG - LA）v. Huawei*, District Court of Duesseldorf,［2018］Case No. 4a O 17/17.

❷ *Saint Lawrence v. Deutsche, Telekom*, Landgericht Mannheim,［2015］Case No. 2 O 106/14.

❸ *Unwired Planet v Huawei*, UK Court of Appeal,［2018］, Case No. A3/2017/1784, EWCA Civ 234.

❹ *Conversant v. huawei*,［2020］Az. 4b O 30/18 的第 227 - 228 段.

进一步地，在圣劳伦斯诉沃达丰案❶中，法院认为侵权通知必须在标准必要专利权人提起侵权诉讼之前发出，最迟在支付预付费用之前。

同样地，虽然规定侵权通知应在提起诉讼之前发出，但不能从欧洲各国法院的裁决中推断出如果标准必要专利权人在提起诉讼后才发出的侵权通知必然会直接导致禁令救济的不可执行性。

（3）侵权通知的发送方

侵权通知的发送方要求较为宽泛，在杜塞尔多夫法院 4c O 81/17❷ 案例中认为，通常 SEP 专利权人自己或同一集团公司内的任何其他关联公司，尤其是专利权人的母公司，都可以发出相应的侵权通知。如果标准必要专利是通过专利池来管理的，如果专利池管理者拥有就其所管理的专利的许可执行法律行为的权利，那么相关侵权通知也可以由专利池管理者向标准实施人发送。

（4）侵权通知的接收方

标准必要专利权人不必承担全面性的侵权通知义务，因为其难以获知所有的标准实施人。在圣劳伦斯诉德国电信案❸、圣劳伦斯诉沃达丰案❹以及康文森诉戴姆勒案❺中，法院认为，标准必要专利权人只需要向制造商提出侵权通知即可，这符合合理预期，对标准实施中涉及的第三方，例如标准实施人的供应商、分销商等，通常无须向供应商和分销商发出侵权通知，除非第三方向 SEP 专利权人以 FRAND 条款提出许可请求。❻这是因为一方面让 SEP 专利权人在多层次的复杂供应链中找出所有可能涉及的供应商、分销商不可行也不合理；另一方面，对分销商发出侵权通知也会给制造商带来巨大压力，这种行为可能被认为是滥用市场支配地位。

根据现有德国法院的多个判例，普遍认为侵权通知发送到集团公司的母公司就已足够，特别是当该集团的许可相关事务是由母公司代表整个集团公司进行处理时，除非有迹象表明母公司不会将信函转发给对应的子公司。❼ 因为，通常而言，母公司通常愿意为其所包含的所有子公司获得专利许可，而且专利许可合同的签订通常由母公司的管理部门决策协商，所以向母公司发出要约更合适，SEP 专利权人仅向标准实施人所属母公司提出发出侵权通知和提出许可要约的做法一般认为符合 FRAND 承诺。

例外的是，在意大利的西斯维尔诉中兴判决❽中，法院认为如果 SEP 专利权人仅对标准实施人提起诉讼，则向实施人的母公司发出侵权通知不符合华为诉中兴案框架的

---

❶ *Saint Lawrence v. Vodafone*, Landgericht Dusseldorf, ［2016］Case No. 4a O 73/14；Landgericht Dusseldorf, Case No. 4a O 126/14.

❷ Dusseldorf ［2018］4c O 81/17 11 July 2018.

❸ *Saint Lawrence v. vodafone*, Landgericht Mannheim, ［2015］Case No. 2 O 106/14.

❹❻ *Saint Lawrence v. Vodafone*, Laudgericht Dusseldorf, ［2016］Case No. 4a O 73/14；Laudgericht Dusseldorf, ［2016］Case No. 4a O 126/14.

❺ *Conversant v. Daimler*, District Court of Munich I, ［2020］Case No. 21 O 11384/19.

❼ *Tagivan*（MPEG - LA）*v. Huawei*, District Court of Duesseldorf, ［2018］Case No. 4a O 17/17；Fraunhofer （MPEG - LA）v. ZTE, District Court of Dusseldorf, ［2018］Case No. 4a O 15/15.

❽ *Sisvel v. ZTE*, Tribunale Ordinario di Torino, ［2016］Case No. 30308/20215 R. G.

要求，这与德国的多数判定结果相反。

（5）侵权通知的内容

SEP 专利权人应将实施人对标准必要专利的侵权行为适当地通知标准实施人，通知内容应当使标准实施人能够明确侵害了哪些特定权利、对应哪些标准、哪些产品侵害了这些特定权利等。SEP 专利权人发出的侵权通知具体所包含的内容及其详细程度，会对标准实施人的相应行为要求产生影响，当侵权通知内容越详细时，标准实施人就会被要求越迅速地回应并表明其愿意按照 FRAND 条款取得许可，该行为与诚信认定中的"是否拖延"判定密切相关。

根据德国、法国、荷兰等国的判例，通常情况下，侵权通知内容必须包含以下内容。

① 指出哪一项专利受到侵权，给出被侵权专利的专利号。

② 指出相关被侵权专利已经成为标准必要专利，提供与涉案专利相关的标准。

③ 告知实施人哪些实施的技术功能或产品使用了该项专利。

上述必须提供的内容中，通过司法判例来看，具体实施细节也存在区别，具体为：

关于①，大部分司法判例均认为应该提供涉案专利号，但是在德国的 LG 诉 TCL 案❶中，法院认为侵权通知中只包含专利申请号，没有说明涉案专利的专利号，也是符合要求的，因为 SEP 专利权人没有义务定期更新其专利组合中包含的各个专利的清单。

关于②，通常建议给出专利涉及标准的对应部分，但其详细程度可以依据案件情况把握，特别是针对标准实施人既有的技术知识，如果标准实施人相关技术知识较少，则应该提供更为详细的信息。因为侵权通知的内容的作用是通知标准实施人侵权行为的发生，并不需要实现对侵权行为的最终评估，指出涉案专利具体涉及标准中哪个特定部分并不是必需的。❷

关于③，SEP 专利权人需要明确被攻击实施人的哪些技术功能使用了该标准，描述具体的侵权使用行为与受侵害的实施例，从而使被控侵权人能够独立审查自己的侵权行为，此信息的详细程度只能根据具体情况确定，其不必如专利诉讼中权利主张所提供的事实那样充分，没有必要对侵权行为进行详细的技术上和法律上的分析，❸ 例如对专利权利要求的个别特征如何被侵权的分析，指出根据相关标准实现联网功能的特定组件是哪些等。

根据商业惯例及法院判例，在许可谈判中，发出侵权通知时建议提供：

④ CC 表。CC 表通常是将相关的专利的权利要求与对应标准的相应段落进行对照，根据权利要求特征来构建，对照的详细程度能够满足审查侵权指控即可。

虽然大部分欧洲法院认为在侵权通知中发送 CC 表是非常合适并能提供足够的信

❶ *LG v. TCL*，Regional Court Mannheim，［2021］2 O 131/19.

❷ *Nokia v. Damler*，Regional Court Mannheim，［2020］2 O 34/19.

❸ *Sisvel v. Wiko*，［2020］Case No. 6 U 103/19；IP Bridge v TCT，District Court of Mannheim，［2020］Case No. 2 O 136/18.

息，但是在 *IP Bridge 诉 TCT*❶ 等案中，法院认为，CC 表并不是强制的，如果 SEP 专利权人没有提供 CC 表，不能认为 SEP 专利权人就没有履行侵权通知义务。如果 SEP 专利权人没有提供 CC 表，那么对于上述①~③的信息则需要提供得较为详细，以使标准实施人能根据提供的信息通过内部或者外部自查来确定是否发生侵权行为。

上述侵权通知内容是大多数法院较为认可的所包含的内容，除上述内容外，在荷兰海牙上诉法院审理的飞利浦诉华硕案❷ 中，认为侵权通知中还应该包括：

⑤ SEP 专利权人声明其愿按照 FRAND 条款进行许可的意愿的信息。

在 *Wiko 诉西斯维尔案*❸中，法国法院认为侵权通知中还应该包括：

⑥ 指出未经授权使用行为的后果。

⑦ 向通知接收人提供有关其是否选择对所传达的信息和所涉及的专利的有效性提出疑问的信息。

鉴于侵权通知的目的在于告知标准实施人侵权行为的发生，以进行后续授权许可的谈判，在侵权通知中无需提供以下信息：

⑧ 在 SEP 专利权人毫无疑问地受到 FRAND 许可承诺约束的前提下，侵权通知不必包含原始的 FRAND 书面承诺，也不必包含其在标准发展过程中已作出 FRAND 承诺的证据。❹

⑨ 不必包含对涉案专利的有效性和必要性进行最终评估所需的信息，❺ 也无须就涉案专利对于该标准而言具备必要性进行告知。

3.3.1.2 标准实施人表达以 FRAND 方式签订许可协议的意愿

标准实施人表达愿意以 FRAND 方式签订许可协议是欧盟标准必要专利许可行为框架的第 2 步，这是标准实施人在接收到第 1 步 SEP 专利权人发出的侵权通知后作出的反应，标准实施人获得许可意愿的表达态度关系到法院评估标准实施人获得许可意愿是否积极、是否拖延来认定专利实施人是否善意，该态度会对法院考虑是否颁发禁令产生重要影响，关于意愿表达是否善意也有多方考虑因素，下面进行详细阐述。

（1）获得许可意愿的表达义务

华为－中兴谈判框架对标准实施人"达成许可协议的意愿"的要求指的是无条件的意愿，也就是说，善意的被许可人必须表明只要许可条款事实上符合 FRAND 就愿意按此条款取得 FRAND 许可。❻

在华为－中兴谈判框架中，许可意愿的表达是必须的，例如德国法院判例 7 O 115/16❼ 的决定指出，标准实施人必须对侵权通知作出回应，即使在标准实施人看来，

---

❶ *IP Bridge v. TCT*，District Court of Mannheim，［2020］Case No. 2 O 136/18；*Nokia v. Damler*，Regional Court Mannheim，［2020］2 O 34/19；Sisvel. Haier，Federal Court of Justice，［2020］KZR 36/17.

❷ *Philips v. Asustek*，Court of Appeal of The Hague，［2019］Case No. 200. 221. 250/01.

❸ *Wiko v. Sisvel*，Tribunal de Commerce de Marseille，［2016］Case No. RG：2016F01637.

❹ *Pioneer v. Acer*，Landgericht Mannheim，［2016］Case No. 7 O 96/14.

❺ *Philips v. Wiko*，Court of Appeal of The Hague，［2019］Case No. 200. 219. 487/01.

❻ *Unwired Planet v. Huawei*，High Court of Justice，Case No. HP－2014－000005，［2017］EWHC 711（Pat）.

❼ 德国法院 7 O 115/16，［2019］2019 年 9 月 4 日的决定。

SEP 专利权人的提议在通常情况下是不符合 FRAND 标准的。大部分的法院判例❶，要求标准实施人必须"清楚"且"明确"地表明其愿意按照任何"实际上符合 FRAND 的条款"与 SEP 专利权人达成许可协议，不论 FRAND 条款实际上是什么样的，声明必须是认真和无条件的，并且随后标准实施人应以一种"目的导向"且"积极"的态度进行许可谈判。

需要注意的是，对于上面的"清楚"和"明确"的要求，法院在西斯维尔诉 *Wiko* 案❷中指出，如果是"表达普遍的许可意愿"不足以表明实施人是有意愿的被许可人，也就是说实施人必须"明确无误地"声明愿意就 FRAND 条款缔结许可协议，以下等情形❸可能被认为不够清楚明确。

① 仅仅对侵权通知作出表达愿意考虑签署许可协议。

② 表达在一定条件下才考虑取得许可进行谈判，即作出附带条件的许可意愿声明。

③ 表达如果确实使用了专利就愿意讨论是否取得许可。

但是在德国杜塞尔多夫法院的 Case – No. 4c O 81/17 中认为标准必要专利实施人甚至可以以隐含的方式声明其愿意按 FRAND 条款取得许可，该判例和欧洲大部分判例不同。

除了实施人明确表达自己是有意愿的被许可人声明之外，法院还会对实施人在整个谈判过程中的整体行为进行全面性的分析来确定实施人是否具备取得许可的意愿，例如实施人的行为是否合理地促进谈判，实施人最初是否采用了拖延战术，实施人是否有与 SEP 专利权人进行进一步谈判的迹象。从法院的角度来看，在侵权诉讼程序开始后才提出的许可反要约通常情况下可能是不被认可的，仅有在实施人自谈判开始就愿意并且始终积极地参与与 SEP 专利权人讨论的特殊情况下，在诉讼审判期间提出的反要约才被纳入对判断是否具备取得许可意愿的考量范围中。

（2）获得许可意愿的表达方式

许可意愿的表达方式较为宽松，实施人可以就其愿意接受的许可作出任何正式或非正式的声明，只要其愿意参加许可谈判的意思表示是清楚的，就可以认定其已经履行了义务，非正式的答复也可以。❹

在内容上，对标准必要专利实施人的申报要求不高，它不受形式要求的约束，可以是一般性质的，只要明确说明获得许可的意愿，不需要更多信息或条件。❺

---

❶ *Conversant v. Daimler*，District Court of Munich I，［2020］Case No. 21 O 11384/19 30 October 2020；*Sisvel v. Haier*，Federal Court of Justice，［2020］2020.05.05，KZR 36/17；*LG v. TCL*，［2021］2 O 131/19；*Sharp v. Damler*，Regional Court Mannheim，［2020］7 O 8818/19；*Nokia v. Damler*，Regional Court Mannheim，［2020］2 O 34/19.

❷ *Sisvel v. Wiko*，［2020］Case No. 6 U 103/19.

❸ *Conversant v. Daimler*，District Court of Munich I，［2020］Case No. 21 O 11384/19；LG v. TCL，［2021］2 O 131/19；Sharp v. Damler, Regional Court Mannheim，［2020］7 O 8818/19；*Nokia v. Damler*，Regional Court Mannheim，［2020］2 O 34/19.

❹ *Sisvel v. Haier*，Oberlandesgericht Dusseldorf，［2016］Case No. 15 U 65/15.

❺ Regional Court Dusseldorf，［2018］4c O 81/17.

（3）表达获得许可意愿的时间

在华为－中兴谈判框架中，在实施人对 SEP 专利权人的许可要约作出反应的义务方面明确提到要避免拖延策略，只要实施人未经许可使用涉案专利，实施人必须运用该领域公认的商业惯例和诚信原则，"及时""尽快"对标准必要专利权人的具体书面要约作出反应。原则上，实施人必须在早期阶段将任何异议通知 SEP 专利权人，并且不应等到很晚才在法庭诉讼程序中提出这些异议。❶

关于"及时"和"尽快"的要求，很难设定严格的期限来衡量，法院在圣劳伦斯诉沃达丰案❷中指出，标准必要专利实施人究竟在哪一时间范围内必须对其意愿进行声明必须根据个案具体情况确定，该时间尤其与侵权通知中所包含内容的详细程度有关，侵权通知的内容越详细，标准必要专利实施人可用于表达其签署 FRAND 许可协议的时间就越短。

通过多个法院的判例，多久时间回应会被认为有拖延的判定差别较大，例如德国杜塞尔多夫法院在 Case－No. 4c O 81/17❸中认为，如果 SEP 专利权人所发出的侵权通知仅包含最低限度的必要信息，则实施人在 3 个月甚至 5 个月才作出回应都是可以被预期的。但如果侵权通知中包含的信息超出了必要信息的最低要求，提供的信息更多，则要求标准必要专利实施人作出更快的反应。例如在圣劳伦斯诉沃达丰案中，法院认定沃达丰未能满足华为－中兴谈判框架的要求，因为在圣劳伦斯提供信息的情况下，沃达丰花了长达 5 个多月的时间才对标准必要专利权人的侵权通知作出回应，法院认定 5 个月以上的反应时间太长了。在 IP Bridge 诉 TCT 案❹中，法院认定接到侵权通知后，不超过 2 个月的回复时间被认为是合理的反应时间，除非个案存在特殊情况，需要更短或更长的时间。在飞利浦诉 Wiko 案❺中，法院认定实施人在收到侵权通知后表达其取得许可意愿的合理时间通常不超过 2 个月。

从欧洲司法判例可以得出，如果 SEP 专利权人发出的侵权通知信息较为详细，标准实施人可能需要在 2 个月内作出反应；如果 SEP 专利权人发出的侵权通知中包含的信息较少，那么 3~5 个月的反应时间是可以接受的。

（4）无意愿及非善意的认定

除了标准实施人明确表达许可意愿外，鉴于法院还会对实施人在整个过程中的整体行为进行全面性的分析来确定实施人是否具备取得许可的意愿，通过对司法判例的总结，以下情况可能被法院认定为实施人没有表现出被许可意愿。

1）在 LG 诉 TCL 案❻中，法院认为，实施人收到在 SEP 专利权人发出的许可要约和充足的信息后，仍提出不符合 FRAND 的反要约，通常表明它没有意愿达成符合

---

❶ *Sisvel v. Wiko*, ［2020］Case No. 6 U 103/19.

❷ *Saint Lawrence v. Vodafone*, Landgericht Dusseldorf, ［2016］Case No. 4a O 73/14.

❸ District Court of Dusseldorf, ［2018］, Case No. 4c O 81/17.

❹ *IP Bridge v. TCT*, District Court of Mannheim, ［2020］Case No. 2 O 136/18.

❺ *Philips v. Wiko*, Higher District Court of Karlsruhe, ［2019］Case No. 6 U 183/16.

❻ *LG v. TCL*, Regional Court Mannheim, ［2021］2 O 131/19.

FRAND 的解决方案。

2）诺基亚诉戴姆勒案❶中，如果实施人拒绝讨论许可反要约的改进空间，可能被视为实施人不具备取得许可的意愿。

3）SEP 专利权人引导至供应商处，可能面临被认定为非善意表现，具体涉及以下情形❷。

① 坚持或表示由供应商直接取得许可，供应商才是适当的被许可人行为。

② 实施人表达仅愿意就从供应商采购的产品取得许可的同时，自己却不愿意取得许可。

③ 签订许可协议的意愿仅限于尚未被许可或由不愿自行取得许可的供应商处所购买的产品，即将供应商"不具备取得许可的意愿"设定为自身签署许可协议的条件。

④ 如果一个实施人在声明了自己具备取得许可意愿的同时也表示了希望该许可的授予可以在其供应商层级进行，则实施人有义务以书面形式全面披露其产品中包含了哪些符合标准的元件，以及哪些供应商向其提供了哪些对应的元件，如果该信息披露义务未被履行，则属于恶意行为。

4）在西斯维尔诉 *Wiko* 案❸中，法院认为拒绝签署保密协议同时未提供任何理由也被认为实施人不具有被许可意愿。

5）在康文森诉戴姆勒案❹中，法院判决认为，对于使用替代性争议解决机制，特别是以仲裁程序来确定 FRAND 许可费的提议而不作出回应会被认为没有被许可意愿。

6）在飞利浦诉华硕案❺中，法院指出，谈判总是由 SEP 专利权人发起，而实施人在谈判中并未派出有能力对专利组合进行评估的技术专家代表进行谈判，会被认为构成非善意的拖延谈判。

7）在诺基亚诉戴姆勒案❻中，法院认为戴姆勒坚持以 TCU（车载信息控制单元组件）的平均销售价格作为费率基础，也表明缺乏取得许可的意愿。

除上述之外，在英国的 *IP Bridge* 诉华为❼中，法院认为华为在中国启动诉讼程序，意味着华为不愿意遵守英国法院所作出的 FRAND 裁定，可以被视为不真诚的表现，此要求则更为严苛。

（5）挑战专利的权利

按照德国联邦最高法院 2009 年在"橙皮书标准案"中的要求，被控侵权人发起强制许可抗辩的前提是已提出无条件、真实的、合理的和易于接受的要约，而后德国法院在审理负担 FRAND 许可义务的 SEP 专利纠纷时会援引"橙皮书标准"案的规则，并将这一要求解释为实施人不可以质疑涉案专利的有效性。

---

❶❻　*Nokia v. Damler*, Regional Court Mannheim, ［2020］2 O 34/19.

❷　*Conversant v. Daimler*, District Court of Munich I, ［2020］Case No. 21 O 11384/19；*Nokia v. Damler*, Regional Court Mannheim, ［2020］2 O 34/19.

❸　*Sisvel v. Wiko*, ［2020］Case No. 6 U 103/19.

❹　*Conversant v. Daimler*, District Court of Munich I, ［2020］Case No. 21 O 11384/19.

❺　*Philips v. Asustek*, Court of Appeal of The Hague, ［2019］Case No. 200. 221. 250/01.

❼　*IP Bridge v. Huawei*, High Court of Justice, ［2021］EWHC 1261（Pat）.

此后，华为诉中兴案中，欧盟法院提出，被控侵权人不论是在谈判的过程中挑战 SEP 的有效性和必要性，还是保留在将来进行挑战的权利，都不能被认定为恶意。这一判决奠定了实施人保留挑战 SEP 权利的基础。

华为诉中兴案之后，各国法院呈现出较为统一的司法判决趋势，普遍遵循欧盟法院制定的规则，即侵权人不得因在许可谈判期间攻击 SEP 的有效性或必要性，或者保留以后这样做的权利而受到指责。❶ 个别法院对这一规则进行了延伸，例如，德国联邦最高法院认为，实施人可以保留质疑谈判所涉专利有效性和必要性的权利，但不能将所涉专利的有效性和必要性作为接受 FRAND 许可的前提条件。❷ 英国最高法院认为，如果实施人对组合中特别重要的专利的有效性存疑，可以寻求保留对这些专利提出疑问的权利，并要求在质疑成功的情况下减少根据许可支付的专利费。❸ 可见，在接收到专利权人的侵权通知后，实施人可以保留挑战专利有效性、必要性的权利。

3.3.1.3　SEP 专利权人向标准实施人发出许可要约

欧盟 SEP 许可谈判框架第 3 步，要求 SEP 专利权人向被控侵权人发出基于 FRAND 条款的具体的、书面的许可要约。欧盟语境下，FRAND 许可要约包括两个层面的内容，一是程序性 FRAND，二是实质性 FRAND。程序性 FRAND 体现了对谈判行为的规制，包括对许可要约的发出时机、接收方、要约内容等程序性义务的要求；实质性 FRAND 体现了对结果正义的追求，包括公平、合理、无歧视的许可费率，以及对许可标的和许可地域范围的实质性要求。

（1）专利权人 FRAND 承诺

有关专利权人 FRAND 承诺的焦点问题详见表 3 - 3 - 1。

表 3 - 3 - 1　有关专利权人 FRAND 承诺的焦点问题

焦点问题	观点
解释 FRAND 承诺的准据法	受法国法律管辖
FRAND 承诺的性质	观点 1：英美法系，为第三人利益的合同
	观点 2：大陆法系，要约邀请说、信赖利益说
受 FRAND 承诺约束的对象	母公司的 FRAND 承诺是否及于子公司
	FRAND 承诺是否及于 SEP 继受专利权人
FRAND 承诺的声明时间	普遍不赞成过早披露

目前通信领域的主要标准化组织，如 ETSI、ITU、IEEE 等均规定了 FRAND 原则，虽然该原则被标准化组织广泛采纳，但几乎没有标准化组织对 FRAND 许可条件的含义

---

❶　Regional Court Dusseldorf，［2017］4a O 16/16.

❷　*Sisvel v. Haier*，Federal Court of Justice，［2020］KZR 36/17.

❸　*Unwired Planet v. Huawei*，The Supreme Court，［2020］UKSC 37.

予以明确。❶ 一般认为，"公平"指双方处于平等的谈判地位，"合理"指许可费在实质上是合理的，"无歧视"指专利权人不得对被许可人从事歧视行为。依据 FRAND 原则，SEP 专利权人负有如下义务：①向所有对该专利感兴趣的实施人进行许可；②对所有的被许可人一视同仁，不歧视对待；③以公平合理的条件许可专利。❷

关于解释 FRAND 承诺的准据法，普遍认为，许可声明的解释、有效性和执行应受法国法律管辖。❸ 然而，关于 FRAND 承诺的性质，各国观点有所不同。

以英国、美国为代表的英美法系，主流观点认为 FRAND 承诺是专利权人与标准化组织自愿达成的为第三人利益的合同。FRAND 声明作出后，标准化组织和 SEP 专利权人之间成立为第三人（实施人）利益的合同。SEP 专利权人享有获得 FRAND 许可费率的权利，同时负有以 FRAND 许可条件给予许可并承担善意谈判的义务。标准实施人享有以 FRAND 条件获得实施许可的权利，相应承担愿意获得 FRAND 许可以及进行善意谈判的义务。英国高等法院在苹果诉高通案❹中认为，虽然 ETSI 要求专利权人声明 FRAND 承诺，但专利权人并没有必须作出此项声明的义务，此外，ETSI 的专利政策并未强制不持有专利的成员作出 FRAND 承诺。

以德国、日本为代表的大陆法系，主流观点为要约邀请说和信赖利益说。要约邀请说是指：SEP 专利权人作出的 FRAND 承诺，仅为专利权人向潜在被许可人发出的以 FRAND 条件许可标准必要专利的要约邀请，并未构成专利权人与潜在被许可人之间的许可合同或第三方受益的合同。信赖利益说则是：潜在实施人对其可以基于 FRAND 承诺获得专利许可抱有合理的期待，这构成实施人的信赖利益。

德国曼海姆地区法院认为，实施人有权根据该邀请向 SEP 专利权人提出要约请求，FRAND 承诺构成要约请求权的基础。❺ 德国慕尼黑地区法院认为，FRAND 承诺为第三方创造出的，是一种可以从 SEP 专利权人处获得许可的"合法期待"，这并不构成必须对终端设备制造商的所有供应商进行许可的义务。❻ 日本法院在苹果诉三星案❼中认为，FRAND 声明仅使用"准备授予不可撤销的许可"的表述，与"特此许可"或"承诺许可"等其他可能的措辞相比，该表述不是确定性的，而是考虑了声明人的进一步行动，因此，FRAND 声明从字面上并不能看作一个确定的许可授予，同样，也不构成 SEP 专利权人与 ETSI 之间的第三人利益合同。

关于受 FRAND 承诺约束的对象，毋庸置疑，作出 FRAND 承诺的专利权人必然受

---

❶　广东省高级人民法院知识产权审判庭. 通信领域标准必要专利法律问题研究［M］. 北京：知识产权出版社，2020：35.

❷　*Google/Motorola Mobility*，Case No COMP/M. 6381，p55.

❸　*TCL Comm'n Tech. Holdings，Ltd. v. Telefonaktiebolaget LM Ericsson*，SACV 14－341 JVS（DFMx），CV 15－2370 JVS（DFMx）；*Sharp v. Damler*，Landgericht Mannheim，Case No. 7 O 8818/19.

❹　*Apple v. Qualcomm*，UK High Court of Justice，Case No. HP－2017－000015，［2018］EWHC 1188（Pat）.

❺　广东省高级人民法院知识产权审判庭. 通信领域标准必要专利法律问题研究［M］. 北京：知识产权出版社，2020：41.

❻　*Sharp v. Damler*，Landgericht Mannheim，Case No. 7 O 8818/19.

❼　*Apple v. Samsung*，2013（Ne）10043.

此约束。此外，还存在两种特殊情形。一是母公司的 FRAND 承诺是否及于子公司，英国高等法院在苹果诉高通案❶中认为，母公司对 ETSI 所做的 FRAND 承诺及于"关联公司"这一条款并不会为本身不持有可供声明的专利的子公司带来 FRAND 义务；二是 FRAND 承诺是否及于 SEP 继受人，德国杜塞尔多夫高等地区法院在无线星球诉华为案❷中认为，即便没有明确或暗示的声明，SEP 继受人仍受 SEP 前专利权人作出的 FRAND 声明的约束。

关于 SEP 披露和 FRAND 承诺的声明时间，海牙上诉法院和日本高等地区法院均不赞成过早披露。海牙上诉法院在飞利浦诉华硕案❸中认为，在专利获权 2 年后才对其潜在必要性进行声明的行为并未违反 ETSI 知识产权政策第 4.1 条所要求的及时披露 SEP 的合同义务。日本高等地区法院在苹果诉三星案❹中认为，在专利优先权日起 2 年后向 ETSI 披露该专利并作出 FRAND 承诺，属于正常的时间范围。

（2）许可要约的发出时机

关于许可要约应当在何时发出，德国法院内部存在不同的观点。德国联邦最高法院在西斯维尔诉海尔案❺中认为 SEP 专利权人许可要约的发出时机与实施人获得许可意愿的表达有关，只有实施人清楚地表达出其获得 SEP 许可的意愿之后，SEP 专利权人才有义务发出许可要约。杜塞尔多夫地区法院在不同案件中观点有所不同。在圣劳伦斯诉沃达丰案❻中，法院认为即使是针对实施人的诉讼已在进行过程中，SEP 专利权人也可以按照 FRAND 条款提交许可要约。在后续的判例中，法院改变了已有立场，认为 SEP 专利权人必须在侵权诉讼启动前向潜在实施人发出 FRAND 许可要约。❼

（3）许可要约的接收方

通常来说，许可要约的接收方应当是潜在的 SEP 实施人。一种特殊的情形是，当潜在实施人涉及集团公司时，仅向集团母公司发送许可要约是否符合 FRAND 谈判框架？对于这个问题，各法院存在分歧。德国杜塞尔多夫地区法院在西斯维尔诉海尔案❽中认为，SEP 专利权人仅向实施人的母公司发出要约即可，无需向集团中每个分公司分别提出许可要约。意大利都灵普通法院在西斯维尔诉中兴案❾中则认为，如果 SEP 专利权人仅对 SEP 实施人本身提起诉讼，那么向实施人的母公司发出许可要约便不满足 FRAND 框架。

（4）许可要约的内容

许可要约的内容本质上是基于 FRAND 承诺，SEP 专利权人需要向实施人履行"信

---

❶ *Apple v. Qualcomm*, UK High Court of Justice, Case No. HP – 2017 – 000015, ［2018］EWHC 1188（Pat）.

❷ *Unwired Planet v. Huawei*, Higher District Court of Duesseldorf, Case No. I – 2 U 31/16.

❸ *Philips v Asustek*, Court of Appeal of The Hague, Case No. 200. 221. 250/01.

❹ *Apple v. Samsung*, 2013（Ne）10043.

❺ *Sisvel v. Haier*, Federal Court of Justice, Case No. KZR 36/17.

❻ *Saint Lawrence v. Vodafone*, Landgericht Dusseldorf, Case No. 4a O 73/14.

❼ Regional Court Dusseldorf, 4c O 81/17；Regional Court Dusseldorf, Case No. 4a O 16/16.

❽ *Sisvel v. Haier*, Landgericht Dusseldorf, Case No. 4a O 93/14.

❾ *Sisvel v. ZTE*, Tribunale Ordinario di Torino, Case No. 30308/20215 R. G.

息公开义务"。就范围而言，该义务不仅应当包含许可费的计算方式，还应当包含客观的事实，以证明所提供的许可报价公平、合理、无歧视。当 SEP 专利权人已经向第三方授予了许可，信息公开义务也应当延伸至"许可实践"，例如具有可比性的许可协议。

表3-3-2列出了关于许可要约内容的相关焦点问题。

表3-3-2　有关许可要约内容的焦点问题

焦点问题	观点
许可要约的基本条款	基本条款至少包含 SEP 专利权人所要求的许可费率，以及许可费率的计算方式。专利池许可要约应当包含 CC 表
对 FRAND 报价的解释	观点1：SEP 专利权人应对许可费率是否符合 FRAND 进行实质性说明
	观点2：华为-中兴谈判框架并不要求 SEP 专利权人就 FRAND 一致性进行解释
是否应当公开可比协议	观点1：大多数司法判例均支持 SEP 专利权人应提供可比协议
	观点2：少数法院认为披露可比协议并不构成 SEP 专利权人的谈判义务
可比协议的公开范围	观点1：SEP 专利权人原则上必须提交所有必要的许可协议
	观点2：SEP 专利权人没有义务披露所有现存许可协议
是否公开前 SEP 专利权人签订的许可协议	观点1：新 SEP 专利权人有义务在法庭诉讼中提交前 SEP 专利权人签订的许可协议
	观点2：SEP 专利权人分享许可协议的义务不适用前 SEP 专利权人签订的协议
签订保密协议是否阻却对可比协议的公开义务	可比协议受保密条款约束的事实本身无法合理化对信息披露义务的限制
许可期限	美国和欧盟部分法院支持 5 年的许可期限
调整条款	观点1：普遍认为，调整条款不是必要的，也不是唯一的手段
	观点2：存在例外情形

下面分别对许可要约的内容所涉及的焦点问题进行详细阐述。

1）要约的基本条款

目前主要国家和地区司法判例基本达成一致的是，许可要约应当包含合同必备的基本条款，并将该条款明确到实施人基本上只需要接受该要约即可达成许可协议的程度。❶

---

❶　*Pioneer v. Acer*，Landgericht Mannheim，Case No. 7 O 96/14.

通常认为，许可要约应当以书面方式提出，基本条款至少包含 SEP 专利权人所要求的许可费率，以及许可费率的计算方式。有关许可费率的计算方式，不需要在数学上进行精确推导，[1] 也无需详细说明基于专利研发成本的许可费计算。[2] 此外，对于专利池许可来说，许可要约中应当包含 CC 表，以符合通常的商业惯例。[3]

2）对 FRAND 报价的解释

大部分法院在基本条款的基础上，提出更高的要求，要求 SEP 专利权人要对许可费率是否符合 FRAND 进行实质性说明，[4] 甚至包括范围和许可地域的合理性。[5] 目前，主要存在两种易于接受的解释方式，一是以达到使实施人能够客观评估其 FRAND 符合程度的方式对许可费率的计算方式进行说明；[6] 二是参考涉及相关标准的专利池许可费，或者 SEP 专利权人与第三方的可比协议，甚至市场上第三方公司之间的可比协议。通过提供与第三方的可比协议，就足以证明该标准许可使用费已经被市场接受。如果 SEP 专利权人能提供足够数量的可比协议，那么对于许可协议的适当性问题就不需要再提供进一步的信息。[7]

当然，极个别法院对此持反对意见，在飞利浦诉 *Wiko* 案[8]中，海牙上诉法院认为华为-中兴谈判框架并不要求 SEP 专利权人证实其 FRAND 报价，并就为什么认为该报价符合 FRAND 提供见解，上述要求超出了专利权人的义务。

3）可比协议

上文提及，可比协议是评估许可要约是否满足 FRAND 条件的重要指标。关于许可要约中可比协议是否应当公开，以及公开的范围，在司法实践中存在一定的分歧。

针对第一个问题，可比协议是否应当公开，大多数司法判例支持 SEP 专利权人应提供可比协议的观点，例如，*Sisvel* 诉海尔案[9]中，杜塞尔多夫高等法院认为，SEP 专利权人负有向法院披露其是否与第三方签订许可协议和披露相关许可条件的义务，以便法院权衡其要约是否符合非歧视性的要求。德国慕尼黑第一地区法院在其发布的"关于审理侵犯专利权纠纷案件时反垄断强制许可抗辩适用指南"中明确要求 SEP 专利权人在发出许可要约时，必须就已签订可比协议的情况进行解释。但是，个别判例展示出不同的规则，例如，飞利浦诉华硕案[10]中，荷兰海牙上诉法院拒绝了华硕要求查阅飞利浦所签署的其他类似许可协议，以评估飞利浦是否遵守 FRAND 承诺的要求。法院认为，无论是根据 ETSI 知识产权政策，或者《欧盟运作条约》第 102 条，又或者是华

[1] *Tagivan（MPEG-LA）v. Huawei*, District Court of Duesseldorf, Case No. 4a O 17/17.

[2] *Sisvel v. Wiko*, Case No. 6 U 103/19.

[3] Higher Regional Court Dusseldorf, Case No. I-15 U 66/15.

[4] *Philips v. Archos*, Landgericht Mannheim, Case No. 7 O 209/15；Regional Court Mannheim, Case No. 7 O 18/17；Regional Court Dusseldorf, Case No. 4a O 16/16.

[5] *HEVC（Dolby）v. MAS Elektronik*, District Court of Dusseldorf, Case No. 4c O 44/18.

[6] *Philips v. Archos*, Landgericht Mannheim, Case No. 7 O 209/15.

[7] *Tagivan（MPEG-LA）v. Huawei*, District Court of Duesseldorf, Case No. 4a O 17/17.

[8] *Philips v. Wiko*, Court of Appeal of The Hague, Case No. 200.219.487/01.

[9] *Sisvel v. Haier*, Oberlandesgericht Dusseldorf, Case No. 15 U 65/15.

[10] *Philips v. Asustek*, Court of Appeal of The Hague, Case No. 200.221.250/01.

为－中兴框架，均未对此类请求提供依据。日本高等法院在苹果诉三星案❶中同样指出，SEP 专利权人因作出 FRAND 声明而负担的唯一义务是与潜在实施人进行真诚而善意的谈判，但并不包括披露与其他被许可人相关的许可条款和许可条件的义务。

针对第二个问题，即可比协议公开的范围，涉及以下四个具体方面。

首先，SEP 专利权人应当公开全部还是部分可比协议，在司法裁判中存在分歧。少数观点认为，SEP 专利权人原则上必须提交所有必要的许可协议，以及任何涉及已签订的许可协议的法院判决，否则总是存在仅提交支持所需许可费用水平协议的风险。❷杜塞尔多夫地区法院认为 SEP 专利权人必须在侵权诉讼程序中出示其所有现存的可比协议。但多数判决与上述观点不同，例如，曼海姆地区法院在诺基亚诉戴姆勒案❸中指出，信息披露义务不应延伸至此前签署的每一个许可协议，SEP 专利权人没有义务披露所有现存许可协议，特别是，通信行业的许可协议与评估汽车行业的许可协议是否符合 FRAND 并无关联。飞利浦诉 *Wiko* 案❹中，卡尔斯鲁厄高等地区法院认为，实施人在法律上并不享有要求 SEP 专利权人完全披露其所签署的可比协议的权利。

其次，对 SEP 专利权人是否有义务公开前专利权人签订的许可协议，法院存在不同的观点。一种观点认为，即使人们承认 SEP 专利权人有义务分享现有许可协议，这项义务是否适用于前专利权人签署的协议也值得商榷，特别是当处于从不同专利权人处获得的专利组合的情况时，因为在这种情况下，前专利权人的双边或联合许可协议的相关性可能受到限制；❺另一观点则认为，FRAND 承诺要求前 SEP 专利权人向其继受者提供其与第三方签订的许可协议，为确保许可要约的非歧视性，新 SEP 专利权人需要确保在法庭诉讼中参考和提交前 SEP 专利权人签订的许可协议，除非在违反保密义务时才允许例外。❻

再次，对于一项可比协议而言，公开的方式可能并不唯一。在 SEP 专利权人仅与实施人签订标准化许可协议，并且协议条款和条件皆可以被公开获取的情况下，仅需要披露截至目前已经达成了多少标准化许可协议即可。❼如果 SEP 专利权人已经与第三方被许可人签订了非标准条款的许可协议，通常有义务披露包含关键合同条款在内的协议内容。❽

最后，一个比较重要的问题是，签订保密协议是否足以阻碍 SEP 专利权人对可比协议的公开义务？目前公开的判例显示，司法观点在这一问题上较为统一。仅基于可比协议受保密条款约束这一事实本身，不能合理化对 SEP 专利权人的披露义务范围的限制。❾同意全面性的保密条款原则上将阻碍 SEP 专利权人和其继受人在未决的法院程

❶　*Apple v. Samsung*，2013（Ne）10043.

❷　Regional Court Dusseldorf，Case No. 4a O 16/16.

❸❸　*Nokia v. Damler*，Landgericht Mannheim，Case No. 2 O 34/19.

❹　*Philips v. Wiko*，Higher District Court of Karlsruhe，Case No. 6 U 183/16.

❺　*Sisvel v. Wiko*，Oberlandesgericht，Case No. 6 U 103/19.

❻　*Unwired Planet v. Huawei*，Higher District Court of Duesseldorf，Case No. I－2 U 31/16.

❼❽　*Sisvel v. Wiko*，Regional Court Mannheim，Case No. 7 O 115/16.

序中就可比协议的内容主张保密性。❶ 如果 SEP 专利权人希望保护许可协议中所包含的机密信息，则需要特别说明保密利益存在的理由。❷

4）许可期限

SEP 专利权人可以在许可要约中包括许可期限。对 SEP 许可期限的设置，司法实践中并未过多涉及。通常来说，许可期限应当由 SEP 专利权人和实施人自由协商确定，若设置过长，可能与技术的更新换代不相匹配，对实施人而言有失公平。目前公开的判例显示，美国和欧盟部分法院支持 5 年的许可期限。例如，西斯维尔诉 *Wiko* 案❸中，法院认为以 5 年为期的许可协议符合在以技术快速发展为特征的无线通信行业普遍实施的惯例。

5）调整条款

调整条款是指，当专利组合包中部分专利因到期、无效等原因失效，如何对许可费率进行相应调整。许可要约中可包含调整条款，在司法实践中人们普遍认为，调整条款不是必要的，也不是唯一的手段，例如，若许可协议中规定：无论更多专利加入专利池，还是部分专利撤出专利池，许可费率均不会调整，这样的条款同样可以为许可双方提供充足的风险平衡。❹

然而，如果专利池主要由在签署许可协议后不久将到期失效的专利组成，则应当作例外处理。❺ 显然，在这种情况下，调整条款是必要的。此外，如果 SEP 专利权人要求实施人同意支付全部许可使用费，即使专利组合中最终仅有一项专利被确认有效且被使用，这样的许可要约也是不满足 FRAND 要求的。❻

（5）许可要约的实质性 FRAND

SEP 许可谈判的核心问题在于确定一个合理的费率，以实现 SEP 专利权人和实施人双方的利益平衡，因此，除程序正义之外，FRAND 同样追求结果正义，这就要求最终的许可协议要满足实质性 FRAND。符合 FRAND 原则的 SEP 许可费应当有助于消除"专利劫持""反劫持""许可费堆叠"等不良现象，并能够在专利权人、实施人和社会公众三者之间维系必要的利益平衡。实质性 FRAND 包括公平、合理、无歧视。此外，专利组合许可和全球范围许可同样是评估 FRAND 一致性的重要问题。表 3 - 3 - 3 展示了关于 FRAND 费率的焦点问题。

---

❶ *Unwired Planet v. Huawei*, Higher District Court of Duesseldorf, Case No. I - 2 U 31/16.

❷ Higher Regional Court of Dusseldorf, Case No. I - 2 W 8/18.

❸❺ *Sisvel v. Wiko*, Regional Court Mannheim, Case No. 7 O 115/16.

❹ *Tagivan*（*MPEG - LA*）*v. Huawei*, District Court of Duesseldorf, Case No. 4a O 17/17.

❻ *IP Bridge v. HTC*, District Court of Mannheim, Case No. 7 O 165/16.

表 3 – 3 – 3　有关许可要约的实质性 FRAND 的焦点问题

焦点问题	观点
FRAND 费率	观点 1：FRAND 费率是一段可接受的许可费率范围，鼓励双方自主协商确定
	观点 2：法院在确定 FRAND 许可条件中发挥主导作用，SEP 专利权人和实施人都应遵从法院的判决
FRAND 费基	观点 1：以终端产品为基准计算许可费率
	观点 2：以 SSPPU 为基准计算许可费率
对许可费的 FRAND 要求	观点 1：SEP 专利权人的报价只能低于或等于 FRAND 基准值，才符合 FRAND 要求
	观点 2：SEP 专利权人的实际报价略高于 FRAND 基准值是可以接受的
	观点 3：仅就 SEP 专利权人提出的许可使用费高于 FRAND 基准值这一事实本身，无法推定 SEP 专利权人没有采取 FRAND 的立场
对要约的实质性审查程度	观点 1：概括性评估
	观点 2：全面性评估
无歧视的基本原则	对交易条件相当的不同实施人提供相同或相似的许可协议条款
无歧视的 SEP 许可费的比较基准	普遍秉持"一般无歧视"原则
选择许可层级是否存在歧视	慕尼黑地区法院和曼海姆地区法院认为不构成歧视
选择性诉讼是否存在歧视	杜塞尔多夫地区法院持否定态度
SEP 权利继受人的许可条件偏离在先专利权人的"许可概念"是否存在歧视	杜塞尔多夫地区法院认为，偏离现有"许可概念"的许可条款只在既存及新进入的被许可人，不因采用不利条款而遭受歧视的范围内被允许
专利组合许可是否符合欧盟框架	属于世界范围内普遍认可的商业惯例
专利组合中包含非 SEP 是否符合 FRAND 要求	观点 1：允许非 SEP 与 SEP 同时进行组合许可，因为实施人有保留挑战专利有效性和必要性的权利
	观点 2：对这一组合方式的目的应当进行限制
	观点 3：包含非 SEP 的专利组合许可必须得到被许可人的同意
全球许可是否符合欧盟框架	SEP 专利权人提供全球范围的专利组合许可原则上都符合华为 – 中兴谈判框架的要求
全球许可与 FRAND 义务的关系	观点 1：英国通过禁令为全球许可赋予一定的强制性
	观点 2：德国认为全球专利组合许可不是衡量一方是否履行 FRAND 义务的标准

1）公平、合理

FRAND 原则中的"公平""合理"主要针对 SEP 许可使用费的水平。合理的许可使用费应当能够给予专利权人足够的创新回报，同时又不会令实施人产生过度的经济负担，以致阻碍标准的推广与实施。● 世界范围内，"公平""合理"都是较为模糊的许可原则，需要结合司法判例对其进行具体化解释，以形成确定 SEP 许可使用费的可行标准。公平、合理包括以下五个方面的考量。

① FRAND 费率

欧盟成员国法院通常认为，确定许可费率属于市场行为，应当鼓励当事人充分讨论并自主协商确定。在这一指导原则下，欧盟成员国法院的普遍观点是，FRAND 费率是一项可接受的许可费率范围，而并非仅指一个单一的费率。●

英国法院虽然同样认可符合 FRAND 的许可条件并不唯一，但强调法院在确定 FRAND 许可条件中发挥主导作用，要求 SEP 专利权人和实施人都应当遵从法院的判决。早期，无线星球诉华为案●中，英国高等地区法院认为，个别案例中，只会有一组真正符合 FRAND 的条款（包括许可费在内），即所谓的"真正 FRAND"条款。随着该案的上诉，英国上诉法院纠正了这一观点，明确指出：在一些特定的情况下，数个不同的条款组合可能都会符合 FRAND。法院通常会宣布其中的一组条款为符合 FRAND 的条款，然后，SEP 专利权人就必须向实施人提供该组特定条款；如果法院认为其中两组不同的条款皆符合 FRAND，那么，SEP 专利权人只要提供此两组条款中的任一组给实施人就可以满足其 FRAND 的承诺。●

② FRAND 费基

费基是计算许可费的基础，它反映了许可的层级。关于许可层级的设置，目前世界范围内主要存在两种观点。一种是以整机作为费基计算许可费，这样可以保证 SEP 专利权人在价值链的最后阶段，就其技术在销售终端产品的经济利益获得一定份额；另一种是以 SSPPU 作为费基计算许可费，因为以整机销售价格作为计算基础，可能使得 SEP 专利权人获得与其发明贡献无关的经济价值。

③ 对许可费的 FRAND 要求

如果把满足 FRAND 要求的许可费看作一条基准线，那么根据 SEP 专利权人的实际报价，理论上就可以评估该许可条件是否满足 FRAND 一致性。如何基于 FRAND 基准值评价实际许可报价，在目前世界各国司法判例中主要存在 3 种观点。

第一种观点可以表述为：SEP 专利权人的报价只能低于或等于 FRAND 基准值，才

● 广东省高级人民法院知识产权审判庭. 通信领域标准必要专利法律问题研究［M］. 北京：知识产权出版社，2020：145.

● District Court of Dusseldorf, Case No. 4c O 81/17；*HEVC（Dolby）v. MAS Elektronik*, District Court of Dusseldorf, Case No. 4c O 44/18；*Sisvel v. Wiko*, Regional Court Mannheim, Case No. 7 O 115/16.

● *Unwired Planet v. Huawei*, High Court of Justice, Case No. HP－2014－000005.［2017］EWHC 711（Pat）.

● *Unwired Planet v. Huawei*, UK Court of Appeal, Case No. A3/2017/1784,［2018］EWCA Civ 2344.

符合 FRAND 要求。例如，*Pioneer* 诉 *Acer* 案❶中，卡尔斯鲁厄高等地区法院提出 SEP 专利权人的报价必须完全符合 FRAND，即便该报价仅略高于 FRAND 基准值，仍然不符合华为–中兴谈判框架的要求。

第二种观点可以表述为：SEP 专利权人的实际报价略高于 FRAND 基准值是可以接受的。例如，*Pioneer* 诉 *Acer* 案❷和 *NTT DoCoMo* 诉宏达案❸中，曼海姆地区法院认为，即便 SEP 专利权人的报价略高于 FRAND 基准值也可以满足华为–中兴谈判框架的要求，然而，如果 SEP 专利权人在没有客观理由的情况下向某一实施人提供的条款在经济上明显不如提供给其他被许可人的条款有利时，则情况不再如此。

第三种观点可以表述为：第一次发出许可要约的重点在于提供足够的信息，报价是否 FRAND 是判断 FRAND 一致性的必要非充分条件。换言之，仅就 SEP 专利权人提出的许可使用费高于 FRAND 基准值这一事实本身，无法推定 SEP 专利权人没有采取 FRAND 的立场。但是，若实际报价大大超出 FRAND 基准值，则可以推定报价是非 FRAND 的。例如，西斯维尔诉 *Wiko* 案❹中，法院认为，实施人不应期望 SEP 专利权人单独调整其第一次要约以适应每个特定案件的具体情况，第一次提议旨在启动谈判并向实施人提供充分的信息基础，然后，他们将能够通过讨价还价提出必要的修改。*MPEG–LA* 诉华为案❺中，法院认为，如果 SEP 专利权人要求的许可费大大超出在有效竞争市场中所形成的价格，则报价是不符合 FRAND 的。

④ 对要约的实质性审查程度

针对 SEP 专利权人提出的许可要约，法院是否应当，以及在何种程度上对要约符合 FRAND 进行评估，在司法实践中主要存在两种做法。

第一种可以称之为"概括性评估"，即法院没有义务决定何种具体许可费以及何种合同条款和条件在客观层面上符合 FRAND，仅需要对 SEP 专利权人的许可要约是否明显违反 FRAND 进行评估。德国曼海姆地区法院在其作出的判决中均秉持以上观点。在西斯维尔诉 *Wiko* 案❻中，该法院认为，判断某一许可要约是否符合 FRAND 必须通过对整体协议的内容进行概括性的评估决定，法院应当审查不论双方议价能力是否存在特定初始差异，具体许可要约的整体结构是否均足以让善意实施人对该许可要约作出回复。

第二种可以称为"全面性评估"，即仅对许可要约是否明显违反 FRAND 进行评估不满足华为–中兴谈判框架，法院应当对许可要约进行全面审查，特别是，有必要审查实施人对要约符合 FRAND 一致性所提出的反对意见。德国卡尔斯鲁厄高等法院采纳的是"全面性评估"观点。

---

❶ *Pioneer v. Acer*, Oberlandesgericht Karlsruhe, Case No. 6 U 55/16.

❷ *Pioneer v. Acer*, Landgericht Mannheim, Case No. 7 O 96/14.

❸ *NTT DoCoMo v. HTC*, Landgericht Mannheim, Case No. 7 O 66/15.

❹ *Sisvel v. Wiko*, Oberlandesgericht Karlsruhe, Case No. 6 U 103/19.

❺ *Tagivan（MPEG–LA）v. Huawei*, District Court of Duesseldorf, Case–No. 4a O 17/17.

❻ *Sisvel v. Wiko*, Landgericht Mannheim, Case No. 7 O 115/16.

不论评估方式如何，世界范围内普遍认可的是，可比协议是评估许可要约是否公平、合理的重要指标。SEP 专利权人提供的具有类似许可条件的许可协议越多，许可条件符合 FRAND 的推定就越强。例如，杜塞尔多夫地区法院认为，大量根据标准许可协议而授予的许可为涉案基础许可条款提供了"强而有力的指标"，证明此许可条款是公平且合理的，通常情况下，通过提供足够数量的与第三方签署的现有许可协议，就足以证明其所提出的（标准）许可费率已经被市场接受。❶

2）无歧视

从严格的经济学定义来看，"无歧视"意味着所有的标准实施人均支付相同的专利许可使用费。通常而言，当 SEP 专利权人在没有合理理由的情况下，给予不同的许可条件，使得被许可人实质上处于不同的竞争位置时，是存在歧视的。"无歧视"同样是含义模糊的许可原则，在司法实践，通过个案逐渐演化出针对具体问题的解释性规则，包括以下五个核心问题。

第一个问题在于，"无歧视"的基本原则是什么？目前普遍接受的观点是，"无歧视"要求 SEP 专利权人对交易条件相当的不同实施人提供相同或相似的许可协议条款。换言之，对于不同交易条件的被许可人给予不同的许可待遇通常不被视为存在歧视。❷甚至，即便被许可人处于相似地位，也并不要求其许可条件完全相同。西斯维尔诉海尔案中，德国联邦最高法院认为，非歧视性许可并不要求 SEP 专利权人在任何情况下给予所有被许可人相同的许可条件，但 SEP 专利权人需要就为什么给予差异化的许可作出解释。❸

在基本原则达成一致的情况下，分歧主要在于如何定义交易条件的相同或不同。通常而言，计费方式与支付方式、过往使用的补偿金额、各自专利实力对比及交叉许可的可能性、许可的范围和地域通常被认为是评估交易条件是否相同的考量因素。❶爱立信诉 TCL 案中，法院关注使用相同技术并在价值链中处于相似级别的公司，认为公司的地理范围、所需的许可证以及合理的销量是评估哪些公司与 TCL 相似的重要因素。

第二个问题在于，"无歧视"的 SEP 许可使用费，是通过与基准费率相比较予以确定，还是通过与"最惠费率"相比较予以确定？从已有的司法判例来看，英国、美国、德国、荷兰均秉持"一般无歧视"原则，即"无歧视"并不意味着所有实施人的许可条件均应当与特定被许可人的"最惠费率"相同。换言之，FRAND 承诺并不阻止 SEP 专利权人以较低的费率授予许可，只要这样的许可条件不损害市场竞争即可。

"一般无歧视"和"强硬无歧视"源自无线星球诉华为案，"一般无歧视"义务是指 SEP 专利权人应向实施人提供基准费率的义务，"强硬无歧视"义务则指向实施人提供与特定被许可人的许可费相同费率的义务。法院认为，在差异程度未达到扭曲竞争

---

❶ *Tagivan*（*MPEG - LA*）*v. Huawei*, District Court of Duesseldorf, 15 November 2018, Case No. 4a O 17/17; *Fraunhofer*（*MPEG - LA*）*v. ZTE*, District Court of Duesseldorf, Case No. 4a O 15/15.

❷❶ 广东省高级人民法院知识产权审判庭. 通信领域标准必要专利法律问题研究［M］. 北京：知识产权出版社，2020：153.

❸ *Sisvel v. Haier*, Federal Court of Justice, Case No. KZR 36/17.

的情况下，SEP 专利权人仅负有"一般无歧视"义务，因为"强硬无歧视"义务实质上要求 SEP 专利权人以最惠待遇向所有实施人授予专利许可。❶ Tagivan 诉华为案❷中，杜塞尔多夫地区法院认为《欧盟运作条约》第 102 条中并未建立"最惠待遇被许可人"的原则。宏达诉爱立信案❸中，美国法院同样否定了"最惠待遇被许可人"方法，因为 ETSI 拒绝了该方法，选择在与不同的潜在被许可人达成合理协议时给予专利权人一定的灵活性。

第三个问题在于，SEP 专利权人选择许可层级，例如，仅向终端设备制造商授予专利许可，是否可以视为存在歧视？德国慕尼黑地区法院和曼海姆地区法院目前的观点是，仅对终端设备制造商要求取得许可的行为不构成歧视性行为。❹

第四个问题在于，当实施人众多时，仅对部分侵权人提起诉讼或行使权利，是否可以视为存在歧视？德国杜塞尔多夫地区法院对此持否定态度。法院认为，当享有独占地位的专利权人选择仅针对（下游）市场中的某些竞争者（或其供应商），而不是全部竞争者提起侵权诉讼时，可能会导致歧视性不平等待遇问题的出现。然而，只有在 SEP 专利权人依个案整体情况不同，具有通过合理手段对其他侵权人行使其专利权的可能时，这种行为才具有歧视性。特别是在标准实施的早期阶段，SEP 专利权人可能缺乏对大量实施人行使权利所需的手段，在这种情况下，作出先对市场中具有实力的侵权人行使权利的选择，也是合理的。❺

第五个问题在于，SEP 权利继受人的许可条件偏离在先专利权人的"许可概念"，是否可能存在歧视？德国杜塞尔多夫地区法院对该问题有较为明确的观点。法院认为，授予第一个 FRAND 许可之前，SEP 专利权人选择的"许可概念"对 SEP 专利权人和潜在继受者的许可行为具有法律约束力。通常，新进入的专利权人必须遵守先前专利权人所建立的实际许可惯例，偏离现有"许可概念"的许可条款只在（既存及新进入的）被许可人不因采用不利条款而遭受歧视的范围内被允许。❻ 换言之，如果受在先"许可概念"约束的许可条件被终止，或者 SEP 专利权人提供将旧许可条件切换到新许可条件的选择权，那么即使 SEP 继受人偏离原有"许可概念"，通常也不会被认为存在歧视。

3）许可费的范围

许可费的范围包含两个方面，一是许可标的，SEP 许可应就单个专利进行逐项许可，还是以专利组合的形式进行一揽子许可？二是许可地域范围，除裁决地法域范围

❶ 广东省高级人民法院知识产权审判庭. 通信领域标准必要专利法律问题研究［M］. 北京：知识产权出版社，2020：154.

❷ Tagivan（MPEG‑LA）v. Huawei, District Court of Duesseldorf, Case No. 4a O 17/17.

❸ HTC v. Ericsson, 31 August 2021, No. 19‑40566.

❹ Sharp v. Damler, Landgericht Munich, Case No. 7 O 8818/19；Nokia v. Damler, Landgericht Mannheim, Case No. 2 O 34/19.

❺ District Court of Dusseldorf, Case No. 4c O 81/17.

❻ Unwired Planet v. Huawei, Higher District Court of Duesseldorf, Case No. I‑2 U 31/16；HEVC（Dolby）v. MAS Elektronik, District Court of Duesseldorf, Case No. 4c O 44/18.

内的 SEP 许可，法院是否可以裁决其他法域范围内的 SEP 许可使用费，甚至裁决全球费率？

① 许可标的的范围

专利组合许可是否符合华为框架，判定基础在于是否存在相应的行业惯例。理论上来说，将同一标准项下的所有必要专利组合成专利包进行许可，可以提高许可效率，节约许可成本，这与 SEP 许可的实际需求相符，也是世界范围内普遍认可的商业惯例。尤其在电子和移动通信领域，以集团为单位进行许可通常符合 FRAND，因为此一做法是符合行业惯例的。❶ 司法判例中的观点基本一致：SEP 专利权人提供专利组合或专利池许可，符合华为 - 中兴谈判框架的要求。英国高等地区法院甚至要求，如果实施人拒绝专利池许可，仅坚持双边许可，应当证明其正当性。❷

一个延伸的问题是，专利组合中包含非 SEP 是否符合 FRAND 要求？对这一问题存在不同的看法。部分法院允许非 SEP 与 SEP 同时进行组合许可。例如，西斯维尔诉 *Wiko* 案❸中，法院认为，专利包中包含非 SEP 不会使报价非 FRAND，为了许可谈判和许可缔结，没有必要最终澄清每项专利是否是标准必要的，即使在签订许可协议后，实施人仍然可以保留质疑专利有效性和必要性的权利。部分法院对这一组合许可方式提出了目的限制性要求。例如，*Tagivan* 诉华为案❹中，法院明确指出，如果增加专利池中包含的专利数量，以从被许可人那里获取更高的许可费，原则上将专利池中 SEP 与非 SEP 捆绑不符合 FRAND。部分法院要求包含非 SEP 的专利组合许可必须得到被许可人的同意。例如，西斯维尔诉海尔案❺中，德国联邦最高法院认为，专利组合许可本身不违反反垄断法，只要满足：（a）不强迫被许可人接受非标准必要专利的许可；（b）许可费计算方式不会对寻求仅就特定区域获得许可的被许可人不利。

② 许可的地域效力

同许可标的一样，SEP 许可的地域范围是否符合 FRAND 原则，判定的基础同样在于是否存在相应的行业惯例。在这一问题上，已有的司法判例几乎无一例外地认为，全球范围的专利许可在电信行业很常见，SEP 专利权人提供全球范围的专利组合许可原则上都符合华为 - 中兴谈判框架的要求。

在基本观点达成一致的基础上，英国为强化本国司法影响力，赋予全球专利许可一定程度的强制性。无线星球诉华为案中，英国地区高等法院提出，实施人坚持只取得仅限于单个市场（英国）的许可不符合 FRAND 要求。与之相对的是，德国并不赞同将全球专利许可与 FRAND 义务相挂钩。西斯维尔诉海尔案❻中，德国联邦最高法院明确表示，不接受将全球专利组合许可作为衡量一方是否履行 FRAND 义务的标准。

（6）保密协议

保密协议主要包括两大类，一是 SEP 专利权人与第三方就相关许可条件签订的保

---

❶❹ *Tagivan*（*MPEG - LA*）*v. Huawei*, District Court of Duesseldorf, Case No. 4a O 17/17.

❷ *Mitsubishi & Sisvel v. OnePlus*, *OPPO&Xiaomi*, High Court of Justice, ［2021］ EWHC 1541 （Pat）.

❸ *Sisvel v. Wiko*, Oberlandesgericht Karlsruhe, Case No. 6 U 103/19.

❺❻ *Sisvel v Haier*, Federal Court of Justice, KZR 36/17, 05. 05. 2020.

密协议，二是 SEP 专利权人要求实施人与其签订保密协议。

对于第一类保密协议，前文述及，一方面，同意全面性的保密条款原则上将阻碍 SEP 专利权人和其继受人在未决的法院程序中就可比协议的内容主张保密性。如果 SEP 专利权人希望保护许可协议中包含的机密信息，则需要特别说明保密利益存在的理由。另一方面，如果一方主张，许可合同中包含保密信息，如无法院命令不能提交合同文本或陈述合同的具体内容，此时，另一方可以请求法院颁发文书出示命令。

对于第二类保密协议，主要聚焦两个问题。

第一个问题是寻求签署保密协议的 SEP 专利权人应当履行的证明义务。通常来说，若信息专利权人确定其所持有的信息需要受到保护，并证明了若是该信息被公开，将有何种程度的确定性遭受哪些具体不利影响，则寻求获取机密信息的当事方有义务签订保密协议。无线星球诉华为案❶中，杜塞尔多夫高等法院认为，寻求签订保密协议的信息持有者应当：①解释为什么该信息构成商业秘密；②说明迄今为止为确保信息的机密性采取了哪些措施；③分别针对每项信息，以可核实的方式证明，如果披露该信息，将会遭受何种损失；④说明该损失发生的可能性。

而对于可以签订保密协议的信息范围，英国高等地区法院认为，争议案件的关键性文件原则上没有"仅限外部检阅"机制的适用，与诉讼程序相关性有限的文件，且其披露可能对寻求保护的当事方造成不必要的损害，这样的文件可能具有保密价值。

第二个问题是实施人拒绝签订保密协议的法律后果。已有司法判例体现出的观点较为统一，即实施人无正当利益拒绝签订保密协议，可以在一定程度上免除 SEP 专利权人的信息披露义务。例如，在此情况下，SEP 专利权人无需披露任何涉密内容，无须向被告提供详细解释，可以将其诉状内容限定为"一般性、指示性"陈述。❷ 此外，若实施人完全拒绝或者延迟签订适当的保密协议，将会成为评估 FRAND 一致性的考量因素，❸ 例如被认定为存在非善意。

（7）许可要约中的非善意认定

根据已有的司法判例，SEP 专利权人可能被认定为非善意的具体情形如下。

① 潜在实施人表达了获得 FRAND 许可的意愿之后，SEP 专利权人在提供许可要约之前向法庭寻求禁令，意图在许可谈判中取得优势，那么 SEP 专利权人可能被认定为非善意。❹

② 潜在实施人表达了获得 FRAND 许可的意愿之后，SEP 专利权人在谈判过程中向潜在实施人发出警告信，告知实施人其将会寻求禁令，那么 SEP 专利权人可能被认定为非善意。❺

③ SEP 专利权人提出的初始要约明显不符合 FRAND，此后在谈判过程中仍然坚持

❶❷　Unwired Planet v. Huawei, Higher District Court of Duesseldorf, Case No. I-2 U 31/16.

❸　Regional Court Dusseldorf, Case No. 4a O 16/16.

❹　*Realtek v. LSI*, U. S., federal district court, Case No. C-12-03451-RMW; *Microsoft Corporation v. Motorola Ing*, U. S., Court of Appeals for the Ninth Circuit, Case No. 14-35393.

❺　*Imation v. One-Blue*, Japan, district court, Case No. 1∶13-cv-00917.

该要约，可能被认定为非善意。❶

④ 如果 SEP 专利权人拒绝遵从法院的"文件提交命令"，法院在对各当事方于华为 - 中兴谈判框架下的行为义务进行总体评估时，可能将 SEP 专利权人认定为非善意。❷

⑤ 如果 SEP 专利权人在许可要约中未解释许可费的计算方法，或者未证明许可条件满足 FRAND 要求，可能会被认定为非善意。❸

3.3.1.4　标准实施人对 SEP 专利权人的许可要约作出反要约

标准实施人对 SEP 专利权人的许可要约作出反要约是华为 - 中兴谈判框架的第 4 步，这是标准实施人在接收到第 3 步 SEP 专利权人发出的许可要约后作出的回应，主要涉及标准实施人对 SEP 专利权人报价的还价、费率计算的进一步协商等，该反要约通常应该依据业界认可的商业惯例和善意原则，尽快作出回复，不应该采用拖延手段。如果标准实施人不同意 SEP 专利权人提出的许可条件，也应当基于 FRAND 条款以书面形式发出具体的反要约。

（1）许可要约的回复义务

标准实施人有对 SEP 专利权人的许可要约作出回应的义务是一种基于诚实信用原则以及行业内公认的商业惯例而衍生出的义务，❹ 根据欧洲法院判例，当 SEP 专利权人所发出的要约正式包含了评估其所发出的许可要约是否符合 FRAND 所必需的所有信息（特别是关于许可费率计算的相关信息）后，实施人的反要约回复义务就被触发，❺ 实施人必须根据要约信息作出反要约回复。对于 SEP 专利权人而言，在其对标准实施人提起侵权诉讼之前，其需要给标准必要专利实施人足够的时间来对 SEP 专利权人的要约进行评估并最终提出反要约。❻

在德国的大部分司法判例中，要求反要约的回复义务是必须的，法院认为：不论 SEP 专利权人先前所提供的许可要约是否符合 FRAND，实施人都必须提交符合 FRAND 原则的反要约。❼ 也就是说，即使实施人认为 SEP 专利权人的要约不符合 FRAND，他仍然必须对 SEP 专利权人所提出的许可要约作出回应。例外情形是如果 SEP 专利权人

---

❶ *Microsoft Corporation v. Motorola Inc*, No. 14 – 35393；*Unwired Planet v Huawei*, UK, high court, ［2017］EWHC 3083（Pat）.

❷ *Sisvel v. Wiko*, Landgericht Mannheim, Case No. 7 O 115/16.

❸ *Philips v. Archos*, Landgericht Mannheim, Case No. 7 O 209/15；*NTT DoCoMo v. HTC*, Landgericht Mannheim, Case No. 7 O 66/15.

❹ *NTT DoCoMo v. HTC*, Landgericht Mannheim, ［2016］Case No. 7 O 66/15.

❺ *Saint Lawrence v. Deutsche, Telekom*, LG Mannheim, ［2015］27 November 2015 Case No. 2 O 106/14；*Sisvel v. Wiko*, 6 U 103/19；District Court of Dusseldorf, ［2018］Case No. 4c O 81/17.

❻ *IP Bridge v. HTC*, District Court of Mannheim, ［2018］Case – No. 7 O 165/16.

❼ *Saint Lawrence v. Deutsche, Telekom*, Landgericht Mannheim, ［2015］Case No. 2 O 106/14；*Sisvel v. Wiko*, ［2019］7 O 115/16；*Philips v. Archo*, LG Mannheim, ［2016］Case No. 7 O 19/16；*Saint Lawrence v. Deutsche, Telekom*, Landgericht Mannheim, ［2015］Case No. 2 O 106/14.

的许可要约在简易审查或者概括性评估中已经被认为显然不符合FRAND的，❶ 此时可以根据简易审查结论暂时不作出回应，但这种情形相对较为少见。

关于回应义务，欧洲法院判例中也存在一些矛盾做法，如德国西斯维尔诉海尔案❷中，州法院和州高级法院的观点相反，在州法院中认为"即使 SEP 专利权人所提出的许可要约不符合 FRAND，实施人仍然必须对此要约作出回应"，但是在州高级法院的审判❸中认为"如果 SEP 专利权人所提供的许可要约条款不符合 FRAND，则实施人无需回应对此要约"，上述不一致的认定会给标准实施人带来一定困惑，但就更多司法判例而言，还是要求标准实施人必须作出反要约的回应。

（2）许可要约的回复时间

华为 – 中兴谈判框架中，在实施人对 SEP 专利权人的许可要约作出反应的义务方面明确提到避免拖延战术，要求实施人必须在考虑具体个案事实、特定行业的行业惯例、诚信原则的条件下尽快作出回复。❹ 但是对多长时间的回复不会被认为拖延则没有定论，以下几个判例，明确对具体回复时间作出了是否拖延的定论。

① 在 NTT DoCoMo v. HTC 案❺中，法院认为实施人在收到 SEP 专利权人的许可要约长达一年半的时间之后，并在 SEP 专利权人对实施人提起诉讼的半年后，才提交反要约不符合华为 – 中兴谈判框架的要求。

② 在西斯维尔诉 Wiko 案❻中，地区法院认为实施人在长达 3 个月以上的时间内对许可要约没有作出任何反应，裁定实施人违反了及时回复的义务，采用了拖延战术。高等地区法院认为有意愿的被许可人不会像实施人那样在收到 SEP 专利权人的要约后一年左右才提交还价。❼

③ 在诺基亚诉戴姆勒、康文森诉戴姆勒案❽中，法院认为在侵权诉讼程序开始后才提出的许可反要约原则上是不被认可的，除非这种反许可要约仅在实施人自谈判开始时就愿意许可，并且在诉讼开始前就始终积极参与与专利权人的讨论这种特殊的情况下，才可以被纳入考量范围。

④ 在 IP Bridge v. HTC 案❾中，法院认为从向母公司提交可比协议到向被告在诉讼程序中提出禁令主张，22 个工作日远远不够。

可见，根据上述判例，如果标准实施人 3 个月内未作出任何回应，可能会被认为

❶ *Philips v. Archos*, Landgericht Mannheim, ［2016］Case No. 7 O 19/16；1 July 2016 Case No. 7 O 209/15；*NTT DoCoMo v. HTC*, Landgericht Mannheim, ［2016］Case No. 7 O 66/15.

❷ *Sisvel v. Haier*, Landgericht Dusseldorf, ［2015］Case No. 4a O 93/14, Case No. 4a O 144/14.

❸ *Sisvel v. Haier*, Oberlandesgericht Düsseldor, ［2016］Case No. 15 U 65/15.

❹ *Sisvel v. Wiko*, 7 O 115/16；*Philips v. Archos*, Landgericht Mannheim, ［2016］Case No. 7 O 19/16；Landgericht Mannheim, ［2016］Case No. 7 O 24/14.

❺ *NTT DoCoMo v. HTC*, Landgericht Mannheim, Case No. 7 O 66/15.

❻ *Sisvel v. Wiko*, ［2019］7 O 115/16.

❼ *Sisvel v. Wiko*, ［2020］6 U 103/19.

❽ *Nokia v. Damler*, Higher Regional Court of Karlsruhe ［2021］6 U 130/20；*Conversant v. Daimler*, District Court of Munich I, ［2020］Case No. 21 O 11384/19 30 October 2020.

❾ *IP Bridge v. HTC*, District Court of Mannheim, ［2018］Case No. 7 O 165/16.

是采用拖延战术，如果 1 年及以上时间提出还价，会被认为不符合华为 - 中兴谈判框架，以上是具有拖延嫌疑的判例。但上述④中明确时间也不能太紧，22 个工作日的时间被认为太短了。根据上述司法判例情况，标准实施人在收到 SEP 专利权人的要约后，在 1~3 个月内作出反要约是比较安全的时间范围。

（3）反要约的内容

反要约的主要作用是向 SEP 专利权人表达实施人对专利权人发出的许可条款的态度，主要是对许可费的异议。在反要约中，实施人有详细说明他所认为的 FRAND 许可费计算依据的义务，反要约通常可以包括以下内容。

① 第三方的可比许可协议、专利池收费标准、法院判决的费率等信息，以帮助专利权人理解该反要约许可费的合理性。

② 可以要求在许可协议中包含一项排除对供应商已取得许可的组件双重支付许可费的条款。❶

③ 如果标准实施人需要 SEP 专利权人提供进一步的信息，那么实施人需要解释为什么他需要所要求的信息。❷

关于③，如果实施人提出了进一步的信息需求，在个别情况下法院会审查被指控侵权人要求披露的信息是否是被指控侵权人所需要的信息，以便能够评估 SEP 专利权人提交给他的要约包含的信息是否足够符合 FRAND，并且能够触发被控侵权人的反应义务。

如果反要约没有提出具体的许可费用，而是授予 SEP 专利权人单方面确定许可费的权利，同时允许实施人在随后的诉讼程序中向法院提出疑问，通常应被视为愿意以"任何实际上是 FRAND 的条款"签署许可的声明。不包含使用费的反要约在个别情况下可能表明无许可意愿，尤其是在未及时提出反要约的情况下，例如仅在 SEP 专利权人提起侵权诉讼后才提出反要约，❸ 也就是说如果标准实施人反要约中没有提出具体的许可费用等信息可能被认为是一种消极的谈判态度。

（4）对反要约的 FRAND 认定

根据欧洲法院的判例，法院对标准实施人反要约的内容和行为进行判定，以确定其反要约是否符合 FRAND，关于反要约中的费率计算依据是否符合 FRAND，存在以下认定情况。

① 以车体所内嵌的信息控制单元元件的平均采购价格作为许可费计算基础而拟定的许可反要约不符合 FRAND，适当的标准必要专利许可费应该反映的是在终端产品上使用该项技术所创造的经济价值。❹

② 许可反要约可以依照"自上而下法"来计算许可费率，然而，使用所有被声明为标准必要专利的专利总数量（而不是实际上属于标准必要专利的专利数量）作为确定专利权人所持有的标准必要专利所占份额的计算基础不符合 FRAND。

---

❶❹ *Conversant v. Daimler*，District Court of Munich I，［2020］Case No. 21 O 11384/19.

❷ Munich District Court，［2019］7 O 115/16.

❸ *Nokia v. Damler*，Higher Regional Court of Karlsruhe［2021］6 U 130/20.

③ 实施人所提供的许可费率低于"真正 FRAND"（在个别案例中，包括许可费在内，只会有一组真正符合 FRAND 的条款，即"真正 FRAND"条款）费率这一事实本身，并不意味着标准实施人没有采取 FRAND 的立场。❶

除了上述和费率直接相关的情形外，以下行为也涉及反要约的 FRAND 认定。

④ 基于 SEP 专利权人所提供的条款，如果实施人未能充分解释其反要约条款为何是 FRAND，则还价不是 FRAND，还价应呈现所有条款，而不仅仅是特许权使用费。❷

⑤ 实施人所提出的反要约未在其中清楚指明特定的许可费数额，而是交由独立的第三方来确定时，实施人的这一反要约便不能被认为符合华为－中兴谈判框架所要求的具体还价。❸

⑥ 实施人所提出的反要约许可范围仅限于一个特定市场不符合 FRAND，特别是当实施人（或其所属的集团公司）同时也在其他市场经销使用该涉案标准必要专利的产品。❹

⑦ 一项只涵盖专利池中某一个成员单独拥有的专利组合和/或在没有合理事实依据的情况下为不同地区设定不同许可费率的许可反要约不符合 FRAND。❺

⑧ 一项仅限于由集团公司中的某一关联公司所签订的协议由其适用的反要约不符合 FRAND，即该要约仅限于集团内某一分公司，不涵盖母公司以及属于同一集团的所有其他公司。❻

⑨ 实施人仅笼统说明 SEP 专利权人所要求的许可费用远高于行业惯例许可费率，没有说明该行业惯常使用的许可费率，这样的异议不会被接受，因为并非每一次偏离行业惯例都表明存在不 FRAND 行为。❼

⑩ 在反要约中搁置重要问题留待后续程序解决是不符合 FRAND 的，例如：保留暂不支付部分许可费的权利，直到有争议的问题在未来的谈判或法庭程序中得到解决。❽

⑪ 不包含许可费的反要约在个别情况下可能表明无意愿，尤其是在未及时提出反要约的情况下，例如仅在 SEP 专利权人提起侵权诉讼后才提出反要约。❾

（5）反要约的发送方

反要约的发送方通常就是第 3 步中 SEP 专利权人发出要约的接收方，如果是非实施人本身，而是其他实体的还价，可能不被法院认可，例如在荷兰法院审判飞利浦诉

❶ *Unwired Planet v. Huawei*，High Court of Justice，［2017］Case No. HP－2014－000005. EWHC 711（Pat）.

❷ *HEVC（Dolby）v. MAS Elektronik*，District Court of Dusseldorf，［2020］Case No. 4c O 44/18.

❸ *Saint Lawrence v. Deutsche，Telekom*，Landgericht Mannheim，［2015］Case No. 2 O 106/14.

❹ *Pioneer v. Acer*，Landgericht Mannheim，［2016］Case No. 7 O 96/14.

❺ *Tagivan（MPEG－LA）v. Huawei*，District Court of Duesseldorf，［2018］Case No. 4a O 17/17.

❻ *Fraunhofer（MPEG－LA）v. ZTE*，District Court of Duesseldorf，［2018］Case No. 4a O 15/15.

❼ *Saint Lawrence v. Vodafone*，Landgericht Dusseldorf，［2016］Case No. 4a O 73/14.

❽ *LG v. TCL*，District Court of Mannheim，［2021］2 O 131/19.

❾ *Nokia v. Damler*，Higher Regional Court of Karlsruhe，［2021］6 U 130/20.

Wiko 案❶中，反要约的是 Wiko GmbH，并非 Wiko，法院认为 Wiko GmbH 是一家在法律上独立于 Wiko 实体的其他实体，它向飞利浦提出了还价，但法院并未将本次还价视为诉讼被告人向飞利浦提出的还价。

3.3.1.5 反要约被拒绝且实施人侵权成立，实施人应当提交保证金

（1）担保义务

根据华为诉中兴案所设定的 SEP 许可框架，若许可反要约被拒绝，且被控侵权人在达成许可协议之前已经使用了 SEP，那么被控侵权人应当提供适当的担保。华为诉中兴案之后，欧盟范围内各地区法院均遵从该规则，普遍认为实施人有义务提供涉案 SEP 使用情况的说明，并根据公认的商业惯例开立担保账户，担保金额应至少包含过去阶段的 SEP 使用费。实施人声称已经终止对 SEP 的使用这一事实，并不会解除其因曾经的使用行为而必须开立担保账户的义务。

一个重要的问题是担保义务的履行时间。司法判例中形成的一点共识是，不论后续的要约和反要约是否被提出，实施人均应当在 SEP 专利权人首次拒绝其反要约时提供适当担保或存入足量保证金。换言之，实施人履行担保义务的时间起点是第一次反要约被明确拒绝时。而从这一时点开始，实施人应当在多久之内履行担保义务，司法判例中并没有明确的结论。西斯维尔诉海尔案❷中，杜塞尔多夫地区法院认为实施人在其首次提出反要约被拒绝的一个多月后才履行此义务不符合华为 – 中兴谈判框架的要求。

（2）非善意的认定

根据已有的司法判例，对担保义务，SEP 实施人可能被认定为非善意的具体情形如下。

① 欧盟范围内，实施人拒绝提供担保可能成为恶意谈判的一个判断因素。而在欧盟之外，例如日本和美国，因拒绝提供担保而被认定为非善意的可能性较小。

② 许可谈判中，接受 ADR，例如调解和仲裁，可能会被认定为善意谈判。相对应地，拒绝 ADR 不会被立刻认定为非善意，但持续性拒绝 ADR 会增加被认定为非善意的可能性。❸

3.3.2 美国标准必要专利许可谈判

相较于欧盟 SEP 许可谈判框架，美国仅设定了许可谈判的概括性框架，对该框架中的程序性事项并无严格规定。根据其谈判框架，善意的 SEP 专利权人应当提醒潜在被许可人与特定 SEP 相关的侵权事实，并发出善意的许可要约。善意的被许可人应当评估侵权信息，在合理的时间内以有助于促成谈判并达成要约的方式进行回应。相比于许可谈判程序性的行为框架，美国更注重实质性 FRAND，即 FRAND 许可费的计算

---

❶ *Philips v. Wiko*, Court of Appeal of The Hague, ［2019］ Case No. 200. 219. 487/01.

❷ *Sisvel v. Haier*, Landgericht Dusseldorf, Case No. 4a O 93/14.

❸ 广东省深圳市中级人民法院（2016）粤 03 民初 816、840 号民事判决书。

和对禁令颁发条件的考量。在微软诉摩托罗拉案❶中，美国联邦地区法院认为，申请专利许可以及为专利许可进行谈判，并不是基于 FRAND 条款授予许可这一义务的先决条件。

第一，由于美国法院通常认为 FRAND 承诺构成 SEP 专利权人和标准组织之间的为第三方利益的合同，因此，在评估 SEP 专利权人发出的许可要约是否满足 FRAND 承诺时，法院通常的思路是：首先确定合理的 FRAND 费率范围，然后由陪审团依据该 FRAND 费率范围，进一步确定 SEP 专利权人是否履行了合同义务，即发出善意的许可要约。在微软诉摩托罗拉案、*In re Innovatio* 案、爱立信诉友讯案中，美国法院逐渐明确了确定 FRAND 费率的基本原则，概括如下。

① SEP 专利权人获得的合理许可费应限制在专利技术本身的价值，排除将专利技术纳入标准所带来的价值。

② 合理的许可费考虑专利对标准的技术能力的贡献，以及相关技术能力对实施人和实施人的产品的贡献。

③ 确定 FRAND 许可费应当避免许可费堆叠。

④ FRAND 费率可能不止一个，有可能是一个区间。

⑤ 初始要约不一定必须符合 FRAND 条款，重要的是最终签订的许可条件满足 FRAND 一致性。换言之，双方的初始报价应被视为谈判的起点，即使法院或陪审团必须最终确定适当的费率，仅是寻求比潜在被许可人认为合理的许可费更高的许可费，并不违背 FRAND 原则。

第二，禁令的颁发条件在美国经历了一系列的变革。*eBay* 案之前，美国联邦巡回上诉法院和对专利上诉有专属管辖权的上诉法院，通常的态度是，在没有特殊情况时将颁发永久禁令。*eBay* 案❷中，法院针对禁令救济提出了"四要素测试"法，具体而言，专利权人若请求颁发禁令，必须证明：①专利权人遭受了不可弥补的损害；②法律上的救济，比如损害赔偿，不足以弥补上述损害；③考虑到专利权人和被诉侵权人具体处境的平衡，公平的救济措施是必要的；④颁发禁令不会损害公共利益。❸

苹果诉摩托罗拉案❹中，法院在受 FRAND 承诺限制的标准必要专利纠纷中适用了 *eBay* 案所确立的适用禁令救济的"四要素"原则。具体而言，法院否认 FRAND 承诺对禁令适用的排除，而是认为 FRAND 承诺只是对禁令颁发与否的判断因素之一。受 FRAND 承诺限制的专利权人可能在证明不可弥补的损害时存在困难，但当侵权人单方拒绝 FRAND 许可费，或者不合理地推迟谈判以至达到与直接拒绝相同的效果时，SEP 专利权人可以获得禁令救济。❺ 例外情况是许可要约不符合 FRAND 要求，此时，即便

---

❶　*Microsoft Corporation v. Motorola Inc*，District Court，W. D. Washington，Case No. 10 - cv - 01823 - JLR.

❷　*eBay Inc. v. MercExchange*，L. L. C.，547 U. S. 388（2006）.

❸　广东省高级人民法院知识产权审判庭. 通信领域标准必要专利法律问题研究［M］. 北京：知识产权出版社，2020：67.

❹　*Apple Inc. and NeXT Software*，*Inc. v. MOTOROLA*，*Inc*. Nos. 2012 - 1548，- 1549. 2014.

❺　广东省高级人民法院知识产权审判庭. 通信领域标准必要专利法律问题研究［M］. 北京：知识产权出版社，2020：69.

侵权人拒绝该要约，SEP 专利权人也不能获得禁令。

3.3.3 英国标准必要专利许可谈判

（1）英国法院对欧盟框架的态度

自英国"脱欧"后，在无线星球诉华为案和康文森诉华为、中兴的管辖权异议三审裁定中表示：英国法院不必遵循欧洲法院对华为诉中兴案先行判决所确定的分析框架，英国政府和法院都有意创设出一套单独适用于英国的 SEP 纠纷解决规则。可见，在英国的司法诉讼中，英国法院并不会按照欧盟设定的五步许可框架来判定 SEP 专利权人和标准实施人的是否善意，进而判定是否给予禁令救济。

（2）英国法院禁令救济颁发条件

自英国"脱欧"之前，欧盟一直在牵头研究和处理的有关 SEP 的话题，"脱欧"之后英国就无法再参与，但是英国近两年通过无线星球诉华为等案件的重要裁决，再次显示出了英国虽然在产业上处于空心地位，但是在标准必要专利问题上有做"世界裁判员"的决心。

在英国审理的 *Optis* 诉苹果案❶中，法院认定：SEP 专利权人不会因为许可谈判中的非善意行为，而丧失向实施人主张禁令救济的权利，只要该专利权人承诺愿意接受英国法院裁决的全球许可条件的合同条款，英国法院裁决全球许可条件能够使专利权人的非善意行为得以弥补；标准必要专利的实施人也不会因为在许可谈判中的非善意行为，而丧失获得 FRAND 许可的权利，只要该实施人承诺愿意接受英国法院裁决的全球许可条件的合同条款，实施人的该行为便会使其获得专利权人的 FRAND 许可，从而避免被颁发禁令。可见，在英国司法实践中，SEP 专利权人和实施人是否善意并不关键，英国法院是否颁发禁令的主要考虑是双方是否承诺愿意接受英国法院裁决的全球许可条件的合同条款，展现了英国法院要做"标准必要专利裁判员"的强势态度。

在 *Optis* 诉苹果案中，英国法院将无线星球诉华为案所确立的"裁决全球许可条件 + 禁令"的裁判规则又往前推进了一步，相比无线星球诉华为案而言，*Optis* 诉苹果案所确立的标准实施人避免被颁发禁令、承诺愿意接受英国法院裁决全球许可条件的时间，被提前到英国法院为双方裁决标准必要专利全球许可条件之前就要作出。

英国法院还在判断善意实施人的独立审判程序确定如下规则。

① 承诺接受 FRAND 许可协议是避免禁令判决的条件。

② 无论专利实施人在任何阶段拒绝承诺，都不会永久性地丧失再次获得 FRAND 许可的权利。

③ 颁布的禁令为标准的 FRAND 禁令形式，即除非实施人接受 FRAND 许可，否则将禁止其继续实施专利。

④ 即使标准必要专利所有人在许可谈判中采取了反竞争的方式，也不会必然导致其无法获得禁令。

---

❶ *Optis v. Apple*，［2021］Case No. HP-2019-000006.

综上所述，通过比较不同法域涉及标准必要专利纠纷的司法判例，可以得出如下结论。

一是欧盟、美国和英国法院在标准必要专利纠纷中是否颁发禁令标准相差较大。欧盟和欧洲地方法院参考华为-中兴谈判框架，通过评估双方的过错行为，决定是否颁发禁令，欧盟和欧洲更倾向于颁发禁令。美国以 ebay 案"四要素"为判断，更关注标准必要专利的侵权是否能够进行经济赔偿，通常不会颁发禁令。英国以是否接受英国法院裁决的全球许可费率为条件，实施人接受费率裁决则不颁发禁令，不接受裁决则颁发禁令。

二是欧洲不同国家、不同等级的法院之间司法标准并不完全统一。欧盟和欧洲法院虽然有较为统一的华为-中兴谈判框架，但在具体的司法实践中，同样的情况，在不同国家和地区的审判结论并不一定相同。例如关于 CC 表，在之前的欧洲法院判例中认为，在侵权通知发出时，提供 CC 表是行业惯例，且认为是发出侵权通知的适当方法，但德国联邦最高法院在其 2020 年西斯维尔诉海尔案的判决中承认，在许可谈判阶段，专利权人提供侵权对照表就足够了，但不是强制性的。再比如关于许可意愿表达时间，有的法院认为实施人在 3 个月甚至 5 个月内才作出回应都是可以被预期的，❶ 但有的法院认为实施人在收到侵权通知后表达其取得许可意愿的合理时间通常不超过 2 个月。❷

三是欧盟及欧洲法院的大量判例丰富了华为-中兴谈判框架的细节。尽管欧盟及欧洲法院的某些判例存在标准不一致的情形，但是对大部分案例的判决还是逻辑一致的，其司法判例中涉及的各种情形、各种细节规定丰富了华为-中兴谈判框架，为过错认定等提供了较多素材，可以为我国的创新主体提供参考。

四是欧盟对实施人施加的义务似乎多于专利权人。基于大量公开的司法判例，欧盟成员国各法院对实施人所施加的义务似乎多于专利权人，换言之，实施人可能被认定为存在恶意谈判的情形较之专利权人明显更多。也正是基于此，我国创新主体普遍认为华为-中兴谈判框架对实施人施加了过多的义务，而并未对专利权人施加对等的义务约束。为避免利益的失衡，可以看到，日本和韩国虽然基于该谈判流程构建了本国的善意谈判框架，但在诚信认定规则上是有所取舍的，主要保留了获得国际普遍认可且符合本国产业利益需求的相关规定。

3.4　我国规制现状和行业主要观点

3.4.1　标准必要专利许可谈判框架流程和诚信认定

3.4.1.1　国际组织关于谈判框架和诚信认定的相关规定

国际标准组织知识产权政策通常仅规定 SEP 专利权人应当以 FRAND 的条件对实施

---

❶　District Court of Dusseldorf，［2018］Case No. 4c O 81/17.

❷　*Philips v. Wiko*，Higher District Court of Karlsruhe，［2019］Case No. 6 U 183/16.

人授予许可，但对许可谈判框架流程的规定甚少。其中，ITU 和 ETSI 两大标准组织的知识产权政策完全不涉及谈判框架，IEEE 稍有涉及，但也仅仅停留在原则性规定的层面，不具有实际可操作性。IEEE 知识产权政策❶规定：提交人和申请人应进行善意谈判，不得无故拖延。双方可以就以下事项提起诉讼或在双方同意的情况下提请仲裁，包括：专利有效性、可执行性、必要性、侵权、合理费率、其他合理的许可条件、对未支付的过去或未来特许权使用费的补偿、抗辩或反诉等。显然，原则性规定仅具有宏观指导作用，在具体个案中，什么样的谈判行为可以称之为"善意谈判"，谈判双方在多长时间内回应对方诉求可以称之为"未无故拖延"，需要在行政或司法程序中通过具体案情予以明确和提炼。

对诚信认定，虽然标准化组织普遍要求专利权人提交书面保证，以 FRAND 原则来实施许可，但几乎没有标准化组织对 FRAND 许可条件的含义予以明确，也并未对该原则进行精细化规定，这使得 FRAND 原则的地位类似于民法的"帝王条款"，即诚实信用原则，无法在诚信认定中发挥实质性参考作用。

诚信认定与禁令的颁发密切相关。2015 年 IEEE 董事会章程第 6.2 节第 13 段规定：保证函（LOA）提交者不得基于标准必要专利向实施人施加禁令，除非该实施人拒绝执行法庭裁决。2022 年 9 月，对 IEEE 政策❷进行了修订。修订部分涉及诚信认定的相关规定，包括：保证函提交者不得基于标准必要专利向善意协商以寻求授权许可的实施人施加禁令；基于最初的侵权通知请求提供更多信息，或者，选择通过诉讼或仲裁解决争议事项，本身并不意味着存在非诚信谈判行为。

3.4.1.2 我国法律相关规定

诚信原则作为我国民法体系的基本原则，体现于多部法律之中。例如，《民法典》第 7 条规定："民事主体从事民事活动，应当遵循诚信原则，秉持诚实，恪守承诺。"《专利法》第 20 条规定："申请专利和行使专利权应当遵循诚实信用原则。不得滥用专利权损害公共利益或者他人合法权益。"

诚信原则作为民法最重要的基本原则，是各国民法公认的基本原则，也是市场活动中的基本原则。诚信原则在平衡当事人之间的利益以及当事人与社会之间的利益这两个方面，发挥着重要的作用。通常认为，诚信原则要求民事主体从事民事活动应当讲诚实、守信用，以善意的方式行使权利、履行义务，言行一致，信守诺言。❸ 诚信原则主要包括以下几个方面：①民事主体在着手与他人开展民事活动时即应当讲诚信，如实向交易对方告知自己的相关信息，表里如一，不弄虚作假；②民事主体在与他人建立民事法律关系后，应当信守诺言、恪守信用，按照自己作出的承诺行使权利、履行义务，

---

❶ THE INSTITUTE OF ELECTRICAL AND ELECTRONICS ENGINEERS, INC. IEEE Policies [EB/OL]. [2022 – 12 – 10]. https：//www. ieee. org/content/dam/ieee – org/ieee/web/org/about/corporate/ieee – policies. pdf.

❷ IEEE – SA Standards Beand Bylaws [EB/OL]. [2022 – 11 – 12]. https：//standards. ieee. org/wp – content/uploads/import/documents/other/sb_bylaws. pdf.

❸ 广东省高级人民法院知识产权审判庭. 通信领域标准必要专利法律问题研究 [M]. 北京：知识产权出版社，2020：103.

言而有信；③民事主体应当本着善意的原则，相互配合，保护对方的合理期待与信赖；④民事主体应当尊重他人的合法权益，尊重社会公众利益；⑤民事主体应当善意行使权利，不得滥用权利；⑥民事主体不得规避法律，不得故意曲解合同条款，等等。❶

诚信原则同样与标准必要专利许可谈判和双方诚信认定密切相关，SEP 专利权人以 FRAND 的条件进行许可，潜在实施人在许可谈判中积极参与、及时响应，都体现了市场主体基于诚信原则积极参与市场活动和商业谈判。一方面，诚信原则有很大的适用性，从事任何民事活动都应当遵守，标准必要专利的许可和实施当然也不例外。因此，不论有没有作出 FRAND 承诺，都应当遵循诚信原则，因为这是从事民事活动的基本原则。另一方面，FRAND 声明机制立足于通信行业的产业特点和标准必要专利的基本属性，所声明的内容"公平、合理、无歧视"本质上属于诚实信用的范畴，可以为诚信原则所涵盖。❷ 诚信原则要求当事人信守承诺，因此，若 SEP 专利权人作出FRAND 承诺，FRAND 承诺可以被视为具体的行为准则，并作为诚信与否的评价标准。

3.4.1.3　我国司法解释及指导性文件相关规定

《最高人民法院关于审理侵犯专利权纠纷案件应用法律若干问题的解释（二）》❸第 24 条规定："……推荐性国家、行业或者地方标准明示所涉必要专利的信息，专利权人、被诉侵权人协商该专利的实施许可条件时，专利权人故意违反其在标准制定中承诺的公平、合理、无歧视的许可义务，导致无法达成专利实施许可合同，且被诉侵权人在协商中无明显过错的，对于专利权人请求停止标准实施行为的主张，人民法院一般不予支持。本条第 2 款所称实施许可条件，应当由专利权人、被诉侵权人协商确定。经充分协商，仍无法达成一致的，可以请求人民法院确定。人民法院在确定上述实施许可条件时，应当根据公平、合理、无歧视的原则，综合考虑专利的创新程度及其在标准中的作用、标准所属的技术领域、标准的性质、标准实施的范围和相关的许可条件等因素。"

这是 FRAND 原则首次以司法解释的形式被确立，明确其可以作为审理标准必要专利纠纷的司法依据。❹ 根据以上规定，SEP 专利权人是否违反公平、合理、无歧视的许可义务，潜在实施人是否存在明显过错，是影响禁令颁发的重要因素。同时，法院在确定合理的实施许可条件时，所依据的同样是 FRAND 原则。

首先，FRAND 原则，即"公平、合理、无歧视"包含实质和程序两个层面的含义，而司法解释所确立的 FRAND 原则侧重于实质结果而非程序。事实上，我国司法解释并未规定专利权人和实施人双方应当基于何种框架或程序来实施谈判，地方法院的指导性文件也仅规定了许可协商应秉持诚实信用的基本民法原则。例如，北京市高级

---

❶　《中华人民共和国民法总则》解释与适用［M］．北京：人民法院出版社，2017.

❷　广东省高级人民法院知识产权审判庭．通信领域标准必要专利法律问题研究［M］．北京：知识产权出版社，2020：104.

❸　最高人民法院关于审理侵犯专利权纠纷案件应用法律若干问题的解释（二）［EB/OL］．（2016 - 03 - 22）［2022 - 11 - 27］．https：//www.courtgov.cn/fabu/xiang qing/18482.html.

❹　广东省高级人民法院知识产权审判庭．通信领域标准必要专利法律问题研究［M］．北京：知识产权出版社，2020：44.

人民法院《专利侵权判定指南（2017）》❶ 第 150 条规定：在标准必要专利的许可谈判中，谈判双方应本着诚实信用的原则进行许可谈判。作出公平、合理和无歧视许可声明的专利权人应履行该声明下所负担的相关义务；请求专利权人以公平、合理和无歧视条件进行许可的被诉侵权人也应以诚实信用的原则积极进行协商以获得许可。

其次，谈判双方实施哪些行为可能被认定为具有过错，我国司法解释也并未涉及。为填补这一空白，北京市高级人民法院和广东省高级人民法院分别以指导性文件的形式，对 SEP 专利权人和潜在实施人的非善意行为进行了归纳总结。

北京市高级人民法院《专利侵权判定指南（2017）》第 152 条列举了 SEP 专利权人的非善意行为，包括以下 6 项：①未以书面形式通知被诉侵权人侵犯专利权，且未列明侵犯专利权的范围和具体侵权方式；②在被诉侵权人明确表达接受专利许可协商的意愿后，未按商业惯例和交易习惯以书面形式向被诉侵权人提供专利信息或提供具体许可条件的；③未向被诉侵权人提出符合商业惯例和交易习惯的答复期限；④在协商实施许可条件过程中，无合理理由而阻碍或中断许可协商；⑤在协商实施许可过程中主张明显不合理的条件，导致无法达成专利实施许可合同；⑥专利权人在许可协商中有其他明显过错行为的。第 153 条列举了实施人的非善意行为，包括以下 5 项：①收到专利权人的书面侵权通知后，未在合理时间内积极答复的；②收到专利权人的书面许可条件后，未在合理时间内积极回复是否接受专利权人提出的许可条件，或在拒绝接受专利权人提出的许可条件时未提出新的许可条件建议的；③无合理理由而阻碍、拖延或拒绝参与许可协商的；④在协商实施许可条件过程中主张明显不合理的条件，导致无法达成专利实施许可合同；⑤被诉侵权人在许可协商中有其他明显过错行为的。

广东省高级人民法院《关于审理标准必要专利纠纷案件的工作指引（试行）》❷ 第 11 条规定：按照商业惯例评判各方当事人主观过错时，审查内容包括：①当事人之间谈判的整体过程；②各方当事人谈判的时间、方式和内容；③谈判中断或陷入僵局的原因；④其他情节。第 13 条进一步规定了 SEP 专利权人的明显过错：①未向实施者发出谈判通知，或虽发出谈判通知，但未按照商业惯例和交易习惯列明所涉专利权的范围；②在实施者明确表达接受专利许可谈判的意愿后，未按商业惯例和交易习惯向实施者提供示例性专利清单、权利要求对照表等专利信息；③未向实施者提出具体许可条件及主张的许可费计算方式，或提出的许可条件明显不合理，导致无法达成专利实施许可合同；④未在合理期限内作出答复；⑤无正当理由阻碍或中断谈判；⑥其他明显过错行为。第 14 条规定了实施者的明显过错：①拒绝接收标准必要专利权人的谈判通知，或收到谈判通知后未在合理时间内作出明确答复；②无正当理由拒绝签订保密协议，导致无法继续谈判；③未在合理期限内对标准必要专利权人提供的示例性专利清单、权利要求对照表等专利信息作出实质性答复；④收到标准必要专利权人许可条

❶ 北京市高级人民法院《专利侵权判定指南（2017）》[EB/OL]. (2017 – 04 – 20) [2022 – 11 – 27]. https: //bjgy. bjcourt. gov. cn/article/detail/2017/04/id/2820737. shtml.

❷ 广东高院发布《关于审理标准必要专利纠纷案件的工作指引（试行）》（全文）[EB/OL]. (2019 – 12 – 04) [2022 – 11 – 28]. https: //sciiip. gdufs. edu. cn/info/1027/1486. htm.

件后，未在合理期限内作出实质性答复；⑤提出的实施条件明显不合理，导致无法达成专利实施许可合同；⑥无正当理由拖延或拒绝进行许可谈判；⑦其他明显过错行为。

整体来看，一方面，根据北京市高级人民法院和广东省高级人民法院所列举的以上明显过错，我们可以初步获得司法系统所认可的许可谈判框架的雏形，包括：SEP专利权人应当向实施人发出书面侵权通知和书面许可条件，并提供符合商业惯例和交易习惯的必要信息；实施人应当明确表达接受专利许可谈判的意愿，以及积极回复专利权人所提出的许可条件。另一方面，从这些地方性司法指导文件的规定可以看出，我国诚信认定的审查内容涵盖程序结果和实质结果。程序方面，诚信认定涉及谈判的整体过程，谈判的时间、方式、内容等。实质方面，诚信认定则会进一步评价提出的许可费计算方式或许可条件是否存在明显不合理的情形。

3.4.1.4　我国司法判例

（1）西电捷通诉索尼案❶

在西电捷通诉索尼案中，二审法院对双方谈判的具体过程，包括时间、内容等多个方面进行了分析，认定索尼具有明显过错，西电捷通没有过错。

二审法院指出：第一，西电捷通在与索尼协商的过程中提供了专利清单和许可合同文本，索尼理应能够判断出被诉侵权产品在生产制造过程中是否实施了涉案专利，并非一定需要借助于 CC 表。第二，西电捷通同意在签署保密协议的前提下提供 CC 表，但索尼强调要求西电捷通在"没有签署保密协议的基础上提供权利要求对照表"。此后，西电捷通为推进谈判，对于签订保密协议提出多种解决方案，包括重新解释保密协议，简化延长保密协议的手续等，但索尼没有表现出推动谈判的诚意。索尼明确表示在全面评估西电捷通主张的专利并认定该专利具有合理价值前，不能与西电捷通进行任何商业谈判，充分体现出索尼要求西电捷通提供 CC 表只是一个拖延手段。第三，索尼在协商过程中反复提及"没有发现索尼移动需要获得西电捷通专利授权许可的理由"等内容，但没有提供任何进一步的解释以及推动谈判的建议，明显具有拖延谈判的故意。第四，索尼与西电捷通在长达 6 年的时间内反复进行协商，西电捷通提供了专利清单及合同文本，但索尼以 CC 表和保密协议问题作为拖延手段，从而导致双方没有实质上进入技术谈判和商务谈判。即使在诉讼阶段，索尼也没有提出明确的许可条件，也未及时向人民法院提交其所主张的许可费或提供不低于该金额的担保，并没有表示出许可谈判的诚意。

（2）华为诉三星案❷

在华为诉三星案中，深圳市中级人民法院认为，SEP 专利权人和实施人均负有按照 FRAND 原则进行许可谈判的义务，华为和三星之间的专利交叉许可谈判，对自己和各自的关联公司都具有同样的法律效力，也都需要遵循 FRAND 义务。在此基础上，法院从双方标准必要专利交叉许可谈判的程序上、实体上进行了分析，最终认定三星在程序上、实体上均有过错，华为在程序上没有过错，在实体上有轻微过错。

---

❶　北京市高级人民法院（2017）京民终 454 号民事判决书。
❷　广东省深圳市中级人民法院（2016）粤 03 民初 816、840 号民事判决书。

　　深圳市中级人民法院指出三星在程序方面存在明显过错，主要原因有以下 5 点：一是三星在违背华为意愿的情况下，坚持将标准必要专利、非标准必要专利打包捆绑谈判，拒绝仅就标准必要专利进行交叉许可谈判；二是三星始终未对华为提交的权利要求对照表进行积极回应；三是三星在报价方面消极懈怠，既没有根据自己的专利实力积极向华为提出报价，也没有针对华为的报价进行反报价；四是三星无正当理由拒绝华为提出的符合谈判惯例的提议，即通过中立第三方仲裁的方法来促成标准必要专利交叉许可的达成；五是三星在法院组织双方进行调解谈判的情况下，仍然未给出标准必要专利的许可报价，也未对华为的报价作出实质性回应，主观上明显缺乏诚意。

　　综上所述，从国际组织规定，我国法律、司法解释以及法院的判例来看，对许可框架和诚信认定，具有以下特点。

　　一是国际标准组织知识产权政策对许可谈判框架的规制较少，但为谈判双方明确了安全港。国际标准组织知识产权政策对许可谈判框架流程的规定甚少，其中，ITU 和 ETSI 两大标准组织的知识产权政策完全不涉及谈判框架，IEEE 稍有涉及，但也仅仅停留在原则性规定的层面，不具有实际可操作性。2022 年 9 月，IEEE 政策修订，明确了不宜被认定为存在非诚信谈判的行为，包括：基于最初的侵权通知请求提供更多信息，或者选择通过诉讼或仲裁解决争议事项。这一政策为双方当事人提供了安全港。

　　二是我国司法指导性文件初步规定了谈判双方的过错认定规则。"公平、合理、无歧视"本质上属于诚实信用的范畴，可以为民法基本原则（诚信原则）所涵盖。我国司法解释并未涉及谈判双方实施哪些行为可能被认定为具有过错，为填补这一空白，北京市高级人民法院和广东省高级人民法院分别以指导性文件的形式，对 SEP 专利权人和潜在实施人的非善意行为进行了归纳总结。从这些地方司法指导性文件的规定可以看出，我国诚信认定的审查内容涵盖程序结果和实质结果。程序方面，诚信认定涉及谈判的整体过程，谈判的时间、方式、内容等。实质方面，诚信认定则会进一步评价提出的许可费计算方式或许可条件是否存在明显不合理的情形。

　　三是我国法律法规并未明确许可框架，但从"明显过错"的规制条款可以窥见许可框架的雏形。在我国，虽然 FRAND 原则以司法解释的形式被确立，但司法解释所确立的 FRAND 原则侧重于实质结果而非程序。事实上，我国司法解释并未明确规定专利权人和实施人双方应当基于何种框架或程序来实施谈判，地方法院的指导性文件也仅规定了进行许可协商应秉持诚实信用的基本民法原则。然而，根据北京市高级人民法院和广东省高级人民法院所列举的以上专利权人和实施人的明显过错行为，我们可以初步获得司法体系所认可的许可谈判框架的雏形，包括：SEP 专利权人应当向实施人发出书面侵权通知和书面许可条件，并提供符合商业惯例和交易习惯的必要信息；实施人应当明确表达接受专利许可谈判的意愿，以及积极回复专利权人所提出的许可条件。

3.4.1.5　行业主要观点

　　（1）对谈判框架的意见

　　1）专利权人

　　国外专利权人实体对华为 – 中兴谈判框架认可度较为一致。该框架被一致认可的原因主要有以下几点：一是该框架对谈判双方施加了实质诚信义务。框架虽然形式上采用了"乒乓"流程，但是并没有设定一套严格的规则或步骤，供各方在所有情况下必须遵守，相反，它要求在谈判期间对各方的诚意进行灵活的、逐一的评估；该框架承认寻求禁令的权利是侵权救济的一项基本权利。二是该框架中的"安全港"概念使遵守该框架的专利权人能够避免在诉讼中被认定为滥用支配地位，进而有可能获得禁令救济的补救措施，遵守该框架的实施人能够避免在诉讼情况下被强制执行禁令；还包括了激励实施人进行善意谈判的要素，例如澄清未能遵循框架可能导致禁令，实施人的恶意或不合理的延迟策略会导致禁令，给予双方较高的可预期性。

西斯维尔认为相较于美国许可框架，欧洲许可框架更具有约束力。关于框架的法律效力，专利权人西斯维尔认为，欧洲法院提供的指导具有法律效力，对欧洲相关国家法院具有约束力。因此除了促使谈判各方遵守该框架之外，它还进一步帮助欧洲国家法院逐步建立和完善欧洲法院提供的指导。相反，美国声明草案提出的框架既没有法律效力，也没有安全港的激励，不遵循它没有任何影响，因此市场主体没有动力遵循它。

爱立信认为美国许可框架与欧洲许可框架不同。对框架的法律渊源和其他法律辖区的要求，专利权人爱立信认为美国声明草案提出的框架并非源于当前的美国法律，并且与全球许可人和被许可人目前必须考虑的其他司法辖区的法律要求不一致，特别是与欧洲华为 – 中兴谈判框架有显著的不同。

2）实施人

国外实施人实体以及我国实施人创新主体对华为 – 中兴谈判框架存在一定争议。国外实施人实体以及我国实施人创新主体认为该框架对实施人施加了过多的义务，而并未对专利权人施加对等的义务约束。并且，由于框架仍然较为模糊，欧洲各法院在审理个案时仍会适用不同的裁判规则，也引发了很多问题。例如 2020 年，德国联邦最高法院在西斯维尔诉海尔案中对 FRAND 谈判框架作出一些调整，但目前来看，下级法院适用时也存在一定问题，该判例后，在德国 SEP 诉讼中基本上再无善意实施人。

实施人苹果建议许可框架应兼顾形式灵活和实质有效。苹果认为，谈判可能需要很多时间，形式和过于僵化的框架可能被不诚实的行为者所利用，例如，试图披着形式合法性的外衣来掩盖其不当行为。

3）我国行业主要观点

我国创新主体建议 FRAND 框架应当明确善意谈判、鼓励信息充分披露、限制恶意诉讼，且避免单一僵化的许可模式。FRAND 框架应该兼顾原则性和指引性，平衡专利权人和实施人的利益；FRAND 框架应当明确善意谈判、信息充分披露、限制恶意诉讼等原则，应该充分考虑 SEP 许可费谈判的多样性、复杂性；同时 FRAND 框架应当对一般性的谈判步骤、每一步骤中谈判双方的权利义务、谈判不同走向下的权利义务的变动等作出规定；FRAND 框架应当结合竞争法来审视专利权人的 FRAND 义务；FRAND 框架应当灵活，给予谈判双方一定的弹性空间，以应对新的谈判场景，允许行为双方主体通过商业实践来试错，而不应该是一个单一、固定、僵化的模式。

（2）对诚信认定的意见

1）专利权人和实施人都列举了不应被认定为"非善意"的行为

① 专利权人

专利权人普遍认为初始报价不符合 FRAND 不构成恶意的直接认定证据。以弗劳恩霍夫为代表的许可方认为，许可人的初始许可报价可能被发现不符合 FRAND 标准，但这本身并不构成专利权人恶意行为的证据，也不构成对禁令救济的排除。重要的是双方进行善意的商业谈判，以期望在没有不当拖延的情况下，迅速达成一个双方都同意的结果。我国以专利权人为主要身份的创新主体则认为，在谈判初期将初始报价或者反报价认定为"超出 FRAND 范围""过高"或"过低"存在一定难度，专利权人和实施人都无法也不应当被要求首次报价、反报价不超出"FRAND 范围"，除非专利权人只提供一次报价且在无合理理由的情况下坚持不作出任何调整。因此，如果对初始报价进行规制，会给谈判双方施加不合理的负担。

高通认为针对小型专利组合和大型专利组合，在挑战专利的合理性上应有所不同。涉及小型组合和大型组合的许可谈判在"合理"方面存在差异；在争议的标准必要专利数量较少的情况下，一方通过质疑所有争议专利的有效性或是否侵权来质疑许可的必要性，可能是完全合理的。此外，每个专利侵权或有效性的可能性是小组合价值问题的核心。但在涉及大型 SEP 组合的情况下，几乎可以肯定需要许可证。在这种情况下对许可的必要性提出异议在客观上是不合理的，并且个别专利侵权或有效性的概率不是价值问题的核心，因为无效或不侵权的风险加权概率已包含在整体 FRAND 投资组合价值中。在中型投资组合存在问题的情况下，个别专利的重要性可能有所不同。一方面，很可能需要许可，对是否需要获得许可提出异议可能是不合理的；另一方面，如果一项或两项专利比专利包中的其他专利更有价值，那么这一项或两项专利的侵权或有效性的可能性可能对许可的整体价值非常重要。

② 实施人

实施人普遍认可应当允许潜在被许可人保留挑战专利的权利。以思科和苹果为代表的实施人阵营认为，潜在的被许可人必须保留对权利人声称的标准必要专利提出疑问的权利，以防止 SEP 专利权人不正当地利用从标准制定过程中获得的市场力量；将"有效性、可执行性或必要性"列为保留主张权利和获得许可后保留质疑的合理理由，潜在被许可人的这些评估步骤不应被视为可发出禁令的"不情愿的被许可人"。考虑到标准必要专利诉讼争议中专利无效和非侵权调查结果的高比率，以及蜂窝无线通信标准中过度声明的比率很高，这些步骤应被视为任何谨慎的买家在进行重大交易之前所做的尽职调查。

③ 我国行业主要观点

在保留质疑权、寻求进一步信息并不代表存在非善意这一问题上，我国创新主体与上述实施人阵营意见相同，但是对初始报价过高是否符合 FRAND 存在不一致看法。我国部分创新主体认为，首次报价过高通常不在于纯数字报价过高，而是专利权人没有给出合理解释的过高报价，并始终坚持不合理的过高报价。专利权人常常用过高的首次报价，意图达到锚定效果。专利权人的首次报价过高，也将直接影响实施人的应对，因此，在首次报价过高的情况下，应当减轻实施人的 FRAND 义务负担。首次报价过高也可能使谈判复杂化，更容易导致诉讼发生。此外，虽然首次报价是否符合 FRAND 并不一定导致最终无法通过谈判达到一个符合 FRAND 的报价，但是被许可人需要投入大量的资源对合理报价进行评估，这变相地提高了被许可人的谈判成本，对于小型实施人或被许可人是一个巨大的挑战。也存在部分创新主体认为，SEP 费率可以参考可比协议或者行业认可的费率，专利池也一定程度上提高了费率的透明度，因此即使专利权人首次报价过高，也不会影响正常谈判的进行。实施人应当积极应对 SEP 谈判，通过反要约给出合理的价格区间。

2）专利权人和实施人都列举了部分"非善意"行为

① 专利权人

专利权人基于"专利反劫持"的视角展示了若干"非善意"行为。以高通、爱立信、西斯维尔为代表的专利权人认为，"非善意"行为有如下表现：主观断言愿意获得许可，或愿意在大型投资组合时，在逐个专利的基础上获得许可，或仅对已充分提起诉讼的专利获得许可，会给创新者和实施人带来巨大的交易成本；一些人甚至争辩说仅仅表达意愿，没有任何具有约束力的承诺，也没有提供实施人认为符合 FRAND 的许可条款，这些行为均不能构成意愿；拒绝接受中立法院最终裁定为 FRAND 的许可费率或条款；试图通过禁诉令剥夺本国法院对本国专利的管辖权，并剥夺本国诉讼当事人向本国法院寻求补救的宪法权利；针对 SEP 专利权人的掠夺性诉讼，拥有数十亿美元诉讼预算的实施人可以拖延诉讼数年，以迫使 SEP 专利权人同意 FRAND 条款，或完全放弃其获得赔偿的合法权利，或者通过行业团体推行与之协调的拖延战略；长时间忽略通知和其他尝试建立通信的线路；坚持获取不合理数量的信息或反复索取已经提供的信息；提供非 FRAND 还价或仅提供一次还价并启动诉讼；尽管拥有全球业务，但对使用标准的产品拒绝签订全球许可；将 SEP 专利权人引导至供应商，或引导至子公司、控股公司；在没有正当理由的情况下拒绝或拒绝通过 ADR 解决争议；一旦还价被拒绝，保证金未能到位；其他利用买方权利施压以要求其按照非 FRAND 条款获得许可的行为。

② 实施人

实施人基于"专利劫持"的视角对"非善意"行为进行了补充。以大陆集团为代表的实施人认为，非善意行为建议补充以下情形：SEP 专利权人欺诈性地作出 FRAND 许可承诺，以诱导实施人采用其专有技术，并随后违反该承诺；背弃之前的 FRAND 承诺，阻碍其控制的任何标准必要专利的实施，以重新夺回和非法维护标准化赋予的市场力量；不愿根据 FRAND 条款许可某些实施人，特别是基于他们在供应链中的地位不愿许可某些实施人；以禁令威胁强迫推定的被许可人同意 SEP 专利权人在没有标准化的情况下无法获得的特殊许可条件，包括标准必要专利和非标准必要专利的捆绑，以及向被许可人交叉许可其非标准必要专利，作为获得标准必要专利许可的条件；通过不同的代理机构为一组标准必要专利收取多笔专利费。

③ 我国行业主要观点

我国创新主体认可的非善意行为主要集中在信息披露不足和滥用诉讼。关于谈判行为中非善意行为的认定，我国创新主体认为专利权人拒绝提供侵权证明资料、要价过高却拒绝提供详细专利包资料或 CC 表或只提供极少数 CC 表、拒绝提供可比协议、拒绝提供报价测算逻辑、对自身专利的报价和对对方专利的报价测算逻辑相矛盾、拒绝进行技术讨论或者对于技术讨论中提出的问题不进行实质性回复、滥用诉讼或诉讼胁迫等行为都应当被认定为非善意的表现。

3.4.2 标准必要专利许可框架中的信息披露和保密协议

如上所述，在标准必要专利的授权许可中，信息披露不充分势必导致标准必要专利供需双方的信息不对称，进而产生很多纠纷和争议。标准必要专利授权许可中涉及的信息披露和保密协议主要包括标准制定中的信息披露和谈判过程中的信息披露和保密，下面围绕这两个阶段进行介绍。

3.4.2.1 国际组织关于披露的相关规定

国际组织中的信息披露主要涉及标准制定中的信息披露要求，但是如果在该阶段信息披露不充分，那么在随后的授权许可谈判或者诉讼中也会对双方产生影响，例如法院会考察专利权人是否尽到了披露义务。下面对国际组织中关于信息披露的要求进行介绍。

专利信息披露作为标准组织中的一项重要要求，为标准组织评估、选择专利技术提供了依据。与此同时，在专利信息披露的过程中常常附带许可条件，这为潜在标准实施人了解专利信息、评估使用成本等提供了重要途径。因此，专利信息披露的准确性与及时性不仅会对标准选择涵盖哪一项专利技术产生影响，也会影响潜在标准实施人和专利权人的利益。通信领域主要的标准组织关于披露的要求如表 3-4-1 所示。[1]

表 3-4-1 国际组织关于披露的要求

标准组织及简称	专利政策文件	披露原则	是否区分披露主体	成员/参与者披露要求	非组织成员披露要求	披露时间	违反披露要求的惩罚
国际电信联盟/国际标准制定组织/国际电工委员会（ITU/ISO/IEC）	Guidelines for Implementation of the Common Patent Policy for ITU-T/ITU-R/ISO/IEC[2]	鼓励性事前披露原则	是	应该尽早披露	鼓励尽早披露	标准表决后也可披露	未明确

[1] 杨晴雨. 标准必要专利信息披露制度研究 [D]. 石家庄：河北师范大学，2022.
[2] Guidelines for Implementation of the Common Patent Policy for ITU-T/ITU-R/ISO/IEC [EB/OL]. (2022-12-16) [2022-12-25]. https://www.itu.int/dms_pub/itu-t/oth/04/04/T04040000010006MSWE.docx.

续表

标准组织及简称	专利政策文件	披露原则	是否区分披露主体	成员/参与者披露要求	非组织成员披露要求	披露时间	违反披露要求的惩罚
电气和电子工程师协会（IEEE）	IEEE – SA Standards Board Bylaws❶	鼓励性事前披露原则	未明确	专利权人应尽早合理披露	未明确	表决前披露；表决后可提交保证函	未明确
欧洲电信标准化协会（ETSI）	ETSI Intellectual Property Rights Policy❷	鼓励性事前披露原则	未明确	合理、善意、及时披露	未明确	标准制定期间	未明确
VEMbus 国际贸易协会（VITA）	VITA Standards Organization – Policies and Procrdures❸	强制性事前披露原则	未明确	必须披露，且要披露专利的最高许可使用费	未明确	工作组成立后60天内	有义务免费许可

以上是几个标准化组织的知识产权政策披露要求，归结下来有以下特点。❹

（1）披露主体

虽然各标准化组织的专利信息披露政策中对于披露主体范围的规定并没有统一的规范，但披露主体基本可以分为以下三类：标准提案者、非标准提案者的其他成员以及非标准化组织成员。其中既包括专利权人，也包括潜在的专利权人。

绝大部分标准化组织所发布的知识产权政策中都明确了标准提案者的信息披露义务，但对于非标准提案者的其他成员以及非标准化组织成员是否负有信息披露义务，各标准化组织并没有统一的规定。

（2）披露时间

关于披露时间，国际标准化组织的态度一般是鼓励其成员尽早披露标准必要专利

---

❶ IEEE SA Standards Association. STANDARDS BOARD BYLAWS – CLAUSE 1 – 3 ［EB/OL］. ［2022 – 11 – 12］ https：//standards. ieee. org/about/policies/bylaws/sect1 –3/.

❷ Intellectual Property Rights （IPRs）［EB/OL］. ［2022 – 12 – 12］. https：//www. etsi. org/intellectual – property – rights.

❸ VITA Standards Organization （VSO）Policies and Procedures ［EB/OL］. ［2022 – 12 – 12］. https：//www. vita. com/resources/Documents/Policies/VITA%20Standards%20Policies% 20and% 20Procedures% 20% 20Revision% 203. 1%20July% 202022. pdf.

❹ 别样红. 标准必要专利信息披露义务及其规制研究 ［D］. 上海：上海交通大学，2020.

相关信息。要求专利权人尽早对专利信息进行披露主要是因为标准化组织在标准制定过程中需要平衡各方参与者的利益，尽可能选取兼顾技术先进性与标准实施总成本的最优技术。相关信息的尽早披露有助于标准化组织尽早作出明智决策，若实施最优技术所必要的专利的专利权人不同意作出 FRAND 许可的承诺，标准化组织也会有更充足的时间来寻找可替代的技术方案。

（3）披露内容

关于披露内容，负有信息披露义务的主体需要披露其拥有或知晓的标准必要专利基本信息，包括专利号（专利申请号）、专利名称、专利状态、授权国家以及是否同意以 FRAND 原则进行许可等。

对未决专利申请是否应披露的问题，各标准化组织的政策规定不一，大部分标准化组织认为不应要求对涉及商业秘密的专利申请进行提早公开，但也有部分标准化组织要求披露所有未决专利申请，目前较为折中的做法是要求披露已经公开的专利申请。

（4）违反披露义务的责任

虽然各标准化组织都对成员的标准必要专利信息披露义务作出了规定，但对于披露义务采取"自愿"还是"强制"的原则，仍然存在很大争议。目前标准化组织的知识产权政策缺乏对相应的专利检索义务和违反标准必要专利信息披露义务责任承担的具体规定，相应的纠纷解决机制也没有建立，这就导致了标准化组织的专利信息披露政策缺乏对其成员的强制性约束力。仅有要求强制性披露的国际贸易协会（VITA）规定：未按要求充分、及时披露其专利信息的专利权人，必须对其未披露必要专利进行免费许可。

可见，各标准化组织对披露义务本身大部分不强制，同时也没有明确的违法披露义务责任，导致标准化组织对信息披露的强制力不足，也造成了不声明、声明不准确、过度声明等问题。

3.4.2.2 我国法律、司法解释的相关规定和规制

（1）信息披露

关于信息披露，我国法律针对标准必要专利中的相关披露没有直接相关的法律规定，仅能通过《民法典》《专利法》《反垄断法》进行规制。

在《民法典》的角度，认为加入标准组织时专利权人与标准组织之间形成了以披露专利信息和遵守 FRAND 许可条件为主要内容的合同，若标准组织对专利信息披露义务作出了强制性的规定而专利权人却不披露或虚假披露，或者专利权人以违反 FRAND 原则的许可条件对标准专利进行许可，则专利权人对标准制定组织构成违约。❶《民法典》第 500 条规定：当事人在订立合同过程中有故意隐瞒与订立合同有关的重要事实或者提供虚假情况，对方造成损失的，应当承担赔偿责任。但是《民法典》适用的缺陷在于一方面，如果标准制定组织的知识产权政策中并未涉及专利信息披露政策，那么此时《民法典》对专利权人违反披露义务的行为是无法规制的，另一方面，授权许

---

❶ 董翰月．标准必要专利信息披露制度研究［D］．上海：华东政法大学，2017．

可前，实际合同并未达成，关于 FRAND 属性等存在争议，在适用《民法典》合同编上也存在一定争议。

从《专利法》的角度，在技术标准化过程中，如果专利权人知晓标准必要专利信息披露义务，并实际参与了标准的制定过程，但未在规定期限内披露其所拥有的相关专利信息，又在专利被纳入标准后要求标准实施人支付明显高于合理数额的专利许可费，就会导致标准实施人处于不利的地位，这种情形下就可以认定标准必要专利权人的行为构成专利权滥用，违反《专利法》第 20 条的规定："申请专利和行使专利权应当遵循诚实信用原则，不得滥用专利权损害公共利益和他人合法权益。"

从《反垄断法》的角度，我国《反垄断法》第 68 条规定："……经营者滥用知识产权，排除、限制竞争的行为，适用本法。"因此，专利权人违反标准必要专利信息披露义务的行为如果属于滥用知识产权，排除、限制竞争的行为，则适用《反垄断法》的规定。不披露标准必要专利信息的行为构成违反《反垄断法》需要满足以下要件：①专利权人是具有市场支配地位的经营者；②不披露专利的行为是故意的；③不披露专利的行为没有正当理由；④标准通过后向标准实施人主张专利权。

以上三种法律条款的适用仅是对违反信息披露后的抗辩和规制，并不是正面的规定，即无法通过上述条款来确定哪些信息必须披露。

（2）保密协议

SEP 专利权人与实施人签订许可合同时，基于商业考虑，都约定有保密条款，保密条款的约定产生了两种完全相反的现象。一方面 SEP 专利权人有机会对不同的人采取不同的专利许可费率，且这种不同的专利许可费率有可能超出合理的范畴；另一方面，实施人有理由以 SEP 专利权人不公开其与第三方签订的协议为由，认为 SEP 专利权人的报价不符合 FRAND 承诺的条件，信息的不对称会扩大这两种完全相反的负面影响。因此，现在很多专家和学者认为该行为与标准必要专利本身所带有的公开性、透明性相违背，不利于 FRAND 原则要求的实现。然而现行法律中，对于标准必要专利中何种信息属于保密范畴，以及保密协议将哪些信息纳入保密范围也没有相关法律规定。

从《民法典》的角度，在合同编第 501 条规定："当事人在订立合同过程中知悉的商业秘密或者其他应当保密的信息，无论合同是否成立，不得泄露或者不正当地使用；泄露、不正当地使用该商业秘密或者信息，造成对方损失的，应当承担赔偿责任。"第 845 条规定："技术合同的内容一般包括项目的名称，标的的内容、范围和要求，履行的计划、地点和方式，技术信息和资料的保密，技术成果的归属和收益的分配办法，验收标准和方法，名词和术语的解释等条款。"第 871 条规定："技术转让合同的受让人和技术许可合同的被许可人应当按照约定的范围和期限，对让与人、许可人提供的技术中尚未公开的秘密部分，承担保密义务。"

由此可见，《民法典》对合同中保密协议的一般性规定并未涉及保密内容的确定和是否允许法院调查等。

从《反不正当竞争法》的角度，《反不正当竞争法》第 9 条第 4 款规定了商业秘密的定义，具体为：本法所称的商业秘密，是指不为公众所知悉、具有商业价值并经专利权人采取相应保密措施的技术信息、经营信息等商业信息。《最高人民法院关于审理侵犯商业秘密民事案件适用法律若干问题的规定》第 3 条规定："权利人请求保护的信息在被诉侵权行为发生时不为所属领域的相关人员普遍知悉和容易获得的，人民法院应当认定为反不正当竞争法第 9 条第 4 款所称的不为公众所知悉。"第 4 条第 2 款规定："将为公众所知悉的信息进行整理、改进、加工后形成的新信息，符合本规定第 3 条规定的，应当认定该新信息不为公众所知悉。"

可见，《反不正当竞争法》给出了商业秘密的定义，对应的判断方法是：是否不为公众所知、是否有商业价值、是否采取了保密措施，同时最高人民法院的司法解释说明将为公众所知悉的信息进行整理、改进、加工后形成的新信息也有可能属于商业秘密，对标准必要专利中的 CC 表是否属于该种情形，需要判断专利权人在生成 CC 表进行整理、改进、加工后是否符合不为公众所知、是否有商业价值、是否采取了保密措施的条件。

虽然有了上述商业秘密的定义，但是对于标准必要专利中的 CC 表、许可费等是否符合公众所知、是否有商业价值、是否采取了保密措施等三个条件判断仍然不够明确，对其是否属于商业秘密较难直接给出论断。

3.4.2.3 我国行政规定

我国对信息披露和保密要求在行政文件中规定较少，关于信息披露，我国国家标准化管理委员会和国家知识产权局于 2013 年颁布、2014 年正式实施的《国家标准涉及专利的管理规定（暂行)》中作出了关于标准专利信息披露的规定，内容主要分为披露义务和披露责任两个部分，披露义务又包括披露主体、时间、内容和强制性程度。具体如下。

第 5 条对披露主体、披露时机、披露内容以及未披露的后果进行了限定，具体为：在国家标准制修订的任何阶段，参与标准制修订的组织或者个人应当尽早向相关全国专业标准化技术委员会或者归口单位披露其拥有和知悉的必要专利，同时提供有关专利信息及相应证明材料，并对所提供证明材料的真实性负责。参与标准制定的组织或者个人未按要求披露其拥有的专利，违反诚实信用原则的，应当承担相应的法律责任。

第 6 条进一步补充了披露主体可以是其他未参与标准制定的组织或者个人，具体为：鼓励没有参与国家标准制修订的组织或者个人在标准制修订的任何阶段披露其拥有和知悉的必要专利，同时将有关专利信息及相应证明材料提交给相关全国专业标准化技术委员会或者归口单位，并对所提供证明材料的真实性负责。

第 8 条说明了标准和相关专利信息的公示，具体为：国家标准化管理委员会应当在涉及专利或者可能涉及专利的国家标准批准发布前，对标准草案全文和已知的专利信息进行公示，公示期为 30 天。任何组织或者个人可以将其知悉的其他专利信息书面通知国家标准化管理委员会。

可见，上述披露要求和常规国际上标准化组织的披露要求基本一致。

3.4.2.4 我国相关的司法案例

下面介绍三个涉及我国信息披露和保密协议的司法案例，案例 1 涉及标准制定中未进行信息披露是否能主张不侵权，案例 2 涉及保密协议的保密效力，案例 3 涉及 CC 表是否属于保密协议范畴。

（1）湖北汤始建华建材有限公司诉湖北三和管桩有限公司案（湖北省武汉市中级人民法院）❶

建华建材（河南）有限公司获得名称为"水平力承载桩及其生产工艺"的发明专利权并在 2016 年转让给原告湖北汤始建华建材有限公司（以下简称"建华公司"），原告起诉称由被告湖北三和管桩有限公司（以下简称"三和公司"）生产、销售的水平力承载桩侵犯其专利权。

被告答辩中的一个理由是：被控侵权产品系按照 09YG101 标准制造，且原告未在标准中披露涉案专利，根据最高人民法院相关批复，不构成侵权。原告建华公司则认为，09YG101 标准设计图集第 38 页已经记载了涉案专利，完成了披露。

上述双方争议涉及一是涉案标准专利人未披露时不侵权抗辩理由是否成立，二是未按照标准组织要求仅在设计图中记载专利号是否被视为完成了披露。

关于上述问题一，法院认为三和公司的抗辩不能成立，理由如下。

首先，实施标准不能直接认定为不构成侵权。最高人民法院曾在（2008）民三他字第 4 号答复函中指出，"鉴于目前我国标准制定机关尚未建立有关标准中专利信息的公开披露及使用制度的实际情况，专利权人参与了标准的制定或者经其同意，将专利纳入国家、行业或者地方标准的，视为专利权人许可他人在实施标准的同时实施该专利，他人的有关实施行为不属于《专利法》第 11 条所规定的侵害专利权的行为。专利权人可以要求实施人支付一定的使用费，但支付的数额应明显低于正常的许可使用费；专利权人承诺放弃专利使用费的，依其承诺处理。"但其后，在（2012）民提字第 125 号案件中，最高人民法院明确指出，（2008）民三他字第 4 号复函是对个案的答复，不应作为裁判案件的直接依据予以援引。而根据 2016 年起实施的《最高人民法院关于审理侵犯专利权纠纷案件应用法律若干问题的解释（二）》（以下简称"解释二"）第 24 条"推荐性国家、行业或者地方标准明示所涉必要专利的信息，被诉侵权人以实施该标准无需专利权人许可为由抗辩不侵犯该专利权的，人民法院一般不予支持"之规定，也可知，实施标准不能直接认定不构成侵权。

其次，未披露专利信息时，是否认定侵权应当个案判定。根据前述解释二第 24 条之规定，因标准必要专利问题的复杂性，解释二仅仅明确了涉及已履行披露义务的推荐性标准相关纠纷的处理规则，而对未披露专利信息时如何处理，未作出规定。法院认为，应当根据个案情况具体判定，该案中，考虑以下因素，对被告不侵权抗辩不应支持。其一，该标准为河南省工程建设标准，涉案工程则在湖北省武汉市。河南省住房和城乡建设厅在下发通知时，对象为该省辖市建委、扩权县建设局，通知中也表明该图集系批准为河南省工程建设标准图集，而该案涉案工程系在湖北省武汉市，被告使用该图集并非必须；其二，专利权为法定之权，其保护范围依法律法规、司法解释

---

❶ 湖北省武汉市中级人民法院（2018）鄂 01 民初 94 号民事判决书。

而确定，对其限制亦应有相关法律依据，在不侵犯专利权的例外情形已有相应法律规定时，不宜再自行创设免责事由。

关于问题二，建华公司主张已履行披露义务，法院并不认同。法院认为，09YG101标准设计图集第 38 页在对河南建华公司的简介中，载有"公司有各类科研成果 10 多项，其中：混合配筋预应力混凝土管柱获得了两项发明专利，三项实用新型专利（专利号：ZL20092009××××.2，ZL200910065112.4，ZL200910172313.4，ZL200920223849.X，ZL200920223848.5）"，因此，虽提及涉案专利，但仅系对公司享有的科研成果的表述，并未披露该标准是否涉及专利以及涉及的具体专利，不应认定为已履行披露义务。

可见，由于司法解释对未披露专利信息时如何处理未作出规定，在专利权人未对涉标专利进行披露的情况下，实施人不侵权的主张是否得到支持，法院会根据个案情况具体判定。

（2）华为诉 IDC 案❶

该案引发的争议主要在于专利使用费条款是否应该公开，具体涉及情况如下。❷

从 2008 年 11 月开始，IDC 与华为多次进行授权许可谈判，从 IDC 发出要约的内容来看，其向华为提出的授权条件为：包括 2G、3G 和 4G 标准必要专利在内的其所有专利之应支付许可费的、全球性的、非排他性许可，并要求华为将其所有专利给予 IDC 免费许可。IDC 坚称，其每项要约构成统一的整体条件，不同意其中任何一项要约均意味着对要约整体的拒绝。IDC 还对华为提出要求，IDC 与华为之间往来的邮件与要约内容属于商业秘密，双方均负有保密义务。

华为认为，IDC 违反了 FRAND 原则，因为 IDC 拟授权给华为的专利许可费，远远高于 IDC 已授权给苹果、三星等公司的专利许可费，故华为不同意 IDC 的要约报价。为迫使华为接受其要约，2011 年 7 月，IDC 分别向美国特拉华州地方法院、美国国际贸易委员会（ITC）起诉华为，称华为涉嫌侵犯其在美国享有的 7 项标准必要专利，请求对华为启动 337 调查，并禁止华为制造、销售、进口 3G 产品。

根据上述事实，华为将 IDC 起诉至深圳市中级人民法院。华为认为，IDC 滥用标准必要专利许可市场之支配地位构成垄断，请求 IDC 停止垄断行为，并赔偿经济损失 2000 万元；同时，请求法院依据 FRAND 原则，确定 IDC 就其中国标准必要专利许可华为的许可费率或费率范围。法院支持了华为的诉讼请求。

值得注意的是，该案中华为支持其诉请的理由是，将 IDC 迫使华为接受的标准必要专利使用费率，与 IDC 已授权给苹果、三星等公司的标准必要专利使用费率进行对比，分别高出近 100 倍和 10 倍，IDC 显然违背了 FRAND 原则。华为的诉讼请求要被法院支持，其必须举证证明，IDC 已授权给苹果、三星等公司的标准必要专利使用费率是多少，然后将该使用费率与 IDC 要求华为必须接受的标准必要专利使用费率进行对比，由此得出 IDC 是否违反了 FRAND 原则。

❶ 广东省人民高级法院（2013）粤高法民三终字第 306 号民事判决书。
❷ 祝建军. 标准必要专利使用费条款：保密抑或公开——华为诉 IDC 标准必要专利案引发的思考 [J]. 知识产权，2015（5）：26 – 32.

在案件一审庭审中，华为请求法院责令 IDC 披露其与苹果、三星等公司所签订的标准必要专利使用费率合同，以查明 IDC 已授权给苹果、三星等公司的"一次性专利许可使用费数额"或"标准必要专利使用费率"。但 IDC 以"已和苹果、三星等公司签订保密协议，双方签订的标准必要专利使用费率合同属于商业秘密"为由，拒绝披露其与苹果、三星等公司签订的标准必要专利使用费率合同。在申请法院责令 IDC 披露其与苹果、三星等公司签订的标准必要专利使用费率合同未果的情况下，华为只好另辟蹊径继续举证，通过 IDC 其财政年度的财务报告倒推出 IDC 给苹果和三星公司的许可费。

也就是说，该案中，IDC 通过保密协议限定专利使用费不但不公开，且以保密为理由拒绝了法院查询可比协议的要求。当然，2020 年发布的《最高人民法院关于知识产权民事诉讼证据的若干规定》规定，人民法院可以适用《民事诉讼法》第 65 条第 2 款的规定，根据当事人的主张及待证事实、当事人的证据持有情况、举证能力等，要求当事人提供有关证据。根据该规定，这一被动局面有望扭转。这也说明，在签订保密协议条款时，正如韩国"标准必要专利争议应对指南"中所述，需要考虑外部组织的支持和通过组建资讯机构共同应对，请注意不要将保密主题设定得太宽泛。

（3）西电捷通诉索尼案（北京市高级人民法院）❶

该案引发的争议主要在于 CC 表是否属于保密协议范畴，具体案情如下。

2015 年，西电捷通以侵犯其拥有的通信标准必要专利为由向北京知识产权法院起诉索尼，要求其承担停止侵权和损害赔偿的责任。2017 年，此案经过北京市高级人民法院二审，最终判决索尼败诉。

北京市高级人民法院在二审判决书中对停止侵权即禁令的适用情形作出了阐释，认为在 SEP 案件中确定民事责任的承担应当综合评价谈判过程，确定哪一方阻碍了谈判进程或导致最终的谈判破裂。判决指出，如果 SEP 专利权人违反 FRAND 承诺致使许可协议无法达成，而实施人在谈判过程中无明显过错，一般不予支持禁令。反之，如果实施人在许可谈判过程中存在明显过错，SEP 专利权人并无明显过错，则应当支持禁令。如果双方都存在一定的过错，则需根据双方过错程度的比对以及利益平衡作出决定。此外，如果没有证据证明 SEP 专利权人违反 FRAND 承诺，实施人在许可谈判中也无明显过错，被诉侵权的实施人可以通过向法院提供与其主张的 FRAND 许可费相当的担保而免于被授予禁令。

在该案中，法院认为西电捷通作为 SEP 专利权人积极提供专利清单和许可协议文本、配合解释无线局域网鉴别和保密基础结构（WAPI）相关技术并承诺提供任何合理的帮助，已履行其 FRAND 义务。双方谈判过程的停滞是由于索尼方执意要求西电捷通提供不附保密协议的 CC 表，根据行业惯例，实施人可以要求提供 CC 表，但由于其中涉及专利权人对专利本身和技术标准的解释，通常被认为商业秘密，在此前提下，西电捷通同意提供附有保密协议的 CC 表符合行业惯例，而索尼执意提出不附保密协议，

---

❶ 北京市高级人民法院（2017）京民终 454 号民事判决书。

被认为以不合理的理由恶意拖延谈判，使谈判长时间没有实质性进展，并在此期间继续使用涉案 SEP。

可见，上述判例中支持了 CC 表按照行业惯例，属于保密协议范畴，因为除了公开的专利和公开的标准外，CC 表涉及专利权人对权利要求中术语的解释和技术实现，可能属于技术秘密。

综上所述，从上述的国际组织规定、我国法律和司法解释的相关规定以及法院的案例来看，关于信息披露和保密协议，具有以下特点。

一是标准制定阶段信息披露主要在标准组织中要求。各个标准组织在制定标准的过程中对标准必要专利信息的披露作出要求，但通常是鼓励性披露，对于披露内容、真实性等不予核实，且没有惩罚措施，导致对信息披露的规制性不强。

二是将 CC 表和许可费纳入保密协议的范围是行业惯例。虽然标准必要专利的授权许可中的透明性一直为大家所诟病，大家也期待通过信息公开增强透明性，促进 FRAND 的实现，但是就我国目前的法律现状和行业惯例而言，难以明确将 CC 表和许可费排除到商业秘密范畴之外，CC 表和授权许可费纳入保密协议是更惯常的做法。

3.4.2.5　行业主要观点

从调研情况来看，国外专利权人与实施人对符合 FRAND 原则的信息披露和保密协议均存在进一步规范的呼声，但双方的利益冲突决定了站位不同和诉求不同。

（1）专利权人

关于信息披露，专利权人愿意提供其义务范围内的信息，并且希望实施人披露销售相关信息。以爱立信、西斯维尔为代表的专利权人认为，标准必要专利权人提供信息的义务不超出其在组合许可合同谈判中合理要求提供的信息，无需对相关专利的使用进行详细的技术或法律解释；侵权人只需能够在专家协助或获得法律咨询的情况下评估侵权指控即可。同时，专利权人希望实施人应愿意披露例如销量、产量预测、利润率等相关信息，以符合善意谈判。

关于保密协议，专利权人认为不签订保密协议是实施人拖延的手段。以爱立信为代表的专利权人认为，实施人在长达数月（如果不是数年）的很长一段时间内，机会主义地拖延签订保密协议的谈判，延长他们的侵权保留期。例如，实施人声称，虽然他们的专有信息是机密的，但专利权人的专有信息不是，实施人对提议的保密协议提出与公认商业惯例不一致的轻率论点，以此作为延迟谈判的手段。

（2）实施人

关于信息披露，实施人希望提供必要性认定、许可费计算、可比协议等信息。以苹果、大陆集团为代表的实施人阵营认为，SEP 专利权人应向潜在被许可人提供谈判 FRAND 许可所需的最基本信息，包括相关 SEP 列表、证明其声称的必要性信息、显示如何实施声称的 SEP 的信息图表、它们是如何被侵权的、计算许可费以及这些许可费如何符合 FRAND 的信息。也有实施人认为应当公开可适用的可比许可协议。潜在被许可人有权要求"SEP 专利权人提供合理评估要约所需的更具体信息"，因为 SEP 专利权人最清楚他们自己投资组合的价值和重要性，不应该将评估负担转移给被许可人。

关于保密协议，实施人认为专利权人以保密协议来拒绝分享关键信息。以思科、JAMA 为代表的被许可人认为，SEP 专利权人拥有潜在被许可人评估标准必要专利权人的侵权、必要性和有效性争论并分析要约是否符合 FRAND 所需的所有必要信息，但经常以保密协议为由拒绝分享这些信息。尽管各方可能自愿通过保密协议限制机密性，但由于上述信息的权利不平衡，任何此类保密协议都可能不是真正自愿的。SEP 专利权人不应要求潜在被许可人签订限制性保密协议，而应公开和透明地说明正在许可的专利、专利是有效 SEP 的依据、寻求的许可费率、许可费率的计算方式以及其他被许可人已为同一组合签订了许可，如果适用，还为同一组合中的这些许可签订了许可费率；专利权人发出的保密协议经常包含旨在防止潜在被许可人对有效性提出疑问的条款。

（3）我国行业主要观点

我国国内的创新主体除华为、中兴外，基本上是以实施人为主体，其诉求与全球实施人的诉求基本一致。

关于信息披露，我国实施人希望提供 CC 表、费率计算以及可比协议。以小米、OPPO 等为代表的国内实施人创新主体认为，在技术谈判时或首次报价时，专利权人应当至少提供相关 SEP 列表或专利包信息、CC 表、侵权证明材料以及报价费率的计算方式和依据，或者当声称报价是根据可比协议时应该提供所依据的可比协议。以上信息是被许可人评估侵权、报价以及进一步按照 FRAND 原则进行谈判所必需的信息，专利权人有提供相关信息的义务。

关于保密协议，我国创新主体认为 CC 表不应纳入保密范畴，诉讼中某些保密信息应该可以向法官公开。我国创新主体认为专利以及技术标准本身都是公开的，因此与专利侵权、必要性评估相关的信息不应当属于保密信息，不应当要求就这些信息签订保密协议。授权和支付相关条款属于保密协议，但是应该在保密协议保护下向法庭以及其他潜在被许可人公开，也有实施人提出，虽然有些信息按照商业谈判惯例签订了保密协议，但是当双方发生诉讼时，应当可以引用签订保密协议的信息向法官证明自身的行为是善意且符合 FRAND 原则的。

第4章 标准必要专利许可谈判中的许可费

4.1 标准必要专利许可谈判中的许可费概述

4.1.1 许可费的定义

许可费，顾名思义，是指专利权人向实施人许可专利后，实施人应向专利权人支付的费用。在现代市场经济的语境中，许可费与价格一样，是由供求之间的互相影响、平衡产生的，一般来说，将专利技术价值的定价权交给市场，并通过一定的国家强制力，比如禁令制度来保证专利权人的收益是符合专利制度设计初衷的。

但是，由于标准具有公有的性质，而专利权是一种私权，若将专利技术纳入标准，就会使专利权人因标准的推广而获利。因此，将专利技术纳入标准的行为打破了专利制度设计中有关许可费问题的利益平衡。为尽量减少该不利影响，标准组织制定了专利政策并在其中规定了专利许可承诺。即专利权人在专利许可过程中要依据 F/RAND 原则确定专利许可费。

FRAND 原则中的"公平"是指标准必要专利许可合同中不可以附加限制性条件，如搭售、强迫被许可人购买非必要专利；"合理"是指相关专利许可费应当合理，专利许可费用不能过高，但也需要反映出专利的价值；"无歧视"是指在专利授权和确定许可费时，不存在歧视性条款和歧视性收费。无歧视实际上是为保证下游市场中标准实施人之间可以进行公平竞争，同时也保证潜在竞争者能够以同等许可条件进入市场。

为实现 FRAND 原则，当前通信产业活动较为发达的国家或地区都试图通过司法救济来规制 SEP 价值计算过程中出现的专利权人和实施人之间的纠纷。但是，在这些案由类型不同、证据规模和技术样本等特定场景条件不同的案件中，法院似乎在多个原则中"各取所需"，通过"排列组合"得出或高或低，或有利于 SEP 专利权人或有利于标准实施人的费率结果。迄今为止，司法实践不仅没能在方法论层面达成共识，给市场主体提供一个明确指引，还形成了多方面关于如何计算 FRAND 许可费的原则。❶

因此，我们可以看到，在如何计算出符合 FRAND 承诺的许可费这一问题上，司法体系引用 *Georgia – Pacific* 案❷中形成的影响专利许可的 15 个因素，对标准必要专利的

---

❶ 刘影. 标准必要专利许可费率的计算：理念、原则与方法［J］. 清华法学，2022，16（4）：148 – 167.

❷ *Georgia – Pacific Corp. v. United States Plywood Corp.*，318 F. Supp. 1116（S. D. N. Y. 1970）.

影响因素进行了调整；在华为诉 *IDC* 案❶中就可比协议法进行了创新；在 *TCL* 诉爱立信案❷中适用了自上而下法；在日本审理的三星诉苹果案❸中提出了累积峰值费率的概念。同时，专利池也在许可费的实践中起到了不可或缺的作用，虽然专利池所收取的许可费要较通常专利权人和实施人通过自由协商达成的许可协议的许可费低，但是专利权人和实施人的许可协议通常处于保密状态，而专利池最大的一个特点是相对公开透明，因此，在司法判决许可费时，尤其是可比协议缺失时，专利池的收费比例和收费规则通常也会作为一个可比选择。

此外，专利权人和实施人就许可费基数的问题争论不休，在几乎同一时期，就形成了以爱立信诉友讯案❹为代表的整体市场价值（EMV）原则和以激光动力诉广达计算机案❺为代表的 SSPPU 原则，两派争执不下，并将战火烧到了标准组织。

为解决这种司法救济存在的困境，当前通信产业活动较为发达的国家或地区也达成了共识，认为仅通过司法救济已不能解决上述市场失灵问题，因此，需要通过行政方式对 SEP 价值的计算理念、原则等基础性问题进行积极引导。正是基于上述共识，我们看到，包括美国、欧洲、日本和韩国等主要国家或地区都出台了相应的行政性指导规范。

目前从司法和行政的角度来看，所形成的一致性观点是专利权人所能获得的许可费应该与其在开放的、与其他技术相竞争的环境下所能获得的许可费一致，而不能从标准专利技术的锁定效应中获得额外的价值。❻ 同时，因为标准必要专利所属的行业属于专利密集型产业，一个产品往往涉及大量的标准必要专利，标准实施人需要支付成百上千个单独的许可费，若不考虑总体许可费，这些许可费叠加在一起会使最终产品因价格过高而无法投放市场，又反过来会阻碍标准的实施。因此，合理的许可费不仅是指单个专利许可费的合理性，还包括总体专利许可费的合理性。

综上所述，FRAND 许可费主要包括四方面内容：①FRAND 许可费的设定应符合标准组织的目标，即促进标准的广泛应用；②FRAND 许可费应降低专利劫持和专利费叠加的风险；③FRAND 许可费必须给予专利持有者以合理的回报，使其能够继续创新并参与标准的建立和发展；④FRAND 许可费应限制在专利技术自身的经济价值，而不应包括因标准的推广所带来的价值。

4.1.2　许可费的作用

FRAND 许可费直接影响全球 SEP 相关产业的利益分配格局，是标准必要专利的核

❶　广东省人民高级法院（2013）粤高法民三终字第 306 号民事判决书。

❷　*TCL Commun. Tech. Holdings，Ltd. v. Telefonaktiebolaget LM Ericsson*，Case – No. 2018 – 1363，2018 – 1732.

❸　*Samsung Electronics Co. Ltd. v. Apple Japan*，Judgment rendered on May 16，2014 2013（Ne）10043.

❹　*Ericsson，Inc. v. D – Link Sys.，Inc.*，No. 13 – 1625（Fed. Cir. 2014）.

❺　*LASERDYNAMICS，INC.，v. QUANTA COMPUTER，INC，Quanta Computer USA，Inc.，Quanta Storage，Inc.，and Quanta Storage America，Inc.* 694 F3d 51（Fed. Cir. 2012）.

❻　SWANSON D G，BAUMOL W J. Reasonable and non – discriminatory（RAND）royalties，standards selection，and control of market power［J］. Antitrust Law Journal，2005（1）.

心内容，也是各国产业界和司法界必争的话语权之一。"天下熙熙，皆为利来；天下攘攘，皆为利往"，标准必要专利衍生的众多问题，均因许可费问题而起，不管是标准必要专利中的禁令救济，还是反垄断诉讼，其核心问题都是专利权和实施人就许可费问题未达成一致后发生的法律纠纷。

正是因为受现有许可费计算方式的影响，我们看到，专利权人向标准组织声明了远超实际的标准必要专利，引发了标准必要专利的过度声明问题，目前各国开始讨论如何通过必要性检查来增强标准必要专利的透明性问题；也正是因为专利权人和实施人在许可谈判的过程中一直就许可费问题争执不下，专利权人和实施人将许可费问题扩展到许可标的、许可使用方式、许可协议范围、交易方式、计价基础等许可条件，以期逐个击破，在最终的许可费问题上达成一致意见。

此外，随着人工智能、物联网、车联网为代表的新一代信息技术的加速应用，学科和产业之间的交叉融合趋势明显，在汽车等传统信息通信技术之外的市场主体借助通信技术快速发展的过程中，专利权人和实施人之间的冲突也在加剧，因此，有必要借鉴现有国内外的许可费计算方式，从现有行政和司法体系的许可费计算方法入手，来寻求适应我国标准必要专利谈判中与许可费计算有关的许可费计算原则和方法。

4.2 国外行政层面的标准必要专利的许可费

4.2.1 影响专利许可费的因素

专利许可费的影响因素包括技术因素、法律因素和经济因素等。由于许可费的争议更多来源于现实的谈判，因此，确定合理许可费的方法也更多地来源于司法实践，在本章下一节"国外司法层面的标准必要专利的许可费"中，可以看到在美国司法实践中，产生了 Georgia – Pacific 方法，对影响许可费的众多因素进行了分析，上述方法也是目前许可费确定方法中主流的可比协议法和自上而下法的理论基础。同时，因为个案的复杂性，每个案件所处的环境和所提供的证据不同，因此，由个案来推导一般原则存在不确定性，这也是在司法实践中出现不同司法结论的主要原因。为尽可能消除这种不确定性，并对本国专利权人和实施人进行指引，在行政层面，笔者对影响许可费的因素进行了梳理，从世界主要国家和地区来看，在行政层面对许可费有影响因素的规定更多的还是一些原则性的规定。

4.2.1.1 美 国

美国由于在司法实践中已经形成了较为完备的涉及许可费影响因素的判例 *Georgia – Pacific v. United States Plywood Corp.* 案❶（即形成了 GP 法），并通过微软诉摩托罗拉案❷对其中的一些因素进行了适应性修改，因此，美国在许可实务和司法实践中已就决

---

❶ *Georgia – Pacific Corp. v. United States Plywood Corp.* , 318 F. Supp. 1116（S. D. N. Y. 1970）.

❷ *Microsoft v. Motorola* , 854 F. Supp. 2d 993（W. D. Wash. 2012）.

定 FRAND 许可费的衡量因素形成了较为统一的共识，在行政层面，美国没有再对许可费的影响因素作进一步的规定，而仅仅在历次的"对自愿受 F/RAND 承诺约束的标准必要专利的救济措施的政策声明"中对涉及禁令救济的 *eBay* 案❶提到了"公平"的概念。

4.2.1.2　欧　洲

2017 年 11 月 29 日，欧盟委员会发布了"标准必要专利的欧盟方案"。该方案规定，许可双方在进行善意谈判确定许可方式和许可费时，应当将效率因素、具体的行业背景、双方对专利许可费的合理预期、专利在推动标准广泛实施方面的作用等纳入考虑范围。欧盟委员会认为，专利许可条款应当充分体现标准必要专利的经济价值和专利技术的现值增量，价值评估主要参考专利本身的价值，综合考虑专利组合的总体价值，结合许可双方意愿最终确定专利许可费。若专利技术价值难以评估，则可参考其替代技术的价值。最终确定的许可费标准应当能够鼓励更多专利权人积极将其专利纳入标准中，同时推动专利被许可方积极实施被纳入技术标准的专利。❷

同时，欧盟委员会认为，在 5G 和物联网领域，有更多的厂商需要授权，因此，欧洲的两个标准发展组织，即 CEN 和 CENELEC 共同发起了 CEN/CENELEC 工作组。该工作组由 CEN 和 CENELEC 各国代表，以及相关电子通信厂商、电器厂商代表组成，并发展出了 CEN/CENELEC 工作组协议（CWA），目前已形成了几十个 CWA。虽然 CEN/CENELEC 工作组协议可以提供给 CEN 和 CENELEC 的会员国参考，但这些协议并不是 CEN 和 CENELEC 正式通过的官方标准，因此，这些协议没有直接的约束力。

2019 年 6 月，CEN/CENELEC 工作组正式提出了"5G 和物联网标准必要专利授权的原则和指引"❸，在该指引中提出了 5G 和物联网标准必要专利的许可费计算原则，即公平合理的补偿应基于该授权标准技术对产品或服务的最终价值。

该指引进一步指出，公平合理的补偿用于平衡技术对标准的贡献以及获得该标准化技术的成本。公平合理的补偿需要考虑合理的商业对手就专利许可进行判断时应考虑的事实和环境。

从商业协商中获得的可比协议通常是可信赖的指标，以判断该获得授权的标准技术对该许可产品或服务的用户的价值；其他可考虑的指标包括，消费者需求、授权标准技术的可衡量利益，采用或没有采用标准技术的实质上相同产品的价格差异。进行交叉检查时，也可考虑使用者对相关标准可能负担的公平合理许可费的累积值。如果许可费的累积值过高，会妨碍该标准的广泛适用；如果许可费的累积值过低，可能不足以吸引厂商将技术应用于标准。

在 CEN/CENELEC 所提供的另一份工作组协议 CWA95000 中指出，在定义 FRAND

---

❶　*eBay Inc. v. MercExchange*, L. L. C., 547 U. S. 388 (2006).

❷　朱翔华. 欧盟委员会"关于标准必要专利的欧盟方法"对我国的启示 [J]. 标准科学，2018（6）：27 – 32.

❸　爱集微. 5G 和物联网标准必要专利授权原则和指引 [EB/OL].（2020 – 02 – 28）[2022 – 12 – 13]. https://www.laoyaoba.com/n/743283.

时，各方需要考虑因标准而产生的总费用要合理。

总费用要合理一直是欧盟考虑的重点，在欧盟的"标准必要专利的欧盟方案"中也指出：为避免许可费堆叠，在利用 FRAND 进行估值时，不应孤立地考虑单独的 SEP；各方需要考虑标准的合理总费用来评估技术的整体附加值。并且，在根据 FRAND 原则进行估值时，应该考虑专利技术赋予的价值，该价值与非由专利技术价值带来的产品的市场成功无关。

由此可见，无论是 CEN/CENELEC 工作组还是欧盟专家，实际上都是围绕着 FRAND 承诺的公平、合理这两个原则来展开的。所谓的"公平"在实际认定时主要体现为可比协议的比较。而"合理"在 FRAND 许可费中的含义更显丰富一些，其至少包含两方面的因素，一是任何标准实施人支付的许可费不得高于该专利在成为标准之前、有替代技术与之相竞争时的许可费；二是因标准必要专利许可费而产生的总费用要合理。通常，业界认为专利的总许可费不应超过产品利润的一定比例范围，也就是说，产品的利润，即产品产生的价值首先应在实施人和所有专利权人之间进行分配，接着，所有专利权人所分得的价值需进一步分配给单个专利权人。

实际上在许可费分配的初期，曾采用 25% 作为许可费分摊的经验法则，也就是说，采用经营利润的 25% 作为专利许可费的计算标准。虽然该法则易于操作，但也存在容易忽视专利产品不同的特点，以及在现有一件产品被多项专利所覆盖的情形下适用困难的问题，因此，这一经验法则已经在司法实践中被摒弃，但是其也反映了业界对产品中所包含的全部专利的累积费率的一个认识。

4.2.1.3 日 本

日本面对物联网行业出现的新的许可形式，尤其是标准必要专利影响了本国强势产业——汽车行业时，日本经济产业省和日本特许厅都想到可以使用政府指导的方式，使日本企业在专利谈判中发挥更大的作用。其中，日本特许厅在"许可谈判指南"❶ 中规定了合理许可费的计算方法。即许可费可以通过如下公式获得：许可费 = 许可费基础（计算基础）×许可费比率（费率）。

除上述计算公式之外，日本特许厅在上述指南中还指出，在许可实践中还可考虑其他因素。

（1）同意许可费率的被许可人数量

越多的被许可人同意特定费率，就越容易证明它是既定的许可费率，并满足 FRAND 原则。因此，可以根据现有被许可人的数量，衡量其是否满足 FRAND 原则。但也有些人指出，在许可的初始阶段，被许可人的数量可能与许可费率不相关。

（2）许可范围

在确定适当的许可费时，双方还可以考虑是否对产品的销售地点或对象有限制。

---

❶ 知产财经 | 日本标准必要专利许可谈判指南译文（2022 年 6 月修订版）［EB/OL］.（2022 - 08 - 03）［2022 - 12 - 13］. https：//baijiahao. baidu. com/s？ id = 1740132928874211713.

（3）专利的必要性、有效性、侵权情况

如果专利被证明不具有标准必要性或是无效的，或者不存在侵权，则通常无须获得专利许可即可实施该标准。然而，由于诉讼的风险和成本，或者考虑标准的未来实施，即使实施人没有确认必要性、有效性或侵权情况，实施人仍可能作出签署许可协议的商业判断。在这种情况下，实施人可能会寻求适当的许可费折扣。现有专利的数量随时间而变化，在此期间可能有到期专利、被收购或售出的专利、新授予的专利，在该情况下，许可的专利数量以及许可费将发生变化。

（4）个别专利的价值

由于单件标准必要专利的价值本质上是不同的，因此在计算适当的专利许可费时，有时会对每件专利使用不同的权重而不是对每件专利换算简单的所有权比率，以更准确地反映单件专利的价值。在这种情况下，一些人认为对标准而言非常重要的专利应该要求更高的费率，而不太重要的专利应该要求较低的费率。其他人建议，通过分案专利申请扩增的专利应该要求较低的费率。但是，如果各方认为准确分析单件专利的价值不切实际，则可以将单件专利的价值视为相等。

（5）谈判历史

当事人间的谈判是决定适当许可费的影响因素之一。若对善意谈判的实施人与非善意谈判的实施人都要求相同的许可费，则不会激励实施人进行善意谈判。举例而言，相较于在发出授权要约后才取得许可的被许可人，应该给予在发出授权要约前即主动要求授权的实施人更低的折扣。

同理，对于相同情况的实施人，其谈判时间的长短也是决定适当许可费率的考虑因素。实质上，延迟谈判或妨害谈判的实施人，可能需付出较高的许可费。

此外，与一般谈判后即签订授权合约的情形相较，诉讼开始后才签订授权许可合约的许可费也会较高。就一般的专利授权而言，专利权人可能在诉讼前提出许可费折扣，上述方式也表示在诉讼开始后，可合理推知许可费将会提高。

由此可见，日本特许厅发布的指南除了给出目前包括许可费基数和许可费率的许可费计算方式之外，还根据许可谈判的现实情况，列举了影响许可费的其他因素。上述影响许可费的因素的确定可以使不熟悉许可谈判的企业快速了解许可费的考量因素，为专利权人和实施人在许可谈判中达成一致意见提供必要的参考依据，毋庸置疑的是，日本特许厅的上述考量因素中的一些考虑似乎也存在更偏向于专利权人的情形，例如，日本特许厅的指南中规定了谈判时间长短对许可费的影响，似乎认为谈判时间拉长是实施人造成的，但是谈判是一种合意行为，在指南中仅规定实施人的过错，而没有对专利权人的谈判义务等进行规范显然是不太合理的。

4.2.1.4 韩 国

韩国的标准专利纠纷应对指南更注重实务方面的因素，因此，其中仅包含了如日本特许厅那样的计算专利许可费的具体公式，但对许可费的影响因素等偏理论和学术的内容并未涉及。

综合各国在行政层面与许可费的影响因素有关的规定，可以看出，具有如下特点。

一是美国依赖司法来解决许可费影响因素问题，未在行政政策中体现影响因素。美国的行政政策更侧重于解决争议事项，由于对于影响许可费的因素，在美国司法实践中已形成颇具共识的 GP 法，因此，美国不再在行政政策中对影响因素加以规定。

二是韩国和日本的行政规定更偏向给出详细指引。韩国更偏向保护中小企业，因此，韩国更手把手地指引谈判双方在谈判各阶段应如何应对，但在指引部分舍弃了更偏向理论的许可费影响因素等内容；日本则是更多关注了实务谈判中会影响主流许可费计算的其他方式，从而为日本企业快速了解许可费的考量因素，提供了更多参考。

三是欧洲给出了影响因素的原则性规定，提升规制制定话语权。欧洲似乎更希望在标准必要专利中具有话语权，因此，除了许可费的通用公式之外，其还对许可费的计算思路和原则作出了一揽子规定。

4.2.2 许可费基数

由于许可费基数直接关系到最终许可费的金额大小，所以该问题在产业界引发了较大的争议。专利权人和实施人围绕专利权人向标准组织所承诺的 FRAND 原则，即"应由哪一层级的实施人获得 SEP 许可"才是声明公平、合理、无歧视的专利权人应承担的义务展开了激烈的讨论。通常，该问题也被认为等同于在许可时应该采用"向任一人许可"（License to all）还是"向任一人开放"（Access to all）。

所谓"向任一人许可"是指产品价值链中的任意层级均有获得许可的权利，专利权人有义务向要求许可的任意层级的实施人颁发许可；所谓"向任一人开放"，是指专利权人没有义务向产品价值链中要求许可的任意层级的实施人颁发许可，而是拥有选择被许可人的权利，即专利权人只要保证产品价值链上的其他层级的实施人可以不受限制地接入标准即满足了 FRAND 承诺的义务。

实践中，在不同的产业场景下也存在针对终端产品或针对零部件产品等不同的收费基准场景。例如：以终端产品作为计算基准的实践场景对于部分专利权人而言可以延续其既有的许可模式，不论许可市场的变化都只寻求终端厂商收费，对专利权人具有便利性。而以零部件作为收费基准的实践场景可以精确匹配标准必要专利对产品的技术贡献，排除非标准必要专利变相收费的问题。此外，随着产品形态的多样化，某一特定产品可能涵盖更多的跨越多个领域的主要技术功能，因此，在该场景下如何界定零部件产品也成为问题。❶ 上述两种产业场景中，针对终端产品价格的收费基准也被称作 EMV，而针对零部件产品价格的收费基准被称作 SSPPU。

由于目前标准必要专利已经从传统的信息通信（ICT）产业进入车联网和物联网等领域，因此，产业界也围绕着在不同行业中是否应采用同样的许可层级展开了讨论。

4.2.2.1 美 国

美国司法部（US DOJ）对"IEEE 知识产权政策的商业评估函"的不同观点突出

---

❶ 5G + 产业标准必要专利发展趋势 ［EB/OL］. ［2022 - 11 - 17］. https：//www. sgpjbg. com/baogao/31892. html.

体现了美国关于许可层级的争议。

2015 年 IEEE 修改其知识产权政策，规定了 SEP 合理费率计算应考虑 SEP 在多大程度上贡献于该 SEP 权利要求的、可销售的、最小合标实施方案。IEEE 在知识产权政策更新后，向美国司法部要求进行反垄断审查。随后，美国司法部在 2015 年发布了"IEEE 知识产权政策的商业评估函"❶。

在 2015 年的商业评估函中，美国司法部指出：

① IEEE 对 SSPPU 的关注可适于计算与发明专利紧密相关的专利许可费，特别是当产品很复杂并包含许多专利技术时。

② 在 IEEE 标准中适当分配了所有基本的专利权利要求的价值，从而解决了许可费堆叠的问题。

因此，美国司法部认为 2015 年更新的合理许可费定义为 IEEE FRAND 承诺提供了更多的明确性，并认为其可以加快许可谈判，限制侵权专利诉讼，使各方达成互利的协议。2015 年美国司法部的商业评估函还同时对专利权人禁令的行使进行了限制，所以该政策也被认为有利于实施人的许可政策。

但是 2020 年 9 月 10 日，美国司法部对上述评估函进行了修改，❷ 指出以 SSPPU 和最终产品为计算基准都存在合理性，只要该许可费计算基准能够有效促进创新，应允许多种计算基准存在。

同时在该修改后的评估函中，美国司法部认为，完全依赖 SSPPU 方法而不采取其他任何方法计算的一个主要风险在于：现实世界中的许可协议通常是根据终端产品的获利来确定许可费率的。谈判各方不应被阻止参照这些许可协议，特别是因为当这种基于市场运行机制所得出的依据通常是估计某一项专利主张价值最有效的方法时。

美国司法部在该修改的评估函中引用了美国联邦第九巡回上诉法院在美国联邦贸易委员会诉高通公司案❸中的论断，认为没有任何法院曾经裁定 SSPPU 概念本身就是计算"合理使用费"的规则；相反，SSPPU 的概念只是作为陪审团审判中的一项工具，以协助陪审团在权衡有关专利损害赔偿的复杂专家证词时，最大程度地减少对陪审团成员可能造成的困惑。因此，用于计算损害赔偿数额的规则不必与规范成熟的谈判方如何协商达成许可协议的规则共同扩展。❹ 并且，在该修改后的评估函中，美国司法部也要求 IEEE 改变其专利政策，从而使 SEP 专利权人更容易寻求禁令救济。无疑，2020 年美国司法部的态度是偏向专利权人的。

紧接着在 2021 年 1 月，美国政府又恢复了 2015 年版商业评估函的效力，即推翻了几个月前的修改。2022 年 9 月 30 日，IEEE 标准协会理事会（IEEE SA BOG）宣布更

---

❶　Letter from Renata B. Hesse, Acting Assistant Att'y Gen. U. S. Dep't of Justice, to Michael A. Lindsay, Esq., Dorsey & Whitney LLP（2015 – 02 – 02）［hereinafter 2015 Letter］.

❷　U. S. DEPARTMENT OF JUSTICE Antitrust Division MAKAN DELRAHIM Assistant Attorney General ［EB/OL］. ［2022 – 12 – 15］. https：//www. justice. gov/atr/page/file/1315291/download.

❸　*Federal Trade Commission v. Qualcomm Inc.*，No. 19 – 16122（9th Cir. 2020）.

❹　美司法部向 IEEE 发函：调整对 SEP 许可等法律与政策的分析［EB/OL］.（2020 – 11 – 11）［2022 – 12 – 15］. https：//www. sohu. com/a/431239062_221481.

新 IEEE 专利政策❶，在许可层级方面，在之前的基于 SSPPU 的基础上，又添加了其他许可层级，即实施该标准的其他价值等级，并宣布于 2023 年 1 月 1 日起实施。IEEE 上述许可政策的改变是否会在后面引起进一步的争议拭目以待。

从美国频繁修正针对 IEEE 2015 年知识产权政策到 2022 年 9 月 30 日最终 IEEE 标准协会理事会更新专利政策这一历程也可以看出美国专利权人和实施人之间的巨大分歧，在美国既存在以高通为代表的专利权人，也存在以苹果为代表的实施人。长期以来，高通一直面临与苹果的激烈法律战。

美国政府层面因上述两家高科技公司的游说，其相关政策也一直在专利权人和实施人之间摇摆，甚至不同的机构，其政策偏好也不尽相同，上述情况也可以从美国联邦贸易委员会诉高通反垄断案中看出。该案反映出美国联邦贸易委员会和包括美国司法部在内的其他政府机构之间存在意见分歧。美国联邦贸易委员认为高通公司存在反垄断行为，因此对高通发起了反垄断诉讼，但司法部认为，美国联邦贸易委员会发起的反垄断诉讼可能削弱高通在技术领域的地位，比如至关重要的 5G 技术在全球中的地位。目前，全球都将 5G 技术作为各国战略竞争制高点，国际研究机构分析数据显示，到 2035 年 5G 将创造 13.2 万亿美元的经济产出，产生 2 230 万个工作岗位。❷ 为此，世界各国在国家数字经济战略中均已把 5G 作为优先发展领域，强化产业布局，塑造竞争新优势。因此，美国司法部建议放弃对高通的反垄断诉讼，最终联邦贸易委员会不得不放弃诉讼，美国政府对高通的态度，也正是美国国家经济战略的体现。

4.2.2.2 欧 洲

欧盟在 2018 年 10 月成立标准必要专利许可和评估专家组，成员囊括大学教授、法官、研究机构、律所、重点企业等多层次、多领域产业主体。主要工作目标包括两部分：第一，通过汇聚经济、法律和技术专家资源，厘清行业实践与发展中面临的知识产权前沿、难点问题，为政府提供决策咨询；第二，为产业主体提供沟通平台，就标准专利许可和评估实践中遇到的关键问题进行探讨，协调产业主体之间的利益诉求，凝聚行业共识。2021 年 1 月，欧盟专家组发布了标准必要专利评估和许可报告，该报告对许可层级进行了深入分析，欧盟专家组在该报告中指出，该报告旨在促进欧盟 5G、6G、物联网等新兴产业的发展，并兼顾中小企业的利益平衡。

在该报告中，欧盟专家组认为应尽早确定许可层级。目前产业界关于"向任一人许可"还是"向任一人开放"无法达成一致意见，因此，对许可费基数可以有如下方式，即可以使用以下一项或多项确定专利许可费基数。

①包含专利技术的整个最终产品的销售额；②SSPPU 的销售额或销售额结合专利技术（SSPPU 方法）；③最终产品的销售价格，但应具有上限；④中间产品如模块的销售价格（即在 SSPPU 和最终产品之间）；或⑤使用先前方法的组合。

---

❶ IEEE. Announces Decision on Its Standards – Related Patent Policy [EB/OL]. [2022 – 12 – 05]. https://standards. ieee. org/news/ieee – announces – decision – on – its – standards – related – patent – policy/.

❷ 翟尤，李俊杰，李佳. 5G 成为全球各国战略竞争制高点 [DB/OL]. (2020 – 04 – 17) [2022 – 11 – 01]. https://www.dx2025. com/archives/18072. html.

在参考了上述许可费基数之后，专家组建议了如下三种方式：第一，对许可产品实行单一层级许可。单一层级许可不仅可以降低许可成本还可以减少对重复收费的指责；第二，许可费中立。无论是供应商还是最终产品提供商，若应用的技术标准相同，则许可费应大致相同；第三，许可费向下传递。若专利权人的收费对象是价值链的上层，则供应商应把专利许可费加入其产品的最终售价中。

之后，欧盟专家组根据上述几种方式，对各种选择方式下应注意的事项进行了逐一说明。其中，欧盟专家组特意提到单一许可层级，指出专利权人和实施人之间需要一定程度的横向协调来确定最终的许可级别，专家组推荐在产品上市之前就确定许可层级，同时规定了一些调解、仲裁或诉讼等纠纷解决机制；并提出了选择某个特定许可层级后的相应解决方式，即若选择终端产品作为许可对象，则专利权人应向组件供应商提供允许其制造既定产品、但不主张、不起诉专利侵权等保证，若选择组件级许可，则可以通过确保许可仅在价值链的一个层级进行，使 FRAND 许可费的水平不取决于许可水平来得到解决。

欧盟从 2013 年起，就一直对标准必要专利进行研究，从 2017 年发布的标准必要专利的欧盟方案，到 2018 年 10 月成立的标准必要专利许可和评估专家组，再到 2021 年 1 月专家组发布的标准必要专利评估和许可报告，抑或是 2020 年 11 月 25 日公布的"知识产权行动计划"和 2022 年 2 月就标准必要专利征求意见，均表明欧盟试图在标准必要专利问题上增强制度话语权。

虽然欧盟专家组的报告并没有从根本上解决许可层级的问题，也没有明确提出是采用"向任一人许可"还是"向任一人开放"，但是从其对单一许可层级的重视还是可以暗示出其希望可以采用"向任一人开放"的方式，并适当规定如何使标准向其他层级的供应商开放。

欧盟专家组显然希望能减少标准必要专利纠纷的长期僵持对产业发展带来的弊端，并在标准必要专利问题上增强制度话语权。同时，欧盟也提供了许可费中立思路，即无论是选择组件级许可还是终端产品级许可，许可费数额应大致相同。欧盟专家组虽然未对许可层级作出明确规定，但是其更多的是在遵守业内的共识，即许可层级更多地还应由市场来决定，因此需要由作为市场主体的专利权人和实施人经过一系列协商后最终确定更为恰当。

4.2.2.3　日　本

日本政府发现，随着物联网的发展，不同行业的公司都需要通过连接技术接入互联网，但是，这些公司本身并不持有为实现网络连接功能所必需的专利，但是存在使用这些专利的需求。许可费的确定在世界范围内并没有统一的标准，该情况使许可谈判变得困难重重。正是基于上述背景，日本经济产业省和特许厅发布了一系列指南，对专利许可谈判进行指引。

2020 年 4 月 21 日，日本经济产业省发布了"多组件产品标准必要专利的合理价值计算指南"，明确了多组件产品中的标准专利许可原则。在该"指南"中，日本经济产业省提出了一个总体原则，即应根据"向任一人许可"的概念确定许可协议的签约方。

也就是说，参与生产多组件产品的各方形成一个层级分明的结构，其中最终产品制造商位于顶层，而向最终产品制造商提供零件的供应商则扮演初级分包商、次级分包商等角色。基于这个原因，多组件产品的供应链面临的一个问题是，产业链哪些参与方有权获得许可。就这一点而言，日本经济产业省认为采纳"向任一人许可"的概念是合适之举，这意味着标准必要专利权人必须向有意取得许可的所有实体授予许可，而不考虑其在供应链内所处的层级，具体原因如下。

首先，作为其中一项 FRAND 条件，标准专利必须做到"非歧视"，因此不得基于潜在实施人所处的交易阶段而对其差别对待。其次，在涉及多组件产品的情况中，供应链内的某个实体拥有实施标准专利技术的主产品的详细知识。因此，为适当计算专利许可使用费，不应将谈判方限定于最终产品制造商。最后，在基于"向任一人许可"概念的情况中，SEP 专利权人可针对多组件产品内实施的相同标准专利技术，向诸如供应商和最终产品制造商之类的人员收取专利许可费。并且该指南还规定了：在上述情况下，SEP 专利权人应避免向供应链内的多家实体重复收取专利许可使用费。

此外，日本特许厅也担心潜在的诉讼会阻碍产品开发甚至吓退制造商，因此，为促进专利权人和实施人之间的谈判、阻止或快速解决与 SEP 许可相关的纠纷，日本特许厅制定了"许可谈判指南"❶。日本特许厅的指南参考了全球著名的标准必要专利诉讼，并对判决的内容进行了总结。虽然该指南并不是强制性规定，但也给专利权人和实施人的许可谈判给出了指引。

日本特许厅的指南中指出，美国对包括标准必要专利在内的专利侵权诉讼中，对合理许可费的损害赔偿计算基础，争论的焦点是 SSPPU 还是 EMV 原则；在美国以外的国家，大家争论的焦点是在专利侵权案件中是否应采用零部件价格或最终产品价格作为损害赔偿的计算基础。

日本特许厅认为，虽然 SSPPU 和 EMV 是美国法院在专利侵权案件中计算相当于合理执行费的损害赔偿金的方法，但它们也可以作为在实际许可谈判中确定合理使用费的参考。例如，在一些许可谈判中，"组件"的价格被认定为等同于"SSPPU"，而下游供应链的"最终产品"的价格被认定为等同于"EMV"。

在很多案例中，专利权人认为，从 SEP 技术有助于整个终端产品的功能实现和驱动产品需求的角度来看，应当将 EMV 作为许可费基数。同样，在许多情况下，终端产品制造商坚持将 SSPPU 用作许可费基数，因为 SEP 技术的贡献仅限于整个终端产品的一部分或组件。在蜂窝电话时期，通信技术是功能的核心，因此，多方支持使用 EMV 作为许可费基数是可以理解的。然而，在智能手机和联网汽车等产品中，通信技术仅占产品部分功能，该现象引发了关于使用 SSPPU 还是 EMV 作为许可费基数的持续争论。

实际上，两种方法（SSPPU 和 EMV 作为计算基础）的共同特点是尝试根据 SEP 关

---

❶ Japan Patent Office. Guide to Licensing Negotiations Involving Standard Essential Patents［EB/OL］.［2022 – 11 – 28］. https：//www. jpo. go. jp/support/general/sep_portal/document/index/guide – seps – en. pdf.

键部分的贡献所在的位置，使用相应方法作为计算基础。SSPPU 和 EMV 方法并不是考虑许可费基数的唯一计算方法，确定许可费的关键是应该为每一个案件考虑一个合适的计算基数。

日本经济产业省提出多组件标准必要专利合理价值计算以及日本特许厅制定许可谈判指南应该与日本的汽车产业有很大关系。目前，包括高通、诺基亚在内的多家通信 SEP 专利权人已经向日本丰田、本田、日产等车企要求许可费。与通信行业中专利权人和实施人的身份通常会互为转换不同，汽车厂商是单纯的实施人身份，日本经济产业省和日本特许厅发布的指南中涉及许可层级的内容，可以看作日本针对自身优势产业（如汽车产业）面对 SEP 许可国际谈判环境的应对措施。虽然上述指南不具有法律约束力，但日本经济产业省和日本特许厅仍指出希望谈判各方和司法部门可在许可谈判中应用相关指南。

4.2.2.4 韩 国

2020 年 2 月，韩国知识产权局发布标准专利纠纷应对指南，韩国知识产权局表示，近来韩国中小企业在面临标准专利许可谈判时，通常会受到不合理的专利费要求：如韩国大多数电子图像设备公司在收到标准专利池要求缴纳专利费用的侵权警告函后，未经协商就接受专利池的要求。因此，标准专利纠纷应对指南提出了谈判各阶段的应对要领，其中还包含了计算专利许可费的具体方法，以防止专利权人滥收费用。

韩国知识产权局在该指南中指出，所谓许可费基数是指根据哪个单位的价格计算许可费，许可费基数也可以通过多个方式确定，但最基本的是 SSPPU 和 EMV，主要问题是选择哪一个。

在该指南中，韩国知识产权局详细介绍了两种方法的适用情况和适用例子。即 SSPPU 方法要求以最终产品的最小销售单位部件作为许可费计算标准。例如，在以标准专利为基础进行许可协商的情况下，标准技术并非适用于所有产品，因此实际利用相应通信技术的芯片应该是许可费计算的基数。相反，EMV 方法是将市场中销售的最终产品整体作为计算基础的概念。EMV 认为标准技术本身在产品内部的特定部件上工作，但其功能对产品整体功能也作出了贡献，因此需要判断标准技术对整体产生的影响。在此情况下，须以使用通信技术的最终产品整体为基础计算许可费。

在该指南中，韩国知识产权局还对专利权人和实施人对两种许可费基数的选择进行了阐述，即使标准技术在最小单元部件中执行功能，专利权人也经常主张应该应用 EMV 方法，因为该功能影响整个产品。相反，实施人经常主张基于相应部件的 SSPPU 方法是合适的，因为它是对仅在单元部件中使用的技术的专利。

由上述内容可知，韩国的标准专利纠纷应对指南更多具有科普的性质，其规定的内容也与韩国知识产权局的目标相一致，即在标准专利发生纠纷时需要参照该指南进行初步应对。❶ 但对于专利许可费方面的问题，韩国知识产权局的指南仍较为基础。

---

❶ 韩国知识产权局制定《标准专利纠纷应对指南》［EB/OL］．（2019 – 05 – 31）［2022 – 11 – 01］．http：// www. hhhtip. cn/article/content/201905/76/1. html.

对比各国与许可费基数相关的相关，具有如下特点。

一是欧洲更期望成为标准必要专利规则的制定者。欧盟不遗余力地提出了三种许可费基数的计算原则和计算方式，并给出了每种计算方式之下的重点考虑和解决方式，此举也为专利权人和实施人在选择具体的许可方式时提供了参考。

二是美国政策在保护专利权人和保护实施人之间摇摆。美国因为有以高通公司为代表的专利权人和以苹果公司为代表的实施人之间的长期拉锯，因此，其政策也更倾向于在两者之间进行摇摆。同时，美国的许可政策也随着共和党和民主党的政治倾向而有不同观点。但是，美国法院的判决对全球的影响还是很大的，可以看到，不管是欧盟专家组的报告，还是日本或韩国的许可谈判指南，都提到了美国判例对许可费基数认定的影响。

三是除日本之外，各国行政政策回避"向任一人许可"还是"向任一人开放"的选择。除了因日本考虑到自身的优势汽车产业，明确提出要采用"向任一人许可"的原则之外，其他国家的政策都采用了回避的态度，大家似乎认为，还是应由市场来决定 FRAND 承诺的范围更为合适。但是，欧洲和日本的规定也都认为无论采用哪种许可层级，许可费都应中立，即不管在哪个层级进行许可，许可费都应保持不变。或许该原则会最终成为解决许可层级争议的核心，也最终会促成专利权人和实施人坐下来讨论有利于对双方更具有可操作性和合理性的许可层级。

4.2.3 许可费计算方法

4.2.3.1 美 国

2011 年，美国联邦贸易委员会首次系统地提出 FRAND 费率的计算规则，在此基础上，美国司法机关通过司法判例逐步完善合理许可费和 FRAND 费率的规则。美国司法部、美国专利商标局和/或美国国家标准与技术研究院（NIST）分别于 2013 年、2019 年和 2021 年发布标准必要专利的救济政策声明，但其中涉及许可费率的内容较少，主要认为损害赔偿救济措施应包括合理许可费。

（1）2011 年美国联邦贸易委员会发布相关报告

该报告名为"演变中的知识产权市场：专利声明与救济和竞争的协调"●，对进入 21 世纪以来专利制度面临的问题和挑战进行了整体性回应，并提出一整套关于专利制度改革的思路和对策建议，其中特别涉及对 FRAND 许可费率计算方法的理论建言。

该报告在其第 5 ~ 7 章指出：要建立以技术贡献为导向的损害赔偿计算规则，即 FRAND 许可费。对许可费的计算方法，报告建议可将"假想协商法"作为计算 FRAND 许可费的最佳方法：一是理论上假想许可费的金额不应该超过最优可替代技术方案的增量价值；二是由于专利劫持行为的存在，需要在许可费中剔除劫持行为带给专利权人的超额价值。假想协商的时间点应设定为侵权开始的时间点，许可费率可以

● US Federal Trade Commission. The Evolving IP Marketplace：Aligning Patent Notice and Remedies with Competition [DB/OL]．（2011 – 03 – 31）［2022 – 11 – 01］．https：//www.ftc.gov/reports/evolving – ip – marketplace – aligning – patent – notice – remedies – competition.

根据司法中 Georgia - Pacific 的 15 项因素（技术、市场、法律、商业惯例等）来确定，例如 Georgia - Pacific 因素 9 考量的是存在可替代技术时对许可费率的影响。

可以推测的是，2013 年首次对 FRAND 许可费问题作出裁定的微软诉摩托罗拉案便受到了该报告的影响，● 法官明确了计算 FRAND 条款的经济指标：①建立 FRAND 费率应考虑并努力减缓专利挟持和许可费堆叠；②除了被纳入标准的价值之外，合理许可费应当限于专利技术的价值；③标准必要专利权人应当就其投资获得合理回报。基于 FRAND 背景，法官也在 Georgia - Pacific 架构上对 Georgia - Pacific 因素进行修正，重新构建 FRAND 架构，主要集中在标准必要专利对标准的贡献，以及标准和标准必要专利对争议产品的重要性上。

（2）2013 年美国司法部和美国专利商标局的共同声明❷

2013 年，美国专利商标局和美国司法部联合发布了一项政策声明，内容涉及对自愿受 F/RAND 承诺约束的标准必要专利的救济措施。该声明指出，虽然某些情况下，针对标准必要专利侵权行为的排他性救济措施受 FRAND 承诺的约束可能与这些专利的公共利益相抵触，但在其他情况下（例如，潜在的被许可人坚决拒绝参与确定 FRAND 条款的谈判），排他性救济措施可能是适当的。

值得关注的是，两部门共同作出该声明的背景是，2010 年以后，SEP 专利权人实施专利劫持的问题越发严重，利用其优势地位向实施人提出不合理的法外要求。因此，该声明建议法院在 SEP 纠纷案件中，主要以损害赔偿救济为主，颁发禁令应根据衡平法的原则具体判断。该声明作出后，随即出现了一些被认为有利于实施人的司法判决。例如，微软诉摩托罗拉案中，法官判出的费率对实施人更为友好。

（3）2019 年美国司法部、美国专利商标局和 NIST 的共同声明❸

2019 年，美国司法部、美国专利商标局和 NIST 联合发表声明，明确撤回前述 2013 年由美国司法部和美国专利商标局的共同声明。声明指出，根据现行法律并取决于事实依据，在特定的专利案件中可能适用的救济措施，包括禁令救济、合理的特许权使用费、利润的损失、故意侵权的增加赔偿以及美国国际贸易委员会发布的排除令等，在涉及标准必要专利的专利诉讼中同样适用。2019 年联合政策声明提出，拒绝一套特别的法律规则来限制对侵犯标准必要专利的救济，也符合美国法院迄今的判决立场。

---

❶ 刘影. 独家：洞察全球 SEP 政策态势，我们准备好了吗？[EB/OL]. (2022 - 09 - 14) [2022 - 11 - 01]. https：//www. 163. com/dy/article/HH82GDT2051187VR. html.

❷ UNITED STATES DEPARTMENT OF JUSTICE，UNITED STATES PATENT & TRADEMARK OFFICE. Policy Statement on Remedies for Standards - Essential Patents Subject to Voluntary F/Rand Commitments [EB/OL]. (2013 - 01 - 08) [2022 - 11 - 18]. https：//www. essentialpatentblog. com/wp - content/uploads/sites/64/2013/11/Final_DOJ - PTO_Policy_Statement_on_FRAND_SEPs_1 - 8 - 13. pdf.

❸ UNITED STATES DEPARTMENT OF JUSTICE，UNITED STATES PATENT & TRADEMARK OFFICE，NIST. Policy Statement on Remedies for Standards - Essential Patents Subject to Voluntary F/Rand Commitments [EB/OL]. (2019 - 12 - 19) [2022 - 11 - 18]. https：//www. uspto. gov/sites/default/files/documents/SEP%20policy%20statement%20signed. pdf.

（4）2021年美国司法部、美国专利商标局和NIST的共同声明❶

2021年，美国司法部、美国专利商标局和NIST联合发表了"欢迎公众就F/RAND承诺的标准基本专利许可谈判和补救措施政策声明草案发表意见"的通知和草案，此次声明是对2019年声明意见的完善，政策调整旨在促进许可谈判，并解决以FRAND条款许可其技术的专利权人可获得的补救范围，许可费率相关政策未发生重要变化。

4.2.3.2 欧 洲

欧洲一直是积极的标准必要专利规则制定者，欧盟通过设立标准专利许可和评估专家组，对许可费的计算规则进行了详细讨论，德国司法机构严守不判决许可费率的思路，仅在谈判框架中就是否符合FRAND原则对许可费率提出要求。

（1）欧盟专家组发布的标准必要专利评估和许可报告

2018年欧盟成立标准专利许可和评估专家组，并于2021年发布标准必要专利评估和许可报告。这份专家意见报告书非常全面地征集了当前SEP许可市场中存在的问题，既包括法律、政策问题，还包括技术性事实问题。同时，通过充分征求各方意见，客观地反映了不同立场和意见。

该报告第3.3部分第4节和第5节详细阐述了许可费的评估方法，包括：事前方法、可比协议法、自上而下法，以及现值增加法（PVA）。

在对上述评估方法的概念、计算方式、优势和缺陷进行充分讨论的基础上，对于如何选择评估方法，该报告认为：①实践中主要基于评估的时间点、可获得的数据、评估者的身份等因素综合选择计算方法；②在标准必要专利权人和实施人之间的协商过程中，使用一种或多种已知的估值方法确定合理的总许可费。推荐使用多种方法结合的方式计算许可费，如选择使用可比协议法的同时使用自上而下法进行校对，最终的结果也通常不是一个固定值而是价格范围。

对于许可费，欧盟专家组在标准必要专利评估和许可报告中认为：对于物联网领域的产品而言，由于不同的产品在不同的垂直领域销售（这些产品与智能手机行业的产品不同），SEP所涵盖的标准化技术的增量价值在不同的物联网垂直领域可能会有所不同（而且，重要的是，不需要与智能手机产业的增量价值有关系）。对于一些成员来说，这意味着SEP许可的估价可能会因不同物联网垂直领域的不同产品而有所不同。

对于物联网的行业累积费率，欧盟专家组认为其不仅不应与智能手机行业的产品相同，还应根据物联网的产品而变化。

（2）德国慕尼黑第一地区法院颁布"SEP禁令救济指南"

2020年2月，德国慕尼黑第一地区法院发布"关于审理侵犯专利权纠纷案件时反垄断强制许可抗辩适用指南"（即"SEP禁令救济指南"），其中指出，如果被告在反要约中提出了具体的许可费率，则应以反要约中的许可费率为基准，披露并核算从首次适用起至一审判决作出之间适用相关专利的情况，计算出许可费并进行提存；如果

---

❶ 关于FRAND承诺下SEP补救措施的政策声明（征求意见）[EB/OL].[2022-12-15]. http://www.sohu.com/a/506679144_120133310.

被告未在反要约中提出具体的许可费率，则有关许可使用费的计算应以 SEP 专利权人在要约中要求的许可费率为基准计算；如果有关 FRAND 许可是全球性的许可，则提存的数额按照德国市场营业额的 110% 进行计算。

4. 2. 3. 3　英　国

2021 年 12 月 7 日，英国知识产权局发布"标准必要专利与创新（征求意见稿）"❶，拟就构建平衡的 SEP 生态系统进行评估，以便决策是否需英国政府介入进行干预，为英国制定最佳的知识产权框架，促进创新，支持政府在创新战略和多元化战略中的雄心。

该征求意见稿从如何看待 SEP 与创新及竞争的关系、竞争和市场机制如何在 SEP 生态中发挥作用、如何实现 SEP 的透明化以及如何构建 SEP 许可和诉讼的机制等四个部分提出了 27 个问题，力图较为全面地探索对 SEP 治理规则的框架，该意见稿认为，从英国最高法院最近的判决（如无线星球诉华为案）中看到的那样，英国法院已经准备好确定全球投资组合许可费率。该意见稿还对 SEP 许可费用的地域性、技术标准涉及许多补充标准的 SEP 可能会导致许可费堆叠的问题、许可费的定价基础、许可费是否限制在某一特定成本的一定百分比内，以及专利池在许可费收费上是否能起到更积极的作用等问题征求意见。

4. 2. 3. 4　日　本

虽然日本不是标准必要专利的全球主要诉讼地，但是，日本有很多中小企业作为专利权人和实施人参与海外竞争，因此，日本特许厅和日本经济产业省相继发布政策，对中小企业参与标准必要专利许可谈判给出明确和详尽的指引。

（1）日本特许厅发布"标准必要专利许可谈判指南"

在 2018 年的该指南中，日本特许厅认为，许可费的含义依 FRAND 原则包括合理许可费和无歧视许可费，合理许可费计算方法也可以应用于 SEP 许可费的计算，但是对技术被纳入标准后如何处理附加值、如何确定计算基础、如何计算许可费率等问题存在争议。

1）合理许可费

对于合理许可费的计算方法，该指南主张采用法院判决中经常使用的自下而上法和自上而下法，这两种方法可以结合起来计算费率，通过比较结果来保证更可靠的费率。此外，在实践中还依据其他因素考虑许可费率。

① 自下而上法

在自下而上法中，单个标准必要专利的价值可以通过参考可比许可来评估。具体而言，可参考的可比许可的示例包括同一专利权人拥有的专利、对同一标准或类似标准必不可少的其他人拥有的专利，以及专利池。

该指南认为，在认定同一专利权人持有的可比许可时，过去的许可与现在的情况

---

❶ 英国知识产权局：标准必要专利与创新（征求意见）［EB/OL］.［2022 - 12 - 15］. http：//img. ppac. org. cn/attachments/2022/01/1643339032fb196ae377b9d841. pdf.

并不相同，当难以合理说明其差异程度时，过去的许可不能被认定为可比许可，其对于合理许可费计算的参考价值也较低。若以与同一标准有关的第三方所拥有的 SEP 许可作参照时，则可比较专利权人所拥有的 SEP 数量与该第三方所拥有的 SEP 数量，再乘上该 SEP 数量比例而算出确切的许可费率。专利池可以作为 FRAND 费率的客观基准，但也存在一些问题，专利池可能因为追求谈判、契约、许可费管理等方面的效率设定较低的许可费，也可能由于费率主要由多数专利权人设定导致 SEP 数量注水的情况。

以下是法院案件和实践中在确定许可是否具有可比性时考虑的因素示例。

a. 授权是否与同一或类似专利有关；

b. 授权是否包含无关联性的技术或其他产品；

c. 授权是否具有相似支付架构（例如一次性或浮动式支付许可费）；

d. 授权的本质就排他性是否相同；

e. 授权是否可适用于类似区域（例如为区域性授权或全球性授权）；

f. 授权条件是否广泛地被接受；

g. 授权的成立是经由诉讼后达成和解或经由一般谈判；

h. 最近的授权情况如何；

i. 被授权者是否具有足以维持对等谈判的谈判筹码。

② 自上而下法

自上而下法以与标准相关的所有 SEP 的贡献范围（即涵盖标准的所有 SEP 的合计许可费费率）计算出总许可费后，再分配至个别 SEP。自上而下法因为以与标准相关的所有 SEP 的贡献范围作为费率的上限，故可有效回避许可费堆叠问题。因此有观点认为，在采用自下而上法时，可以利用自上而下法检查是否发生许可费堆叠问题。然而对许可费堆叠一事本身，亦有正反两方的意见，一方认为其实际已发生，另一方则认为并无实际发生的具体证据。

③ 确定费率时需考虑的其他因素

除上述计算基础和费率外，实践中还可能考虑其他因素，例如：

a. 同意许可费率的被许可人数量；

b. 许可范围；

c. 专利的必要性、有效性、侵权情况；

d. 个别专利的价值；

e. 谈判历史。

2）无歧视许可费

① 无歧视的概念

虽然 FRAND 授权条件必须是无歧视的，但这并不意味着所有被许可人必须以相同的授权费率获得授权。一些人认为，这反而被认为类似状况的被许可人应该不可被差别对待。考虑被许可人是否处于类似状况的因素包括标准技术的使用方式是否相同、公司在供应链中的位置以及商业活动的地域范围。另一方面，在一些法院的裁决中，即使向一些被许可人提供有利的许可条件，在某些条件下也可能不是歧视性的。

②　不同用途的许可费

在物联网时代，各个行业都在使用信息和通信技术，因此有些专利权人会根据终端产品中同一标准技术的特定用途而争论不同的许可费率和金额。

具体而言，在信息和通信技术领域，一方面，有些意见认为专利权人对于同样的标准技术，充分利用该技术功能的产品（例如，高速、高容量、低延迟）以及仅使用该技术的一些功能的产品适用不同许可费的方式并非歧视（例如，大规模机器类型通信）；另一方面，一些实施人认为，不管用何种手段使用标准技术或使用标准技术到何种程度，相同的标准技术应该适用于相同的许可费率和金额。他们认为若根据技术的使用方式而允许不同的费率和金额，可能会导致下游发明人创造的价值被分配给专利权人，这与"事前"（exante）原则背道而驰。

此外，有一种观点认为在供货商基于 SSPPU 获得授权的情况下，因为供货商组件的应用并不明确，所以很难根据最终的产品而适用不同的许可费。

（2）日本经济产业省发布"多组件产品标准必要专利的合理价值计算指南"

该指南中的多组件产品是指：最终产品是由多个零部件组成，例如个人计算机、游戏机、汽车、施工机械、智能建筑等。该产品从零部件到成品的整个生产阶段，通常会有多家制造企业参与，由此形成一条上、中、下游层级分明的供应链。最典型的例子是汽车领域，汽车通过整合大约 3 万个（模块）复杂组件而成。在汽车行业的分工体系内，每家供应商自行设计和开发产品，并负责自有产品的质量保证。

该指南主要就多组件产品的标准专利许可费计算规则进行明确：

原则 1：应根据"向任一人许可"的概念确定许可协议的签约方。

原则 2：应使用"自上而下"算法计算许可费。

原则 3：应根据标准专利实施该技术的主要产品的价值贡献比例（贡献率）来计算专利许可使用费。

该指南从促进本国车联网产业健康发展的角度和实施人角度对标准专利许可中争议性较大的诸如许可对象、许可费累积、许可费计算基准等问题发表了解决办法，明确了中小企业的应对之法。

（3）日本经济产业省发布与标准必要专利许可相关的诚实谈判指南❶

在许可谈判的各步骤应采取的应对动作中，该指南明确专利权人和实施人如何采用自下而上法中的可比协议。

步骤 3：提出具体的许可条件，专利权人在接收实施人步骤 2 中规定的动作后，专利权人应当向实施人提供包括许可费在内的具体许可条件。除许可费的计算方法外，专利权人还应当提供涉及第三人的许可协议信息、专利池的费率以及其他判例等适当信息，以便实施人能够理解专利权人的许可条件为何符合 FRAND 承诺。

❶　刘影. 附译文｜日本最新发布《与标准必要专利许可相关的诚实谈判指南》［EB/OL］.（2022 - 04 - 02）［2022 - 12 - 16］. https：//weibo.com/ttarticle/p/show? id = 2309404753800836546929.

步骤4：反要约的建议（实施人），在专利权人完成了步骤3中规定的动作之后，实施人如果不接受专利权人提出的许可条件，则应当向专利权人提出包括许可费在内的许可条件反要约。除许可费的计算方法外，实施人也应使用和第三人之间的许可协议信息、专利池的费率以及其他判例等适当信息，以便专利权人能够理解该反报价的许可条件为何符合 FRAND 承诺。

该指南关于"和第三人之间的许可协议信息、专利池的费率以及其他判例等适当信息"这一部分的内容还有待细化，也需要在未来的司法实践中深入探索。

4.2.3.5 韩 国

韩国知识产权局于 2020 年发布了标准专利纠纷应对指南，与日本特许厅发布的标准必要专利许可谈判指南类似，这份指南对许可费计算方法作出详细的阐述，对专利权人和实施人的指导意义重大。标准专利纠纷应对指南中同样规定：标准专利的 FRAND 许可费是指合理且非歧视性的许可费，合理许可费的计算方法包括自下而上法和自上而下法。与日本不同的是，该指南认为应当优先使用自下而上法中的可比协议，在没有可比许可协议的情况下使用自上而下法，在应用了自下而上的方法之后，也可以应用自上而下的方法来检查是否存在可能抵消专利权人要求的超额许可费。此外，该指南对如何判断专利的质量水平进行了充分的讨论，提出考量因素可以包括标准化过程中提案采纳的情况等（参见图 4-2-1）。

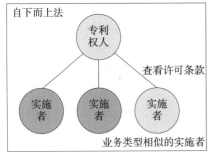
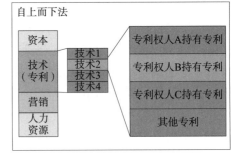

图 4-2-1 韩国标准专利纠纷应对指南中自下而上法和自上而下法的示例

（1）自下而上法

该指南罗列出以可比较的许可案例为基础计算许可费率，需要考虑的几种因素：①判断提出的案例是否为可比较的许可案例；②是否可以将专利池中的许可案例应用于可比较的许可案例；③如何将可比许可案例应用于许可费率计算。

法院为接受可比较的许可案例而考虑的因素有很多，其中最重要的三个因素是：①案例中的目标专利是否为 FRAND 声明中的标准专利；②案例中的许可协议是否在没有侵权诉讼的压力下签订；③案例中的目标产品是否与本许可协议谈判中的目标产品一致。

（2）自上而下法

在计算许可费率的方法中，当没有可比许可案例时，代表性方法是利用作为许可对象的标准专利在相应标准技术的全部标准专利中所占的比重来求许可费率，该方法通常称为自上而下法。

该指南指出，最基本的适用方法是采用专利权人许可专利数量在标准专利总数中所占的比重。根据专利数量计算比重是最简单和最清晰的方法，但有一个问题，即它根本不反映单个专利的质量价值，如使用可比许可协议的专利使用率计算所示。因此，有必要确定专利的质量价值，以确定专利权人的专利在整个标准专利中所占的比重。为此，可以提出各种理由，如前所述，专利权人在标准化过程中作出的贡献很多，或者在标准技术中，拥有大量对功能有直接影响的关键技术的专利，可以作为高度评价专利权人拥有专利质量价值的基础。

在实施人的立场，为能够反驳这种主张，需要确认除专利权人以外的主导参与相应标准化活动并引领技术的标准专利权人，并提供证据以证明，与他们的活动相比，难以认为专利权人的活动对标准化作出了更多贡献的证据，或者与他们的专利相比，专利权人的专利不是更重要的技术领域。

综上所述，通过司法实践构建的许可费计算规则针对个案，分散而不成体系，有时甚至相互矛盾。因此，美国、英国、欧盟、日本、韩国等主要国家和地区的行政机关纷纷密集发布涉及标准必要专利的政策，希望通过行政手段配合立法、司法和产业界共同发力，重塑或搭建一套对己有利的许可费计算规则（参见表 4 - 2 - 1）。

表 4 - 2 - 1 主要国家和地区行政层面许可费政策横向比较

国家/地区	政策制定方	价值导向	损害赔偿计算原则	计算方法
美国	美国司法部 美国专利商标局 美国国家标准委员会 美国联邦贸易委员会	鼓励创新	·以技术贡献为导向	假想协商法 Georgia - Pacific 15 项因素可比协议法 自上而下法
欧洲	欧盟委员会	平衡专利权人和实施者的利益	·SEP 估值不应包括技术纳入标准后的任何因素 ·各方需考虑 SEP 总费率，评估技术的整体附加值	可比协议法 自上而下法
英国	英国知识产权局	平衡专利权人和实施者的利益	·准备好确定全球投资组合许可费率	—
日本	日本特许厅 日本经济产业省	平衡专利权人和实施者的利益	·应根据全员许可的概念，确定许可协议的签约方 ·应根据产品实施价值的贡献比率计算	自上而下法 自下而上法

续表

国家/地区	政策制定方	价值导向	损害赔偿计算原则	计算方法
韩国	韩国知识产权局	鼓励创新	·优先使用自下而上法中的可比协议，在没有可比许可协议的情况下使用自上而下法	自下而上法 自上而下法

综上所述，主要国家和地区与许可费率有关的行政政策有如下特点。

一是从发布政策的主体来看，主要国家和地区政策发布主体具有多产业、多部门融合的趋势。美国是美国联邦贸易委员会、美国司法部、美国专利商标局和美国国家标准与技术研究院多部门联合，表明美国多个行政部门在标准必要专利相关政策上已打通合作环节，立场也趋于一致，未来政策的推行将更为高效明确。英国、日本和韩国都是知识产权主管机构作为政策发布的主体，日本经济产业省也发布了多份涉及多行业的相关政策。欧盟层面上组织标准协调工作的机构包括 CEN、CENELEC 和 ETSI，它们负责制定适用于欧盟的技术标准和知识产权政策。而德国作为 SEP 诉讼优选地，其地区法院也发布了相关政策。

二是从政策内容构成上来看，主要国家和地区基于自身优势，许可费发布各有侧重。此前英国、美国、欧洲等国家和地区通过位于本土的国际标准化组织如 IEEE 和 ETSI 等，以及大量司法实践已经建立了初步的规则体系，此轮公开征求完善意见是基于新形势作出的响应和调整。美国三部门于 2021 年 12 月联合发布"对自愿受 F/RAND 承诺约束的标准必要专利的救济措施的政策声明（草案）"征求意见，其中重点关注了专利权人和实施人的利益平衡，以及标准必要专利禁令和许可谈判的问题。与此同时，英国知识产权局在其官方网站也发布了"标准必要专利与创新：征求意见"的通知，重点关注了标准必要专利可能造成的限制竞争、定价透明度、救济手段和措施的必要性、裁决全球许可费率，以及是否应该向终端产品收取许可费等问题。欧洲 2022 年向公众征询对"知识产权——标准必要专利新框架"草案的相关意见，主要关注 SEP 许可框架的透明度，基于 FRAND 条款许可的概念，包括许可级别等。而出于保护本国汽车产业和中小企业的考虑，日本、韩国等国相继出台许可谈判和纠纷解决指南，其中对许可费的计算方法介绍非常详尽，可以直接将其作为中小企业应对 SEP 谈判和诉讼的手册使用，日本经济产业省为汽车和物联网行业量身打造了"多组件产品标准必要专利的合理价值计算指南"。

三是从许可费计算方法来看，主要国家和地区均推荐可比协议法和自上而下法，同时认为应当对两种方法结合使用，互相印证。长期以来，美国把维护科学技术的领先地位看作实现与保持其经济增长与繁荣的关键因素，因此，美国行政政策的导向始终是鼓励创新，以技术贡献作为合理许可费的计算原则，认为许可费的金额不应该超过最优可替代技术方案的增量价值，并提出在假设谈判的框架下计算合理许可费，许可费率的计算方法主要依 Georgia-Pacific 的 15 项因素（技术、市场、法律、商业惯例等）来确定。欧洲认为，如选择使用可比协议法的同时使用自上而下法进行校对，最终的结果也通常不是一个固定值而是价格范围。此外，SEP 许可的估价因不同物联网垂直领域的不同产品而有所不同。日本从促进本国车联网产业健康发展的角度和实施人角度，在"多组件产品标准必要专利的合理价值计算指南"中认为，应使用自上而下法计算许可费率。与之相反，韩国倾向于优选可比协议法，在没有适格的可比协议时，才选择自上而下法。此外，韩国在其指南中多次讨论了专利的质量价值也应当作为许可费的考量因素，这也与其三星、LG 等企业在参与通信领域的标准必要专利竞争中处于优势地位相关。韩国的"标准专利纠纷应对指南"也不是全然为大企业服务，对谈判纠纷可能遇到的同一许可费问题，该指南也给出了专利权人和实施人两方面的应对措施。

美国、欧洲、英国、日本和韩国的行政机关发布的标准必要专利知识产权政策规定的内容虽然不具备直接的法律效力，但是作为"软法"仍起到了非常重要的行为指引作用。

4.2.4 专利池

（1）专利池的定义

专利池（Patent Pool）最早起源于美国，通常的理解是：两个或两个以上的专利权人互相交叉许可或共同向第三方许可其专利的联营性协议安排，有时也指这种联营协议安排下的专利集合。

在欧盟体系中，"技术池"（Technology Pool）与专利池的概念对应，最早出现在 2004 年"欧洲共同体条约第 81 条适用于技术转让协议的指导规则（2004/C 101/02）"中。根据该指导规则的第 2.2 款（第 41 条），技术池的概念包括：两个或两个以上缔约方同意将其各自的技术汇集起来并作为一个整体授予许可的协议，以及两个或多个企业同意许可第三方并授权第三方许可技术包的约定。

（2）代表性的专利池及其收费标准

专利池的组建与运作往往与技术标准密不可分，[1] 专利池通常是围绕技术标准组建的，技术标准的发展是专利池形成和演化的直接推动力。专利池的组建大体包括结成技术联盟、评估必要专利、设立或委托专利池管理机构、制定知识产权政策。其中，专利池的知识产权政策一般由专利池成员协商制定，同时也受到多种因素的影响和制约。专利池许可方案是专利池的知识产权政策主要内容之一。专利池对外许可一般执行统一的收费标准，这也是非歧视原则的体现，为确定合理的专利收费标准和专利成员间的分配比例，专利池需要确定一套专利许可费收取和分配的计算方法，但是不同的专利池在专利池许可方案上会存在不同。

通信领域具有代表性的专利池有 MPEG‐LA、西斯维尔、Via Licensing 等，其涉及的技术和主要专利权人如表 4‐2‐2 所示。

---

[1] 詹映. 专利池管理与诉讼 ［M］. 北京：知识产权出版社，2013.

表 4 – 2 – 2 主要专利池及专利权人

专利池管理机构	专利池	主要专利权人
MPEG – LA	VVC, ATSC, QI wireless power, EV Charging, EVS, HEVC, AVC/H. 264, DisplayPort, ATSC, VC – 1, MPEG – 4 Visual, MVC, MPEG – 2, MPEG – 2 Systems, 1394, Increscent	苹果、弗劳恩霍夫、MS、三星、LG 等
Access Advance	VVC, HEVC	ARRIS、佳能、ETRI、三星、华为、Digital Insights、谷歌等
西斯维尔	MCP, Wi – Fi 6, Wireless, Wi – Fi, Mioty, Video Coding Platform, DVB CSA, DVB – S2, DVB – S2X, DVB – SIS, DVB – T2, JPEG – XT, 3G, ATSS, WSS, TOP teletext, DECT, H. 264 SVC, LTE/LTE – A, LTE, Telemetry, DSL, DVB – T	Orange 电信、飞利浦、诺基亚、LG、ETRI 等
Via Licensing	Advanced Audio Coding（AAC）, AGORA – C, Digital Radio Mondiale, LTE, MPEG Surround, MPEG – 2 AAC, MPEG – 4 SLS, OCAP/tru2way, 802. 11（a – j）	MS、飞利浦、中兴、三星、LG、SKT 等
Avanci	2G、3G、4G、5G 物联网	诺基亚、夏普、康文森、JVC、KT 等
Alium 5G	OPEN RAN	宏碁、美国电话电报公司、飞利浦、三菱、SK电信等

1）MPEG – LA

MPEG 专利管理公司 MPEG – LA 是一家独立的专业专利池管理机构，它与各标准组织无关，且不从属于任何专利权人。从 1997 年开始，随着音视频技术标准的发展，MPEG – LA 相继组建了 MPEG – 2 专利池、MPEG – 4 专利池、AVC/H. 264 专利池。尽管最初 MPEG – LA 主要依托音视频编解码标准的产生和发展，但作为一个独立的专利池管理机构，其业务范围一直在向其他领域不断延伸。目前 MPEG - LA 管理包括 VVC、HEVC、AVC/H. 264、MPEG - 2、MVC、VC - 1、ATSC 3.0、1394 等 16 个专利池。

尽管多个专利池均由 MPEG - LA 管理，但是这些专利池的许可方案却不相同。以音视频相关的专利池为例，对不同的音视频专利池，MPEG - LA 在许可费率和许可层级上都有所差异。

对 MPEG - 2 专利池，MPEG - LA 向 MPEG - 2 解码器、MPEG - 2 编码器和提供针对设备级别的许可。对每台 MPEG - 2 解码器、MPEG - 2 编码，MPEG LA 的收费标准如表 4 - 2 - 3 所示。

表 4 - 2 - 3　MPEG 专利池的许可费用

项目	许可费用
MPEG - 2 解码器、MPEG - 2 编码器、MPEG - 2 消费者产品	2.50 美元/台（2002 年 1 月 1 日起） 2.00 美元/台（2010 年 1 月 1 日或执行许可证后至 2015 年 12 月 31 日） 0.50 美元/台（2016 年 1 月 1 日到 2017 年 12 月 31 日） 0.35 美元/台（2018 年 1 月 1 日起）

MPEG LA 向最终用户销售的 H. 264 产品提供许可，MPEG LA 将 H. 264 专利许可分为三种，第一种是面向编解码器（包括软硬件）厂商提供的专利许可，也就是说，所有生产支持录制 H. 264 视频的终端产品的厂商都要向 MPEG LA 支付专利使用费。第二种是面向电视节目运营商提供的专利许可。第三种是面向互联网广播 AVC 视频提供的专利许可。具体的专利许可收费标准如表 4 - 2 - 4 所示。

表 4 - 2 - 4　H. 264 专利池的许可费用

项目	许可费用
出售给具有 H. 264 编解码功能的终端用户和个人电脑 OEM 的产品，但不是操作系统的一部分	台/年 < 10 万，无特许权使用费； 10 万 < 台/年 < 500 万，每台 0.20 美元； 500 万 < 台/年，特许权使用费 = 每单位 0.10 美元； 企业上限： 2005 ~ 2006 年为 350 万美元，2007 ~ 2008 年为 425 万美元， 2009 ~ 2010 年为 500 万美元，2011 ~ 2015 年为 650 万美元， 2016 年为 812.5 万美元，2017 ~ 2025 年为 975 万美元

续表

项目	许可费用
播放使用 H. 264 技术的电视节目运营商	每个传输编码器一次性收取 2 500 美元，然后再依据收视户数收费 ①不按逐个视频收取的方式中， 用户/年 < 10 万，不需要支付版税； 10 万 < 用户/年 < 25 万，为 2.5 万美元； 25 万 < 用户/年 < 50 万，为 5 万美元； 50 万 < 用户/年 < 100 万，为 7.5 万美元； 100 万 < 用户/年，为 10 万美元； ②按照逐个视频收取费用的方式中， 12 分钟 > 视频，无版权费； 12 分钟 < 视频，min (2%，0.02 美元/视频)
互联网广播 AVC 视频	免费

HEVC 作为 H. 264/AVC 编码标准的下一代替代标准，于 2013 年正式成为国际标准，HEVC 旨在有限带宽下传输更高质量的网络视频，各种 4K 高清设备都需要 HEVC 协议支持。MPEG – LA 向最终用户销售的 HEVC 产品提供许可，同时允许芯片和模块制造商代表其许可客户支付许可费。HEVC 专利池已经收储了包括苹果、佳能、三星、小米、杭州海康威视等 47 家公司共计 5 000 多件专利（见表 4 – 2 – 5）。

表 4 – 2 – 5　HEVC 专利池的许可费用

项目	许可费用
HEVC 的解码器或编码器	台/年 < 10 万，无特许权使用费； 10 万 < 用户/年，每台 0.20 美元； 超过 500 万单位/年，特许权使用费 = 每单位 0.10 美元； 企业上限： 最高特许权使用费是 2 500 万美元。 允许包含 HEVC 编码器和/或解码器的半导体芯片或其他产品的供应商代表他们的客户支付版税

MPEG – LA 在 2022 年推出了通用视频编码 VVC（也称为 H. 266 或 MPEG 第三部分）专利池。VVC 能实现与以前的视频编解码器相同的感知质量，视频编码效率最多达到提高 50%，因而可支持 4K 和 8K 超高清（UHD）和高动态范围（HDR）视频、远程医疗、在线游戏、虚拟 360° 视频和自适应流媒体应用。其收费标准如表 4 – 2 – 6 所示。

表 4 - 2 - 6 VVC 专利池的许可费用

项目	许可费用
VVC 编解码器、付费软件	<10 万台/年，无特许权使用费； 10 万 < 台/年，每台 0.20 美元； 最高特许权使用费是 3000 万美元
VVC 免费软件	100 万 > 台/年，无特许权使用费； 100 万 < 台/年，每台 0.05 美元； 最高特许权使用费是 800 万美元

2）Access Advance

Access Advance 是一家独立的许可管理公司，旨在领导专利池的开发和管理，以许可最重要的基于标准的视频编解码器技术的基本专利。其前身为 HEVC Advance，是一些专利权人不满足于 MPEG - LA 的 HEVC 专利池许可方式，转而在 2015 年成立了 HEVC Advance 专利池。Access Advance 目前管理着 HEVC Advance 专利池和 VVC Advance 专利池，为 H.265/HEVC、VVC/H.266 技术所必需的专利发放许可证。成立之初以远高于 MPEG - LA 的费率吸引更多专利权人，目前随着越来越多专利权人的加入，Access Advance 已经后来居上，涵盖 1.7 万多件 H.265/HEVC 专利。2014 年秋季至 2020 年 3 月，三星是 MPEG LA 的许可人和被许可人。2017 年 4 月，三星保持在 MPEG LA 专利池的同时，加入了 Access Advance。2020 年初，三星终止了与 MPEG LA 的合同，与三星一起转投 Access Advance 的还有 8 个韩国专利权人。

3）西斯维尔

西斯维尔成立于 1982 年，在管理和经营专利池方面历史悠久，这些专利池包括无线通信标准相关专利池、音视频编解码标准相关专利池以及数字视频和显示技术专利池，涵盖了熟悉的 MP3 和 MPEG Audio 音频压缩标准的相关专利。除管理便携式数字电话 DECT 标准相关的专利外，西斯维尔还管理 CDMA2000 系列蜂窝通信标准、UHF - RFID 空中接口标准和 DVB - T 广播标准、LTE、DVB - H 和 DVB - T2 专利池等。2015 年，西斯维尔集团的子公司 3G Licensing S.A. 宣布收购 Orange S.A. 以前拥有的大量专利和专利申请组合。这些专利涵盖了用于各种移动通信设备和服务的技术以及第三代移动通信技术标准 UMTS 至关重要的技术。

西斯维尔向最终用户销售的应用相应标准的产品提供许可。以 Wi - Fi 6、VP9、DVB - T2、3G 为例，对 Wi - Fi 6 专利池，西斯维尔披露的许可费率显示，企业接入点（工业企业）合规费率为 3.00 美元，消费电子、智能家居等其他产品合规费率为 0.50 美元；对视频编解码标准 VP9 的专利池，消费者显示设备的合规费率为 0.18 欧元，消费者非显示屏设备的合规费率为 0.06 欧元，消费者显示设备是指能够实现数据和/或图像的视觉演示或显示的任何消费产品（如智能手机、平板电脑、笔记本电脑等），消费者非显示设备是指任何无法实现数据和/或图像的视觉演示或显示的消费品（如机顶盒、解码器和播放器等）；对 DVB - T2 专利池，具有编码器或解码器功能之一的许可消费品的合规费率为 0.60 欧元，具有编码器和解码器功能的许可消费品的合规费率为 0.80 欧元，具有编码器或解码器功能之一的许可专业产品的合规费率为 15.00 欧元，具有编码器和解码器功能的许可专业产品的合规费率为 20.00 欧元；对 3G 许可计划获得许可，Sisvel 向每个具有 3G 能力的消费者产品收取的版税费率为 0.35 欧元。

表 4-2-7　Sisvel 专利池的许可费用

项目	许可费用
Wi-Fi6	企业接入点（工业企业）合规费率 = 3.00 美元/台 消费电子、智能家居等其他产品合规费率 = 0.50 美元/台
VP9	消费者显示设备的合规费率 = 0.18 欧元/台 消费者非显示屏设备的合规费率 = 0.06 欧元/台
DVB-T2	许可消费品： 编码器或解码器功能之一的合规费率 = 0.60 欧元/台 编码器和解码器功能的合规费率 = 0.80 欧元/台 许可专业产品： 编码器或解码器功能之一的合规费率 = 15.00 欧元/台 编码器和解码器功能的合规费率 = 20.00 欧元/台
3G	消费者产品 = 0.35 欧元/台

4）Via Licensing

Via Licensing 成立于 2002 年，是杜比实验室公司的独立管理子公司，Via Licensing 目前管理 10 个专利池，涵盖音频、无线和其他行业的技术。以 LTE 专利池为例，Via Licensing 的 LTE 专利许可协议允许参与许可方访问对实施 3GPP LTE 标准至关重要的所有专利，包括 LTE-Advanced（或"LTE-A"）和 LTE-Advanced Pro。向移动电话和/或移动计算机、平板电脑的一般终端产品提供授权许可。另外，Via licensing 也推出汽车专利池，收录不同于 Avanci 的专利。Via licensing 向汽车行业的许可证更加灵活，既包括整车级，又包括组件级。其许可费标准如表 4-2-8 所示。

表 4-2-8　Via Licensing 专利池的许可费用

项目	许可费用
LTE	一般终端产品 < 10 万台，1.00 美元/台 10 万台 < 一般终端产品 < 100 万台，1.00 美元/台 100 万台 < 一般终端产品 < 250 万台，1.50 美元/台 250 万台 < 一般终端产品，2.10 美元/台
汽车	汽车或部件 < 250 万辆，3 美元/台 250 万辆 < 汽车或部件 < 1 000 万辆，2.75 美元/台 1 000 万辆 < 汽车或部件，2.25 美元/台

5）5G 标准专利池

进入 5G 时代，5G 标准的许可对象不再局限于 ICT 领域，也向物联网、汽车行业等领域扩张，如何确定这些形态迥异、市场价格差异巨大的设备使用标准必要专利应支付的 FRAND 许可费将更为棘手。专利池虽然有其局限性，但在物联网时代专利池方式所具有的优点更为显著，专利池能够减少，特别是数量庞大的垂直领域的企业的垂直领域交易成本，可加快许可进程，也更容易将累积的许可费总额控制在合理范围内。产业界对于专利池在 5G 时代给予厚望。5G 标准现有多个主要专利池，分别侧重不同的领域，例如 Avanci 专利池侧重汽车和物联网，Alium 专利池侧重无线接入网 RAN，下面对这两个专利池进行介绍。

① Avanci 专利池

Avanci 专利池目前以 4G 许可为主，已有 51 个专利权人加入，其中包括 5G 标准的主要持有者高通、爱立信、诺基亚、InterDigital、夏普和 LG 等，中国的专利权人中兴、大唐移动、中国移动、TCL 和华硕电脑等公司也先后加入 Avanci 平台（截至 2022 年 9 月 30 日的数据）（见图 4 - 2 - 2）。

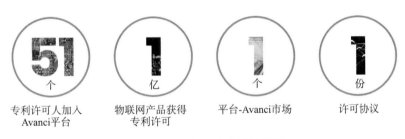

专利许可人加入　　物联网产品获得　　平台-Avanci市场　　许可协议
Avanci平台　　　　专利许可

图 4 - 2 - 2　Avanci 专利池概况

Avanci 专利池虽然承诺提供 FRAND 许可条款和统一价格许可费，但是已经打破 FRAND 承诺的惯例。Avanci 仅提供整车级许可，相当于只对位于供应链顶端的车企进行许可，对零部件供应商则关上了许可之门。在 2017 年 12 月 14 日专利池成立一年之后，Avanci 宣布 4G 汽车计划的许可费是 15 美元/车，但是，到了 2022 年 7 月 12 日突然宣布 2022 年 8 月 31 日之后签署的协议，许可费率将提高至每辆车 20 美元，涨幅在 33% 左右，违背了其曾经的承诺——"随着我们向 Avanci 平台添加新的专利权人，被许可方支付的许可价格不会增加"（见表 4 - 2 - 9）。

表 4 - 2 - 9　Avanci 专利池的许可费用

项目	许可费用
仅限紧急电话	3 美元/车
3G（包括 2G 和紧急电话）	9 美元/车
4G（包括 2G/3G 和紧急电话）	15 美元/车（2022 年 8 月 31 日以前） 20 美元/车（2022 年 8 月 31 日之后）

Avanci 平台的许可方式破坏了汽车行业固有的商业模式，且整车级许可和部件级许可所计算的许可费用可能产生数量级的差异。因此，双方就此问题在德国、美国、日本等全球主要诉讼地展开了多轮交锋。

2019 年 Avanci 成员诺基亚、夏普、康文森先后在德国向戴姆勒公司发起诉讼，戴姆勒公司旗下拥有迈巴赫、梅赛德斯 – 奔驰等众多品牌的汽车，总部位于德国。2021 年 6 月德国法院裁定戴姆勒公司侵权并发布禁令，禁止在德国销售戴姆勒汽车。之后戴姆勒公司与诺基亚、夏普达成和解，签订双边许可协议，最终也与 Avanci 签订了入池协议。这意味着德国的主要车企均与 Avanci 签订了入池协议，整车级许可模式在德国获得了认可。

2019 年 5 月 10 日，戴姆勒公司的供应商大陆汽车系统公司在美国加州北部地区法院起诉专利许可平台 Avanci 及其联盟成员诺基亚、Conversant SARL、PanOptis 等公司，要求法院判决这些公司违反标准必要专利许可的 FRAND 原则，以及垄断与不正当竞争。大陆集团认为 Avanci 和 SEP 专利权人只向 OEM 授权，使大陆集团无法获得 SEP 许可，从而不合理地被限制了贸易，希望 Avanci 向其以"组件级"许可方式提供 SEP 许可。美国联邦第五巡回上诉法院对上述案件作出裁决，驳回了大陆集团对 Avanci 以及 SEP 持有者的上诉，认定大陆集团不是适格的原告，因为其并没有受到实质损害，并驳回大陆集团要求 Avanci 向其以"组件级"许可方式提供 SEP 许可的诉求。该案的判决结果意义重大，美国法院通过司法判决明确了 Avanci 专利池仅提供整车级许可不违反 FRAND 原则。

Avanci 在多国诉讼战中取得的胜利进一步奠定了其整车级许可模式的根基，截至 2022 年 9 月 30 日，其入池的汽车品牌已达 80 多家。

② Alium 专利池

2021 年 12 月 5 日，MPEG – LA 与 Unified Patents 两家联合宣布成立 Alium 5G RAN 专利池，并推出开放式无线接入网专利组合许可。仅半年时间，Alium 就公布了首批 11 家许可人和费率。11 家许可人包括：宏碁、美国电话电报公司、美国有线电视实验室、康卡斯特、IP Bridge、飞利浦、Meta、三菱电机、泛泰、SK 电信和威瑞信公司。从目前公布的首批许可人来看，对照 Unified Patent 发布的 5G RAN SEP 专利情况，前十名 SEP 专利权人都没在内。可能后续还会继续扩展许可人名单。Alium 同时也公布了许可费率标准，25 美元/台起，超过 20 万台，降至 10 美元/台（见表 4 – 2 – 10）。

表 4 – 2 – 10　Alium 专利池的许可费用

项目	许可费用
开放式无线接入网专利组合	1 万 < 台/年，25 美元 1 万 < 台/年 <5 万，50 美元 5 万 < 台/年 <20 万，15 美元 2 万 < 台/年，不收费

（3）国外相关政策

1）美　国

1995 年，美国司法部和美国联邦贸易委员会联合发布了"知识产权许可的反托拉斯指南"（Antitrust Guidelines for the Licensing of Intellectual Property）❶，明确指出"一定条件下的专利交叉许可和专利池有利于竞争"。虽然此后美国司法部和美国联邦贸易委员会对该指南进行了多次修改和替换，但是对专利池和交叉许可的观点没有发生变化。此后，美国司法部和欧盟有关机构相继批准了 MPEG‑2、DVD 3C、DVD 6C 等专利池。2001 年 1 月，美国专利商标局在其发布的"专利池白皮书"中认为"生物技术领域的专利池将同时造福公众和私人企业""专利池，尤其在生物技术领域，能够创造更多的创新和平行的研发，能够消除专利瓶颈并加速产品开发"。❷ 上述相关政策反映了美国对专利池的积极态度。

2）欧　洲

2004 年，欧盟修订了"技术转让协议集体豁免条例"（Technology Transfer Block Exemption Regulation，TTBER）及相应的新"欧共体条约第 81 条关于技术转让协议适用指南"❸，其中新"欧共体条约第 81 条关于技术转让协议适用指南"对专利池作了专门说明，其基本观点是：专利池可能具有限制竞争的作用，专利池不只是可能减少成员间的竞争，当它们支持某项技术标准或自建一个事实标准时，将会排斥替代性技术而阻碍创新。技术标准和相关专利池的存在会使新技术或改良技术难以进入相关市场，但是专利池也会产生促进竞争的效果，特别是减少交易成本和设置最高累计专利费来避免双边际化效应。

2017 年，欧盟发布了"标准必要专利的欧盟方案"，其认为鼓励在欧盟竞争法范围内建立专利池或其他许可平台。它们可以通过提供关于必要性的审查、更清晰的许可费率以及一站式的解决方案，解决 SEP 许可面临的挑战。2020 年欧盟委员会审查了改革 SEP 许可框架不同方面的 79 项提议，其中在标准必要专利评估和许可报告的第 2.5 节和第 3.5 节指出专利池降低了许可人和实施人的交易成本，可以减少专利池许可产品中使用的标准必要专利总数的总费用。一些成员提出了一些建议：第一，为在标准获得批准后尽快让专利池运作，建议标准制定组织（Standard Development Organization，SDO）在标准制定阶段就开始促进专利池的形成（SDO 自己不会参与专利池设置过程），欧共体可以指导欧洲 SDO 进行专利池的培育；第二，可以根据欧盟的公法建立一个集体许可机构，根据实施人的请求，该机构可以根据所有欧洲标准必要专利授予

❶　U. S. DEPARTMENT OF JUSTICE, THE FEDERAL TRADE COMMISSION. 1995 Antitrust Guidelines for the Licensing of Intellectual Property ［EB/OL］. ［2022‑12‑16］. https：//www. justice. gov/atr/archived‑1995‑antitrust‑guidelines‑licensing‑intellectual‑property.

❷　SERAFINO D. Survey of Patent Pools Demonstrates Variety of Purposes and Management Structures ［EB/OL］. ［2022‑12‑16］. https：//www. law. berkeley. edu/files/ds‑patentpools. pdf.

❸　专利池反垄断审查标准研究 ［EB/OL］.（2011‑04‑18）［2022‑12‑16］. https：//xkw. zuel. edu. cn/zg-zscqyjw/zgzscqyjw‑zgzscqyjw_lwxc/zgzscqyjwcn_cont_news/details‑27526. html.

标准的许可，该标准至少有两个 SEP 专利权人参与；第三，对于 SEP 持有人而言，由于存在使用大量标准的物联网产品的实施人，将尽可能多的标准形成专利池可能很有吸引力。可以鼓励 SEP 持有者形成这个池，例如用于与产品中使用的相同类型的技术或功能相关的标准集群。另外，标准必要专利评估和许可报告还提出专利池可以帮助解决专利费堆叠。如果允许实施人组成小组代表其小组成员共同协商许可，则可以进一步降低交易成本。需要制定机制和控制措施，以按照相关竞争规则组建和运营这些许可控制组。同年，欧盟发布标准必要专利必要性评估试点研究❶，认为：专利池拥有最先进的必要性评估系统，这是因为：专利权人的自愿性质、CC 表的关键作用、评估工作外包给独立的专业第三方，以及存在完善的申诉程序。必要性评估的结果被认为是高度准确的。竞争法要求对专利池中的所有专利进行必要性评估，因此不允许抽样，所有专利池都未使用抽样方法。

3）日　本

日本公正交易委员会于 2005 年颁布了技术标准和专利池协议指南，认为"专利池是有效解决专利障碍问题的手段。与此同时，如果竞争厂商之间结成专利池可能使他们限制相互使用专利并且限制下游市场的竞争，这样会损害竞争"，对于专利池则需要根据具体个案进行分析，分析的根据包括市场条件，如相关标准产品的市场份额以及专利池在相关市场的地位。对于专利池对竞争影响的分析，将包括其促进竞争的方面，也包括阻碍竞争的方面。日本特许厅在 2018 年的"标准必要专利许可谈判指南"中规定："与相同标准规格有关的专利池所要求之费率相比较，亦可作为决定 FRAND 承诺的费率时的客观基准。专利权人所拥有的 SEP 对标准规格的贡献度比专利池之专利对标准规格的贡献度高时，则可要求较专利池高的费率；而专利权人所拥有的 SEP 对标准规格的贡献度比专利池之专利对标准规格的贡献度低时，则应要求较专利池低的费率。此外，亦需留意专利池可能因为追求谈判、契约、许可费管理等方面的效率化，而设定较低的许可费。再者，亦应留意专利池的授权条件并非必然为可比较的要件。识别专利池的授权条件是否为可比较时，应一并考虑专利池之涵盖率与授权记录等较为妥适。又因专利池的费率有可能不同于一般的双方许可谈判，是由多数专利权人所设定，故亦须注意专利权人是否有借由分割申请而灌水 SEP 专利数量的情况。"2022年日本特许厅发布的标准必要专利许可谈判指南征求意见稿❷中提到："在专利池中，权利持有者和实施人的广泛参与可以产生平衡两者的利益的许可条款，与多方之间的单独双边谈判相比，这可以提高许可谈判的效率，也可以导致更大的 SEP 透明度。专利池还需要建立防止双重版税收益的机制。"

4）韩　国

韩国于 2021 年发布的标准专利纠纷应对指南，认为根据不同的情况可以将专利池

---

❶ BEKKERS R，HENKEL J，MAS TUR E，et al. Pilot study for essentiality assessment of Standard Essential Patents [EB/OL]．[2022 - 11 - 20]．https：//publications. jrc. ec. europa. eu/repository/handle/JRC119894.

❷ 日本特许厅就《标准必要专利许可谈判指南（修订草案）》征求意见［EB/OL］．（2022 - 05 - 09）[2022 - 12 - 16]．https：//www. sohu. com/a/545302081_120756317.

的许可案例作为可比的许可案例。因为个别专利权人的许可案例往往是保密的，而专利池的许可案例相对容易确认，专利池的许可案例往往呈现为可比的许可案例。专利池的许可案例并不代表不能用作比较许可，根据专利池的性质，采用略有不同的方式来判断标准是否可用作比较许可。

从上述代表性的专利池、国外相关政策来看，专利池具有以下特点。

一是专利池管理组织一定程度上存在较为激烈的竞争，实施人负担增加。同一种标准对应于多个专利池管理组织，同时由于管理理念的不同，在管理模式上会有很大的差异，专利池管理组织之间具有竞争性，分别收录不同的专利，也存在几个专利池具有同样的专利权人和专利的情形。如在音视频编码标准（HEVC/H. 265 标准）专利池 MPEG – LA 和 Access Advance，就存在专利权人进入和退出专利池，多个专利池存在同时许可的情况。从当前的发展来看，单一专利池恐怕难以实现，而碎片化的专利池和专利权人，势必会加重实施人的许可费负担。

二是不同专利池的收费千差万别，收费标准缺少透明度。从上面的各个专利池可以看出，每个专利池有自己的收费标准，虽然公众能够获知专利池在向谁收费，收多少，但是收受的费用似乎更像是"一口价"，对应同一种标准的不同专利池收费相差数倍，比如同样经营汽车专利池的 Via licensing 费用是 Avanci 的 1/5，虽然 Via licensing 许可人、SEP 的数量恰好大约是 Avanci 的 1/5，但实际上并不能直接认为 Via licensing 的许可费应该是 Avanci 的价格 1/5，因为除了数量外还存在影响收费的其他因素，如专利池中重量级的许可人、高质量 SEP 数量等。

三是欧洲、美国、日本、韩国等对专利池持积极态度，在行政政策方面已相对成熟。专利池的出现是科技发展和专利制度结合下的必然产物，从 20 世纪 90 年代以来，欧洲、美国、日本、韩国等政府已经从行政政策方面着力，力图在专利池促进竞争和阻碍竞争问题上寻求协同一致，更好地发挥专利池消除专利实施中的许可障碍、加强技术互补、显著降低专利许可中的交易成本、减少专利纠纷等作用。

4.3　国外司法层面的标准必要专利的许可费

在专利侵权损害赔偿中，从世界范围来看，专利侵权赔偿的计算规则包括实际损失（在美国法的语境中称作"所失利润"）、合理许可费、侵权获利和法定赔偿这四种计算规则。但美国法典第 35 编第 284 条规定："法院应根据专利权人所主张的事实，判给专利权人足够弥补侵权的损害赔偿金，但不得低于实施人利用该发明所需的合理许可费，法院还需确定利息和诉讼费用。"由此可知，美国的侵权损害赔偿的计算规则只包括所失利润和合理许可费。❶

从标准必要专利的全球诉讼进程来看，美国占据了重要的地位，美国既是世界上最大的市场，也是司法活动最活跃的地区之一。在之前几十年，美国法院通过一系列

---

❶　黄武双，阮开欣，刘迪，等 . 美国专利损害赔偿：原理与判例［M］. 北京：法律出版社，2017.

判决确立了一段时间内全球的标准必要专利规则。因此，尽管目前世界上有实际损失、合理许可费、侵权获利和法定赔偿这四种计算规则，但在标准必要专利领域，损害赔偿的计算规则通常只考虑实际损失和合理许可费两种。

通常实际损失的费用计算数额会高于合理许可费的计算数额。但是实际损失的计算规则对专利权人的举证要求要远远高于合理许可费，实际损失的计算通常需要通过透彻的经济分析，并且需要考虑竞争产品和市场变动对实际损失的影响，而合理许可费的计算规则就相对简单得多。美国法典第 35 编第 284 条的规定也表明，合理许可费是侵权损害赔偿的最低标准。❶ 在以合理许可费标准评估损害赔偿时，表现涉案专利的实际许可协议的市场证据是最好的证据。❷ 但此类证据并非总能获得，因此，当无法证明实际损失时，合理许可费就成为专利侵权损害赔偿的最低保障。这也是在近几十年以来，在标准必要专利的侵权诉讼中，合理许可费方法的使用率要大大高于实际损失，并且未来使用率还会越来越高的原因。

合理许可费的计算方法包括一次性支付和按产量支付两种形式。一次性支付的许可费也被认为是市场准入费，在标准必要专利的判决中使用较少，目前大家将目光更多地投向了按产量计算的合理许可费。

在按产量计算许可费的情况下，合理许可费的计算公式是许可费基数 R 乘以许可费率 S。而许可费基数通常是侵权产品的销售额或销售收入。

为确定现实世界中本不存在的专利权人和实施人之间的合理许可费，各国法院发展出了各种方法，其中包括常用的假定协商法。该方法假定在不发生侵权行为的情况下，以 FRAND 原则为基础，结合 FRAND 谈判的商业实践，且不考虑禁令等胁迫性因素，双方进行理性谈判，自愿达成的交易的情形，上述所得到的交易结果被认为是标准必要专利的合理许可费。

1970 年的 *Georgia - Pacific Corp. v. United States Plywood Corp* 案❸真正意义上将假想协商法发展起来，并形成了著名的 Georgia - Pacific 因素，提供了判断合理许可费的 15 个因素。之后，各国法院在该 15 个因素的基础上进行了不同程度的删减和添加，这些案例都为许可费的计算奠定了基础。

此外，对如何认定"侵权产品"，专利权人和实施人就该侵权产品的许可层级展开了激烈的斗争，其中最著名的两个许可层级是"组件级"（又称 SSPPU）和"整机级"（又称 EMV）。美国和欧盟法院正通过一个个经典案例呈现出专利权人和实施人这几十年来的许可费基数纠纷。

4.3.1 影响专利许可费的因素

随着标准必要专利相关诉讼的增加，FRAND 原则之下应如何计算许可费受到广泛关注。通常认为，专利许可费的计算需要综合考虑专利所属的技术领域、地域、法律

❶ *Rite - Hite Corp. v, Kelley Co.* , 56 F. 3d 1538, 1544.

❷ *Versata Software Inc. v. SAP America Inc.* , 717 F. 3d 1255, 1267.

❸ *Georgia - Pacific Corp. v. United States Plywood Corp.* , 318 F. Supp. 1116（S. D. N. Y. 1970）.

状态、权利期限、专利质量和市场需求等。除此之外，专利权人和实施人的市场地位也是影响专利许可费的重要因素。

归类来看，专利许可费的计算需要考虑四个维度。首先是专利本身的维度，包括专利的创新高度和产业化成熟程度、所属的技术领域、专利权类型、保护范围的大小、权利的稳定性、技术规避的难易程度、有效期限等；其次是与许可内容相关的维度，例如许可期限、许可范围、许可方式等；再次是被许可人相关维度，例如被许可人的技术需求程度、生产规模和专利实施能力等；最后一个维度是相关领域的技术发展趋势，也就是通常所说的技术生命周期，技术生命周期分为技术引入期、发展期、成熟期和淘汰期。通常情况下，技术发展期是一个较好的专利许可窗口期，也较容易在该时期形成相关的行业标准和规则，这也是为何目前各国紧盯 5G SEP 规则制定的主要原因（见图 4 - 3 - 1）。

图 4 - 3 - 1　专利许可费计算考虑的维度

由于各国立法大多采用了原则性的表述，即采用了类似于"足够弥补侵权的损害赔偿金"的表述，因此，关于如何来计算损害赔偿金的任务就落到了各国法院身上。从美国、欧盟和中国的相关案例来看，各国法院都探索出了一系列影响许可费率因素的实践标准。

4.3.1.1　美国决定许可费的考量因素

在 1970 年的 *Georgia Pacific Corp. v. United States Plywood Corp* 案❶中，美国联邦第二巡回上诉法院根据假想协商法提供了判断合理许可费的 15 个因素，为美国法院审理损害赔偿或者 FRAND 费率案件提供了事实认定的基础性框架。上述 15 个因素也称为 Georgia Pacific 因素，近 50 年，这个标准一直影响着美国法院对专利侵权损害赔偿的计算，❷ 该 15 个因素是：

因素 1：专利权人就涉案专利曾实际收取过的专利许可费（以证明或试图证明既定的许可费）。

该因素 1 又称作既定许可费，该因素也是目前在法院判决中频繁使用的可比协议

---

❶　*Georgia - Pacific Corp. v United States Plywood Corp.*，318 F Supp、1116（S. D. N. Y. 1970）.

❷　黄武双，阮开欣，刘迪，等 . 美国专利损害赔偿：原理与判例［M］. 北京：法律出版社，2017.

的基础。即针对涉案专利权人在过往许可实践中已获得的许可费数额，来确定当前案件的许可费率。

在 1889 年的 *Rude v. WestCott* ❶ 案中，美国联邦最高法院对何为既定许可费列出了一些要求：①在先许可费必须在侵权发生之前已支付或确定。②在先支付的许可费必须在数量上足以证明该既定许可费是合理的，从而达到该行业内的普遍认可。也就是说，对既定许可费的认可并不在于专利权人，而在于整个行业的接受程度，如只有一个许可合同，不足以证明既定许可费这一要求。③既定许可费必须实质上统一。④在先被许可人必须非因诉讼威胁或诉中和解的方式达成该费率，即许可费是在双方正常协商的情况下达成的。⑤侵权行为必须与在先许可中的预设行为相符合。

因素 2：实施人在其他许可中交纳的费率。

对因素 2 中的"具有可比性的其他专利"从技术相似性和是否是专利权人这两个角度拆解，目前有三种解释，第一种解释是实施人在专利权人与涉案专利类似的发明许可合同中所缴纳的费率；第二种解释是在实施人与专利权人以外的第三方之间的专利许可合同中所缴纳的费率；第三种解释是实施人和专利权人以外的第三方之间的专利许可合同在与涉案专利类似的发明许可合同中所缴纳的费率。

因素 3：专利许可的性质和范围。

许可的性质和范围包括独占许可还是非独占许可、是否限制许可的地域等。许可类型通常可分为独占许可和非独占许可，独占许可因在有效期内，在特定地区对许可协议规定的技术拥有独占的使用权，显然其许可费要比非独占许可要高，有地域或客户限制的许可因受到的约束更多，因此相比没有受到限制的专利，许可费要低。

因素 4：专利权人的许可政策。

通常认为，许可政策与专利权人的意愿有关，如果专利权人许可的意愿较强，则相对来说，专利权人和实施人之间更容易在谈判时达成一致；但是若专利权人不愿意许可其专利，则实施人必须通过不断提高许可费来吸引专利权人对其专利进行许可。

在现实情况下，许可人通过拒绝他人使用发明，或通过在许可中设置为了维持垄断权所设计的特殊条件，以维持其专利垄断权的既定政策和市场计划，来提高其许可费。在 *Georgia Pacific* 案中，法院针对该因素指出："在假想协商中，专利权人获得的许可费不会远低于通过拒绝向任何人许可的政策而获得的利润，这应该是合理的。"

虽然在标准组织的知识产权政策中，对 SEP 专利权人进行了规制，要求 SEP 专利权人承诺按照 FRAND 的条款和条件许可其标准必要专利，但是对于通过在许可中设置为了维持垄断权所设计的特殊条件来提高其许可费显然是不符合 FRAND 原则的，因此，因素 4 也是在标准必要专利适用的过程中最先被排除的因素，但是在 FRAND 承诺是否要求 SEP 专利权人向任一人许可，专利权人和实施人之间存在较为明显的争议，最典型的例子就是最近频繁诉讼的汽车组件供应商与标准专利权人之间的争议。

---

❶ *Rude v. Westcott*，130 U. S. 152（1889）.

因素 5：许可人与被许可人之间的商业关系。

该因素体现为许可人（通常为专利权人）和被许可人（通常为实施人）之间是否存在商业竞争关系，例如，他们是否是在同一地区同一商业领域的竞争对手，或他们是否分别是发明者与推广者。如果许可人与被许可人之间具有竞争关系，显然许可人通常并不愿意对其进行专利许可，此时被许可人在谈判时就更处于不利地位，相应的，被许可人可能要支付的许可费就更多。华为诉中兴案就是在这样的背景下发生的，因此，欧盟法院以该案例为基础，规定了在许可谈判时许可人与被许可人所应遵守的一系列谈判规则。

因素 6：实施人销售专利产品对促进其自身其他产品销售的影响。

该因素考虑专利产品的销售是否带动非专利产品的销售。即该发明是否会带动实施人的非专利产品销售的既有价值提升。如果存在这种附带销售的效应，那么实施人更愿意接受这种专利产品，相应的，其所确定的合理许可费应该较高。

因素 7：该专利的有效期和许可期限。

专利权是在一定时期内赋予专利权人垄断权的权利，但这种垄断，并不是无限制的垄断。专利制度在赋予垄断权的同时，也设置了一定的期限，到期后所有的这些发明创造都不会再受保护，继而为全社会所用，成为"知识共享"的一部分，由此来促进全社会的科技创新。

专利的有效期越短，通常认为该专利的存余价值越小，因此许可费率也会相应降低。相应的，对同一专利来说，许可期限越长，其许可费也会越高。

在 *Georgia Pacific* 案中，法院指出尽管涉案专利的有效期与合理许可费确实是相关的，但是，当涉案专利在商业上获得很大成功时，即使专利快要到期，也可能不会影响合理许可费。上述情形在目前的 3G 标准必要专利中表现较为明显。

因素 8：专利产品的既存获利能力。

既存获利能力考察专利产品的商业成功情况和市场普及率。这是决定许可费率的一个重要因素，也是决定许可费率最重要的指标之一。

在实践中，通常会从几个方面来考察专利产品的既存获利能力：专利权人销售专利产品的获利情况、销售侵权产品的获利情况、涉案专利产品的商业成功和市场普及程度等。

因素 9：专利发明的作用和优势。

该因素考虑涉案专利与现有技术相比的作用和优势，比较优势越大，其合理许可费越高。如果除涉案专利的方案之外，还存在一种或多种非侵权替代品，则其合理许可费相对没有替代品的专利要更低。这也提示实施人，在被诉侵权后，积极在市场上寻找非侵权替代品，对合理许可费率的判定会有重要的影响。

因素 10：专利发明的性质。

因素 10 侧重于考察专利权人拥有和制造的体现该专利发明的商业产品的特征，即专利权为使用过该专利的人所带来的利益。虽然乍一看因素 9 和因素 10 是有一定重叠关系的，但是因素 9 侧重于专利产品与替代品之间的关系，而因素 10 侧重于专利产品本身的特性。

因此，对于标准必要专利来说，考察是标准必需的发明还是可选发明，是关注专利性质的一个重要考察项，理论上说，对于标准必需的发明，其许可费要高于可选的发明。

因素 11：侵权程度。

侵权程度包括实施人对该发明实际使用的程度，以及任何可检验该使用的价值的证据。在某些因素下侵权程度也包括实施人的客户对专利产品的使用程度。

因素 12：发明带来的利润部分。

因素 12 与因素 8 也存在一定程度上的重叠，因素 12 侧重于考察在发明所属的特定商业领域或类似的商业领域中，为获得使用该发明或相似发明的许可而付出的花费在利润或售价中通常所占的比例。但因为在现实情况下较难获得发明带来的利润部分的证据，所以在现实中较少使用。

因素 13：利润分摊。

利润分摊原则要求区分产品中涉案专利所覆盖的技术特征和未覆盖的技术特征，要分清楚涉案专利所提供的利润，对非专利部分带来的利润，则不在合理许可费数额的考量范围内。分摊原则是判定专利许可费率基数的一个重要的指标。在专利许可费率基数的判断中，以利润分摊原则作为基础，以整体市场价值原则作为例外。

因素 14：具有资质的专家证言。

虽然专利侵权诉讼中专家证人的证言并不是诉讼双方必须提供的，但是，专家证人的证言对于专利侵权损害赔偿的证明是至关重要的证据。因此，在诉讼中，控辩双方一般会指定专家证人对损害赔偿作出认定。在标准必要专利的司法实践中，更为关注专家证人对于专利损害赔偿的证明方法，法院通常会在专利的事实审判部分认定专家证人是否可信，若法官认为专家证人不专业或者证明方法存在较大纰漏，其专家证言将会被排除。通常情况下，这种情况将会给案件带来反转性的审判结果。

因素 15：假想协商。

因素 15 是一个兜底性因素，其考察如果许可人（例如专利权人）和被许可人（例如实施人）都理性并自愿地尝试达成协议，双方（在侵权发生之时）可能达成的许可费金额。即一个谨慎的被许可人希望获得许可来制造和销售包含专利的产品所愿意支付的许可费金额。需要注意的是，不能将被许可人的所有利润都认为是合理许可费，在支付许可费后，必须给被许可人留有合理的利润。

由于 *Georgia Pacific* 案产生于非标准必要专利的背景下，因此，其中某些因素可能与 FRAND 原则相抵触，在微软诉摩托罗拉案❶之前，并没有法院就 FRAND 许可费作出过判决，也没有相关的架构来确定 FRAND 许可费。但是，微软诉摩托罗拉案的 Radar 法官注意到 Georgia Pacific 架构与 FRAND 架构有两个明显区别：第一，在 Georgia Pacific 的非标准必要专利架构下，专利权人对其专利享有垄断性权利，而 SEP 专利权

---

❶ *Microsoft v. Motorola*，854 F. Supp. 2d 993（W. D. Wash. 2012）.

人由于其向标准组织进行了 FRAND 承诺，具有许可的合同义务；第二，由于标准是由多个提案主体提出的，相应的，也有多个专利权人，因此，实施人必须从多个 SEP 专利权人，而非从单一所有者那里获得许可。[1] 为兼顾 FRAND 承诺的目的，微软诉摩托罗拉案对 Georgia Pacific 的 15 项因素进行了修正，具体如表 4 - 3 - 1 所示。

表 4 - 3 - 1　Georgia Pacific 因素的微软案修正

因素	*Georgia Pacific* 案	微软诉摩托罗拉案
因素 1	专利权人就涉案专利曾实际收取过的专利许可费	为证明 SEP 设立的许可费率，要求必须在 FRAND 义务或可比的谈判下，来协商专利的过往许可费率
因素 4	专利权人的许可政策	不适用，原因是专利权人已承诺根据 FRAND 条款进行许可，SEP 专利权人必须根据 FRAND 条款向标准的所有实施人授予许可
因素 5	许可人与被许可人之间的商业关系	不适用，原因是专利权人已承诺根据 FRAND 条款进行许可，专利权人无法再歧视其竞争者，专利权人必须公平、合理、无歧视地向所有实施人进行许可
因素 6	被许可人销售专利产品对促进其自身其他产品销售的影响	专利对标准中的技术能力的意义以及相关技术能力对专利实施人和产品的意义
因素 7	专利的有效期和许可期限	许可期限就是专利的期限，该因素对合理许可费的影响不大
因素 8	专利产品的既存获利能力	同上述因素 6
因素 9	专利发明的作用和优势	在标准被采用和实施之前，除该专利技术之外，其他本可以被吸纳进标准的替代选择
因素 10	专利发明的性质	在考察中应关注于专利技术自身的价值，排除因专利技术被纳入标准所带来的价值
因素 12	发明带来的利润部分	关注作出 FRAND 承诺的专利的商业许可惯例
因素 13	利润分摊	排除因专利技术被纳入标准所带来的价值
因素 15	假想协商	关注标准必要专利权人的专利劫持和堆叠等行为

微软诉摩托罗拉案给判定专利组合的 FRAND 许可费率的法院提供了一个框架，该案的分析分三个步骤进行：第一，法庭应考虑专利组合对标准的重要性，既考虑专利组合中对标准所必需的所有专利的比例，也要考虑整个专利组合对标准的技术贡献；第二，法庭应考虑专利组合整体对被诉侵权人的被诉产品的重要性；第三，法庭应审

---

[1]　万勇. 伯克利科技与法律评论：美国知识产权经典案例年度评论（2014）[M]. 北京：知识产权出版社，2017.

查其他可比专利的许可协议，以判定许可专利组合的 FRAND 费率。

后续美国法院的假想协商法在考量许可费率时，虽然会根据个案进行稍微调整，但总体框架还是基本上按照 *Georgia Pacific* 案和微软诉摩托罗拉案的因素来决定 SEP 专利权人和实施人之间的许可费。

4.3.1.2 欧洲对许可费裁决的考量

在欧洲的许可费确定方面，可以划分为两个阵营，以德国、法国、荷兰等为代表的传统欧洲大陆法系国家和以英国为代表的英美法系国家，上述两个阵营在许可费考量方面的态度也是截然不同的。

德国、法国法院一般认为专利权人向标准组织所作出的 FRAND 承诺仅仅对专利权人寻求禁令救济产生竞争法上的限制。因此，这些大陆法系国家的法院通常会分析专利权人和实施人的 FRAND 许可谈判情况，并由此判断 SEP 专利权人申请禁令救济的行为是否构成滥用市场支配地位。

正是基于对上述 FRAND 承诺性质的理解，德国、法国、荷兰等大陆法系国家法院认为，由于标准化组织未对 SEP 专利权人所披露的 SEP 是否有效和必要作出过评估，因此，这些国家的法院认为，确定许可费率属于市场行为，应当鼓励当事人充分讨论并自主协商确定。这些国家的法院也对 SEP 专利权人请求法院在侵权诉讼中裁判 FRAND 许可条件特别是全球费率持保留意见。时至今日，欧洲大陆法系国家法院尚未受理单独的 FRAND 许可条件之诉，也尚未支持过 SEP 专利权人在侵权诉讼中提请法院裁判 FRAND 费率的诉请。❶

与德国、法国、荷兰等国家法院不同，英国法院通过无线星球诉华为案，开启了裁决全球 FRAND 许可费率的大门。英国强调法院应在确定 FRAND 许可条件中发挥主导作用，要求 SEP 专利权人和实施人都应当遵从法院的判决。英国法院在未经当事人双方合意的情况下，尤其是实施人华为不同意的情况下，主动给双方当事人裁决了一个包括全球费率在内的许可合同条款，并通过给实施人颁发禁令的方式，逼迫实施人达成全球许可协议。同时，面对英国并非标准实施人华为的主要市场、不符合最密切联系原则和方便法院的质疑，英国最高法院认为：

第一，ETSI 的知识产权政策是一个适用法国法的合同性文件，而 SEP 专利权人作出的 FRAND 许可声明为标准实施人设立第三方受益合同。正是 ETSI 的这种"合同性安排"赋予了英国法院就包含外国专利在内的 SEP 组合确定许可条件的管辖权。

第二，根据 FRAND 许可谈判实践，没有一个诚信的经营者会寻求逐国许可，因此，英国法院可以进行全球许可费率的裁决。

第三，英国下级法院依行业惯例判定许可条件，如果有特别重要的外国专利，标准实施人有权在该国挑战其有效性并在挑战成功后寻求变更许可费。

基于上述三条原则，英国最高法院认为其具有管辖权，可以对全球许可费率进行

---

❶ 赵启杉. 司法裁判 FRAND 许可条件的政策选择及其对全球 SEP 诉讼的影响 ［EB/OL］. （2021 - 04 - 09）［2022 - 12 - 17］. https：//www.sohu.com/a/459749370_120756317.

裁决。该判决打开了潘多拉之盒，之后，英国法院更是通过康文森诉中兴案、*Optis* 诉苹果案等，将无线星球诉华为案的审判规则进一步推进。这一系列案件也使英国法院成为专利权人，尤其是 NPE 最喜欢发起诉讼的法院之一，并引起了 SEP 的一系列司法冲突。

但对由什么因素来决定许可费，英国法院并没有作出具体阐述，仍是按传统的自上而下法、可比协议等来确定许可费。

由此可见，各国司法实践呈现出如下特点。

一是美国法院是许可费影响因素司法实践的先行者。美国早在 1970 年就提出了影响许可费率的 15 项因素，虽然该 15 项因素仅是计算普通许可费的决定性因素，但是对许可费的计算产生了深远的影响，随着近十几年来 SEP 诉讼的兴起，美国法院更是通过 2012 年的微软诉摩托罗拉案对该 15 项因素进行了调整，使其更符合标准组织的政策。至此，有关 SEP 应考虑的许可费影响因素开始趋于稳定。

二是德国、法国、荷兰等大陆法系国家法院认为，许可费应由市场来决定。这些大陆法系法院认为由于标准化组织未对声明的 SEP 是否有效和必要作出过评估，因此，应当鼓励当事人充分讨论并自主协商确定许可费。

三是英国法院裁决全球 SEP 许可费带来一系列司法冲突。英国法院通过无线星球诉华为案开始裁决全球许可费率，引起了司法上的国际礼让等问题。但对如何决定许可费，其大致还是根据实践中常用的可比协议与自上而下法进行判定。

4.3.2　许可费基数

产品的价值链包括三层供应商，分别是芯片级供应商、模块供应商和最终产品供应商。模块供应商按照厂商的制造能力和本身的制造层级，又可以进一步进行细分，细分为一级模块供应商、二级模块供应商等。根据各级供应商所处的层级，芯片级供应商生产的产品通常被称作上游产品，最终产品供应商生产的产品称作下游产品（见图 4 - 3 - 2）。

图 4 - 3 - 2　产品价值链的分层

根据价值链的层级不同，对于许可费率基数，可以分为如下 4 个层级：①包含专利技术的最终产品；②SSPPU 主体（通常被认为是芯片级）；③中间产品，如模块级；④上述前三种方法的组合。

在智能手机时代，在以高通为代表的专利权人的持续游说下，以美国法院的判决为基础，形成了按照手机整机价格计算许可费的现有模式，奠定了智能手机的整机收费模式。但是随着 SEP 专利许可开始进入汽车和物联网行业，业界开始探讨进行"组件级"许可的现实可行性，由此衍生了一系列司法判例。近年来，围绕"组件级"许可和"终端产品"许可的争议，较有代表性的是通信专利权人与汽车厂商之间的争议。

最近几年，随着像苹果和华为这些科技巨头在其公布的 FRAND 许可规则中，明确表态了其对 SSPPU 原则的推崇，像大陆集团这样的一批实施人开始站出来，提出自己的合理诉求。

因此，需要对经由一系列判例法演化出的许可费基数规则加以梳理，明晰各国对许可费率基数的态度。

4.3.2.1 许可费率基数原则

随着电子产品的集成化和功能的多元化，终端产品从独立完整的产品演变成多功能产品，以目前主流的 LTE 移动终端为例，大部分产品已经从仅具有 LTE 功能模块的产品变为多功能产品。如图 4 - 3 - 3 所示，在多功能产品中，LTE 功能模块是"嵌入式"的。从理论上说，图 4 - 3 - 3 中 LTE 功能的价格应该以分摊到各功能的总价的百分比来确定。因此，各国法院也根据产品发展的趋势，形成了相应的许可费基数原则。

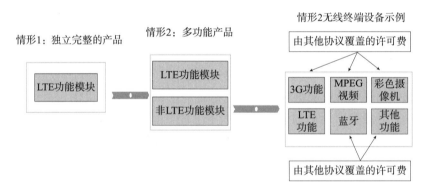

图 4 - 3 - 3 电子产品的集成化和多功能化

（1）分摊原则

早在 1953 年，美国联邦最高法院认为，不考量专利是否涵盖整个机器而用相同规则来计算损害赔偿，是很严重的错误。[1] 1884 年，在 *Garretson v. Clark* 案[2]中，美国联邦最高法院裁定，就认定专利侵权损害赔偿金额而言，专利权人必须"根据涉案专利所覆盖的技术特征和涉案专利未覆盖的技术特征，提供对被告所获利润和专利权人的损害赔偿进行区分或分摊的证据，且这类证据必须是可靠而确实的，而不应是推断或臆测性的；否则，专利权人应以同等可靠、确凿的证据证明应以完整机器为基数计算

---

[1] 邓志松，戴建民. 简析滥用标准必要专利的行为类型：以高通案为视角 [J]. 中国价格监管与反垄断，2014（8）：38 - 40.

[2] *Garretson v. Clark*，111 U. S. 120（1884）.

利润和损害赔偿,理由是整台机器作为可销售产品的价值,合理且合法地归因于涉案专利所覆盖的技术特征"。❶ 这一原则逐渐成为美国判例中的普遍原则。

从产品价值链的观点来看,技术分摊应该包括两个层面:第一个层面是从下游产品维度来看,需将产品整体的价值分摊到各个产品功能之上,如果能够找出消费者愿意因为产品具备某项功能而支付的费用就是这个功能所具有的价值;第二个层面是从上游技术市场维度来看,需要将某项功能的价值分摊到支持该功能实现的各项具体技术之上。

(2)最小可销售专利实施单元

严格说,SSPPU 原则属于分摊原则的一种,并且是分摊原则的一种特殊表现。但是,由于 SSPPU 通常与后续的 EMV 原则相区别,所以在这里单独介绍。SSPPU 的概念是在专利侵权诉讼中涉案产品同时包涵专利侵权部分以及非专利部分的复杂产品的背景下产生的,由于分摊原则要求合理的专利许可费必须仅包含该终端产品中涉案专利所创造的价值,但不包含终端产品中其他基数所创造的价值。因此,当在分析中发现涉案专利权利要求的覆盖范围及其所实现的功能仅及于一个特定的部件时,为使有关技术分摊更为直接、便利而采取了 SSPPU 这一更为简化的计算方式。❷ SSPPU 原则认为在许可费的计算中需要使专利权利要求的主题这一内在思想与分摊原则相匹配,在许可费的计算中应严格区分专利特征和非专利特征。

(3)整体市场价值原则

与 SSPPU 原则相反,EMV 原则以整机价格作为计算许可费的基础。由于一些产品是由许多不同的组件制成的,其中一个或多个组件可能被主张的专利所涵盖,而其他组件则不是。专利的保护范围由权利要求所确定,而 EMV 原则显然扩展了权利要求保护的范围,因此,应该说,EMV 原则更多是一种例外。

作为例外,EMV 原则具有较为严格的适用条件。对专利权人而言,需要充分证明以下三个条件才能适用 EMV 原则:①侵权部件必须是客户对包括声称被侵权的发明之外的部分在内的整个终端产品的需求的基础;②单个侵权和非侵权的零部件必须在一起出售,从而使得它们构成一个功能性单元或者是一个完整的终端产品的零部件或者是零部件的一个单独的组装件;③单个侵权和非侵权零部件必须是类似于一个单一的功能单元。

在移动通信时代,专利权人声称无线通信功能是消费者购买手机的主要动机,因此,长期以来,在移动通信领域总体以整体商品为许可费计算基础,即专利权人按照整个产品的盈利百分比收取许可费。也就是说,传统上,在手机行业,以终端产品的价值作为基数进行许可费率计算(见图 4 - 3 - 4)。

---

❶ *Garretson v. Clark*, 111 U. S. 120, 121 (1884).

❷ 赵启杉. 标准必要专利合理许可费的司法确定问题研究 [J]. 知识产权, 2017 (7):14 - 23.

图 4 – 3 – 4　许可费率基数的计算原则

4.3.2.2　典型司法案例

从统计的司法判例来看，德国和英国更倾向于以终端价格作为许可费率基数的许可模式。这些法院认为，因为 SEP 对整个产品的功能作出了贡献，且驱动了终端产品的市场需求，因此以终端产品的 EMV 作为计价基础更为合理。德国法院认为：许可使用并不意味着专利权人有义务对产品价值链上各个层级的参与者都授予许可，SEP 专利权人有权自由决定向价值链的哪一节点进行许可或主张权利。在诺基亚诉戴姆勒案中，法院不赞同使用 SSPPU 作为计算 FRAND 费率的基准。无线星球诉华为案中，英国高等法院认为基于手机价格确定专利许可费是适当的。

日本和荷兰倾向于以芯片价格作为费率基数的许可模式。苹果诉三星案中，日本知识产权高等法院认为，终端产品的销售价格还包括与发明贡献无关的部分，以此作为费率基数是不合理的，应当以发明贡献的最低单位，即芯片的价格作为计算许可费的基础。

美国的司法观点并不统一。爱立信诉友讯案中，美国联邦巡回上诉法院认为许可费应当包含专利为最终产品所带来的价值增量。*CSIRO* 诉思科案、激光动力诉广达计算机案中，联邦巡回上诉法院同样以终端产品价值作为许可费的计价基础。与之相对的是，在康奈尔大学诉惠普案和 *In re Innovatio* 案中，美国地区法院则是以 SSPPU 或芯片的价格作为许可费的计价基础。

下面对这些典型案例进行梳理。

（1）美国法院

1）康奈尔大学诉惠普案❶

康奈尔大学诉惠普案被称为"最小可销售专利实施单元第一案"。该案涉及康奈尔大学的专利 US4807115，保护了一种具有多个功能单元的处理器的指令发布机制，该发明通过实现多重乱序处理，提高了具有多个功能单元的处理器的吞吐量。

康奈尔大学和惠普双方对该发明仅涉及计算机处理器中的读取指令重排序缓冲区的一个组件没有异议。这里，处理器和服务器之间的关系如下：处理器是 CPU 模块的一部分，处理器与温度控制装置、外部高速缓存存储器和电源转换器一起构成了

---

❶　*Cornell University v. Hewlett – Packard Company*，609 F. Supp 2d 279，283（N. D. N. Y. 2009）.

"CPU 砖"，而"CPU 砖"又是较大服务器的一部分。

惠普主要销售服务器和工作站，而不销售处理器，因此，康奈尔大学最初要求以惠普整个服务器和工作站系统的收入作为许可费计算的基数，显然这些服务器和系统中包含了大量处理器之外的技术。

最终法院认为，EMV 原则只有在证明未受专利保护的部件或技术是对侵犯授权专利的充分赔偿所必需的情况下，才允许对超出要求保护的发明范围的技术进行损害赔偿。

在康奈尔大学将许可费基数从"服务器和工作站"改为"CPU 砖"后，法院继续认为，康奈尔大学只是简单地将许可费基数从服务器和工作站下降了下一个最昂贵的处理器集成产品"CPU 砖"，但是没有将其基本金额与处理器联系起来，且没有提供任何证据显示消费者对该 CPU 砖的需求与专利发明之间的关联性，也没有提供可靠的证据来证明"CPU 砖"的非专利保护部分是补偿侵权行为所必需的。由于整个服务器没有侵权，所以康奈尔大学需要提供理由说明为何其损害会扩大到不包含在要求保护的发明中的特征和组件，但是康奈尔大学没有提供可信和充分的经济证据来支持 EMV 原则的应用。相反，其提供的证据会误导陪审团判决出远远超出补偿目的的损害赔偿金。

最后，法院支持了惠普的观点，认为作为 SSPPU 专利实体的假设的处理器收入金额是适当的许可费基数，为 6 686 785 273 美元，在陪审团统一认为许可费率是 0.8% 的基础上，得出康奈尔大学有权获得的损害赔偿金额是 53 494 282 美元。

2）激光动力诉广达计算机案❶

激光动力是专利 US5587981 的专利权人，该专利涉及一种光盘识别方法，其可以使光驱自动识别插入的光盘类型。该专利技术在便携性、便利性和效率至关重要的笔记本电脑中特别有用。广达存储公司是一家光驱制造商，广达计算机按照客户指示将光驱安装到计算机中，但不生产光驱。

一审中，激光动力认为，该专利带来的功能存在于当前使用的所有光驱中，并且该功能的存在是任何笔记本电脑在计算机市场上取得成功的先决条件。由于广达计算机销售的是笔记本电脑而不是光驱，因此，激光动力主张将完整的笔记本电脑视为适当的许可费率基数。一审认可了激光动力的诉求，以笔记本电脑的销售额作为基数，判决广达计算机需给激光动力支付 5 200 万美元的赔偿金。

广达计算机提出上诉，辩称激光动力应用 EMV 原则的方法不可靠，需要将证据排除在外。广达计算机接着基于可比协议认为其应支付一次性赔偿 120 万美元，陪审团最终裁定一次性赔偿 850 万美元。二审后，双方均提出上诉。

终审法院在判决中，就能否适用 EMV 原则进行了详细论述。终审法院认为：

首先，一些产品是由许多不同的组件制成的，其中一个或多个组件可能被所主张的专利所涵盖，而其他组件则没有被专利涵盖。对于电子设备来说尤其如此，它可能

---

❶ *Laserdynamics*，*Inc. v. Quanta Computer Inc*，*Quanta Computer USA*，*Inc.*，*Quanta Storage*，*Inc.*，and Quanta Storage America，Inc. 694 F3d 51（Fed. Cir. 2012）.

包括几十个不同的组件，这些组件中的许多组件可能单独获得专利，且这些专利通常由不同的实体拥有。

其次，法院对合理专利许可费进行了阐述。法院认为，根据法律，合理的专利许可费损害被视为"足以补偿侵权行为"的最低侵权损害赔偿金额。如果多组件产品的小部分被指控侵权，计算整个产品的许可费会带来相当大的风险，即专利权人将会因该产品的非侵权组件而获得不当补偿。因此，通常要求许可费不是基于整个产品，而是基于 SSPPU。

最后，法院接着论述了 EMV 原则。法院认为，EMV 原则是一般规则的一个狭隘例外。按照一般原则，需要"专利权人必须在任何情况下提供证据，以将被告的利润和专利权人的损害在专利特征和非专利特征之间分开或分配"；但是按照 EMV 原则，如果可以证明专利特征推动了对整个多组件产品的需求，则专利权人可能获得按可归属于整个产品的收入或利润百分比的损害赔偿。

该案中，激光动力在一审中提出了完整的市场价值规则理论。但是，激光动力未能提供证据表明专利的光盘识别方法推动了市场对笔记本电脑的需求。仅仅表明光盘识别方法对膝上型计算机的使用有价值，重要甚至必不可少是不够的。作为举例，法院认为，高分辨率屏幕、响应式键盘、快速无线网络接收器和延长寿命的电池在某种意义上都是笔记本电脑的重要或必不可少的功能，去掉其中一个功能，消费者不太可能在市场上选择这样的笔记本电脑。但是，证明消费者不想要没有这些功能的笔记本电脑并不等于证明这些功能中的任何一个单独推动了笔记本电脑市场。激光动力仅证明"零售市场上销售的几乎所有计算机都包含光驱，客户会犹豫是否购买没有光驱的计算机"，但是这些证据不支持使用整体市场价值原则。

最后，法院针对激光动力以广达计算机没有跟踪与单个组件相关的价格的抗辩指出：①按单位运行的专利许可费并不是双方在假设谈判中可能同意的唯一合理专利许可费形式，除此之外，也可以采用一次性使用费。法院认为，如果允许激光动力将整个笔记本电脑作为许可费率基数有可能使许可费率超出专利保护范围，而包含专利未涵盖的组件。②激光动力可以从第三方、行业惯例等处获取或获取有关光驱价值的准确信息，实际上，其已经获得了索尼制造的光驱的替代定价信息，并且其定价信息也是可靠的。

因此，法院最终认为，该案不应适用例外的 EMV 原则。

3）*In re Innovatio IP Ventures* 案❶

Innovatio 公司拥有 IEEE 开发的 802.11 无线标准的若干标准必要专利。Innovatio 公司起诉多个酒店、餐厅、咖啡店、超市等无线网络使用者，因其向客户提供无线网络服务而侵害了自身专利。思科、摩托罗拉等因制造了相关网络设备也成为被告。

双方对法院用于计算专利许可费的许可费基数存在争议。

Innovatio 公司认为专利许可费基数是具有无线功能的终端产品售价，这些终端包括

---

❶ *In Re Innovatio Ip Ventures*，*Llc Patent Litigation* Case No. 11 C 9308.

笔记本电脑、平板电脑、打印机、接入点等。鉴于一台笔记本电脑还有许多其他功能，其价值中有 10% 来自 Wi – Fi。在将 10% 乘以最终产品价格后，Innovatio 公司建议法院通过 IEEE 802. 11 标准的可比协议，再乘以 6%，得到专利许可费基数。根据 Innovatio 公司提出的算法，每个接入点的许可费平均约 3. 39 美元、每台笔记本电脑为 4. 72 美元、每台平板电脑可达 16. 17 美元，而每个库存跟踪设备（例如条形码扫描仪）的许可费高达 36. 90 美元。

制造商认为，法院应将专利许可费确定为制造商为每个无线芯片支付的价格的百分比，该无线芯片是为设备提供 802. 11 无线功能。根据制造商的算法，其许可费在每芯片 0. 72 美分到 3. 09 美分之间，大大低于 Innovatio 公司提议的许可费。

双方就该案中 SSPPU 提出了广泛的证词和论据。Innovatio 公司认为，它的许多专利权利要求都涉及 Wi – Fi 芯片以外的设备的系统和方法，包括天线、接入点、处理器和无线电。因此，Innovatio 公司认为，SSPPU 是包括所有最终产品设备的系统，而非 Wi – Fi 芯片。制造商提供的证据表明 802. 11 标准的所有功能都在 Wi – Fi 芯片上"实施"，其中包括要运行任何 802. 11 标准特征的硬件和软件。

法院对 Innovatio 公司的证词进行了分析，认为其考虑的 10% 比例等都是基于主观推测，没有相应的经济学分析，鉴于 Innovatio 公司没有向法院提供法律上合理且事实上可信的方法来将被指控的最终产品的价格与 Innovatio 公司的专利功能的价值进行分配。最后，法院认为，只能采用制造商提出的根据 Wi – Fi 芯片价格计算许可费的方法。

4）爱立信诉友讯案❶

与该案相关的是 IEEE 发布的 802. 11 标准，该标准通常称为"Wi – Fi"。爱立信声称所有有争议的专利都是 IEEE 802. 11（n）标准的标准必要专利。该案件所涉及的专利是被称作"多速率无线电通信系统和终端"的 US6466568 专利、"在 ARQ 协议中最小化反馈响应"的 US6772215 专利和"在数据网络中丢弃数据包"的 US6424625 专利，US6466368 专利公开了将传输类型作为报头的一部分进行传输，这允许网络将更多带宽专用于更高优先级的传输类型，从而更快地发送这些数据包。US6772215 专利公开了将"类型标识符字段"（TIF）添加到反馈响应上，这允许接收器可以判断例如分组编号列表或位图哪种响应是最有效的，并可以在不同类型的反馈响应之间动态选择。US6424625 专利公开了一种方法，用于发送设备强制接收设备接收可能超出其接收窗口的数据包。

该案中的被告侵权人友讯生产了多种电子设备，包括笔记本电脑和路由器（"最终产品"），其中包含英特尔制造的 802. 11（n）无线芯片。由于所有这些最终产品都包含符合 802. 11（n）标准的芯片，因此它们必须具备 802. 11（n）标准规定的功能。

一审中，爱立信认为应当根据可比协议实际表示的许可费来确定爱立信授权被告使用 Wi – Fi SEP 组合的应得许可收入。由于爱立信仅针对被告主张了 5 项专利而不是

❶ *Ericsson，Inc. v. D – Link Sys.，Inc.*，No. 13 – 1625（Fed. Cir. 2014）.

整个 Wi – Fi SEP 组合，专家证人分摊了可比许可协议中的收入以计算归属于这 5 项专利的组合价值。最终一审法院判定所有被告人的赔偿总额为 1 012.5 万美元。

一审后，诉讼双方就损害赔偿是否违反 EMV 原则在美国联邦巡回上诉法院进行了辩论。友讯认为，由于权利要求完全由 Wi – Fi 芯片实施，而没有由被指控的最终产品的其他组件实施，因此不应允许爱立信依据最终产品的价格来要求损害赔偿金。爱立信认为，法院已认定可比协议是合理许可费率的最佳证据，一审裁决符合"行业规范"，且专家进行了严格的分析，将相关专利的价值与其他专利区分开来，因此，可以依据最终产品的价格来要求损害赔偿金。

美国联邦巡回上诉法院认为，在涉及多组件产品的情况下，许可费基数和许可费率必须反映产品侵权特征的价值。当被诉侵权产品同时具有专利和非专利特征时，最终必须使用"可靠和有形"的证据在专利特征和非专利特征之间分配被告的利润和专利权人的损害。从逻辑上说，经济学家可以通过多种方式做到这一点，例如，仔细选择许可费基数反映专利功能的附加值；通过调整专利许可费以降低产品非专利特征的价值等，但基本要求是最终合理的专利许可费必须考虑专利发明对最终产品增加的增量价值。

具体适用于许可费基数选择的原则是，当涉及多组件产品且专利特征未覆盖全部产品时，必须注意避免通过过分强调整个产品的价值来误导陪审团。如果有可能误导陪审团，则法院必须坚持用 SSPPU 为基础，由陪审团计算专利许可费。爱立信的专家证词既没有违反关于分摊的规则，也没有违反证据原则，即专家证词在损害证据的证明价值与此类证据可能造成的偏见影响之间取得了适当平衡，其证词是可信的。

因此，美国联邦巡回上诉法院驳回了被告友讯关于爱立信使用可比许可协议的指控，认为爱立信的损害赔偿专家并未违反分摊专利损害赔偿或 EMV 原则。该案最终根据最终产品的价格来要求损害赔偿金。

5）*CSIRO* 诉思科案❶

CSIRO 是澳大利亚的国家级科学机构，持有美国专利 US5487069，该专利公开了一种无线 LAN，它包含前向纠错、频域交织和多载波调制，以及解决室内"多径"问题。该专利陆续于 1999 年和 2003 年被纳入标准 IEEE 802.11 的 a 版本和 g 版本。

为将该技术商业化，CSIRO 的科学家与其他教授创立了一家公司名为 Radiata，在美国销售无线芯片。Radiata 和 CSIRO 签订了技术许可协议。根据技术许可协议，Radiata 根据每块出售的芯片支付 CSIRO 分级特许权使用费。2001 年初，思科收购了 Radiata，思科根据技术许可协议向 CSIRO 支付了专利使用费，直到 2007 年思科停止在其产品中使用基于 Radiata 的芯片。

CSIRO 于 2010 年对思科提起诉讼，思科承认其存在侵权，也承认专利的有效性，但双方在损害赔偿金方面存在分歧。该案在经过美国联邦地区法院、美国联邦巡回上

---

❶ *Commonwealth Scientific and Industrial Restarch Organisation*, *Petitioner*, *v. CISCO SYSTEMS*, *INC.*, Supreme Court of the United States.

诉法院审理后，最终由美国联邦最高法院作出了最终判决。

一审中 CSIRO 和思科分别提出了其认为合理的计算许可费的模型：CSIRO 提出对每个最终产品收取固定费用，许可费会随着被许可人接受合同的时间及其产品销售量的变化而变化；思科提出的计算模型是基于之前 CSIRO 与思科收购的 Radiata 签订的技术许可协议，即基于芯片价格。思科认为，该专利仅由基带无线芯片的物理层（PHY 层）执行，因此芯片是与该发明最密切相关的单元，因此芯片价格是最合适的许可费基础。

美国联邦地区法院驳回了双方提出的损害赔偿模式。法院认为 CSIRO 的模式存在的问题是样本量不足和初始范围过大，并且未能以可量化的方式充分分配受保护产品和未受保护产品之间的差异。至于思科模式，法院认为，虽然关于 CSIRO 专利的创新部分在无线芯片的物理层，但芯片本身并不是发明，CSIRO 的专利是技术的组合，这些技术被用来解决室内无线数据传输的多径问题。专利的价值在于创意，而不是执行创意的芯片。因此，法院认为，根据单一芯片的价格来计算专利许可费就好比根据装订线、纸张和油墨等实体物品的成本来计算版权图书的价值。虽然这种计算方法可以捕捉到产品的物质成本，但不能显示产品的真正价值。并且，因为侵权行为非常普遍，导致无线芯片价格被人为压低，因此根据无线芯片的价格来计算 CSIRO 专利的价值并不符合逻辑。最终美国联邦地区法院基于 2004 年 CSIRO 的费率表和思科在 2005 年 10 月公布的非正式费率提出了计算模型的建议。最终判决思科的许可费为 0.9 美元至 1.9 美元，思科的子公司 Linksys 的许可费为 0.65 美元至 1.38 美元之间。

该案审判决后，思科向美国联邦巡回上诉法院提起上诉，思科就许可费不是基于 SSPPU 计算提出了异议。美国联邦巡回上诉法院认为，思科提出的观点是站不住脚的，该观点可能会要求所有的损害赔偿金模型都以 SSPPU 的销售价格作为基数。这与依据可比协议的计算方法相冲突。美国联邦巡回上诉法院认为地区法院在运用损害赔偿金模型时没有违反分配原则。但是，美国联邦巡回上诉法院认为地区法院的错误在于，地区法院认定思科的产品因 CSIRO 的发明而在商业上取得成功，替代技术因技术劣势而在市场上失败，这是法律错误。美国联邦巡回上诉法院认为，这些事实调查结果在法律上是"不相关或具有误导性的"，同时，美国联邦巡回上诉法院认为，地区法院没有明确考虑双方立场可能会受到标准化的影响。因此，美国联邦巡回上诉法院撤销了地区法院的损害赔偿裁决。

美国联邦最高法院认为，美国联邦巡回上诉法院对损害赔偿基础的许多事实问题进行重新审查是不合适的。损害赔偿的自由裁量权应交还给事实审判者（即地区法院或陪审团）。美国联邦最高法院认为基于如下两个事实认为 CSIRO 的专利（而非标准化）推动了侵权产品的商业成功和盈利能力是没有问题的：①IEEE 有多次机会选择其他技术（包括思科的先进替代技术），而不是 CSIRO 的发明作为连续几代标准的基础，但每次都选择 CSIRO 的专利解决方案；②侵权（802.11g）和非侵权（802.11b）标准在市场上正面交锋，但基于 802.11g 标准的产品具有更高的销售额和更高的利润，最终使非侵权标准被淘汰。这反映了专利技术创造了独立于标准化的巨大价值。

因此，美国联邦最高法院最终支持了地区法院的判决，即基于 2004 年 CSIRO 的费率表和思科在 2005 年 10 月公布的非正式费率提出了计算模型，而没有以作为 SSPPU 的芯片为基础来计算许可费。

6）德国大陆集团诉 Avanci 专利池及其成员案❶

德国大陆集团是领先的汽车零部件供应商，其提供包括汽车远程信息控制单元（TCU）在内的车联网设备。TCU 用以嵌入汽车，提供无线连接的设备，预计 TCU 将在未来的联网汽车行业促进更多功能的产生。

Avanci 是标准必要专利权人组建的专利池的许可代理，其与 37 名专利权人签订了专利许可协议，在许可协议中规定了 Avanci 仅能将相关标准必要专利许可给汽车生产商或者 OEM，但允许专利池成员将 SEP 专利单独许可给其他供应商。

对于该案的核心"拒绝许可"，即 Avanci 专利池整体只允许主机许可，不对零部件企业开放许可。虽然美国联邦地区法院支持了大陆集团的请求，但是美国联邦第五巡回上诉法院驳回了这一判决。

美国一审法院支持了德国大陆集团的诉求，但是美国上诉法院认为，Avanci 对包含大陆集团产品的主机厂商进行许可，因此大陆集团不需要被告的 SEP 许可就可以运营；也没有证据表明，Avanci 专利池和标准制定组织有意要求对产业链上的第三方进行许可。上诉法院还认为，即使大陆集团拥有 FRAND 合同项下的权利，因为 SEP 专利权人已经履行了他们对标准组织声明的关于大陆集团的义务。Avanci 和专利权人正在"积极向 OEM（主机厂商）许可 SEP"，这意味着他们正在按照 FRAND 条款向大陆集团提供 SEP 许可。由于大陆集团不需要个人拥有 SEP 许可来经营其业务，因此它没有被剥夺其有权拥有的财产，大陆集团实际上没有遭受损害。

上诉法院还对地方法院支持大陆集团引用的三个案例作出了回复，认为该案原告大陆集团没有遭受此类伤害。且没有一个案件与该案的情况类似，即使合同权利被直接"拒绝"，依然可以以其他方式获得合同赋予的权利。即大陆集团不必取得许可证，就可以以较低的成本生产其组件。

（2）欧洲法院

欧洲法院在智能手机时代鲜有关于许可费基数的案件，但是随着无线通信技术从移动通信领域向汽车行业扩散，同时，汽车行业也有其一直以来的行业惯例，即终端厂商通常只负责进行产品的设计和零部件的组装，而由零部件供应商来解决专利许可问题，因此，无线专利权人与汽车厂商之间产生了强烈的冲突，这里比较典型的是移动通信专利权人诺基亚、康文森和夏普与戴姆勒的一系列诉讼案件，下面以诺基亚和戴姆勒的案件为例来加以说明。

原告诺基亚是主要通信服务提供者，持有一系列专利组合，这些专利组合符合 ET-SI 的标准必要专利。被告戴姆勒在德国生产并销售具有联网功能的汽车，该联网功能

---

❶ United States Court of Appeals Fifth Circuit, *Continental Automotive Systems v. Avanci*, No. 20 - 11032.

实施了由 ETSI 发展出的标准。❶

诺基亚于 2016 年 12 月 7 日向戴姆勒提供了与其专利组合相关的信息。戴姆勒于 2016 年 12 月 14 日回复称对其生产制造戴姆勒汽车中内建的所谓"车载信息控制单元"（TCU）的供应商进行许可将更有效率。诺基亚于 2019 年 2 月 27 日向戴姆勒提出了第二份许可要约，进一步添加了 CC 表。戴姆勒于 2019 年 3 月 19 日再度拒绝，认为诺基亚所持有的专利组合的许可费应以供应商提供给戴姆勒的组件价格而非按戴姆勒生产的汽车价格为标准计算。

法院认为，使用车载信息控制单元作为"参考价值"为诺基亚所持有的标准必要专利组合计算许可费是不恰当的。一般来说，符合 FRAND 的条款和条件往往不只有一套，通常会存在一系列的许可条款和费用都能符合 FRAND。此外，符合 FRAND 的条款和条件也可能在各个行业之间以及不同的时间下有所差异。

无论在哪一层级实施该受保护的发明，都有可能在终端产品中获得额外的经济利益。因此，专利权人原则上必须能够在价值链的最后阶段就其技术在可销售终端产品中的经济利益获得一定份额。法院认为有多种手段可以避免 SEP 专利权人从发生于价值链中其他阶段的创新发明中获益，因此，以该观点来否定将最终产品的价值作为专利技术价值的考量是不合适的。

法院不赞同使用 SSPPU 作为计算 FRAND 许可费率的基准这一观点。这里涉及专利权用尽的观点，其所产生的影响将使得 SEP 专利权人被排除于共享价值链的最后阶段创造出的价值之外。除此之外，此种做法也将在价值链中的几个不同阶段对同一项专利多次进行许可，使"双重获利"行为的确认与避免变得更加复杂。

法院指出，戴姆勒的几个主要竞争对手均接受了 Avanci 平台的许可模式（即专门向汽车制造商授予许可），这一事实更进一步展现出着重于受保护技术对终端产品的价值在汽车行业中也是合理的。

法院进一步阐明，专利权人原则上有权自由选择在供应链中的哪一阶段主张其权利。而这对处于市场支配地位的专利权人而言也没有不同，因为竞争法本身并不当然限制此种可能性，而竞争法是 FRAND 承诺的基础。

该案中，没有迹象表明诺基亚主张使用终端产品作为计算其专利许可费的基础将会对竞争产生影响。尤其是通过 Avanci 平台授予戴姆勒竞争对手许可的实例已经表明，通信行业盛行的相应惯例已经在汽车行业中获得采纳。此外，法院也不认为对终端设备制造商主张标准必要专利权可能导致对其生产、销售和技术发展造成限制，从而损害消费者权益。法院引用了所谓的"委托制造权"，认为根据 ETSI 知识产权政策，该权利应被包含在 FRAND 许可协议中，并允许零组件制造商生产、销售和开发其产品，因此不会损害消费者权益。

（3）日本法院

三星拥有 UMTS 标准相关标准必要专利，UMTS 标准是由 3GPP 制定的电信标准。

---

❶ *Nokia v Daimler*, Regional Court（Landgericht）of Mannheim18 August 2020 – Case No. 2 O 34/19.

2011 年 4 月，三星向日本东京地方法院起诉苹果在其系列产品中侵犯其第 4642898 号标准必要专利。● 一审东京地区法院驳回三星的全部诉讼请求。三星向日本东京知识产权高等法院提起上诉，东京知识产权高等法院维持一审法院关于三星请求临时禁令的行为构成权利滥用的判决，但同时认为三星有权要求苹果支付相当于符合 FRAND 许可条款的合理许可费的侵权损害赔偿。

三星声称，UMTS 作为基本知识产权的许可费的上限为产品销售营业额的 5%，双方认可，在 UMTS 标准中声明为必要的 1 889 专利族中，实际必要的专利族有 529 个，因此，许可费金额应为产品的销售额 ×5% ×1/529。苹果公司声称，因为许可费率的基础包括与发明贡献无关的部分，因此，三星以产品的销售价格作为计算许可费的依据，会导致过高的许可费。在该案中，为避免不合理的专利许可费，应按照发明贡献的最低单位基带芯片的价格计算。即使以产品的销售价格为基准，也应以金额乘以贡献率计算。由于三星仅参考了 FRI 报告，未承担必要专利族的举证责任，因此，仍认为声明的 1 889 个专利族都是标准必要专利，最终的许可费应当是基带芯片的费用 ×5% ×1/1 889，或者其基数是产品售价 × 贡献率，其金额应与基带芯片的价格相同。

最终，东京知识产权高等法院采用的计算方法是：首先确定侵权产品总销售额中 UMTS 标准的贡献度，进而计算涉案专利在 UMTS 标准中的技术贡献度，最后计算分摊至涉案专利的价值。

在计算 UMTS 标准对侵权产品总销售额的贡献度时，日本东京知识产权高等法院考虑了 UMTS 标准所实现的移动通信功能是否是相关侵权产品的基本功能。在该案中法院认为移动通信功能是苹果"iPhone"手机产品的基本功能，而非"iPad"平板电脑产品的基本功能，因此 UMTS 标准对后者的价值贡献低于对前者的价值贡献。为此，法院对不同的产品确定了不同的贡献率百分比。

在计算涉案专利在 UMTS 标准中的技术贡献度时，法院调查发现，诺基亚、NTT、爱立信、西门子等 UMTS SEP 专利权人都主张，应将 UMTS 的总许可率限制在不超过 5% 来帮助传播 UMTS 标准，双方当事人也认可上述数额，因此以产品销售总额的 5% 作为全部 UMTS 标准的总价值。

在计算涉案专利在 UMTS 标准中的技术贡献度时，日本东京知识产权高等法院仍然采用的是数量占比法，法院根据 FRI 2008 年的分析报告，认可在已经披露的 1 889 个标准必要专利中只有 529 个专利是或很可能是必要的。

据此，涉案专利的侵权赔偿为：UMTS 标准对产品的价值贡献率 × 侵权产品侵权期间的销售总额 ×5% ×1/529，最终计算对涉案 iPhone 侵权产品的赔偿额为 9 239 308 日元，对涉案 iPad 侵权产品的赔偿额为 716 546 日元。

由此可见，虽然三星诉苹果案的基数是侵权产品在侵权期间的销售总额 × UMTS 标准对产品的价值贡献率，但是日本法院显然采纳了苹果关于许可费基数的主张。日本法院的底层机理认为产品售价 × 贡献率最终可能更接近于芯片的价格。在许可费基数

● *Samsung Electronics Co. Ltd. v. Apple Japan*，Judgment rendered on May 16，2014 2013（Ne）10043.

计算时，日本法院只是其采用了一种折中的方式，既考虑了智能手机行业的惯例，又接近于 SSPPU 的计算基数，因此，该案从费率的计算上应当被认为是以终端芯片作为许可费的计算基数。

由上述司法案例可以看出，许可费基数看似是许可费的差异，实际上是专利许可层级的较量，以高通、诺基亚等为代表的专利权人希望能延续智能手机领域的做法，继续通过终端产品即汽车生产商或者 OEM 来收取，而不是向直接使用其技术的零部件产品供应商收取许可费。其中最直接的原因是许可费的高低，采用 EMV 原则和 SSPPU 原则算出的许可费之间可能相差十几倍甚至上百倍。

引领许可费相关理论的美国法院在许可费基数的判断上，态度较为摇摆，似乎认为只要许可费能够促进有效的创新，不管其是以何种方式收取的，不管其是按照最小可销售专利实施单元，还是按照最终产品计算，存在就是合理的。

但是从近年来汽车行业的诉讼案件来看，以大陆集团为代表的零部件供应商先是间接参与诉讼支持戴姆勒的请求，接着直接作为原告向 SEP 专利权人发起诉讼，反映出至少从汽车零部件供应商来看，智能手机行业的标准必要专利规则与汽车行业的传统许可惯例存在较大的冲突。因为一旦采取了终端级许可，那么零部件供应商只能根据汽车厂商的订单来生产，将导致零部件生产商在与汽车厂商的合作过程中谈判地位大为降低，还使得零部件厂商不能为其他汽车厂商生产零部件，极大限制其产能。

因此，目前在标准必要专利从智能手机领域向汽车或物联网领域扩展的过程中，许可费基数的确定更显其紧迫性与必要性。

综合主要国家和地区的司法实践可知，主要国家和地区有关许可费基数的司法实践呈现如下特点。

一是分摊原则是与专利的技术贡献最适应的原则。美国早在 1884 年就根据专利所覆盖的技术特征和未覆盖的技术特征，对许可费进行了分摊。分摊原则也被认为是与专利保护的实质最相适应的许可费计算原则。

二是 EMV 原则是传统手机普遍采用的许可费基数计算方式。在 2G 和 3G 时代，由于无线功能是手机的基本功能，用户购买手机的基本动力来源于其对无线功能改进的需求，因此，作为例外，采用 EMV 原则作为手机的许可费基数成为相对主流的观点，也得到司法实践的认可。当然，也正是因为 EMV 原则已在手机行业形成了惯例，而 SEP 最初起源于无线蜂窝领域，因此，EMV 原则才成为 SEP 许可费基数的主要原则。

三是随着产品的多功能化和集成化，许可费基数计算方式开始有向 SSPPU 转化的趋势。由于智能手机上搭载摄像头、音视频编码单元、人机交互界面等软硬件元素，无线功能不再是用户购买手机的主要需求，同时在计算机和服务器等领域，功能的集成趋势更为明显，显然此时仍采用 EMV 原则作为许可费计算基数的话，无法在专利权人和实施人之间达到利益平衡，因此，美国法院首开先河，引入了 SSPPU 原则。目前，SSPPU 原则虽不是司法实践的主流原则，但存在从 EMV 原则向 SSPPU 原则转向的趋势。

四是汽车行业和手机行业的许可惯例存在冲突，SEP 许可领域的迁移将加速许可费计算基数规则的改变。汽车行业的专利许可通常是纵向许可，许可问题需要由汽车零部件供应商来解决，整车企业基本上不需要额外支付许可费。SEP 许可领域从无线蜂窝领域转向汽车领域加剧了传统 EMV 原则与行业惯例的冲突，目前虽然美国二审法院的司法实践中并未有许可层级改变的趋势，但是也可以看到在美国法院的一审中已经支持了零部件厂商的诉求，因此，未来许可费计算基数的规则将迎来改变。

4.3.3　许可费计算方法

一般而言，专利技术价值的定价权交给市场，更符合专利制度设计初衷。如果市场机制无法正常运作，司法救济就需要解决如何公平、合理地确定标准必要专利的许可费的问题。在计算许可费时常用的方法包括自下而上法、可比协议法、自上而下法、专利池法和纳什议价解决方案等，但在司法程序中还没有一种方法能够获得各方共识，往往是专利权人和标准实施人的损害赔偿专家提出对己方更为有利的许可费计算方法以及证据，由法院作出相应的选择、修正和裁决。本节将基于各国的典型判例分析上述几种计算方法，聚焦两种主流的许可费计算方法——可比协议法和自上而下法在实现 FRAND 费率上的优势和缺陷，以期为我国产业界和司法界在 SEP 许可费的计算方法上提供参照思路。

4.3.3.1　计算方法分析

合理许可费是美国专利侵权的主要判赔标准。美国作为标准必要专利诉讼发展最早、最完善的国家，其对于合理许可费的定义也获得广泛认可。如图 4-3-5 所示，合理许可费的含义在于，确定涉案专利给专利权人带来的价值（最低价值为 A），以及给标准实施人带来的价值（最高价值为 B），二者形成一个范围，合理许可费的金额将落在范围 [A，B] 内。

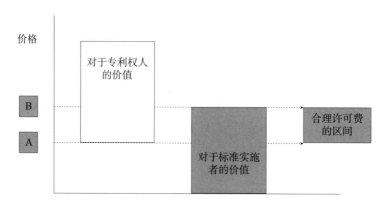

A：专利权人愿意接受的最低价格；
B：标准实施者愿意支付的最高价格。

图 4-3-5　合理许可费的价格区间

对于标准必要专利，为平衡专利权人和标准实施人的利益，FRAND 原则已经被许多国际标准化组织采纳，加入这些标准化组织的成员被要求在许可过程中必须遵守 FRAND 原则，而基于 FRAND 原则确定的费率即为 FRAND 费率。

虽然合理许可费是美国法院在专利侵权案件中计算损害赔偿金的方法，但它们也可以作为在标准必要专利许可谈判中确定 FRAND 费率的参考。因此，合理许可费的计算方法基本适用于 FRAND 费率，只是可能需要在某些方面进行微调。

司法审判中如何计算合理许可费，不同的案件依赖于不同的案由、双方当事人的背景，以及不同的证据和计算方法等。自下而上法曾在专利诉讼中短暂选用，纳什议价解决方案仅是庭审过程中尝试性的探讨，可比协议法、自上而下法和专利池法至今已成为主流选择。

（1）自下而上法

自下而上法也被称为增量价值法（Incremental Value Approach），是美国专利侵权赔偿中的价值增量理论的具体体现。对于 SEP 而言，增量价值法认为其价值应为 SEP 相对于其最优替代方案的增值。然而，随着 ICT 行业变得越来越 "专利密集"，同一标准下的专利可能被数十个甚至上百个专利权人所拥有，当这些专利权人都利用其拥有的专利份额分别向独立的司法机构主张所谓的 "增量价值" 时，司法机构如果孤立地使用自下而上法对某些 SEP 的价值进行评估，而不关注相关标准的累积费率问题，这就很容易产生 "专利费堆叠"（Royalty Stacking）问题。因此，自下而上法在司法实践中并不常见。

（2）可比协议法

很多司法机构和业界学者认为，可比协议法可以归类于自下而上法。但是由于可比协议法是司法中最常用的一种许可费率计算方法，为清晰起见，这里将其单列加以说明。

1）假想协商法、Georgia – Pacific 因素与可比协议法的关系

在前文中已经提及的 *Georgia Pacific* 案中❶，法院列举了其认为在就实施人的行为确定合理许可费时需要考虑的 15 项相关因素。*Georgia Pacific* 案还提出运用假想协商法，即 "在侵权开始的时候，自愿的许可者和被许可人拟定一个假想协商" 估算合理许可费。之后，在 2009 年朗讯诉捷威案中，美国联邦巡回上诉法院对假想协商法作出如下解释："假想协商尽可能地尝试再造预付款许可协商的情形，并且描述产生的协议。换句话说，如果没有发生侵权，自愿的当事人双方本该执行特定某一使用费支付方案的许可协议。"

如图 4 – 3 – 6 所示，可比协议法涉及的是 Georgia – Pacific 因素 1 和因素 2，考量的是和涉案专利的许可相对应的许可，包括现有或过往的涉案专利许可（因素 1）和与涉案专利具有可比性的其他现有或过往的相关许可（因素 2）。

---

❶ *Georgia Pacific Corp. v United States Plywood Corp.*，318F Supp1116（SD NY 1970）．1970.

图 4 – 3 – 6 Georgia – Pacific 因素与可比协议法的关系

2）可比协议法的定义

可比协议法是指通过分析现有或过往专利许可协议中的许可费，以确定涉案专利的许可费。专利权人作为涉案专利和相关专利的拥有者，掌握着相关许可信息，由其提供可比协议通常是最优的选择，但是专利权人往往怠于举证或仅提供对专利权人有利的证据，以提高其赔偿预期。而标准实施人通常提供的证据是公开途径可以获得的相关许可信息。以往法院案件和谈判实践表明，不太可能存在"完美"匹配涉案专利的现有或过往许可。因此，在应用可比协议法时，提供证据的一方当事人首要任务就是证明该许可或对该许可拆分后与涉案专利有充分的可比性。

3）可比协议的考量因素

表 4 – 3 – 2 示出本节考量的多个使用可比协议法的典型案例。各国法院在参考已有许可时，会对该许可的形成细节进行严格的审查，并通过重要的司法判例作为节点，界定许可协议的可比性的考量因素。

表 4 – 3 – 2 使用可比协议法的典型案例

涉及可比协议法的重要案例/名称	判决时间	判决地点
朗讯诉捷威案❶	2009. 09	美国
ResQNet 诉 *Lansa* 案❷	2010. 02	美国
激光动力诉广达计算机案❸	2012. 08	美国
华为诉 *IDC* 案❹	2013. 10	中国

---

❶ *Lucent Techs. , Inc. v. Gateway , Inc. , 580 F. 3d 1301 , 1324 – 25（Fed. Cir. 2009）.*

❷ *ResQNet. Com , Inc. v. Lansa , Inc. , 594 F. 3d 860（Fed. Cir. 2010）.*

❸ *Laserdynamics , Inc. , v. Quanta Computer , Inc , Quanta Computer USA , Inc. , Quanta Storage , Inc. , and Quanta Storage America , Inc. 694 F3d 51（Fed. Cir. 2012）.*

❹ 广东省高级人民法院（2013）粤高法民三终字第 306 号民事判决书。

续表

涉及可比协议法的重要案例/名称	判决时间	判决地点
苹果诉摩托罗拉案❶	2014.04	美国
VirnetX 诉思科案❷	2014.09	美国
爱立信诉友讯案❸	2014.12	美国
微软诉摩托罗拉案❹	2015.07	美国
宏达诉爱立信案❺	2021.08	美国

① 专利属性

专利属性的可比性是指：（a）专利包应当与涉案专利一致或至少包含后者，或涉及的技术与涉案专利处于同一细分领域或功能类似；（b）专利包的专利数量是否接近。

美国法院已经多次明确，第（a）点是认定许可具备可比性的必要条件，例如，在朗讯诉捷威案中，专利权人提供的多份许可协议虽然处于计算机领域，但与涉案专利要求保护的图形用户界面工具相差甚远，二者也因为数量上的差异导致无从比较，未得到法院的认可；在 ResQNet v. Lansa 案中，ResQNet 主张的 5 份许可协议的技术领域均与涉案专利无关，并且包括软件产品、源代码以及服务等，也不具有可比性。

② 许可方式

许可方式的可比性是指：（a）许可费是一次性支付还是按产量支付；（b）许可方式是交叉许可、单方许可、独占许可或非独占许可，还是捆绑许可等；（c）专利包是否可以拆分；（d）是否非诉讼和解中形成的许可。

（a）许可费是一次性支付还是按产量支付

在朗讯诉捷威案中，朗讯引用了 4 份"按产量支付"的许可协议来计算一次性损害赔偿金，美国法院的观点是：一次性许可协议与按产量支付的许可协议之间存在一定的本质上的区别，陪审团在运用一份按产量支付的许可协议作为基础判付一次性损害赔偿金时，朗讯并没有提供任何适当的方法重新计算按产量支付的许可协议的价值，以达到判付一次性损害赔偿的数额。在华为诉 IDC 案中，由于华为仅能获得 IDC 与苹果签订的按产量支付的许可协议作为证据，因此提出将其按照一次性支付专利许可使用费进行换算，该方法得到广东省高级人民法院的支持。

（b）许可方式是交叉许可、单方许可、独占许可或非独占许可，还是捆绑许可等

许可费的计算依据也与可比性高度相关，例如交叉许可和单方许可的许可费计算就缺乏可比性，而独占许可和非独占许可在许可费用上也存在计算方法的差异，选择

❶　Apple Inc. and NeXT Software, Inc. v. MOTOROLA, Inc. Nos. 2012 – 1548, – 1549. 2014.

❷　VirnetX, Inc. v. Cisco Sys., Inc., No. 13 – 1489（Fed. Cir. 2014）.

❸　Ericsson, Inc. v. D – Link Sys., Inc., No. 13 – 1625（Fed. Cir. 2014）.

❹　Microsoft Corp. v. Motorola, Inc., 10 – cv – 01823 – JLR. 2012.

❺　HTC Corp. v. Ericsson Inc., Nos. 19 – 40566, Nos. 19 – 40643. 2021.

相同类型的许可协议会获得更高的可比性。

(c) 专利包是否可以拆分

已有协议的专利包和涉案专利可能在数量上存在差异，如何拆分专利包、如何计算拆分后的专利价值是造成可比协议法计算复杂的主要原因。在 TCL 诉爱立信案❶中和无线星球诉华为案❷中，美国法院和英国法院都对专利包中的交叉许可和一次性付款许可进行了细致而复杂的拆分，以计算单向许可费率。在苹果诉摩托罗拉案中，摩托罗拉基于此前已就其整个 3G 标准必要专利组合的许可收取 2.25% 的许可费率，提出苹果只侵犯其中一项专利权，涉案专利代表了一项重要的创新，其专利价值占摩托罗拉 3G 标准必要专利组合比率的 40%～50%。但是美国联邦巡回上诉法院没有支持摩托罗拉的上述拆分理论，认为其没有提供任何适当的依据和说明。

(d) 是否非诉讼和解中形成的许可

对于以诉讼威胁或者在诉讼中达成和解而形成的专利许可，美国法院可能根据美国联邦证据规则第 408 条排除其作为可被采纳的证据。因为专利许可很容易受到诉讼的影响，而无法得出一个公平的许可费。并且在假想协商法的框架下，考量的也是双方自愿达成协议的情况，而在诉讼和解中达成的许可协议可能不符合上述要求。在 2010 年的 *ResQNet* 诉 *Lansa* 案中，地区法院认可了诉讼中形成的专利许可，但美国联邦巡回上诉法院认为这些许可与涉案专利无关，从而否定其证据效力。在 2012 年的激光动力诉广达计算机案中，美国联邦巡回上诉法院明确，并不是所有诉讼中形成的许可都可以作为损害赔偿的参考。

英国法院认为，法院判决、仲裁裁决和自由协商而达成的可比协议程度不同，通过自由协商达成的协议具有更强的可比性。

③ 许可的地理范围因素/实施人的市场地位

TCL 诉爱立信案❸中，美国法院认为 TCL 和苹果、三星、华为等占据全球市场，具有类似地位，其作为被许可方的许可协议可以作为可比协议，而排除了主要是本地市场的 Karbonn 公司和酷派公司签订的许可协议。

④ 假设谈判的开始时间和许可协议的签订时间

在适用假想协商法计算合理许可费时，第一步应是确定假想协商的时间，通常推定为侵权行为开始的时间。不同的时间可能导致专利权人在经济风险、奖励、谈判地位上存在巨大的差异，进而影响合理许可费的数额计算。在激光动力诉广达计算机案中，激光动力的专家主张以 2006 年 8 月，即提起诉讼的时间，作为假想协商日期，且认为此时 DVD 市场规模增长迅速，激光动力也拥有更多协商的能力，美国联邦地区法院也认可上述结论。但美国联邦巡回上诉法院认定，广达计算机在美国开始销售被控侵权笔记本电脑的时间是 2003 年，假想协商应从 2003 年起算。因此，与假想协商日期接近时间签订的许可协议可比性更高。

---

❶❸ *TCL Commun. Tech. Holdings*, *Ltd. v. Telefonaktiebolaget LM Ericsson*, Case – No. 2018 – 1363, 2018 – 1732.

❷ *Unwired Planet v Huawei*, UK Court of Appeal, [2018], Case No. A3/2017/1784, EWCA Civ 234.

在无线星球诉华为案中，英国法院认为，可比协议应当选择近期达成的许可协议，但是仍需对"近期"的含义作出解释。

对于以上考量因素，美国法院通常认为，一项已有的许可协议，通常满足两点要求，即第①点中的（a）专利包应当与涉案专利一致或至少包含后者，或涉及的技术与涉案专利处于同一细分领域或功能类似和第②点中的非诉讼和解中形成的许可，就是一个具有较高可比性的许可协议，而其他因素只是将已有的许可协议进行修正、拆分，以获得更优可比性。在 *VirnetX* 诉思科案中，苹果辩称，VirnetX 引用的 6 份许可协议与涉案专利没有足够的可比性，其中两项许可虽然都与要求保护的发明技术有关，但签订时间较早，且其中一份协议还包含软件许可；其他 3 项许可签订的时间在假想协商日 3 年之后，第 6 项许可的专利包数量比涉案专利更多。但美国联邦巡回上诉法院认为，"任何合理许可费分析必然涉及近似和不确定因素"，且"必须考虑技术的差异和缔约方的经济情况"。其中 4 项许可确实与涉案专利有关，而其他许可则涉及相关技术。对于苹果指出的许可之间的差异，允许陪审团适当地对其给出一定的折扣。因此，法院认可上述许可的可比性（见表 4 - 3 - 3）。

表 4 - 3 - 3 英国和美国可比协议具体考量因素

因素	美国	英国
可比协议考量因素	专利属性	涉及的技术范围
	许可方式	许可协议的达成途径
	许可的地理范围因素	许可协议双方当事人情况
	假设谈判的开始时间	许可协议达成时间

从统计的司法案例来看，美国法院和英国法院均要求许可协议涉及的技术范围相同或接近，在许可协议的达成方式和达成对象上也要求具有可比性，许可协议的签订时间同样是可比性的考量因素之一。

4）专利价值是可比协议法的讨论因素

很多司法案件在庭审过程中考量了涉案专利的价值，但是能够明确衡量出专利价值的案件寥寥无几。

微软诉摩托罗拉案❶中，摩托罗拉的 H.264 专利包仅适用于隔行扫描而不是更高级的逐行扫描，摩托罗拉辩称隔行扫描视频编码对摩托罗拉仍然有价值。但是，法院认为，摩托罗拉几乎没有证据表明微软用户会遇到隔行扫描视频。此外，即使没有摩托罗拉的 H.264 专利包，Windows 系统还是能够播放隔行扫描视频，虽然速度可能慢 5% ~ 8%。法院得出结论：摩托罗拉的 H.264 专利包对 Windows 系统的整体功能仅起次要作用。

❶ *Microsoft Corp. v. Motorola，Inc.*，10 - cv - 01823 - JLR. 2012.

5）计算 FRAND 费率时对 Georgia – Pacific 因素的修正

基于 FRAND 承诺的内涵和外延，美国法院认为 Georgia – Pacific 架构的部分因素已经不适于计算 FRAND 费率，并对其进行修正或放弃。

微软诉摩托罗拉案首次对 FRAND 费率问题作出裁定，美国法院明确了计算 FRAND 条款的经济指标：①建立 FRAND 费率应考虑并努力减缓专利挟持和许可费堆叠；②除了被纳入标准的价值之外，合理许可费应当限于专利技术的价值；③标准必要专利权人应当就其投资获得合理回报。基于 FRAND 背景，法官也在 Georgia – Pacific 架构上对 Georgia – Pacific 因素进行修正，重新构建了 FRAND 架构，主要集中在标准必要专利对标准的贡献，以及标准和标准必要专利对系争产品的重要性上。FRAND 架构中的因素 6、8、10、11 以及 13 都关注标准必要专利对标准的贡献。

基于因素 1 以及修正后的因素，法官认为，摩托罗拉提供的 3 份许可协议与涉案专利不相关，其中两项协议是在诉讼威胁下形成的，这些专利在摩托罗拉和微软的假想协商发生之前到期。第三项协议同样包括假想协商发生之前到期的专利，它要求的总付款额远低于 2.25% 的许可费率所获得的金额。因此法院认定，摩托罗拉提出的许可费率并未落在 FRAND 许可费率范围之内，同时认定，MPEG – LA H.264 专利池的许可费率可以作为 FRAND 许可费率的参考指标。

In re Innovatio IP Ventures 专利诉讼案创造了第二个由司法确定的 FRAND 费率的判例。对于微软诉摩托罗拉案修正的因素 9 所指的"在标准被采用和实施之前，除该专利技术之外，其他本可以被吸纳进标准的替代选择"，美国法官认为 802.11 标准的替代方案不完全具备其灵活性和功能性。

在爱立信诉友讯案中，美国联邦巡回上诉法院认为，很多 Georgia – Pacific 因素，例如因素 4、5、8、9 和 10 都与受 FRAND 原则规制的专利案件无关，甚至有些因素是和 FRAND 原则相冲突的。

6）可比协议法的优势和缺陷

可比协议法的优势在于，其更为尊重市场规则和交易习惯。可比协议法所使用的协议直接反映了有意愿的许可方和有意愿的被许可方在公平、独立的条件下通过谈判所达成的协议。

但是，可比协议的获得较为困难。出于商业秘密的保护，协议双方基于保密义务不会公布协议的具体内容，且可比协议掌握在专利权人的手中，专利权人出于提高收费的考虑，提供的协议通常站在己方立场，而标准实施人在公开领域获得相关许可条款的信息也非常困难。即使获得第三方经自由协商达成的许可协议条款，这些许可通常需要经过"拆解"才能确保与争议许可具有可比性，而这种拆解的过程本身就具有很大难度。

普遍认为，可比协议法会导致"许可费堆叠"。许可费堆叠是指一个产品涉及大量的标准必要专利时，这些专利往往掌握在众多的专利权人手中，标准实施人必须支付成百上千个单独的许可费，从而为纳入标准的专利支付的累积许可费超过实施该标准的特征的价值，为产品的各种功能获得的总许可费超过了产品本身的价值。

（3）自上而下法

与自下而上法中仅考虑单个专利权人的 SEP 的增量价值的思路相反，自上而下法首先确定涵盖特定标准的所有标准必要专利的总许可费率，然后将总许可费率依据不同专利权人所占标准必要专利份额进行合理分配。图 4 - 3 - 7 示出了使用自上而下法的典型案例。

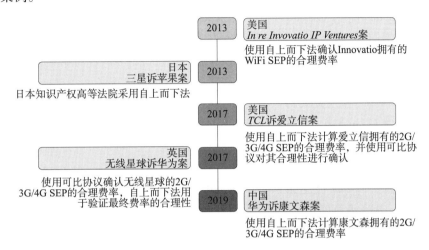

图 4 - 3 - 7　使用自上而下法的典型案例

表 4 - 3 - 4 示出自上而下法常规的计算方法。参见表 4 - 3 - 4 中的公式，可知专利权人的许可费率由 "全球行业累积费率" "专利权人拥有的有效标准必要专利数" "该标准的标准必要专利总数" "专利地区强度指数" 4 个参数决定，上述 4 个参数中的每一个都是诉讼双方争论的焦点。在很多案例中，专利权人声称的标准必要专利数并不等同于专利权人拥有的有效标准必要专利数，还要在此基础上进行专利的必要性检查、有效性确认和专利价值的讨论。

表 4 - 3 - 4　自上而下法的流程

步骤	公式： 许可费率 = 全球行业累积费率 × （专利权人拥有的有效标准必要专利数 ÷ 该标准的标准必要专利总数） × 专利地区强度指数
1	确定全球行业累积费率
2	确定专利地区强度指数
3	确定标准必要专利总数
4	确定专利权人拥有的标准必要专利数
5	确定专利权人的标准必要专利的必要性、有效性和/或专利价值

1）全球行业累积费率随时间趋同

全球行业累积费率是指针对某一标准的所有标准必要专利对某一行业的技术贡献，在该行业某一产品所付出的费用占销售总额的百分比。

涉及通信领域时，2G、3G、4G 的行业累积费率在经过前期一定时间的混乱定价后，在司法实践中，其数值渐趋于一致。

对于 3G 标准，2002 年 11 月，NTT Docomo、爱立信、诺基亚和西门子达成协议，根据所拥有的标准必要专利的百分比确定各自 W－CDMA 标准专利所有者的使用费，该协议将 W－CDMA 总许可费率限制在不超过产品售价的 5%。表明产业界已达成共识，以 5% 作为 3G 标准的行业累积费率。多国的司法判例也认可了这一数值，例如，在日本知识产权高等法院判决的三星诉苹果案中，三星和苹果都认可了 3G 标准必要专利的总许可费率应为 5%；在 TCL 诉爱立信案中，美国加利福尼亚州中区联邦地区法院判定 2G/3G 的总许可费率为 5%；在华为诉康文森案中，南京市中级人民法院同样确认全球累积费率 2G 为 5%，3G 为 5%。

对于 4G 标准的全球行业累积费率，❶ 2008 年 4 月，爱立信在其网站上发布公告称："爱立信的相对专利实力大约占所有 4G 标准必要 IPR 的 20%～25%。爱立信认为，市场将推动所有经营者遵循这些原则，将手机的合理最高累积许可费水平维持在 6%～8%。因此，爱立信 LTE 的公平许可费率预计将在 1.5% 左右。"爱立信还与阿尔卡特－朗讯、NEC、Next Wave Wireless、诺基亚、西门子网络和索尼联合发布了一篇新闻稿，宣布："具体而言，各公司支持将手机的 LTE 必要知识产权的最高累积许可费水平合理控制在手机销售价格的个位数百分比之内"，"各方均认为，市场将推动 LTE 许可机制向符合这些原则和累积许可费水平的方向靠拢"。上述声明使得 LTE 标准的全球行业累积费率也逐渐在产业界获得统一。司法领域显然也关注了上述声明，TCL 诉爱立信案中确认 4G 全球行业累积费率为 6%～10%，华为诉康文森案中行业累积费率为 6%～8%，无线星球诉华为案中行业累积费率为 7%。

对 5G 标准的全球行业累积费率，产业界尚未达成共识，司法实践中涉及的案例也较少。目前，高通、诺基亚、爱立信和华为相继推出了自己的 5G 标准必要专利收费模式与收费标准，具体收费标准如表 4－3－5 所示。

表 4－3－5　主要专利权人对 5G 标准必要专利组合的收费标准

手机网络制式/机型	高通	诺基亚	爱立信		华为
单模手机	2.275%～4%	每台 3 欧元	高端手机	每台 5 美元	上限每台 2.5 美元
多模手机	3.25%～5%		低端手机	每台 2.5 美元	

---

❶ *TCL Commun. Tech. Holdings，Ltd. v. Telefonaktiebolaget LM Ericsson*，Case－No. SACV 14－341 JVS（DFMx）. 2017.

2）地区行业累积费率

符合 FRAND 原则的许可费率须与标准必要专利组合的强度在地理上成比例关联，原因在于，各地区的产业发展并不均衡，如果简单地采用全球行业累积费率，专利权人也会从许多未进行专利布局的地区收取到超额的许可费。因此，地区行业累积费率应为：

地区行业累积费率 = 全球行业累积费率 × 专利地区强度指数。

在产品制造国家，其专利组合强度为专利地区强度指数的下限，决定了标准实施人全球销售的产品的最低许可费率，而某些国家的专利组合强度明显强于世界其他国家和地区，作为专利地区强度指数的上限（见图 4 - 3 - 8）。

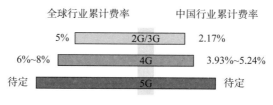

图 4 - 3 - 8   2G/3G/4G/5G 的行业累积费率

通常针对被控侵权人的销售分别在美国、欧洲和世界其他国家和地区使用三套不同的许可费率。例如，无线星球诉华为案中，英国法院将全球分为主要市场（美国、日本、韩国、印度和几个欧洲国家）和包括中国的非主要市场国家，非主要市场国家的许可费率仅占主要市场费率的 50%；在华为诉康文森案中，南京市中级人民法院认为中国的手机市场在市场格局、竞争态势和对新产品的更迭速度等方面均表现出异于其他国家之处，并不适用发达国家的累积费率，而是认定中国 2G/3G/4G 的专利地区强度指数分别是，2G 和 3G 为 0.434，4G 为 0.655。

3）标准必要专利的总数

自上而下法的难点在于如何合理地确定标准必要专利的总数。首先，各标准组织的数据库中的标准必要专利数量并不是一成不变的，专利的状态和声明的数量都随时间发生变化，因此需要考虑如何选择时间节点；其次，数据库中的所有声明专利是否为必要专利、是否为有效专利也是考量的因素；最后，还需要考量地区因素来确定专利族的数量。

在日本审理的三星诉苹果案❶中，三星和苹果都引用同一专家报告来说明 W - CD-MA 标准的必要专利族数，苹果认为必要专利族为 1 899 个，但是三星认为其中仅有 529 个专利族为必要专利。

2G/3G/4G 标准必要专利总数的确定可以采用截至一定时间范围内的 ETSI 数据库中记录的所有知识产权声明。在无线星球诉华为案中，对于标准包含的 SEPs 总数，双方当事人提出各自的计算方法。法官认为华为的方法算出的 1 862 项专利数高估了 4G

❶ *Samsung Electronics Co. Ltd. v. Apple Japan*，Judgment rendered on May 16，2014 2013（Ne）10043.

SEPs 的数量，而无线星球的方法获得的 4G SEPs 数量（355 项）又过低，最终选取了折中值 800 项。

4）专利权人标准必要专利数目

专利权人在侵权案件中声称的涉案专利的争议环节通常为必要性检查和有效性确认的程序，最终确定的专利权人标准必要专利数目并无较大争议。

5）必要性检查、有效性确认和专利价值

① 必要性检查

无论在 SEP 谈判中还是侵权诉讼中，首先都要对专利是否为 SEP 的必要性作出判断。专利权人声称侵权的涉案专利通常数量可控，可由专业机构对其进行细致的必要性检查，但是对于某项标准声明的标准必要专利，全部由专家评判将耗费极大的人力和时间成本，因此通常采用抽样估算等方式。在 *TCL 诉爱立信案*❶中，在进行必要性筛选时，是由咨询公司在每个标准中随机挑选出 1/3 的专利作为样本进行筛选，而在无线星球诉华为案❷中，无线星球则主张以 16.6% 作为必要性比例进行筛选。

② 有效性确认

SEP 的有效性直接决定标准实施人是否侵权，因此在侵权判定前，涉案专利通常需经过无效宣告请求程序。

③ 专利价值

在多数司法判例中，自上而下法的隐含逻辑是，平均看待每一个标准必要专利的价值，因为在大样本的情况下很难去量化每个专利对于产品的贡献度或者价值。因此，通常通过数量比，或者说在数量比的基础上进行调整的计算方法。但是，在 *In re Innovatio IP Ventures 案*❸中，法院对专利对标准作出的贡献度进行了计算，最后得出了贡献度为 8.4 的结果。其他案件中，法院均将各专利的价值和贡献度作了均一化处理。

6）多模设备行业累积费率高于单模设备

在通信领域，产业界普遍认为，LTE 手机是多模设备，可以使用 4G 网络，同时还涵盖 2G 和 3G 标准，需额外支付多种标准的许可费。前文提及的全球行业累积费率是单模费率，采用 LTE 标准和其他标准的多模终端用户设备的许可费会比单模许可费更高。

多模设备的累积费率应为 2G 费率 +3G 费率 +4G 费率，减去三项标准的专利组合中可能重叠和打包所协商的折扣。基于 3G 费率为 5%，4G 为 6%~8% 或最高为 10%，预计 4G 多模设备的累积费率可能高达 11%、13% 甚至 15%。无线星球诉华为案的判决认为多模 LTE 的累积许可费率为 8.8%~13.3%。

7）自上而下法的优势及缺陷

由于自上而下法先确定了全部 SEP 专利权人能从一部终端设备中获得的最高收益，

❶ *TCL Commun. Tech. Holdings，Ltd. v. Telefonaktiebolaget LM Ericsson*，Case - No. 2018 - 1363，2018 - 1732.

❷ *Unwired Planet v Huawei*，UK Court of Appeal，[2018]，Case No. A3/2017/1784，EWCA Civ 234.

❸ *In Re Innovatio Ip Ventures，Llc Patent Litigation* Case No. 11 C 9308.

使得不同专利权人的许可费总和不会超过一个合理的上限，从而该方法至少为许可费率提供了一个最高的界限，可以在一定程度上解决许可费堆叠问题。同时，使用该累积费率事实上符合费率确定的公平原则，能够反映专利权人对于自己的技术贡献至产品的许可价值的预计，且可以预防在相关标准被采纳后增加不公平费率的专利劫持行为。

但是，专利权人常常会质疑自上而下法计算得到的许可费率太低，可比协议法得到的许可费是其数倍或十几倍，因此，该方法并不被专利权人轻易采纳。

（4）自上而下法和可比协议法的综合适用

2017 年，美国加利福尼亚中区联邦地区法院审理的 *TCL* 诉爱立信案❶和英国高等法院专利法庭审理的无线星球诉华为案❷均是近年来具有深远影响的案件。两案均涉及 ETSI 之下的 2G/3G/4G 相关标准，两案的标准实施人 TCL 和华为均为中国创新能力较强的跨国企业，涉案专利均来自爱立信，许可费率计算方法均采用新的路径——自上而下法结合可比协议法，但是，由于计算时具体适用的不同导致费率相差较大，美国法院判决的费率仅为英国法院的 10% ~ 40%。

1）总体方法和费率值对比

在 *TCL* 诉爱立信案中，美国法院使用自上而下法计算爱立信拥有的 2G/3G/4G SEP 的合理费率，并使用可比协议法对其合理性进行确认，最终确定爱立信持有 SEP 在美国的许可费率 2G 为 0.164%，3G 为 0.3%，4G 为 0.45%；在无线星球诉华为案中，英国法院认为可比协议是市场驱动的价值，是更适当的方法，分别确定了可比协议法和自上而下法的计算公式，以可比协议法为主要方法得出许可费率，再用该结构反推自上而下法中的总许可费率约为 8%，与现有行业累积费率进行核对，最终确定 2G 手机许可费率为 0.064%，3G 为 0.032%，4G 为 0.062%。

表 4 - 3 - 6　*TCL* 诉爱立信案和无线星球诉华为案的费率计算对比

条目		*TCL* 诉爱立信案	无线星球诉华为案
主要方法		自上而下法	可比协议法
次要方法		可比协议法	自上而下法
费率值	2G	0.164%	0.064%
	3G	0.3%	0.032%
	4G	0.45%	0.062%

2）自上而下法对比

在 *TCL* 诉爱立信案和无线星球诉华为案中，自上而下法许可费率的计算公式基本相同，区别在于 *TCL* 诉爱立信案中法院计算的是美国许可费率，因此考虑了美国的专

❶ *TCL Commun. Tech. Holdings，Ltd. v. Telefonaktiebolaget LM Ericsson*，Case – No. 2018 – 1363，2018 – 1732.
❷ *Unwired Planet v Huawei*，UK Court of Appeal，［2018］，Case No. A3/2017/1784，EWCA Civ 234.

利地区强度指数。对于总许可费率，*TCL* 诉爱立信案采用的是产业界和司法界基本达成一致的行业累积费率值；而无线星球诉华为案中，法院认为总许可费率可以为一个区间。在计算专利权人 SEP 数量占比时，对专利权人持有的 SEP 数，两案均采纳专利权人的主张，而对于标准包含的 SEP 总数，两案的计算方式不同，计算出的结果相差两倍有余（见表 4 - 3 - 7）。

表 4 - 3 - 7 *TCL* 诉爱立信案和无线星球诉华为案的自上而下法对比❶

条目		*TCL* 诉爱立信案	无线星球诉华为案
计算公式		许可费率 = 总许可费率 × （爱立信公司所持有 SEP 数量/标准包含的 SEP 总数）× 专利地区强度指数	许可费率 = *T*（总许可费率）× *S*（无线星球公司所持有的 SEP 数量/标准包含的 SEP 总数）
总许可费率		2G/3G 的总许可费率为 5%，4G 的总许可费率为 6% ~ 10%	利用可比协议法确定一个区间
占比	标准包含的 SEP 总数	对 ETSI 的专利进行普查、必要性筛查（样本比例为 1/3），得到美国 SEP 总数，2G 为 413 项，3G 为 1 076 项，4G 为 1 673 项	对于 4G，无线星球主张 MNPA 法得到 355 项，华为主张 HPA 法，得到 1 862 项。对于 2G 和 3G，无线星球得到 2G 为 102 项，3G 为 324 项，华为得到 3G 为 1 154 项，2G 为 362 项。法官选取 4G 为 800 项，2G 为 154 项，3G 为 479 项。
	专利权人持有的 SEP 数目	2G 共 12 项，3G 共 24.65 项，4G 共 111.51 项	2G、3G 和 4G 分别为 2 项、1 项和 6 项

3）可比协议法对比

对于许可协议的可比性，两案选择的均是涉及 ETSI 的 2G/3G/4G 标准的许可协议，此外，*TCL* 诉爱立信案选择了和 TCL 一样占据全球市场的苹果、三星、华为等被许可方，而排除了主要是本地市场的 Karbonn 和酷派，而无线星球诉华为案中，则基于许可协议是否经自由协商、是否为近期达成的许可，以及双方当事人的情况等因素确定可比协议。由于两案的许可协议都含有一次性许可和交叉许可，两案也都将可比协议拆分为单向的百分比的费率，但拆分方法存在较大分歧，但审判在后的无线星球诉华为案的法官认为，虽然两案采用不同的拆解方法，但对结果影响较小。

---

❶ 张玉蓉，张晓娜. 信息通信技术行业标准必要专利许可费计算方法研究：基于 TCL 对爱立信和 UP 对华为案的比较［J］. 中国科技论坛，2019（12）：126 - 135.

表 4 - 3 - 8　*TCL* 诉爱立信案和无线星球诉华为案的可比协议法对比❶

条目	*TCL* 诉爱立信案	无线星球诉华为案
可比协议确定因素	①ETSI 下的 2G/3G/4G 标准 ②被许可方经营的地理范围	ETSI 下的 2G/3G/4G 标准 许可协议的达成途径 许可协议达成时间 许可协议双方当事人情况
拆解方法	单向许可费率＝净差额付款/（被许可方收入—爱立信公司收入/PSR）	对于交叉许可，许可费率＝E（爱立信专利组合许可费率）×R（无线星球专利组合数量/爱立信专利组合数量）

（5）专利池法

专利池是基于某个技术标准由专利权人组成的专利许可交易平台，平台上专利权人之间进行横向许可，可能同时也以统一许可条件向第三方开放许可。专利池在对外许可时一般遵守 FRAND 原则，就许可费而言，"合理"原则要求许可费基于贡献和价值应当处于合理水平，"非歧视"原则要求许可费标准对所有被许可者应当一致。

相较于其他许可费计算方法，专利池具有诸多优势。首先，专利池具有更高的透明度，专利池对外许可的费用标准通常是统一的；所有参与专利池的专利权人，专利池所拥有专利的清单，以及被许可实施人的名单都会对外发布；在构建专利池之前一般要对专利的必要性进行评估，以确定其是否可以被纳入专利池中。其次，专利池显著降低专利许可中的交易成本，专利池实行一站式打包许可，并采用统一的标准许可协议和收费标准，避免了标准实施人与专利池各成员分别进行冗长的专利许可谈判，极大地节约了双方的交易成本。随后，将在本节末尾就专利池的许可费计算单独进行详细介绍。

（6）纳什议价解决方案

在 *VirnetX* 诉思科案中，VirnetX 损害赔偿专家提供了三个合理许可费计算理论，其中两个理论是基于数学家约翰·纳什证明的数学定理的"纳什议价解决方案"。

该方案是指在双方进行议价时找到一个最有利于双方的结果，也被称为纳什议价博弈。在计算合理许可费时，当事人必须能估算出：每一方的分歧利润（谈判失败时，每一方能得到的利润）；通过许可获得的总利润。如果双方当事人具有同等的议价能力，那么除非达成许可协议，否则没有一方能获利，这样每一方的分歧利润都是 0，议价方案就是均分利润。

该案中，法院认为该方案只是一个不恰当的"经验法则"，没有证据证明该方案的假设如何适用于该案的事实，由此拒绝援引该方案。

---

❶　张玉蓉，张晓娜. 信息通信技术行业标准必要专利许可费计算方法研究：基于 TCL 对爱立信和 UP 对华为案的比较［J］. 中国科技论坛，2019（12）：126 - 135.

4.3.3.2　典型司法案例

在专利侵权案件中，许可费用的确定是双方当事人的核心利益，最激烈的诉讼环节也往往是围绕是否采纳专家证言来计算损害赔偿而展开的，下文将依主要国家或地区，介绍近年来的一系列典型司法案例，其中重点在于判决中关于损害赔偿部分的专利许可费计算方式的提出、法院考量和采纳的思路，以及结论等。

（1）美国法院

1）朗讯诉捷威案❶

2002 年，朗讯对计算机制造商捷威发起诉讼，指控捷威生产的计算机上加载的微软 Outlook 侵犯其日期输入专利。

该案中，朗讯作为专利权人提供了 8 份不同的许可协议以支持其约35 800万美元的一次性损害赔偿金的判付要求。❷ 法院对该 8 份协议的可比性一一分析，其中 4 份为一次性支付的许可协议，分别是：①戴尔和 IBM 于 1993 年达成的价值29 000万美元的协议；②微软和惠普于 1996 年达成的价值8 000万美元的协议；③微软和苹果于 1997 年达成的价值9 300万美元的协议；④微软和 Inprise 于 1999 年达成的价值10 000万美元的协议。虽然朗讯声称 4 份协议为"计算机相关的专利"，但是法院并不认可与计算机相关的关系就赋予其足够的可比性，法院认为，第一份协议管理了 IBM 整个专利组合的许可事项，与该案中只涉及一个日期输入专利的情形大有不同，朗讯并没有对其余 3 份协议的主题或其覆盖的专利补充解释，也无从判断其可比性。

朗讯还引用了 4 份"按产量支付"的许可协议，法院的观点是：一次性许可协议与按产量支付的许可协议之间存在本质上的区别，陪审团在运用一份按产量支付的许可协议作为基础判付一次性损害赔偿金时，朗讯并没有提供任何适当的方法重新计算按产量支付的许可协议的价值，以达到判付一次性损害赔偿的数额。

最终，美国联邦巡回上诉法院认为，陪审团关于损害赔偿的裁定并没有实质证据支持，因此撤销地区法院损害赔偿部分的判决，并发回重审。

2）ResQNe 诉 Lansa 案❸

2002 年，ResQNet 指控 Lansa 侵犯了其 5 项专利权，到了 2010 年，5 项专利权中仅剩 1 项涉及屏幕识别的专利权侵权行为得到美国联邦地区法院和美国联邦巡回上诉法院的确认。

对于涉案专利，ResQNet 的损害赔偿专家认为假想协商的"起始点"应当以 Georgia – Pacific 因素 1 为基础。Georgia – Pacific 因素 1 要求考虑专利权人就涉案专利曾实际收取过的专利许可费，应将 Lansa 销售侵犯 NewLook 软件专利产品收益的 12.5% 作为合理许可费。

ResQNet 主张以 7 份在先的许可协议为基础计算损害赔偿金，其中 5 份许可协议为重新捆绑许可协议，且技术领域与涉案专利无关。5 份重新捆绑许可协议提供了已完成

❶ *Lucent Techs. , Inc. v. Gateway, Inc. ,* 580 F. 3d 1301, 1324 – 25. 2009.

❷ 黄武双，阮开欣，刘迪 . 美国专利损害赔偿：原理与判例［M］. 北京：法律出版社，2017：490 – 509.

❸ *ResQNet. com, Inc. v. Lansa, Inc.* 594F. 3d860. 2010.

的软件产品和源代码，以及如训练、维修、销售、升级等服务给其他软件公司，这些公司以持续的收益为基础来支付许可费，其中 2 份最高费率达到 25%，2 份最高费率超过 30%，还有 1 份最高费率达到 40%，都远超 12.5%。还有 2 份许可协议源于涉案专利，但均经过诉讼达成和解，其中一份许可协议是一次性支付所有费用，另一份费率平均值远远少于收益的 12.5%。根据该损害赔偿金专家的观点，在假想协商下，涉案专利的费率处于重新捆绑许可的费率与直接许可的费率的中间位置。

对此，法院认为，第一，在采纳 Georgia – Pacific 因素 1 时，必须考虑与涉案专利的许可相对应的许可。该案中，涉案专利处理了主机和远程终端之间的信息交换，并不包括训练、销售和客户支持服务，ResQnet 的 5 份重新捆绑许可协议与其在技术上完全没有关联；地区法院在该案中犯了与联邦巡回上诉法院在朗讯诉捷威案中已经纠正的同样的法律错误。第二，对于其他 2 份协议，由于诉讼和解形成的许可费条款可能是在面对高昂诉讼费威胁的情况下协商得到的，与假想协商下的涉案专利在经济上缺少关联，不应被采纳为既定许可费的基础。

不过该案中，地区法院也辩称：当同其他的"甚至没有提及诉讼中的专利或表明与系争技术有可辨别的联系"许可协议相比时，对在涉案专利的以浮动许可费形式的和解许可是"在记录中最值得信赖的许可协议"。

3）激光动力诉广达计算机案[1]

激光动力于 1996 年获得一种鉴别光盘类型的方法专利，2006 年 8 月，激光动力声称广达计算机销售的光盘驱动器（Optical Disk Drive，ODD）和笔记本电脑，利用最终用户实施涉案专利的方法，导致引诱侵权。

此前，激光动力基于涉案专利签订了众多的许可协议。1998 ~ 2001 年，激光动力签订了 16 份许可协议，所有的许可内容均为一次性支付总额 5.7 万 ~ 26.6 万美元不等的许可费以换取非独家许可。2006 年，激光动力与明基签订许可协议，一次性支付总额 600 万美元以和解历时两年的诉讼。明基也因其证据出示不当以及作出与事实不符的陈述而多次被地区法院裁罚。该案在第二次审判中总计有 29 份许可协议被采纳为证据，都是支付 100 万美元的总额或更少的金额。

在第一次审判时，虽然存在众多的在先的相关许可，激光动力仍以两份独立的关于 DVD 许可协议的费率（其中一个费率是 3.5%，另一个是 4%）主张一台 ODD 支付 6% 的许可费，而一台 ODD 的价值占每台笔记本电脑价值的 1/3，因此主张应用 EMV 规则，以整机为单位，收取 2% 的许可费。在第二次审判时，激光动力提出损害赔偿金应当是 ODD 单机平均价格 6% 的浮动许可费率。广达计算机则主张，16 份许可协议体现了涉案专利的技术价值，合理许可费应为一次性付清 50 万美元。

该案中，双方在许可费计算问题上存在诸多争议焦点。

① 假想协商日的确定

该案中，地区法院认为双方"假想协商"的日期应该是 2006 年 8 月，也就是提起

---

[1]　*Laser Dynamics*，*Inc. v. Quanta Computer*，*Inc.* 694 F. 3d 51，60 n. 2. 2012.

诉讼时。激光动力的专家也作证说，截至 2006 年，DVD 市场规模越来越大，专利技术的价值得到了更好的体现，激光动力有更多协商的能力以坚持浮动许可费，因此，激光动力此前执行的 29 个许可协议不能作为证据使用。

但美国联邦巡回上诉法院认为，截至 2000 年，DVD 和 ODD 市场已经经历了巨大的增长，至 2003 年，DVD 市场已经高度饱和，并认定地区法院推定的"假想协商"始于 2006 年 8 月存在错误。法院指出：广达计算机对被控侵权笔记本电脑在美国的销售通过最终用户开始造成潜在的直接侵权在 2003 年。假设谈判必须以"当侵权行为开始的时间为日期"的前提。

② 和解协议是否是值得信赖的可比许可协议

美国联邦巡回上诉法院认为，明基在诉讼中受到了多次严厉裁罚，处于非常严峻的不利地位，明基的和解协议是在高压下签订的，与其他许可协议的金额相差较大，并没有如实反映出涉案专利的价值，应在二审的时候将其排除。

③ 专利价值

激光动力的专家证人认为，涉案专利提供了一个重要且有价值的功能，这个功能存在于目前使用的所有 ODD 中，且该功能的存在是所有笔记本电脑在市场中获得成功的必要条件。对于涉案专利的价值，由于一个较小的进步，我们应当要求 2% ~ 5% 的费用；由于一个重要的进步，我们应当要求 4% ~ 8% 的费用；由于一个重要的突破，我们应当要求 6% ~ 15% 的费用。

法院没有认可激光动力的专家证人的意见。

④ 技术不相关的协议仍不能作为可比协议

美国联邦巡回上诉法院认为，激光动力提出的两份 DVD 相关的许可协议不涉及涉案专利，也不涉及光盘鉴定方法，延续了朗讯诉捷威案和 *ResQnet v. Lansa* 案中对于可比协议的判定标准，应当被排除。

4）苹果诉摩托罗拉案❶

苹果和 NeXT 于 2010 年 10 月 29 日在美国威斯康星州西区联邦地方法院对摩托罗拉提起诉讼，声称其侵犯了自己拥有的 3 项专利，随后又将专利增加到 15 项。摩托罗拉反诉苹果侵犯了其 6 项专利。双方还同时寻求不侵权和无效宣告判决。

地区法院认定苹果的产品侵犯了摩托罗拉公司其中一项涉及 3G 技术的专利。对于该项专利，摩托罗拉的损害赔偿专家分析了摩托罗拉与除苹果之外的美国"所有主要"手机制造商之间的许可协议。虽然这些协议的条款各不相同，但都涵盖摩托罗拉的整个 3G SEP 组合（数百项专利）。其中一些许可是交叉许可，这些许可表明，摩托罗拉此前已就其整个 3G SEP 组合的许可收取了大约 2.25% 的许可费率。由于地区法院认定苹果只侵犯了其中一项专利权，该专家试图将该专利的价值从整个标准必要专利组合的总价值中分离出来，他认为，标准必要专利组合中的各个专利可能具有不同的价值，组合中前几项专利通常会占据整个组合价值的 40% ~ 50%。而涉案专利代表了一项重

---

❶ *Apple Inc. and NeXT Software*, *Inc. v. Motorola*, *Inc. Nos. 2012 – 1548*，2012 – 1549. 2014.

要的创新，并且在摩托罗拉的整体产品组合中具有非线性的价值，因此，其专利价值占摩托罗拉 SEP 组合比率的40%～50%。

地方法院和联邦巡回上诉法院均认为，摩托罗拉提供的证词不足以支撑其赔偿损失的主张，其 40%～50% 的比率是关于一般标准必要电信专利组合的陈述，没有将提出的专利使用费与专利的价值联系起来，没有为涉案专利选择 40%～50% 比率的非线性许可费率提供任何适当的依据。

5）*VirnetX* 诉思科案❶

VirnetX 于 2006 年获得了多项专利，涉及用户在客户端计算机和安全目标网络地址之间建立安全通信链接以及虚拟专用网络。2010 年 8 月 11 日，VirnetX 向思科等多家公司提起了侵权诉讼，其中指控苹果在 iPhone、iPod、iPad（以下统称为"iOS 设备"）和 Mac 电脑上运行 FaceTime 的服务器和 VPN On Demand 功能侵犯了其部分专利权。

在审判中，VirnetX 的损害赔偿专家提供了三个合理许可费计算理论。

第一个理论基于 EMV 原则，主张以被控 iOS 设备的每种型号的最低售价为许可费率的计算基础，并基于 6 个许可协议，主张合理的许可费率为 1%。

苹果辩称，上述 6 份许可协议与涉案专利没有足够的可比性，其中 2 项许可虽然都与要求保护的发明技术有关，但签订时间早于涉案专利，且其中一份协议还包含软件许可；其他 3 项许可是在 2012 年签订的，距离 2009 年 6 月假想协商日期有 3 年时间，与 2009 年相比，VirnetX 财务状况更好，有更强的议价能力；第 6 项许可涵盖了 68 项 VirnetX 专利，收取 0.24% 的许可费率，也明显低于 1% 的许可费率。

美国联邦巡回上诉法院认为，在试图确定合理许可费时，专利权人用来证明损害赔偿的许可必须与诉讼中的假设许可具有足够的可比性，但是任何合理的特许权使用费分析必然涉及近似和不确定因素，且必须考虑技术的差异和缔约方的经济情况。

上述 6 份许可协议中，其中 4 项许可确实与涉案专利有关，而其他许可则涉及相关技术。对于苹果指出的许可之间的差异，允许陪审团适当地对其考虑。因此，法院认可上述许可的可比性。

第二个和第三个理论基于数学家约翰·纳什证明的数学定理的"纳什议价解决方案"，提出了两套损害赔偿理论，但法院认为其只是一个不恰当的"经验法则"，没有充分证明该定理的前提适用于该案事实，由此拒绝援引"纳什议价解决方案"。

6）爱立信诉友讯案❷

爱立信于 2010 年 9 月 14 日在美国得克萨斯州东区联邦地区法院提起诉讼，声称友讯侵犯其已被纳入 IEEE Wi‐Fi 标准的 3 件 SEP。

该案中，美国联邦巡回上诉法院对 SEP 许可费率所涉及的诸多问题作出了指引性的阐述。

---

❶ *VirnetX*，*Inc. v. Cisco Sys.*，*Inc.*，No. 13‐1489（Fed. Cir. 2014）.

❷ *Ericsson*，*Inc. v. D‐Link Sys.*，*Inc.* 773 F. 3d 1201，1209. 2014.

① 部分 Georgia - Pacific 因素与 FRAND 费率无关

很多 Georgia - Pacific 因素都与受 FRAND 原则规制的专利案件无关，甚至有些因素是和 FRAND 原则相冲突的。举例而言，因素 4 的内容是"许可人通过拒绝许可或者只在特殊情况下进行许可而建立的旨在保持其专利垄断性的政策和市场机制"。然而，由于爱立信已经作出了 FRAND 承诺，它不能建立这样一种旨在保持专利垄断性的政策。同样地，因素 5 与"许可人和被许可人之间的商业关系"也是无关的，因为爱立信必须以无歧视的许可费率提供许可。其他几个 Georgia - Pacific 因素在适用于 FRAND 原则规制的标准必要专利时，都要作出一定的调整。因此，法院明确 Georgia - Pacific 因素中的因素 4、5、8、9 和 10 与 FRAND 费率无关或具有误导性。

② SEP 的许可费率

在评估 SEP 的许可费率时，首先，专利属性必须从标准所反映的所有非专利属性中区分开来。其次，许可费的计算必须以专利属性价值为前提进行，而不是任何由采纳专利技术作为标准而附加的价值。许可费计算是建立在专利技术对产品的价值增量，而不是任何通过使这一技术标准化而产生的价值基础上来计算的。SEP 专利权人只能就其发明创造产生的价值增量获得赔偿。

③ 关于专利劫持和许可费堆叠

SEP 暴露了两个可能限制标准被广泛采用的潜在问题——专利劫持和许可费堆叠。当各个公司不得不使用某一标准时，SEP 专利权人要求其支付过高的许可费，则发生了专利劫持。

7）微软诉摩托罗拉案❶

2010 年 10 月 21 日和 10 月 29 日，摩托罗拉向微软发送了两封邮件，就其拥有的 H. 264 专利包和 802. 11 专利包，要求对每个符合上述标准的产品（例如，Xbox 360 产品、PC/笔记本电脑、智能手机等）收取售价 2. 25% 的许可费用，并指出："摩托罗拉将保留此报价 20 天，请确认微软是否接受该提议。"

2010 年 11 月 9 日，微软在美国华盛顿西区联邦地区法院对摩托罗拉提起违约诉讼，认为摩托罗拉违反了其对 IEEE 和 ITU 承诺的以 FRAND 条款对其标准必要专利进行许可的合同义务，而微软是第三方受益人。次日，摩托罗拉在美国威斯康星州西区联邦地区法院对微软提起专利诉讼，指控其侵犯了 3 件美国专利。之后法院出于司法经济的考虑，将两案合并交由美国华盛顿西区联邦地区法院审理。

在审判中，微软和摩托罗拉分别提供有关确定 FRAND 许可费率的适当方法的专家证词和证据。

摩托罗拉对 H. 264 专利包要求的许可费率是产品售价的 2. 25%，每年 1 亿~1. 25 亿美元的许可费上限。为支持其主张，摩托罗拉援引 Georgia - Pacific 因素 1，并提出 3 组已有专利授权协议作为参照的许可费率。对此，法院认为：3 份协议中，摩托罗拉与伟易达通信公司的授权协议为诉讼和解协议，且实际支付的许可费率远不如在该案中

---

❶ *Microsoft Corp. v. Motorola，Inc.，*10 - cv - 01823 - JLR. 2012.

请求的数额，摩托罗拉与 Research In Motion（RIM）的协议为交叉许可协议，且为 RIM 产品中包括非标准必要专利在内的所有摩托罗拉专利，无法区分标准必要专利所占价值比重，摩托罗拉与讯宝的 3 份许可协议与涉案专利不相关，其中两项协议是在诉讼威胁下形成的，这些专利在摩托罗拉和微软的假设协议发生之前到期。第三项协议还包括在 2010 年 10 月之前到期的专利，它要求的总付款额远低于 2.25% 的许可费率所获得的金额。因此法院认定，摩托罗拉提出的许可费率并未落在 FRAND 许可费率范围之内。此外，摩托罗拉为其 H.264 专利包所要求的许可费率会产生明显的许可费堆叠问题。

　　与之相应的，微软提议采用 MPEG – LA H.264 专利池作为摩托罗拉 H.264 专利包许可费率的参考。法院认为：MPEG – LA H.264 专利池收取的专利费是 FRAND 费率的可靠指标，也减少了被许可人对许可费堆叠问题的担忧。同时，法院也认可了摩托罗拉专家的证词，即专利池的费率通常低于双边协议可能实现的许可费率，因为专利池成员获得的许可费率仅是其从专利池或所能获得的价值的一部分，其余部分包括回授许可和标准的推广等。因此，法院将 MPEG – LA H.264 专利池费率乘以三倍。

　　摩托罗拉从 MPEG – LA H.264 专利池获得许可费仅是其作为专利池成员所能得到价值中的一部分，其余部分则是其不受限制可利用专利池中技术的价值。法院认定，参与 MPEG – LA H.264 专利池的成员获得其余部分的价值，相当于作为成员可得许可费的两倍。

　　该案还涉及了对于专利价值的判断。摩托罗拉认为微软的产品中使用了隔行扫描技术。法院审查了摩托罗拉认为使用了该技术的每个微软产品。法院查明对 Windows 操作系统而言，视频编码和解码只是其中的一小部分，而且 Windows 系统支持除 H.264 之外的许多其他视频压缩标准；因为用户通常不会遇到隔行扫描视频；所以 Windows 系统几乎不需要 H.264 解码隔行扫描视频，此外，即使没有摩托罗拉的 H.264 专利包，Windows 系统还是能够播放隔行扫描视频，虽然速度可能慢 5%～8%。法院得出结论：摩托罗拉的 H.264 专利包对 Windows 系统的整体功能仅起次要作用。同样，经过审查，法院确定摩托罗拉的 H.264 专利包对 Xbox 的整体功能也无足轻重，而其他摩托罗拉认为使用了其 H.264 专利包的微软产品其实并没有使用摩托罗拉 H.264 专利包。

　　因此法院认定，摩托罗拉 H.264 专利包的 FRAND 许可费率为最终产品每单位 0.555 美分，上限为每单位 16.389 美分；摩托罗拉 802.11 专利包的费率为每单位 3.471 美分，范围为 0.8 美分到 19.5 美分。在上诉判决中，美国联邦第九巡回上诉法院维持了地方法院的决定。

　　8）宏达诉爱立信案❶

　　爱立信和宏达均拥有多项涉及 2G、3G 和 4G 技术标准的标准必要专利，但宏达要制造符合标准的移动设备，仍需获得爱立信的专利许可。爱立信也已与 ETSI 达成协

---

❶　*HTC Corp. v. Ericsson Inc.*，Nos. 19 – 40566，Nos. 19 – 40643. 2021.

议，按照 FRAND 条款许可其他公司使用其标准必要专利。

爱立信和宏达此前就各自的专利分别在 2003 年、2008 年和 2014 年签订了 3 份交叉许可协议。在 2014 年的许可协议中，宏达同意向爱立信一次性支付 7500 万美元，以销售额计约合每台移动设备 2.50 美元。

2016 年，在 2014 年的许可即将到期前不久，宏达和爱立信开始协商续签许可。爱立信提议每台 4G 设备 2.50 美元的报价。宏达没有接受这个提议，而是主张专利使用费应基于 SSPPU，而不是整个最终用户设备的净销售价格，随后提出每台 4G 设备 0.10 美元的反报价。2017 年 4 月 6 日，宏达提起诉讼，指控爱立信违反了提供 FRAND 条款许可的承诺。2018 年 9 月，爱立信提起反诉，请求法院确认其报价符合 FRAND 许可义务。对此，双方当事人均同意美国得克萨斯东区联邦地区法院对 SEP 许可费争议是否符合 FRAND 义务作出裁决。

在庭审中，爱立信提供了大量证据来证明，与宏达类似的公司的许可条款与提供给宏达的条款非常相似，其已向宏达提供 FRAND 条款。而宏达主张爱立信给予苹果、三星和华为等大型手机厂商的许可费条件明显优于爱立信给宏达的报价，这违反了 FRAND 原则中非歧视性的要求。针对这一点，爱立信指出，爱立信给予苹果、三星和华为等公司的许可与该案的许可纠纷相比，在许可费条款结构、专利实施人的销售地域范围以及销售市场规模方面都存在明显不同，因此不能认为爱立信违反了 FRAND 要求。

一审法院认为，SEP 专利组合的合理许可费是否符合 FRAND 原则，需要基于特定案件的整体案情进行综合判断，不存在一个确定 FRAND 许可费率的固定方法。因此，一审法院确认爱立信向宏达提供的两个报价方案均符合 FRAND 原则，并认定爱立信已经履行了 FRAND 许可义务，二审法院也维持了一审判决。

9）*In re Innovatio IP Ventures* 案❶

Innovatio 就其与 802.11 Wi-Fi 标准有关的标准必要专利，对多个标准实施人提起侵权诉讼。

Innovatio 提出的第一份可比许可是摩托罗拉与伟易达签订的协议，法官认为，该许可中虽然涉及 802.11 和 H.264 标准，但与涉案的专利包中 H.264 和 802.11 的构成比例不同，且两个标准只占整个许可交易中很小的一部分，为两个标准下的基本专利支付的许可费也同样微不足道。法官质疑，该协议签订于微软诉摩托罗拉案之后，协议可能被设计以巩固摩托罗拉在诉讼中的地位。综合以上因素，法院认为该协议不能如实反映许可费率。

法院考察 Innovatio 提供的所有其他许可，最终认为，没有可比较的许可协议，也没有可替代的技术或有用的专利池。因此，法院采用了自上而下法计算该案的 FRAND 费率。该方法首先考察 Wi-Fi 芯片的平均价格；其次，估算出芯片的利润，从销售价格中减去制造成本，即可得出芯片的利润；用可得利润乘以 Innovatio 的标准必要专利对 802.11 标准的贡献率［即 Innovatio 802.11 标准必要专利的数量（19）/ 802.11 标

---

❶ *In Re Innovatio Ip Venturae，Llc Patent Litigation* Case No. 11 C 9308.

准必要专利的总数（300）］，得出每件 Wi – Fi 芯片 9.56 美分。

该案还考虑了微软诉摩托罗拉案修正后的 Georgia – Pacific 因素 9——在标准被采用和实施之前，除该专利技术之外，其他本可以被吸纳进标准的替代选择。

10）TCL 诉爱立信案❶❷

在 2017 年美国 TCL 诉爱立信案中，法院采用自上而下法计算爱立信在美国地区拥有的 ETSI 下的 2G/3G/4G SEPs 的合理许可费率，并使用可比协议法对其合理性进行确认。

① 自上而下法❸

法官以 TCL 主张的自上而下法计算公式为基础进行调整，确定 2G、3G 和 4G 技术标准的自上而下法计算公式为：

许可费率 = 总许可费率 ×（爱立信公司所持有 SEP 数量/标准包含的 SEP 总数）× 专利地区强度指数。

对总许可费率，法官判定 2G/3G 的总许可费率为 5%，4G 的总许可费率为 6% ~ 10%。

对爱立信持有的 SEP 数量，法院采用其主张的数据，2G 共 12 项，3G 共 24.65 项，4G 共 111.51 项。

对标准包含的 SEP 总数，TCL 对 2015 年 9 月 15 日之前所有专利权人提交给 ETSI 的专利进行普查，剔除过期、没有英语出版等专利族，得到 7 106 个专利族，在进行必要性筛选时，由咨询公司在每个标准中随机挑选出 1/3 的专利作为样本进行筛选，经校验得到必要专利数 2G 共 446 项，3G 共 1 166 项，4G 共 1 796 项。最终选出美国 SEP 总数 2G 为 413 项，3G 为 1 076 项，4G 为 1 673 项。

对专利地区强度指数，法官将全世界划分为美国、欧洲和其他地区三个区域，确定美国的专利强度系数为 1，并以此为参照，确定欧洲和其他地区的专利强度指数。

表 4 – 3 – 9　标准包含的 SEP 总数

步骤	TCL 数据		
Ⅰ 普查	15 300		
Ⅱ 有效性筛选	7 106		
Ⅲ 必要性筛选	2G	3G	4G
	446	1 166	1 796
Ⅳ 地区筛选	413	1 076	1 673

---

❶　*TCL Commun. Tech. Holdings，Ltd. v. Telefonaktiebolaget LM Ericsson*，Case – No. SACV 14 – 341 JVS（DFMx）. 2017.

❷　*TCL Commun. Tech. Holdings，Ltd. v. Telefonaktiebolaget LM Ericsson*，Case – No. 2018 – 1363，2018 – 1732. 2019.

❸　张玉蓉，张晓娜. 信息通信技术行业标准必要专利许可费计算方法研究：基于 TCL 对爱立信和 UP 对华为案的比较［J］. 中国科技论坛，2019（12）：126 – 135.

② 可比协议法[❶]

爱立信提出基于与其具有类似条件的被许可方的现有许可确定合理许可费率。法院认为，在选择类似地位的企业时，需要依据被许可方经营的地理范围来确定。该案当事人 TCL 的市场是全球性的，而 Karbonn 以及酷派的主要市场都是其品牌的所在国，即印度以及中国的本地市场，苹果、三星、华为、LG、宏达和中兴的市场都是全球市场，因此 Karbonn 以及酷派与爱立信之间许可协议并不能作为爱立信与 TCL 争议的可比协议。苹果、三星、华为、LG、宏达、中兴和 TCL 构成类似地位公司，爱立信与苹果在 2015 年签署的许可协议、爱立信与三星在 2014 年签署的许可协议、爱立信与华为在 2016 年签署的许可协议、爱立信与 LG 在 2014 年签署的许可协议、爱立信与宏达在 2014 年签署的许可协议以及爱立信与中兴在 2014 年签署的许可协议构成可比的许可协议。

法院确认，可比协议的许可费用计算公式为：许可价值 = 许可方单向许可费率 × 被许可方收入。

对许可方单向许可费率，由于可比协议中存在大量的交叉许可和一次性付款、转手权等其他问题，法院对交叉许可和一次性付款分别进行拆解，引入净差额付款（Net Balancing Payment）和 PSR（Portfolio Strength Ratio）概念，计算得到单向许可费率的拆解公式：

$$单向许可费率 = 净差额付款 / （被许可方收入 - 爱立信收入 / PSR）。$$

一审法院最终确定爱立信持有 SEP 在美国的许可费率 2G 为 0.164%，3G 为 0.3%，4G 为 0.45%。

（2）英国法院

在无线星球诉华为案[❷]中，法官分别确定了可比协议法和自上而下法的计算公式，以可比协议法为主要方法得出许可费率，再用该结构反推自上而下法中的总许可费率进行核对，最终确定 4G 手机许可费率为 0.062%，3G 为 0.032%，2G 为 0.064%。

① 自上而下法[❸]

由于法官主张确定全球许可费，因此无须考虑专利地区强度问题，由此确定的自上而下法计算公式为：

$$许可费率 = T（总许可费率）× S（无线星球所持有的 SEP 数量 / 标准包含的 SEP 总数）。$$

对总许可费率，法官认为总许可费率的作用在于核对可比协议法得出的结果是否合理，只需要确定一个区间即可。

---

❶ *TCL Comm. Tech. Holdings，Ltd. v. Telefonaktiebolaget LM Ericsson Inc.* Public Redacted Memorandum of Findings of Fact and Conclusions of Law 8：14 - cv - 00341（C. D. Cal. Dec. 21，2017）. 2017.

❷ *Unwired Planet International Ltd v. HuaweiTechnologies Co. Ltd*，Higher District Court of Duesseldorf，Case - No. I - 2 U 31/16，2017.

❸ 张玉蓉，张晓娜. 信息通信技术行业标准必要专利许可费计算方法研究：基于 TCL 对爱立信和 UP 对华为案的比较 [J]. 中国科技论坛，2019（12）：126 - 135.

对无线星球持有的 SEP 数量，法院确定 2G、3G 和 4G 分别为 2 项、1 项和 6 项。

对标准包含的 SEP 总数，双方当事人提出各自的计算方法。

无线星球主张的方法称为 MNPA（Modified Numeric Proportionality Approach），对于 4G 标准，对截至 2014 年 3 月 12 日向 ETSI 提交的 4G 标准声明的 SEP 数量进行去重，剔除无效专利以及不包含美国或欧洲专利的专利族，分离出核心手机专利族，以 16.6% 作为必要性比例进行筛选，得到核心 4G 手机专利族 355 项。对于 2G 和 3G，计算方法相对简单，基于两篇论文的研究成果得到 2G 手机专利族数 102 项，3G 手机专利族数 324 项。

华为的方法称为 HPA（Huawei Patent Analysis），统计已声明的 SEP 数量，补齐未作声明的专利族，剔除无效专利和不包括中文或英文同族的专利族，再经必要性筛查，得到 4G 专利 1 812 项，3G 专利 1 089 项，2G 专利 350 项（见表 4-3-10）。

表 4-3-10　法院确定的无线星球持有 SEPs 占比　　　　　单位：项

项目	无线星球持有的 SEP 总数	华为主张的 SEP 总数	无线星球主张的 SEP 总数	法院调整后的 SEP 总数	无线星球持有的 SEP 占比
2G	2	350	102	154	1.30%
3G	1	1 089	324	479	0.21%
4G	6	1 812	355	800	0.75%

法官认为 HPA 方法高估了 4G SEP 的数量，而 MNPA 方法获得的 4G SEP 数量又过低，最终选取了折中值 800 项。对于 2G 和 3G，法院利用华为 4G SEP 的必要性检查结果，认为有效率为 44%。最后，法院利用华为主张的 SEP 总数乘以 44%，确定 2G 手机 SEP 总数为 154 项，3G 手机 SEP 总数为 479 项。

② 可比协议法

该案中，由于无线星球的所有涉案专利均来自爱立信，法院排除了无线星球作为专利权人订立的两个直接许可协议，转而寻求爱立信作为专利权人的间接许可协议。法院认为，在判断许可协议时应考虑以下因素：许可协议的达成途径，法院判决、仲裁裁决和自由协商而达成的可比协议程度不同，通过自由协商达成的协议具有更强的可比性；许可协议达成时间，应当选择近期达成的许可协议；许可协议双方当事人情况。法院认为，许可方为无线星球或爱立信，但是被许可方不必须为与华为有类似情况的公司，否则可能不符合 FRAND 原则。

法院以爱立信的许可协议作为该案可比协议，确定该案可比协议法的计算公式为：

无线星球许可费率 = 爱立信专利组合许可费率（E）× 无线星球专利组合数量/爱立信专利组合数量（R）。

表 4-3-11　法院确定无线星球各模式下的总许可费率

项目	爱立信费率	强度比率	基准费率	份额	推导的总许可费率
	E	R	$E \times R$	S	T
2G	0.67%	9.52%	0.064%	1.30%	4.9%
2G/3G	0.67%	4.76%	0.032%	0.57%	5.6%
2G/3G/4G	0.80%	7.69%	0.062%	0.70%	8.8%

在利用公式 $E \times R = E \times R$ 计算出基准费率 $E \times R$ 后，利用公式 $E \times R = T \times S$ 推导出总许可费率 T 值，交叉验证 4G 多模终端的 T 值为 8.8%，3G 多模终端的 T 值为 5.6%，2G 的 T 值为 4.9%，法院认为其在合理范围之内。

（3）欧洲法院

欧洲法院普遍认为，确定许可费率属于市场行为，应当鼓励当事人充分讨论并自主协商确定。这些国家的法院也对 SEP 专利权人请求法院在侵权诉讼中裁判许可费率持保留意见，因此在欧洲法院中确定许可费率的司法判例较少。以下两个司法判例是 Avanci 专利池成员康文森诉戴姆勒案和夏普诉戴姆勒案。

案件的起源是：Avanci 专利池的授权金分配原则鼓励成员起诉侵权人，如果发起诉讼，成员将会获得积分许可点的奖励，如果诉讼促成平台获得许可，还会获得赔偿费用。由于该专利池寻求与戴姆勒协商整车许可未果，戴姆勒成为 Avanci 专利池推行其汽车行业 SEP 的最大障碍之一，为此，Avanci 成员诺基亚、康文森和夏普等对戴姆勒发起了群体性的专利侵权诉讼，迫使戴姆勒接受 Avanci 的许可方式，戴姆勒在接连败诉下于 2021 年 12 月与 Avanci 达成了许可协议。

1）夏普诉戴姆勒案❶

原告夏普持有一系列的专利组合，而这些专利组合被宣告为 ETSI 的标准必要专利。被告戴姆勒在德国生产并销售具有联网功能的汽车，夏普诉戴姆勒其联网功能实施了 ETSI 的标准。

夏普对戴姆勒提出了许可事宜，但戴姆勒认为其供应商才是夏普许可要求的正确收受人。随后，夏普在慕尼黑地区法院向戴姆勒提起了当前侵权诉讼。戴姆勒的几家供应商也参加了该诉讼程序以支持戴姆勒。

法院认为，夏普没有义务对戴姆勒的供应商授予许可。在（德国的）汽车行业中，由供应商来取得与其出售给汽车制造商的零部件相关许可的做法十分常见，但这并不意味着夏普就必须尊重且接受这种做法。相反地，随着其产品越来越广泛地使用无线通信技术，戴姆勒必须接受该行业中流行的做法，其中也包括向终端设备制造商进行许可。

无论如何，法律上夏普都没有必须对零组件制造商授予许可的义务，其仅有义务必须许可对其所持有实施某一标准的标准必要专利的使用。欧盟竞争法并未规定必须

❶ *Sharp v Daimler*, Regional Court (Landgericht) of Munich Case No. 7 O 8818/19.

在价值链的各个层级上对标准必要专利进行许可的义务。

法院认为，原则上，专利权人有权自由选择在价值链中的哪一个层级对其所持有的专利进行许可。法院还解释道即使是在专利法中也未规定标准必要专利必须在价值链中的哪一个层级被许可。特别是，并非所有包含于标准必要专利组合中的个别专利的专利权必须在零组件制造商层级就产生权利用尽的这一事实，更加支持了在终端设备层级进行许可的做法。

法院进一步认为，戴姆勒无法从其供应商所提出的 FRAND 抗辩中获益。被告仅在当专利权人有义务对供应商进行许可时，才可以倚仗此种抗辩；然而，被告本身有能力与标准必要专利权人签署许可时，则不应适用。法院认为该案即是此种情况。戴姆勒的供应商本身并没有单独作出要求获得夏普许可的主张，而只是主张对标准化技术应享有"受法律保障的使用"，而这并不能支持戴姆勒的主张。

因此，法院认为应以终端产品为基础进行许可费率计算。

2）康文森诉戴姆勒案❶

原告康文森持有被声明 ETSI 标准的标准必要专利。被告戴姆勒在德国生产并销售具有实施 ETSI 发展出的 LTE 标准的联网功能汽车。

在康文森于 2019 年 2 月 27 日对戴姆勒发出了许可提醒通知后，戴姆勒回复表示愿意签署 FRAND 许可协议，同时，特别强调了对供应商进行知识产权许可在汽车行业中是一种很常见的做法。在后续谈判中，戴姆勒一直重申了其认为在供应商层级进行许可更为高效。

康文森于 2019 年 8 月 13 日在慕尼黑地区法院对戴姆勒提起了侵权诉讼。康文森强调，在计算许可费时，应将专利于终端产品阶段所产生的价值纳入考量。

法院认为，戴姆勒将康文森导引至其供应商的行为，并未表达出其愿意依照"任何实际上符合 FRAND 的条款"来取得许可的意愿，反而是明确地展现出其本身并不准备从康文森处取得许可的态度。戴姆勒与其供应商之间可能存在的关于第三方知识产权的赔偿条款在此处并不能发挥任何作用，因为戴姆勒的行为独立地造成了对康文森所持有的专利的侵权行为，因此必须为此承担相应的责任。

法院指出，采用车载信息控制单元的平均采购价格作为计算基础并不是在 FRAND 下适当的许可费计算基础。标准必要专利的价值是通过许可费而体现的，而该许可费与所提供服务的价值应符合比例原则。法院认为，在该案中，通过在戴姆勒汽车上提供支持 LTE 技术的相关功能以及戴姆勒汽车的消费者对这些功能的使用而创造了经济价值。因此，此处真正相关的是戴姆勒的消费者对因为 LTE 技术而得以在车辆上实现的各项功能所赋予的价值。戴姆勒向供应商支付的车载信息控制单元的采购价格并不能反映该项价值。

法院进一步阐明，戴姆勒不能援引其供应商（据称的）具备直接从康文森处取得许可的意愿作为其 FRAND 抗辩。如果一个实施人在声明了自己具备取得许可意愿的同

---

❶ *Conversant v Daimler*，Regional Court（Landgericht）of Munich Case No. 21 O 11384/19.

时，也表示了希望该许可的授予可以在其供应商层级进行，则其有义务以书面形式全面披露其产品中包含了哪些符合标准的元件，以及哪些供应商向其提供了哪些对应的元件。如果没有履行信息披露义务，正如同该案的情况一样，则实施人要求在其供应商层级别进行许可的请求与实施人表示愿意自己与 SEP 专利权人签署许可协议的声明彼此矛盾，因此，属于恶意行为。

法院认为，SEP 专利权人有权自由决定对供应链中的哪个实施人向法院提起诉讼。该自由选择权源自宪法对财产权的保障，以及专利作为一种排他性权利的本质。法院认为，尽管在汽车行业的普遍做法是当零部件被出售给汽车制造商时不受第三方权利的限制，然而这并会不因此使康文森要求戴姆勒取得许可的行为成为竞争法上的滥用行为。终端设备制造商与其供应商间的个别协议仅具有双边（合同）效力而不能损害第三方的法律地位。特别是，此类条款并不能限制 SEP 专利权人选择向供应链中哪个层级的实施人主张其专利权的权利。

（4）日本法院

在三星诉苹果案中，2013 年 9 月，三星在日本就涉及 UMTS 标准的一件专利起诉苹果的 iPhone 4S 和 iPad 2 产品侵权。在法庭辩论中，双方在损害赔偿金额的问题上针锋相对。❶

UMTS 标准是 3G 移动通信网络技术规范和协议的统称，诺基亚拥有大量 UMTS 标准必要专利，2002 年 5 月，诺基亚主张，将 W－CDMA 的全行业总许可费率控制在不超过 5%。同年 11 月，NTT Docomo、爱立信、诺基亚和西门子达成协议，根据所拥有的必要专利的百分比确定各自 W－CDMA 标准专利所有者的使用费，该协议将 W－CDMA 总许可费率限制在不超过产品售价的 5%，即 3G 技术 5% 的许可费率已经获得行业共识。

因此，三星和苹果都认可了 UMTS 标准必要专利的总特许权使用费应为 5%，二者的分歧点在于，苹果认为 W－CDMA 标准的实际必要专利族为 1 899 个，但是三星认为其中只有 529 个专利族为必要专利，此外，三星还主张费率计算的基础是整机，苹果则主张为基带芯片，或者以仅具有通信基本功能的手机的商品为计算单位，即使以苹果主张的仅具有通信基本功能的手机（价格 6 000 日元）按照公式①计算，以基带芯片（价格 1 250 日元）按照公式②计算，三星主张的许可费率仍为苹果的 17 倍（见表 4－3－12）。

表 4－3－12　三星和苹果公司各自的费率计算方式

产品 ×5% ×1/529	三星的费率计算公式①
仅具有通信基本功能的手机 ×5% ×1/1 899	苹果的费率计算公式②
基带芯片 ×5% ×1/1 899	苹果的费率计算公式③

日本法院在确定许可费率时，考虑了 iPad2 比具有 3G 模块的 iPad2 的被诉产品在价格上增加了 12 000 日元，考虑了手机和 iPad 的多个通信模式，也考虑了涉案专利对

---

❶ *Samsung Electronics Co. Ltd. v. Apple Japan*，Judgment rendered on May 16，2014 2013（Ne）10043.

UMTS 标准的贡献，最后支持了三星的费率计算方式。

综上所述，通过司法实践构建的许可费计算规则通常仅针对个案，有时不同个案所采用的计费规则甚至相互矛盾。但从国外司法实践来看，许可费计算仍具有如下特点。

一是具体选用哪种许可费率计算方法需依照证据确定，但可比协议法和自上而下法仍是主流的方法。从各国司法实践来看，虽然前期各国采用的许可费率计算方法各不相同，但是近几年，可比协议法和自上而下法已成为主流。各国的主要差异点在于如何选择可比协议，以及可比协议的拆分等。而对于自上而下法，SEP 的必要性检查成为关键。

二是应用可比协议法时，考量某个协议的可比性是其关键。实践中可比协议考量因素主要包括涉案专利技术领域；专利包数量；许可费是一次性支付还是按产量支付；是交叉许可、单方许可、独占许可或非独占许可，还是捆绑许可等；专利包是否可以拆分；是否非诉讼和解中形成的许可；许可的地理范围因素等。但是，可比协议法还需解决专利费堆叠的问题以及在标准开始收费阶段没有可比协议的问题。

三是自上而下法需要突出解决行业累积费率和必要性检查问题。2G、3G 和 4G 时代，行业累积费率的数值通过行业声明和司法确认而趋同，5G、物联网、汽车产业如何确定目前还不明朗，还未得到司法认可。此外，专利权人拥有的有效必要专利数和标准必要专利总数需要经过有效性和/或必要性检查，争议可能在于司法判例中对庞大专利包的必要性检查，采用何种方式更能接近真实情况。专利权人普遍认为自上而下法计算的费率值较低，不能体现专利在产品中贡献的价值。但对于实施人而言，自上而下法更为友好。

4.3.4　专利池的许可费

在通信领域，专利密集性和专利离散性使得组建专利池更为迫切。不同的技术标准例如移动通信标准和音视频编解码标准都建有多个专利池。同一技术领域在不同代际建有不同的专利池，例如 3G 的 WCDMA 专利池、4G 和 5G 的 Avanci 专利池。同一技术也会建有多个或构成互补或存在竞争的专利池，例如，对同一音视频编码标准 HEVC，建有 HEVC Advance、MPEG – LA、Velos Media 和 Technicolor 4 家专利池，虽然这 4 家专利池的专利清单构成互补关系，但对于标准实施人来讲，HEVC 技术相比于 H. 264 技术更为昂贵，更难以广泛应用。此外，与 HEVC 存在竞争关系的音视频标准 AV1 也建有自己的专利池，由谷歌开发的 VP9 编解码器更是开源免费。

（1）司法案例中以专利池为参照计算许可费率

专利池在设定许可费时，采用的分摊原则是，专利池中的每个专利平等地分摊许可费，即不考虑每个专利技术的重要性和对标准的贡献。每个加入专利池的参与者都会签订一个专利池协议，其规定了许可费率的范围。因此，法院可利用专利池协议中规定的许可费率范围，作为许可费率计算的可靠参照。

在微软诉摩托罗拉案❶中，法院认为：MPEG – LA H. 264 专利池收取的专利费是

---

❶ *Microsoft Corp. v. Motorola，Inc.，10 – cv – 01823 – JLR. 2012.*

FRAND 费率的可靠指标，也减少了被许可人对许可费堆叠问题的担忧。但是，法院也认可了摩托罗拉专家的证词，即专利池的费率通常低于双边协议可能实现的许可费率，因为专利池成员获得的许可费率仅是其从专利池所能获得的价值的一部分，其余部分包括回授许可和标准的推广等，因此 FRAND 费率应将专利池的许可费乘以 3 倍。从微软诉摩托罗拉案中还可以看到，对专利池作为参照计算许可费率，实施人和专利权人所表现的态度截然不同，对于实施人而言，将专利池的费率计算纳入可比协议中，势必增加专利许可费计算的透明性，而对于专利权人而言，更倾向于不将专利池的费率计算纳入可比协议中，因为专利池费率大大低于自由协商的费率。

（2）司法案例中支持专利池的终端级收费模式

智能汽车时代的到来，让汽车产业成为继智能手机行业之后，下一个收取专利费的重要市场。虽然在近十几年专利池大多数是按照手机整机价格计算许可费的模式进行"终端级"许可，但是随着这种"终端级"许可进入汽车产业之后，"终端级"还是"组件级"的问题再次成为争议焦点。

在美国法院的德国大陆集团诉 Avanci 专利池案中，德国大陆集团与 Avanci 专利池案争议的焦点在于许可层级的问题，德国大陆集团要求 Avanci 专利池向其提供"组件级"许可，然而美国联邦巡回上诉法院并没有支持德国大陆集团的诉求，而是认为大陆集团并没有受到损害。该案的判决表明，美国法院依然遵从了历史判例的影响，基于过去智能手机的整机收费模式奠定的基础，通过司法判决明确了对 Avanci 专利池仅提供整车级许可的支持，不违反 FRAND 原则。

从上述司法案例来看，关于专利池的许可费，具有以下特点。

一是专利池可作为参照计算许可费率。相较于其他的许可费率计算方法，专利池具备更高的透明度，由于其统一的对外许可费用标准形式的优势，在形成合理规范的换算方式的基础上，采用专利池作为参照计算许可费率，在一定程度上能够减少许可费率计算的复杂度。

二是法院支持专利池的整机收费模式并不代表最终结论。从德国大陆集团诉 Avanci 专利池案的判决来看，专利权人一方还是占据优势，但汽车的复杂性远大于手机行业，美国法院的判决并不是句号，在"终端级"还是"组件级"这一许可斗争中，相信还会有大批实施人陆续提出自己的合理诉求，这必然会引发越来越多的司法实践的摸索和判断。

4.4 我国规制现状及行业主要观点

4.4.1 影响专利许可费的因素

4.4.1.1 标准组织与影响专利许可费的因素有关的政策

国际标准组织的知识产权政策仅规定应以 FRAND 条件对实施人授予许可，但并没有涉及许可费的影响因素。由于 FRAND 原则的定义过于模糊，因此无法对 FRAND 许可费这一专利权人和实施人在许可谈判中的关键性因素作出明确指引。因此，专利权人和实施人之间引发了大量争议，并由此形成标准必要专利许可费困境。

标准的公有性和专利的私权性双重属性是导致许可费困境的根本原因，同时 FRAND 承诺的松散性以及信息披露制度不完善进一步加大了标准必要专利 FRAND 许可费的协商难度。理论上说，专利许可费应包含与专利本身相关的因素、与专利许可相关的因素、与专利或专利产品的市场表现相关的因素等。专利权人和实施人之间进行许可谈判的目标是确定双方都认可的许可费。但是，正是由于标准的公有性使得许可谈判的天平向专利权人倾斜，为重新达到天平的平衡，标准组织制定了知识产权政策，要求专利权人进行 FRAND 承诺后，该标准对应的专利技术才能被纳入标准，这也是 FRAND 原则的来源。

4.4.1.2　我国法律法规的相关规定

我国仅在《专利法》中提到了可进行专利许可，但是并没有对影响许可费的因素加以规定。但是在我国的司法解释和各种指引性文件中，对影响专利许可费的因素进行了明确。

（1）我国司法解释及指导性文件相关规定

在《最高人民法院关于审理侵犯专利权纠纷案件应用法律若干问题的解释（二）》❶ 第 24 条指出，人民法院在确定上述实施许可条件时，应当根据公平、合理、无歧视的原则，综合考虑专利的创新程度及其在标准中的作用、标准所属的技术领域、标准的性质、标准实施的范围和相关的许可条件等因素。

虽然上述司法解释是以许可条件的方式来论述的，但是许可费一直是专利许可的核心要素，并且，上述专利的创新程度及其在标准中的作用等确实与专利的价值息息相关，因此，通常也会将标准中的作用、标准所属的技术领域、标准的性质、标准实施的范围和相关的许可条件作为影响许可费的因素。

广东省高级人民法院发布的《关于审理标准必要专利纠纷案件的工作指引（试行）》❷ 中并未在整体上对许可费的影响因素进行阐述，但是在许可费的具体计算方法中对影响可比协议和自上而下法许可费的因素进行了阐述。例如，在第 24 条中，对自上而下法的考量因素进行了明确，即其可考虑以下因素：①涉案标准必要专利对产品销售与利润的贡献，该贡献不包括专利被纳入标准所产生的影响；②涉案标准必要专利对标准的贡献；③在标准制定之前，该专利技术较之于其他替代技术的优势；④使用涉案标准必要专利的产品所交纳的全部标准必要专利许可使用费情况；⑤其他相关因素。

由上可知，我国的相关司法解释一方面给出了考量许可费的整体原则，即公平、合理、无歧视的原则，另一方面，还根据各个许可费计算方法给出了具体的考量要点，

---

❶　最高人民法院关于审理侵犯专利权纠纷案件应用法律若干问题的解释（二）[EB/OL].（2021-01-13）[2022-11-27]. https：//www.055110.com/zs/6/111.html.

❷　广东省高级人民法院发布《关于审理标准必要专利纠纷案件的工作指引（试行）》（全文）[EB/OL].（2019-12-04）[2022-11-28]. https：//sciiip.gdufs.edu.cn/info/1027/1486.htm.

整体来说，这些考量要点都是通信领域 SEP 实际许可谈判时专利权人和实施人的关注热点，我国司法解释和指引对这些热点问题进行了指引，有利于社会公众形成清晰的预期。但是我国许可费的考量因素更多的仍是定性分析，但对于像如何排除专利被纳入标准所产生的影响等，可能仍需要进行细致的分解，因此，如何在计算具体许可费时建立定性分析和定量计算之间的桥梁仍是困扰全球许可费计算的问题，仍需要经济学界和司法界一起解决上述问题。

（2）我国汽车行业的许可指引

我国《汽车行业标准必要专利许可指引》❶ 指出，合理的许可费应考虑标准必要专利技术对于汽车产品的实际价值度贡献、行业累积许可费率、专利权人持有的标准必要专利数量、专利地域分布等因素，许可费率不应因专利被纳入标准而额外获益。标准必要专利对汽车产品的价值度贡献需要考虑汽车产品的价值是由技术、市场、生产、品牌、售后等多个环节共同构成的，特别是品牌在汽车产品价值中的贡献；此外还应考虑标准必要专利技术对汽车产品的销售和利润的贡献。专利权具有地域属性，合理的许可费还可以考虑实施人的生产和销售区域、专利权人的专利地域分布以及不同地域的经济水平差异等因素，可以对不同地域适用不同的许可费率。

由此可知，我国汽车行业的许可指引主要从标准专利技术的价值、汽车产品的价值度贡献、专利技术对销售和利润的贡献以及专利的地域属性等几个方面对许可费的考量因素进行限定。该指引将汽车这一终端产品进行了解构，先计算出了汽车的利润等价值，接着在利润的基础上将汽车的产品价值又拆分成技术、市场、生产、品牌、售后等多个环节，又从技术这一环节进一步区分标准必要专利。通过这一"庖丁解牛"式的解析，最终得到 SEP 的价值。除此之外，该指引还考虑了地区许可费率。上述规定对于解决争端，回归 SEP 本身的价值具有很好的指引作用。

4.4.1.3 我国司法案例

（1）华为诉 *IDC* 案❷

在华为诉 *IDC* 案中，一审法院认为，根据标准必要专利的特点，在确定合理的使用费时，至少应考量以下因素：①许可使用费数额的高低应当考虑实施该专利或类似专利所获利润，以及该利润在被许可人相关产品销售利润或销售收入中所占比例。技术、资本、被许可人的经营劳动等因素共同创造了一项产品的最后利润，专利许可使用费只能是产品利润中的一部分而不应是全部，且单一专利权人并未提供产品全部技术，故该专利权人仅有权收取与其专利比例相对应的利润部分。②专利权人所作出的贡献是其创新的技术，专利权人仅能够就其专利权而不能因标准而获得额外利益。③许可使用费的数额高低应当考虑专利权人在技术标准中有效专利的多少，要求标准实施人就非标准必要专利支付许可使用费是不合理的。④专利许可使用费不应超过产品利润一定比例范围，应考虑专利许可使用费在专利权人之间的合理分配。

---

❶ 《汽车行业标准必要专利许可指引（2022 版）》发布 ［EB/OL］. （2022－09－13）［2022－11－18］. http：//www. ppac. org. cn/news/detail－1－424. html.

❷ 广东省高级人民法院（2013）粤高法民三终字第 305 号民事判决书。

二审法院认同一审法院的考量因素，同时认为，尽管标准必要专利许可使用费的收费模式各有不同，有收取固定许可使用费模式，也有按照销售额比例收取使用费模式，且不同的交易基础也可能有不同的许可费率。但是，在交易条件基本相同的情况下，应当收取基本相同的许可费或者采用基本相同的许可使用费率。在判断是否符合无歧视的条件时，往往需要通过比较的方法才能确定。在基本相同的交易条件下，如果标准必要专利权人给予某一被许可人比较低的许可费，而给予另一被许可人较高的许可费，通过对比，后者则有理由认为其受到了歧视待遇，标准必要专利权人就违反了无歧视许可的承诺。

（2）行业主要观点

由于许可费的影响因素更多是定性因素，原则性相对较强，而许可费更多地体现在后续许可费基数、许可费计算方法中，同时目前大家对许可费的影响因素的争议也较小，已经形成了相对统一的意见，因此，专利权人和实施人未就该议题提出针锋相对的观点。

4.4.2　许可费基数

在许可费计算实践中，通常会按照被许可层级产品销售价格的百分比来计算许可费用，因此，许可费基数问题通常被认为与许可层级问题紧密相关。实践中与许可费基数相关的争议体现在三个方面，分别是：在许可层级方面到底应采用"向任一人许可"还是"向任一人开放"？在许可费基数计算时应采用 EMV 原则还是 SSPPU 原则？不同行业的许可层级或许可费基数是否可以有差异？

由于实践中采用不同的许可层级销售价格来计算最终许可费，而采用不同的许可层级来计算时，许可费会因产品的复杂程度不同，在不同许可层级存在几倍甚至几百倍的差距，因此，对两大阵营来说，许可层级的重要性不言而喻。

EMV 原则和 SSPPU 原则的争议在产业界也被认为是许可层级的争议。但实质上，两者之间也存在一定区别：SSPPU 代表了上游产品的最小层级，而 EMV 代表了最终产品这一下游产品的层级，因此两者实际上仅仅代表的是产品价值链的最上游和最下游两个等级。并且，许可层级更多应被认为是许可谈判中的概念，但由于许可谈判中不可避免地会涉及许可费，且两者之间确实也存在一定关联，因此，在后面的表述中，将许可层级和许可费基数的问题统称作许可费基数问题进行探讨。

实践中，专利权人阵营多青睐"向任一人开放"且希望采用 EMV 原则，而实施人阵营多支持"向任一人许可"且希望采用 SSPPU 原则。

4.4.2.1　标准组织与许可费基数相关的规定

（1）ETSI 与许可费基数有关的知识产权政策

ETSI 在其知识产权政策❶第 6 条中规定了许可潜在必要专利的程序。其中，ETSI

---

❶　ANNEX 6：ETSI Intellectual Property Rights Policy［EB/OL］.［2022 – 12 – 17］. https：//www.etsi. org/images/files/IPR/etsi – ipr – policy. pdf.

的知识产权政策第 6.1 条规定了"当与特定标准或技术规范有关的基本知识产权引起 ETSI 的注意时，ETSI 总干事应立即向所有者在三个月内授予不可撤销的书面承诺，写明其准备至少在以下范围内以公平、合理和非歧视性（FRAND）条款授予不可撤销的许可……"。

对于 ETSI 是否对许可层级选择提出要求，2017 年前后，一直有两派观点，以 ETSI 前总干事 Karl Heinz Rosenbrock 为代表的一派认为其知识产权政策要求专利权人必须"向任一人许可"，该 ETSI 前总干事曾发文❶表示，从 ETSI 知识产权政策第 3 条的政策目标可以看出，如果 ETSI 标准的所有相关方无法获得许可，ESTI 政策中的"降低投资被浪费的风险"将无法实现，并且从第 6 条的表述来看，专利权人不能排除不同类别的实施人。另一派的代表人物是知识产权专家 Bertram Huber❷，其参与了 ETSI 知识产权政策的撰写，在 Rosenbrock 就 ETSI 知识产权政策撰写文章后，Huber 立即进行了反驳，其主要认为从知识产权实践来看，"向任一人许可"在法律上行不通，许可效率很低，且在移动通信行业中，行业惯例是由完整的终端设备制造商来进行许可谈判，元器件制造商一般不会加入许可谈判，同时保持专利权人在许可系统中选择许可层级的自由，可以带来行业的高效发展。

2018 年 12 月，ETSI 总干事发表声明进行了澄清，其认为，"ETSI 重申，具体的许可条款和谈判是公司之间的商业事务，不应在 ETSI 内部解决。ETSI 知识产权制度的基本原则仍然是公平、合理和非歧视（FRAND），对任何许可模式都没有明确的偏好"。❸从各方对 ETSI 许可政策的争议以及 ETSI 总干事的表述可以认为，ETSI 的知识产权政策在许可层级的问题上并没有进行限定性解释，其有关许可层级是有解释空间的，认为只要许可符合 FRAND 原则，"向任一人许可"还是"向任一人开放"都是可接受的。

此外，对于 SEP 许可是否可以因行业不同而有差异并没有在 ETSI 知识产权政策中进行详细规定。但是，ETSI 知识产权政策第 3 条阐明了 ETSI 知识产权政策的目标，第 3.1 条指出，ETSI 知识产权政策的最终目标是在电信领域公共使用的标准化需求和知识产权所有者的权利之间寻求平衡。因此，可以看出 ETSI 在制定知识产权政策时仅认为其知识产权政策会应用于电信领域，并未料及通信技术会随着技术的成熟、发展，成为数字经济的基础设施，并随着万物互联的理念，进入物联网、智能汽车行业等其

---

❶ KARL HEINZ ROSENBROCK. Why the ETSI IPR Policy Requires Licensing to All［EB/OL］.［2022 – 12 – 17］. https：//fair – standards. org/wp – content/uploads/2017/08/Why – the – ETSI – IPR – Policy – Requires – Licensing – to – All_Karl – Heinz – Rosenbrock_2017. pdf.

❷ HUBER B. Why the ETSI IPR Policy Does Not and Has Never Required Compulsory "License to All"：A Rebuttal to Karl Heinz Rosenbrock［EB/OL］.（2017 – 09 – 15）［2022 – 12 – 17］. https：//www. semanticscholar. org/paper/ Why – the – ETSI – IPR – Policy – Does – Not – and – Has – Never – to – A – Huber/bd68e9cce82251754e31cc744328f0b070 5508ac.

❸ ANTIPOLIS S. ETSI's Director General Issues Public Statement on IPR Policy［EB/OL］.（2018 – 12 – 03）［2022 – 12 – 17］. https：//www. etsi. org/newsroom/news/1458 – etsi – s – directorgeneral – issues – public – statement – on – ipr – policy.

他领域。

（2）IEEE 与许可层级有关的知识产权政策

2015 年，IEEE 对其专利政策进行了一些修改，其变化包括：计算 FRAND 专利使用费的推荐方法和要求持有标准必要专利的成员放弃寻求禁令的权利等，这些修改带来了较大的争议。IEEE 2015 年的知识产权政策修改中涉及许可层级的修改包括：①对"实施基本专利权利要求的最小可销售兼容实施的相关功能的价值"贡献的价值；②根据所有基本专利权利要求对在该最小可销售兼容实施中施加的 IEEE 标准所贡献的价值。❶

由上述第二节内容可知，针对 IEEE 的 2015 年许可政策，美国出现了态度摇摆，美国司法部在 2015 年发布了"IEEE 知识产权政策的商业评估函"，此评估函被认为是有利于实施人的政策。2020 年，美国司法部又对商业评估函进行了修改，要求 IEEE 改变其专利政策，从而使 SEP 专利权人更容易寻求禁令救济，无疑，2020 年美国司法部的态度是偏向专利权人。但是，2021 年，随着民主党执政，美国司法部又撤回了之前表态，恢复了 2015 年对 IEEE 政策的审查意见。❷

但 IEEE 2015 年的政策显然受到了专利权人的抵制，很多专利权人都表示放弃执行 2015 年 IEEE 的政策，即针对 2015 年的专利政策发布负面保障函。例如，西斯维尔推出的 Wi-Fi 6 专利池中，特别明确了专利权人是遵照 2015 年 IEEE 之前的政策，也表明这个 2015 年的政策实际上已经被大部分专利权人架空了。❸

也正是基于这个背景，2022 年 9 月 30 日，IEEE 标准协会理事会宣布更新 IEEE 专利政策，新的政策于 2023 年 1 月 1 日正式实施。❹

此次更新也涉及了上述专利权人和实施人之间的最激烈的争议之一，即与许可层级有关的对 SSPPU 的措辞描述。在此次 IEEE 与 SSPPU 有关的措辞中，在确定合理许可费时，IEEE 知识产权政策规定，除了考虑 SSPPU 之外，还可以考虑其他许可层级，即实施该标准的其他价值等级。从上述声明来看，IEEE 似乎有意在开放其对许可层级的限制，将原先基于 SSPPU 的许可层级，开放到其他价值等级中。经过此次调整后，代表专利权人一方的高通、爱立信、诺基亚，以及华为等十几家公司一直反对 IEEE 2015 年专利政策的 pro-patent 群体，获得较大胜利。❺

2022 年 10 月 4 日，由苹果、谷歌支持的 Save Our Standards（SOS）组织发布了一

---

❶ The IEEE-SA patent policy update under the lens of EU competition law［EB/OL］.［2022-12-17］. https：//www. tandfonline. com/doi/pdf/10. 1080/17441056. 2016. 1254482.

❷ 丁文. 组件级许可争议溯源，美国法院喊话 SSOs？［EB/OL］.（2022-03-18）［2022-12-17］. https：//baijiahao. baidu. com/s？id=1727600121398983878.

❸ 黄莺. IEEE 更新专利政策，削弱对禁令、许可层级限制，高通、华为等受益［EB/OL］.［2022-12-05］.

❹ IEEE Announces Decision on Its Standards-Related Patent Policy［EB/OL］.［2022-12-05］. https：//standards. ieee. org/news/ieee-announces-decision-on-its-standards-related-patent-policy/.

❺ 黄莺. IEEE 更新专利政策，削弱对禁令、许可层级限制，高通、华为等受益［EB/OL］.［2022-12-05］. https：//mp. weixin. qq. com/s/gIGTTLndkQ2KQEACwtKTcw/.

份声明，在声明中，SOS 组织对 IEEE 标准协会理事会最近批准的变更深表担忧，因为它给以前明确的问题注入了重大的不确定性。这种不确定性给试图遵循 IEEE 标准的创新者带来了新的风险，其会因为上述风险减少创新时间，增加法庭审理时间。❶

相信未来专利权人团体和实施人团体还会在许可层级的问题上展开争论，直到两者之间达到一个新的平衡。

此外，IEEE 并没有就许可层级是否可以有行业差异进行任何规定。

综合 ETSI 和 IEEE 的知识产权政策可以看出，目前标准组织并未就许可层级问题形成统一性意见，但从 IEEE 对许可层级政策的反复可以看出，许可政策需在专利权人和实施人双方中达到平衡，过于关注专利权人一方或者过于偏向实施人一方，会因许可政策的反对力量过于强大，受到抵制，最终必须对许可政策进行修改。

此外，就许可层级的行业差异而言，也可以看出，标准组织在制定政策时并未料到通信技术会伴随万物互联的理念，进入物联网、智能汽车行业等其他领域。因此，标准组织并未对许可的行业差异有前瞻性的思考，标准组织的政策似乎更看重专利权人的许可是否公平、合理和无歧视，而不管行业之间是否有许可层级的差异。

4.4.2.2 我国相关法律法规和政策性规定

（1）《专利法》的相关规定

我国《专利法》仅在第 12 条对专利许可进行了规定，明确了进行许可时，实施人应履行的职责，包括订立许可合同，并支付专利使用费。但对如何选择许可层级，计算相应的专利使用费基数，并未有明确的规定。

专利法中对许可层级产生重大影响的是专利用尽原则。正是因为这一原则，专利权人、实施人才会在选择供应链的许可层级方面产生不同观点。

我国《专利法》第 75 条规定，"有下列情形之一的，不视为侵犯专利权：（一）专利产品或者依照专利方法直接获得的产品，由专利权人或者经其许可的单位、个人售出后，使用、许诺销售、销售、进口该产品的……"该规定也被称作专利权用尽或"首次销售"原则，也就是说，专利权人一旦出售专利产品获得垄断利益或特殊报酬之后，即实现了专利法的激励作用，专利产品的后续流通将不再受制于专利权人。❷ 这也意味着对于某一项专利，专利权人实际上只能从产品价值链的一个层次收取使用费。

当某一最终产品的价值链层级较多时，在上游产品层级进行许可，其许可也将越复杂。假设某个最终产品的价值链包括三级供应商和最终产品制造商。以智能汽车为例，该三级供应商可以是芯片制造商（称作 Tier - 3）、模块制造商（称作 Tier - 2）和 TCU 制造商（称作 Tier - 1）。若在 Tier - 3 层级进行许可，当芯片制造商将芯片出售给 Tier - 2 模块制造商时，芯片所涉及的标准必要专利的权利将被用尽。但是，若 Tier - 2 模块制造商在其模块中使用了额外的标准必要专利，Tier - 2 模块制造商将需要继续向

---

❶ PRESS RELEASE：Save our Standards on IEEE Standard Association Board of Governors（IEEE SA BOG）Patent Policy Updates［EB/OL］.［2022 - 12 - 17］. https：//www. saueourstands. com/press_release_ieee_patent_policy_up-date/.

❷ 林威. 数字通信时代专利权利用尽的危机与应对［J］. 电子知识产权，2022（3）：20 - 37.

专利权人寻求许可。当模块制造商将模块出售给 TCU 制造商（Tier-1 供应商）时，与 Tier-2 层级相同，部分技术的专利权用尽，但部分技术又需要进行额外许可。如此一级一级向上传递，直到走到最终产品制造商层级。由此可知，专利权人必须向每个层级的实施人都授予许可。

在最终产品的价值链包括三级供应商和最终产品制造商的情况下，此时专利权人就需要授予针对不同标准必要专利组合的 4 份许可。虽然有时针对不同层级的标准必要专利组合的是不同的专利权人，但是对于更多的标准必要专利，该专利中不仅会保护芯片制造方法、芯片计算方法，还会保护相关功能模块，甚至是传输系统，因此，在更多情况下，针对不同层级的 SEP 组合的是同一专利权人。采用上述许可方式显然会增加 SEP 许可的复杂度。大家开始考虑在一个单一许可层级进行许可，❶ 若该单一许可层级并不是最上游的组件，其并不要求在组件级别必须获得许可，而是默认该单一层级许可已传递到上游组件级供应商。

（2）广东省高级人民法院发布的《关于审理标准必要专利纠纷案件的工作指引（试行）》

广东省高级人民法院发布的《关于审理标准必要专利纠纷案件的工作指引（试行）》第 5 条对审查 SEP 纠纷案件的原则进行了规定。鉴于标准必要专利除具有私权属性外，还具有公共属性，标准的纳入可能对行业、公众产生特定影响，故该指引第 5 条指出，审理标准必要专利纠纷案件，要遵循利益平衡原则，既要充分考虑 SEP 专利权人对创新的贡献，依法保护专利权人的权利，也要平衡专利权人、实施者与社会公众的利益。

尽管在手机行业中，目前基本上是以终端产品作为许可费基数，但是手机行业目前形成的惯例也同样会随着时间的推移发生变化，这不仅体现在其许可历史上，还体现在移动通信功能所承载的产品上。

首先，从无线通信 SEP 许可的历史来看，尽管目前包括高通、爱立信和诺基亚等专利权人一直按最终产品价格来主张无线通信 SEP 的许可费，但并不意味着这些公司没有经历以 SSPPU 为基础的许可，从美国联邦贸易委员会诉高通案❷可以看出，高通曾将调制解调器芯片标准必要专利授权给其他芯片制造商，并获得了爱立信的调制解调器标准必要专利的芯片级许可。事实上，爱立信、诺基亚也是促使欧盟委员会在 2007 年对高通是否违反 FRAND 承诺展开调查的众多公司之一。因此，即使是支持 EMV 原则的公司，从其许可历史来看，也存在 SSPPU（组件级）许可。

其次，从移动通信所承载的最终产品来看，在 2G/3G 时代，手机最基本的功能就是无线通信功能，此时，手机中的其他器件对手机终端的贡献很小，因此，在这样的场景下，可以认为标准必要专利对整个产品功能作出了贡献，且驱动了终端产品市场

❶ Group of Experts on Licensing and Valuation of Standard Essential Patents SEPs Expert Group（E03600）. Contribution to the Debate on SEPs［EB/OL］.（2021-01-31）［2022-11-19］. https：//www. pagewhite. com/images/content/SEPs_Expert_Group_Contribution_to_the_Debate_on_SEPs. pdf.

❷ *Federal Trade Commission v. Qualcomm Inc.*，No. 19-16122（9th Cir. 2020）.

需求，将整个终端产品作为许可费率的基数，具有一定合理性；但是随着智能手机的普及，手机已经从一个功能单一的产品变为多功能产品，例如对于 5G 手机而言，除了无线通信功能之外，其还包括摄像功能、视频编解码功能和蓝牙功能等，并且在 5G 时代，也确实有部分用户就是为了其他功能，例如拍照功能的需求来购买手机，因此，此时再将终端产品的售价作为基数来计算无线通信 SEP 的价值确实显得不太恰当。

最后，随着以移动互联为基础的数字经济时代的到来，移动通信功能将越来越多地融入每个人的生活中，相对应地，每个与移动互联相关的行业都会不同程度地受到无线通信 SEP 许可的影响。是否一成不变地采用通信行业的许可模式也是值得探讨的问题。

EMV 原则和 SSPPU 原则都是在专利侵权诉讼中涉案产品同时包含专利侵权部分及非专利部分的复杂产品的背景下产生的。因此，从专利权人和实施人之间的利益平衡关系来看，一刀切地采用任何一种原则都会损害另一方的利益，因此，有必要在两者之间找到折中方案。

（3）我国汽车行业的许可指引

2022 年 9 月 13 日，中国汽车技术研究中心、中国信通院联合发布了《汽车行业标准必要专利许可指引》。该指引对许可层级、许可费基数以及行业差异进行了较为系统地阐述，也引发了学界的一些争论。

该指引明确提出在"产业链任一环节均有资格获得许可"的原则。根据在标准化组织作出的 FRAND 承诺或者标准化组织的知识产权政策，任何善意的专利实施人都有获得标准必要专利许可的权利，SEP 专利权人有义务向有意取得许可的实施人授予许可，无论其处于产业链的何种层级。SEP 专利权人不应向同一产业链中处于不同层级的制造商重复收取标准必要专利许可费。上述规定也意味着，包括零部件在内的企业均有获得许可的权利。即根据《汽车行业标准必要专利许可指引》，汽车行业采用了"向任一人许可"的许可政策。

《汽车行业标准必要专利许可指引》还对许可费基数进行了明确规定，认为应以标准必要专利技术对汽车产品中起到实际贡献的产品单元作为许可费计算基数，同时应避免将与标准必要专利技术无关的其他产品单元纳入许可费计算基数。无论是汽车产品中的零部件还是整车作为许可费计算基数，都应考虑标准必要专利技术对该汽车产品的实际价值度贡献；此外，无论许可层级如何，对同一汽车产品计算得到的标准必要专利许可费应该大致相同，不应由于许可层级的不同而导致许可费产生显著差异。❶

此外，在该指引第 6 条明确了商业惯例在审理标准必要专利纠纷的参照作用，该指引指出，审理标准必要专利纠纷案件，应考虑行业特点，结合商业惯例进行审查判断，同时许可时要"协商处理行业差异原则"。

对与许可费基数有关的上述规定，我国专家学者也有正反两方面的声音。

---

❶ 中汽学会知识产权分会、IMT－2020（5G）推进组等联合发布"汽车行业标准必要专利许可指引"［EB/OL］.（2022－09－13）［2022－11－18］. https：//www.sohu.com/a/584527395_121119176？_trans_＝000019_wzwza.

支持者认为《汽车行业标准必要专利许可指引》在许可层级选择的考量上显然认为"公平"比"效率"更为重要，这一价值取向无疑是符合我国目前的产业结构和发展现状。但反对者认为上述规定虽兼顾了各环节的利益诉求，但可能会使 SEP 专利权人陷入与过多产业链环节进行过度谈判而疲于奔命的境地，也可能使汽车整车生产者因为担心某些零部件并未与其他零部件同时获得专利（不管是否标准必要专利）许可，陷入专利侵权纠纷而畏首畏尾，难以根据市场的需求及时展开生产和营销等商业活动。也有专家学者持中立态度，认为明确提出"产业链任一环节均有资格获得许可原则"，这将对智能汽车 SEP 许可谈判的走向产生影响。但这一原则的实施效果如何，即未来市场究竟是接受组件级许可还是整车许可，抑或两者均可，但孰为优先，都还需要经过市场的检验。❶

上述不同声音也显示出我国学者对许可层级相对审慎的态度，但是学界共同的声音还是认为应当以我国产业和市场的需求来确定许可层级，从而使行政政策真正为市场服务。

4.4.2.3 行业主要观点

许可费基数的争议，也是创新主体之间争议最大的一个问题。虽然德国杜塞尔多夫高等地区法院已于 2019 年裁定承认 SEP 专利权人有义务向任何实施人授予许可（即"向任一人许可"），但是实施人和专利权人就许可层级的分歧远未解决。

（1）专利权人

传统蜂窝 SEP 专利权人支持"向任一人开放"，并认为：①符合传统行业惯例；②降低交易成本，因为最终产品将实施所有相关的标准必要专利（而组件可能并非如此）；③确保 SEP 专利权人的投资获得公平回报所必需的；④组件制造商即使他们没有获得自己的许可证，也不会被排除在使用标准化技术和生产符合标准的产品之外。

对于许可费基数，以高通、爱立信、弗劳恩霍夫等为代表的许可人则认为，由于终端是实施了所有 SEP 的层级，因此应当在终端级进行许可，并以终端整机为基础计算 SEP 收益分配，如果选择组件级许可并以 SSPPU 为费率计算基础，则会存在不同 SEP 在不同层级实施的情况，从而导致费率计算复杂，增加许可成本。从价值产生角度来说，应当在产生价值的层级上进行许可，因为在价值链的每一个层级上进行许可被认为是不经济的。以芯片组件为例，实施标准所需的专利中，只有极小部分会在芯片组中使用，而芯片组能够用于许多类型的设备，其在实际终端产品中的最终用途可能在终端中才能确定。因此，专利权人也认为在大多数行业中许可层级都应该相同。

（2）实施人

汽车和物联网实施人并不认可"向任一人开放"，原因有以下两点。

首先，蜂窝 SEP 的终端许可模式并非传统惯例，例如欧盟专家组列举了几个 SEP 专利权人授权许可组件制造商（例如芯片组制造商）的例子，在批准美国联邦贸易委

---

❶ 知产时评 |《汽车标准必要专利许可指引》的意义、影响和展望 [EB/OL]. (2022 – 09 – 27) [2022 – 12 – 17]. https://baijiahao.baidu.com/s? id = 1745099685777840673.

员会的部分动议的简易判决中，法官 Luch Koh（美国联邦贸易委员会诉高通案中的美国地区法官）指出，高通已经从 120 多家公司获得了详尽的许可。同时，高通自己也认为，高通多年来一直在物联网领域提供许可，但其许可对象是物联网设备的大型模块制造商，而非物联网设备供应商。这是因为物联网设备的销售量相对较少，而物联网设备具体模块的销售量较大，其供应商的公司规模也较大。随着其他许可方加入高通在物联网领域的许可，它们将在模块级别为大公司提供类似的许可，而不是在设备级别为小公司许可。

其次，"向任一人许可"意味着供应链中的每个实施人都将获得许可，而实践中，由于专利用尽原则，情况并非如此，相反，"开放"（Access）一词没有确切的法律含义，"向任一人开放"意味着每个未获得许可的实施人都有法律确定性，但情况并非如此。正如 ETSI 前任总干事所观察到的那样，根据 ETSI 知识产权政策，对技术的访问是通过许可提供的，因此在没有许可下的"开放"将毫无意义。❶

物联网代表伟视得公司认为，①物联网行业惯例是向上游许可；②组件级许可交易成本会更低，因为与 OEM 的数量相比，组件制造商的数量要少得多；③补偿 SEP 专利权人的设备级许可风险，并可能允许其进行劫持；④未经许可经营的零部件制造商在现行做法下面临着商业和法律不确定性。❷

关于许可费基数，以苹果为代表的被许可人认为，不应当以 EMV 作为许可费率的计算基础，因为终端的价值并不是仅仅由一种技术所组成，例如苹果 iPhone 成为美国最受欢迎的智能手机的原因在于苹果为其移动设备开发的无数非标准功能，例如 FaceTime、多点触控、FaceID、数码相机硬件和软件、显示质量和设计美学，SEP 专利权人经常寻求使用复杂产品的全部价格作为许可费计算基础，这是不合理的，例如苹果对具有额外内存的 iPhone 或者 iPad 收取更高的费用，而产品之间没有其他差异，也没有可归因于 SEP 的价格差异。当专利技术的价值能够产生增加设备价值的协同效应时，SEP 专利权人参与终端价值分配是合理的，即使可能很难估计特定 SEP 对这种协同效应的贡献，然而，在其他情况下，根据最终产品的价值奖励 SEP 持有者会导致明显的过度补偿。说白了，如果智能手机恰好是镀金的，为什么蜂窝通信 SEP 专利权人要获得更多利润呢？

在行业差异问题上，以 Vestel 公司为代表的实施人认为，在汽车和物联网环境下，终端产品级许可双方是否对等与蜂窝通信行业的终端设备级许可双方情况完全不同：①在智能手机的情况下，设备级别的许可很可能是有意义的，因为智能手机 OEM 熟悉所涉及的蜂窝技术知识，这反过来又使他们能够与 SEP 专利权人在平等基础上进行谈判，❸ 并且连接性一直是移动设备功能的核心；②在大多数情况下，移动设备 OEM 可能会持有自己的标准必要专利，因此最终产品及许可可能为互惠互利的交叉许可提供

❶ 该论点为伟视得公司在针对美国声明草案的意见反馈中提出。
❷ 目前组件供应商适用（a）所谓的"已取得"权利，（b）不主张协议，（c）SEP 持有人可以采用不针对零部件制造商执行其 SEP 的单边政策，但是以上做法在法律上都存在不确定性。
❸ 因为他们能够评估相关标准必要专利的价值，从而评估 SEP 专利持有人要约是否符合 FRAND。

机会。

但是在汽车、物联网领域情况并非如此：①联接从未成为最终产品功能核心的行业部门，例如家电、医疗设备或乘用车；②分工是现代工业生产的基石，分工表明，专利许可的责任应由了解相关专利技术的各方承担，在智能手机范围之外的许多情况下，该方将是组件制造商，而不是 OEM；③从社会角度来看，作为政策问题，许可应该在可以最小化交易成本的水平上进行，这应该是没有争议的。而哪个组件级别或最终产品界别的许可降低了交易成本，这在很大程度上取决于相关产品和技术的类型。

汽车行业代表与 Vestel 公司持相同观点。大陆集团认为，汽车行业长期以来的惯例是对实施专利技术的组件进行许可，因此，汽车零部件制造商一直在寻求 FRAND 许可。然而大陆集团无法单独从这些 SEP 专利权人或其许可代理处获得大多数此类标准必要专利的零部件级 FRAND 许可，这给他们的创新和扩展能力进入新市场带来不适当的风险。❶ SEP 专利权人试图绕过包含专利技术的组件供应商，因为最终产品（车辆）通常看上去具有更高价值，基于终端价值所收取的许可费往往高于基于 TCU 或基带处理器的许可费且利润率远远高于远程 TCU 的利润率。这种方法还利用了信息不对称，因为汽车制造商的专业知识并不在于 TCU 甚至基带处理器如何实施特定的蜂窝通信标准或声称的 SEP。

（3）我国行业主要观点

我国创新主体更认同"向任一人许可"，这也与目前我国创新主体更多为实施人群体有很大关系，我国创新主体认为：因为标准服务于全行业，专利权人的 FRAND 承诺面向全行业，即全行业每个层级的实施人享有平等的获取许可的权利；专利权人和实施人的权利也是对等的，专利权人没有权利指定行业中的某个层级的实施人可以获得许可，其他层级的实施人不能获得许可，进而承受法律上的不确定性风险。当选择上有层级许可时，许可费作为成本可以向下游传递。此外，我国创新主体认为向任一人许可具有其合法性，在中国有其合理性：宁可许可收费多走冤枉路，也不在被许可时多交冤枉钱。

对许可费基数问题，我国创新主体无论手机终端企业还是汽车企业，意见较为一致，认为该问题需要与时俱进地来看，根据行业特点、发展情况确定许可层级，并且与产品形态朝着复杂功能演进、技术朝着高度集成化演进等趋势具有密切的联系。以通信行业为例，最初以整机作为许可层级并作为费率计算基础有历史背景，在 2G/3G 时代，手机功能实际上还是以基础通信为主，演进到 4G，甚至 5G 时代的智能手机，已不仅仅是蜂窝通信功能，叠加在之上的手机操作系统、屏幕、摄像、充电等等功能是智能手机必不可少的组成部分，各功能对智能手机的价值贡献实际上也面临着重新分配的问题，这个问题在蜂窝通信技术与汽车、物联网行业结合时是相类似的。整机

---

❶ 因为根据长期的行业惯例，汽车客户要求他们的供应商销售的零部件不受第三方知识产权的约束，当 SEP 持有者绕过供应商并给予供应商产品中包含的技术向这些客户主张其专利，或通过专利诉讼和禁令强迫客户接受非 FRAND 条款时，这些客户反过来要求其供应商提供协助与任何由此产生的诉讼，并赔偿客户为避免禁令或排除令而招致和支付的非 FRAND 许可费。

售价是否适合作为专利许可费的费基不能孤立来看，而要结合专利技术对产品的"相对价值"作出合理评估，同一技术在不同层级的"相对价值"是不同的，越是功能单一的产品，某一技术的"相对价值"可能会更高。除了相对价值因素，还需结合产品的利润率和规模效应等因素。虽然不同层级都可以作为计算许可费的起点，但以实际承载标准技术或专利技术功能的层级作为费基，理论上可能更为简便，并且在功能贡献相同的情况下，许可费不应当由于许可层级的不同而有所不同。

对行业差异问题，我国创新主体意见较为一致，认为不同行业的许可层级和费率计算基础存在较大差异，需要分别根据专利技术对功能的价值贡献加以考虑，不同行业、不同领域的许可模式和费率仍有待探索。

4.4.3 许可费问题

4.4.3.1 许可费的计算方法

（1）标准组织对许可费率的规定

几乎所有标准组织的专利政策均明确规定应以 FRAND 规则许可标准必要专利，但是鲜有标准组织明确合理、公平、非歧视原则在许可费上的具体内涵。

仅有 IEEE 一家明确"合理"原则的具体含义。IEEE – SA 委员会在 2015 年发布的"IEEE – SA 标准委员会章程"❶ 第 6.1 条定义部分明确规定："合理费率"是指能够对专利权人给予实施其标准必要专利的合理补偿，同时排除因专利技术纳入标准而增加的额外价值。该定义还给出了应当考量合理费率的三方面因素，第一，标准必要权利要求所在专利或技术特征的实施价值在其 SSPPU 中的占比；第二，最小可销售实施涉案标准必要专利权利要求的价值在实施所有标准必要专利权利要求价值中的占比；第三，涵盖涉案标准必要专利权利要求、对专利权人进行充分补偿的现有对比许可，且该许可未受到明示或默示的禁令威胁。可以看出，IEEE 章程中对合理原则与考量因素的阐释是标准制定组织专利政策的重大突破，所列的考量因素也借鉴于可比协议法、自上而下法等计算许可费率的重要方法。

专利权人对于 IEEE 2015 年发布的关于许可层级的规定表达强烈不满，纷纷表示放弃执行。IEEE 迫于压力于 2022 年 9 月 30 日正式通过官方对其专利政策进行调整，主要涉及许可层级问题，并强调 IEEE 在许可费率计算方法上的专利政策建议是可选注意事项，并非强制性的。

（2）我国相关法律法规和政策性规定

1）最高人民法院的相关规定

最高人民法院在《最高人民法院关于审理专利纠纷案件适用法律问题的若干规定》（2015 年修正）中明确了许可费的计算方法。

第 20 条　专利法第 65 条规定的权利人因被侵权所受到的实际损失可以根据专利权

---

❶　IEEE – SA. IEEE – SA Standards Board Bylaws［R/OL］.［2022 – 11 – 01］. http：//standards. ieee. org/about/policies/bylaw/sect6 – 7. html.

人的专利产品因侵权所造成销售量减少的总数乘以每件专利产品的合理利润所得之积计算。权利人销售量减少的总数难以确定的，侵权产品在市场上销售的总数乘以每件专利产品的合理利润所得之积可以视为权利人因被侵权所受到的实际损失。

专利法第 65 条规定的侵权人因侵权所获得的利益可以根据该侵权产品在市场上销售的总数乘以每件侵权产品的合理利润所得之积计算。侵权人因侵权所获得的利益一般按照侵权人的营业利润计算，对于完全以侵权为业的侵权人，可以按照销售利润计算。

第 21 条　权利人的损失或者侵权人获得的利益难以确定，有专利许可使用费可以参照的，人民法院可以根据专利权的类型、侵权行为的性质和情节、专利许可的性质、范围、时间等因素，参照该专利许可使用费的倍数合理确定赔偿数额；没有专利许可使用费可以参照或者专利许可使用费明显不合理的，人民法院可以根据专利权的类型、侵权行为的性质和情节等因素，依照专利法第 65 条第 2 款的规定确定赔偿数额。

2）专利法的相关规定

我国《专利法》基本上都是规定权利人依法享有专利许可的权利，2021 年 6 月 1 日起实行的《专利法》（第四次修正案）第 65 条规定侵犯专利权应该获得一定数额的赔偿，第 71 条规定赔偿数额可以参照专利许可使用费的倍数合理确定，但《专利法》没有规定专利许可费的计算标准和计算方式。实践中主要存在独占许可、排他许可和普通许可 3 种方式，专利许可费也依据专利技术的含金量、许可方式等因素而不同。具体规定如下。

第 65 条　未经专利权人许可，实施其专利，即侵犯其专利权，引起纠纷的，由当事人协商解决；不愿协商或者协商不成的，专利权人或者利害关系人可以向人民法院起诉，也可以请求管理专利工作的部门处理。管理专利工作的部门处理时，认定侵权行为成立的，可以责令侵权人立即停止侵权行为，当事人不服的，可以自收到处理通知之日起 15 日内依照《中华人民共和国行政诉讼法》向人民法院起诉；侵权人期满不起诉又不停止侵权行为的，管理专利工作的部门可以申请人民法院强制执行。进行处理的管理专利工作的部门应当事人的请求，可以就侵犯专利权的赔偿数额进行调解；调解不成的，当事人可以依照《中华人民共和国民事诉讼法》向人民法院起诉。

第 71 条　侵犯专利权的赔偿数额按照权利人因被侵权所受到的实际损失或者侵权人因侵权所获得的利益确定；权利人的损失或者侵权人获得的利益难以确定的，参照该专利许可使用费的倍数合理确定。对故意侵犯专利权，情节严重的，可以在按照上述方法确定数额的一倍以上五倍以下确定赔偿数额。

权利人的损失、侵权人获得的利益和专利许可使用费均难以确定的，人民法院可以根据专利权的类型、侵权行为的性质和情节等因素，确定给予 3 万元以上 500 万元以下的赔偿。

赔偿数额还应当包括权利人为制止侵权行为所支付的合理开支。

人民法院为确定赔偿数额，在权利人已经尽力举证，而与侵权行为相关的账簿、资料主要由侵权人掌握的情况下，可以责令侵权人提供与侵权行为相关的账簿、资料；

侵权人不提供或者提供虚假的账簿、资料的，人民法院可以参考专利权人的主张和提供的证据判定赔偿数额。

4.4.3.2 行业累积费率的确定

一项产品是由技术、投资、管理和劳动共同创造了产品利润，合理的许可费必须考虑实施一项标准必要专利技术对该产品的实际价值度贡献，许可费率不应超过该产品所涉行业合理利润的一定比例范围，实践中体现为行业累积费率。确定了行业累积费率则标准必要专利许可费的总量就得到了控制，由此避免"专利费堆叠"问题。此外，在考虑行业累积费率时，符合 FRAND 原则的许可费率还须与标准必要专利应用的地域范围相关，即地区行业累积费率。在华为诉康文森案中，南京市中级人民法院认为虽然业界共识 4G 的行业累积费率为 6% ~ 8%，但中国的手机市场在市场格局、竞争态势和对新产品的更迭速度等方面均表现出异于其他国家之处，并不适用发达国家的累积费率，而是认定中国 2G/3G/4G 的专利地区强度指数分别是，2G 和 3G 为 0.434，4G 为 0.655。

（1）标准组织对行业累积费率的规定

在讨论合理许可费时，对于"鉴于所有必要专利权利要求对在该兼容实施中采用的同一 IEEE 标准所贡献的价值"，IEEE 认为，许多 IEEE 标准要求使用多个必要专利声明来创建兼容的实现。如果将任何给定的必要专利权利要求的价值与其他必要专利权利要求分开看待，那么由此得出的对该单一专利的价值确定可能是不合适的。例如，假设一个标准要求实施 100 名提交者持有的 100 项同等价值的必要专利权利要求。如果每个提交者有权获得实施销售价格 2% 的许可费，那么实施将永远不会生产，因为总许可费（实施销售价格的200%）将超过任何可能的销售价格。因此，当提交者和实施人考虑某个费率是否是合理费率时，应考虑所有必要专利权利要求的价值。在实践中，必要专利权利要求的数量和价值以及所要求的许可费的结构不会像示例中那样简单。各种 SEP 专利权利要求的价值可能会有所不同，例如，有些可能具有较高的价值，因为它们涵盖了重要的功能，而另一些可能具有较低的价值，因为它们涉及不太重要的功能。

可见，IEEE 的知识产权政策在考量标准必要专利的贡献价值时，认为应当考量行业累积费率和单个专利的价值。

（2）我国相关法律法规和政策性规定

1）广东省高级人民法院的相关规定

广东省高级人民法院在《关于审理标准必要专利纠纷案件的工作指引（试行）》（2018 年）第 23 条中规定："分析涉案标准必要专利的市场价值，须确定涉案标准必要专利占全部相关标准必要专利的比值及全部相关标准必要专利的许可使用费。为确定涉案标准必要专利占全部相关标准必要专利的比值，标准必要专利权人或实施人可以就涉案标准必要专利在全部相关标准必要专利的数量占比及贡献程度情况进行举证。全部相关标准必要专利的许可使用费的确定，可以参考相关产业参与者声明的累积许可费情况。"

上述内容明确了行业累积费率可以参考相关行业参与者声明的情况。

2）北京市高级人民法院的相关报告

北京市高级人民法院在《标准必要专利诉讼案件法律问题与对策探析研究报告》❶中指出："在个案中确定标准必要专利许可费率时，应注意以下事项：第一，确保专利权人获得合理回报与避免专利劫持的平衡；第二，注意对标准必要专利许可使用费的总量控制；第三，注意不同费率计算方法的结合适用与相互验证。"

对"注意对标准必要专利许可使用费的总量控制"，北京市高级人民法院进一步指出：此处所指的限制最高总专利许可费率就是要对专利许可使用费的总量进行控制。总量控制就是要确保标准必要专利许可使用费不能超过标准必要专利使用者所获产品利润一定的比例。其理由在于：技术、投资、管理和劳动共同创造了产品利润，专利技术仅仅是其中的一个因素，因此，专利权人要求的许可使用费总量不能超过使用者产品总利润的一定比例，否则，必然是不合理的。限制总专利许可费率在实践中即是设置行业累积费率，其优点在于可以避免专利许可使用费的堆叠。专利许可使用费堆叠是标准使用者为一个标准支付给许多不同的标准必要专利权人许可使用费，从而导致负担过重的现象。行业累积许可费率一般针对具体的标准，例如，3G 累积许可费率是 5%，4G 累积许可费率是 6%～8%，使所有相关标准必要专利的总许可使用费不超过相关通信产品利润的特定比例，从而在确保专利权人获得合理回报的同时，避免实施人负担过重，维护产业的可持续发展。

3）最高人民法院的相关规定

《最高人民法院关于审理侵犯专利权纠纷案件应用法律若干问题的解释（二）》的第 24 条规定："……人民法院在确定上述实施许可条件时，应当根据公平、合理、无歧视的原则，综合考虑专利的创新程度及其在标准中的作用、标准所属的技术领域、标准的性质、标准实施的范围和相关的许可条件等因素……"

由此可见，最高人民法院在考虑许可费时，标准实施的范围是其考量因素之一，而标准实施的范围与地区行业累积费率直接相关。

4）反垄断法的相关规定

《反垄断法》（2022 年修正）对"相关市场"的概念进行界定，其中考虑了相关市场的地域性，知识产权的地域性决定行业累积费率也具有地域性，因此其也应作为计算行业累积费率需要考虑的因素。

《国务院反垄断委员会关于知识产权领域的反垄断指南》第 4 条指出，知识产权既可以直接作为交易的标的，也可以被用于提供商品或者服务（以下统称商品）。通常情况下，需依据《国务院反垄断委员会关于相关市场界定的指南》界定相关市场。如果仅界定相关商品市场难以全面评估行为的竞争影响，可能需要界定相关技术市场。根据个案情况，还可以考虑行为对创新、研发等因素的影响。

---

❶　北京市高级人民法院．标准必要专利诉讼案件法律问题与对策探析研究报告［EB/OL］．（2020 - 10 - 12）［2022 - 12 - 18］．https：//www.ipeconomy.cn/index.php/index/news/magazine_ details/id/1634.html.

相关技术市场是指由需求者认为具有较为紧密替代关系的一组或者一类技术所构成的市场。界定相关技术市场可以考虑以下因素：技术的属性、用途、许可费、兼容程度、所涉知识产权的期限、需求者转向其他具有替代关系技术的可能性及成本等。通常情况下，如果利用不同技术能够提供具有替代关系的商品，这些技术可能具有替代关系。在考虑一项技术与知识产权所涉技术是否具有替代关系时，不仅要考虑该技术目前的应用领域，还需考虑其潜在的应用领域。

界定相关市场，需界定相关地域市场并考虑知识产权的地域性。当相关交易涉及多个国家和地区时，还需考虑交易条件对相关地域市场界定的影响。

5）我国汽车行业的许可指引

前文提及，目前 5G 在 ICT 领域和物联网领域的行业累积费率还未确定，中国汽车技术研究中心和中国信通院联合发布的《汽车行业标准必要专利许可指引》❶ 对这一问题也进行了探讨。该指引指出："无论许可层级如何，对于同一汽车产品计算得到的标准必要专利许可费应该大致相同，不应由于许可层级的不同而导致许可费产生显著差异。"

基于该指引的规定，不论许可层级的问题是"向任一人许可"还是"向任一人开放"，同一产品的许可费不应因计算方式的不同而产生显著差异，这也是许可"公平"原则的应有之义。许可费 = 许可层级对应的产品售价 × 行业累积费率 × 专利权人的实际贡献，以简单的情况计算，在相同的许可费总量的要求下，当专利权人的实际贡献确定相同，许可层级确定的产品售价存在不同时，标准必要专利所涵盖的标准化技术的增量价值，即行业累积费率也必然产生差异。

但是，标准必要专利的增量价值在许可层级从产业链的上游传递到下游时的增幅可能远大于许可层级从下游到上游产品售价的降幅，导致仅对终端产品许可时的许可费必然远大于对其他层级许可所计算的许可费，甚至不在同一数量级。对这一问题，不同许可层级计算所得的许可费总量的差异应控制在一定合理范围之内。

（3）行业主要观点

对行业累积费率，国外各实体未提供相关意见，但是国内创新主体对该问题发表了较为关键的考虑因素：一个合理的 SEP 定价区间绝不能超出市场和产业所能负担的最大承载值，也绝不能超出它对产品组件的最大实际贡献，否则极有可能导致市场的萧条和行业的凋零。基于产业界的实践，中国作为智能终端、物联网产业的制造中心和主要消费市场，在中国的相关产业需要承担何种水平的许可费用，以及中国的消费者需要分担多大比例的许可成本这两个事务上，是全球 SEP 定价权博弈的关键问题。需要考虑我国作为多个产业制造中心的大国，产业所能承载的许可费上限，避免被小国市场、单国专利强制绑定全球费率，避免被他国快速下达禁令而强迫接受不公平的高价费率。

---

❶ 《汽车行业标准必要专利许可指引（2022 版）》发布［EB/OL］.（2022 – 09 – 13）［2022 – 11 – 18］. http：//www. ppac. org. cn/news/detail – 1 – 424. html.

对目前主要技术领域的累积费率，我国创新主体提出 4G 技术 6% ~8% 的累积费率范围过大，5G 的累积费率尚不清晰，其他领域，如音视频编码、汽车、物联网等行业没有明确的累积费率。对不同目的市场，可以依据相关经济数据论证是否对费率给予一定的折扣，例如发展中国家和地区的费率可以是发达国家和地区的 50% ~60% 。

在计算行业累积费率时，一般需要结合以下因素进行考虑：①规模；②平均终端销售价格（ASP）；③销售市场、类别、行业；④价值链中的位置；⑤担保；⑥付费周期；⑦计算方法（一次性、销售百分比）；⑧区域；⑨是否是初创企业；⑩授权的性质和范围；⑪SEP 的必要性、有效性（稳定性、侵权可能性、标准对应性）；⑫专利质量；⑬专利对标准的贡献的重要性；⑭谈判时长（是否主动请求授权，延迟或妨碍谈判）；⑮是否已进入诉讼，是否在诉讼中达成协议；⑯已接受授权的许可的数量（不适用刚开始授权的专利或专利包）。

4.4.3.3　不同定价水平的终端产品的许可费率考量

部分实施人认为，对不同定价水平的终端产品，应适用不同的许可费率。在通信行业，2G、3G 和 4G 时代许可费率的标准是统一的，并没有根据终端价格不同进行调整。但是惯例不一定有其合理性，在 4G 时代，已经有声音认为 4G 手机中高端手机的增量价值主要在于拍照、图像压缩和图像处理等功能而非通信功能，因此高端手机和低端手机收取同样的许可费率并不合理，不符合 FRAND 原则。5G 和物联网产品同样存在上述问题，且已不容忽视和回避。

（1）标准组织的观点

标准组织对此并无明确的规定。

欧盟专家组在标准必要专利评估和许可报告中认为，在实践中，SEP 专利权人和实施人可以采用混合许可费方案，例如，受（每单位）许可费上限限制的从价许可费和单位许可费。从价许可费下的许可费负担将取决于作为许可使用费基准的产品的单价。实施人销售更贵的价格每单位将支付相对更多。此外，同一产品的价格可能因国家而异，因型号而异。在单位许可费下，所有实施人将支付相同的许可费，无论其产品的价格如何。

（2）我国相关法律法规和政策性规定

广东省高级人民法院在《关于审理标准必要专利纠纷案件的工作指引（试行）》第 24 条中规定："通过分析涉案标准必要专利的市场价值来确定许可使用费，可考虑以下因素：

"1）涉案标准必要专利对产品销售与利润的贡献，该贡献不包括专利被纳入标准所产生的影响；

"2）涉案标准必要专利对标准的贡献；

"3）在标准制定之前，该专利技术较之于其他替代技术的优势；

"4）使用涉案标准必要专利的产品所交纳的全部标准必要专利许可使用费情况；

"5）其他相关因素。"

上述内容明确许可使用费与涉案标准必要专利的市场价值具有关联，尤其是，涉案标准必要专利对产品销售与利润的贡献。无论价值几何，从根源上来讲，标准必要专利的许可费始终应与其价值贡献关联。

（3）行业主要观点

受到许可费问题困扰的主要是实施人。国内外的实施人均认为 FRAND 原则中的"R"（合理），应考虑不同情况下许可费率是否合理。在产品形态朝着复杂功能演进、技术朝着高度集成化演进的情况下，应当综合考虑各功能对终端价值的贡献度，根据贡献度确定许可费率，如可选标准和必选标准，如果对产品的贡献度不一样，对应的 SEP 也存在不一样的价值。目前执行的难点在于对功能贡献尚未提出较为科学有效的量化分析计算方法，实践中需要各自出具由技术和经济学家制作的报告，然后交给法官来裁决，或者仅用作定性分析，多数公司由于其太过复杂，并不考虑技术贡献度。但是，更为合理的是，对不同定价水平终端产品的许可费率也应当区分导致定价不同的因素中 SEP 的贡献度。

4.4.3.4　可比协议

（1）标准组织的规定

前文提及，标准组织中只有 IEEE 章程在考量合理费率时所列的考量因素涉及可比协议法，但也是非强制性的。

（2）我国相关法律法规和政策性规定

1）广东省高级人民法院的相关规定

广东省高级人民法院在《关于审理标准必要专利纠纷案件的工作指引（试行）》中规定了确定许可使用费的方法包括可比协议法，当事人提供可比协议的义务，可比协议的考虑因素以及如何参照可比专利池确定许可使用费，具体参见第 18～22 条。

该指引第 18 条规定："确定标准必要专利许可使用费可参照以下方法：（1）参照具有可比性的许可协议；（2）分析涉案标准必要专利的市场价值；（3）参照具有可比性专利池中的许可信息；（4）其他方法。"

第 19 条规定："在审理标准必要专利许可使用费纠纷案件中，若当事人有证据证明对方持有确定标准必要专利许可使用费的关键性证据的，可以请求法院责令对方提供。如对方无正当理由拒不提供，可以参考其主张的许可使用费和提供的证据进行裁判。"

第 20 条规定："许可协议是否具有可比性，可综合考虑许可交易的主体、许可标的之间的关联性、许可费包含的交易对象及许可谈判双方真实意思表示等因素。"

第 21 条规定："专利池的许可信息是否具有可比性，应考虑该专利池的参与主体、许可标的组成、对产业的控制力和影响力及许可政策等因素。"

第 22 条规定："以具有可比性的许可协议或专利池中的许可信息确定标准必要专利许可使用费的，应以该许可使用费为基础，并考虑本案许可与该许可的差异程度，对其予以合理调整。比较相关许可与本案许可的差异程度，可以考虑两者在许可交易背景、许可交易内容及许可交易条件等方面的差异。"

2）北京市高级人民法院的相关报告

北京市高级人民法院在《标准必要专利诉讼案件法律问题与对策探析研究报告》中指出："可比协议法是参照与本案实施人条件类似的实施人就相同或类似标准必要专利支付许可费的标准，确定实施人向专利权人支付许可使用费的方法。专利权人对交易条件相当的不同实施人应当提供基本相同的许可条件，专利权人不得在具有'相同情形'的实施人之间实施歧视性行为，是 FRAND 原则的基本要求。当然，'无歧视'不仅意味着专利权人应给予相同条件的被许可人相同的许可待遇，同时也隐含对不同条件的被许可人可以给予有差异的许可标准。可比协议法适用的前提是确定许可事实基础、许可条件等与本案情况相同或者近似的在先的专利许可协议，即确定具有'可比性'的协议。实践中，对于当事人提交的在先专利许可协议是否可以作为供本案参照的'可比性'协议，首先应对该协议的真实性和实际履行情况作出认定，再由裁判者根据当事人的举证及陈述对协议是否'可比性'进行裁量。为了尽量做到客观，确保裁量的合理性，可以参考多种因素来确定在先的许可协议是否具有'可比性'，具体包括交易主体、许可标的之间的关联性、许可协议覆盖的专利包是否可比、许可费包含的交易对象及许可谈判双方自由意志下真实意思表示等因素。"

北京市高级人民法院建议确定在先的许可协议是否具有"可比性"的因素包括：交易主体、许可标的之间的关联性、许可协议覆盖的专利包是否可比、许可费包含的交易对象及许可谈判双方自由意志下真实意思表示等。

（3）行业主要观点

国内创新主体认为，可比协议应当从市场地位、产品定位、许可费基数、费率等各方面考虑，存在类似的许可主体、许可对象、许可范围、许可条件等情况下，才可以认定为可比协议。如果要拆分许可协议，要看可比协议是否具有可拆分条件，即协议中是否存在完成独立的许可条款，例如协议中是否对许可价格进行单独定价，许可范围是否单独限定等。供应链不同层级的供应商或产品，如果存在较大差异，不属于类似产品，而是上下游关系，不具备可比性。在许可谈判中，谈判双方对于协议是否可比可能各执一词，需要通过司法裁决才会有定论。

4.4.3.5　自上而下法

（1）标准组织对自上而下法的规定

同样的，标准组织中只有 IEEE 章程在考量合理费率时建议可以考量自上而下法。

（2）我国相关法律法规和政策性规定

1）北京市高级人民法院的相关规定

北京市高级人民法院在《标准必要专利诉讼案件法律问题与对策探析研究报告》中指出：

"自上而下法是分析涉案标准必要专利市场价值的方法，其适用的核心在于确定涉案标准必要专利占全部相关标准必要专利的比值及全部相关标准必要专利许可使用费。为确定涉案标准必要专利占全部相关标准必要专利的比值，标准必要专利权人或实施人可以就涉案标准必要专利在全部相关标准必要专利中的数量占比及贡献程度情况进行举证。对于该方法的适用，首先要确定全部标准必要专利的累积许可使用费，对此可以参考相关产业参与者声明的累积许可费情况等因素；其次要确定涉案标准必要专利占全部相关标准必要专利的比值，该比值的确定需要根据标准必要专利的数量占比及贡献程度等因素来确定。具体而言，应对标准必要专利的价值进行统一评估，然后在各个标准必要专利权之间进行费率分配。"

2）广东省高级人民法院的相关规定

广东省高级人民法院在《关于审理标准必要专利纠纷案件的工作指引（试行）》第 23 条规定："分析涉案标准必要专利的市场价值，须确定涉案标准必要专利占全部相关标准必要专利的比值及全部相关标准必要专利的许可使用费。为确定涉案标准必要专利占全部相关标准必要专利的比值，标准必要专利权人或实施者可以就涉案标准必要专利在全部相关标准必要专利的数量占比及贡献程度情况进行举证。全部相关标准必要专利的许可使用费的确定，可以参考相关产业参与者声明的累积许可费情况。"

（3）行业主要观点

国内外各方实体认为自上而下法的计费方式已经在实践中广泛使用，并得到一定认可，但是可比协议中，可能掺杂了一些商业诉求，费率不一定真实反映专利权人的 SEP 贡献，因此可以用自上而下法来验证可比协议费率的可靠性，如果差距过大，如超过 50%，则应该重点考虑自上而下法计算。自上而下法存在的问题是有的行业累积费率是否合适仍然有待验证，有的行业累积费率未知。

4.4.3.6 我国典型司法案例

目前司法实践中裁决标准必要专利中国许可费率主要有两种方法，一是可比协议法，二是自上而下法。在深圳市中级人民法院审理的华为诉 *IDC* 标准必要专利许可费纠纷案中，法院采纳苹果与 IDC 之间签订的许可协议为可比协议，从而确定了 IDC 应给予华为的标准必要专利中国许可费率。在南京知识产权法庭审理的华为诉康文森标准必要专利许可使用费纠纷案中，法院采用自上而下法计算出康文森许可给华为的 2G、3G、4G 标准必要专利中国许可费率。

在确定标准必要专利中国许可费率的案件中，❶ 究竟应采用可比协议法还是自上而下法，需要根据具体案件中原告、被告双方的举证来确定。根据司法实践的经验，从举证难易的角度看，自上而下法是大多数案件可能被采用的方法，而可比协议法相对比较难适用。因为根据业界惯例，当事人对已签署的标准必要专利许可协议通常将其作为商业秘密来严格保护，这使得其很难作为证据被获取。退一步讲，即使获取有关专利许可协议，但其能否作为具体案件中可被采用的可比协议，需要复杂的经济学分析，而提供具有说服力的经济学分析报告非常不容易。从华为诉 *IDC* 案也可以看出，华为举证的来源全部是企业的年报和财报等公开信息，而 IDC 对于与苹果和三星签订的许可协议却怠于举证。

---

❶ 祝建军. 标准必要专利中国许可费率司法裁判问题研究 [EB/OL]. (2021-04-19) [2022-11-01]. https://zhuanlan.zhihu.com/p/363410228.

（1）华为诉 *IDC* 案❶

从 2009 年开始，IDC 先后 4 次向华为发出专利许可要约，要求华为对其 2009 ~ 2016 年无线通信终端设备和无线通信基础设施设备一次性支付 10.5 亿美元的专利许可费。

2011 年 7 月 26 日，IDC 等将华为起诉至美国特拉华州联邦地区法院，称华为涉嫌侵犯了其在美国享有的 7 项专利，请求法院责令华为停止被控侵权行为。同日，IDC 等又向美国国际贸易委员会起诉华为侵犯其必要专利权，请求美国国际贸易委员会对华为等相关产品启动 337 调查并发布全面禁止进口令、暂停及停止销售令。

2011 年 12 月 6 日，华为向深圳市中级人民法院起诉 IDC 滥用市场支配地位，对其专利许可的定价未遵循 FRAND 原则。深圳市中级人民法院在一审判决支持了华为的主张，该案后上诉至广东省高级人民法院，后者基本维持一审判决。

庭审中，华为提供了 IDC 的财务报告、年度报告、新闻报道和研究机构的数据分析等公开的数据来源作为证据，计算 IDC 分别与苹果和三星签订相同专利组合的许可费率。

IDC 在美国证券交易委员会的财务报告以及该公司 2007 年第三季度的财务指南显示，IDC 与苹果签订全球范围内的 3G 专利许可协议，专利组合覆盖目前的 iPhone 和某些将来的移动电话技术，许可期从 2007 年 6 月始为期 7 年，总额为 5 600 万美元。根据美国战略分析公司（Strategy Analytics）研究机构对全球手机市场的分析，苹果 2007 ~ 2012 年手机销售总额为 1 916.92 亿美元，以此计算，IDC 许可给苹果的专利许可费率仅为 0.0187%。

2009 年 IDC 与三星签订全球范围内的 2G、3G 专利许可协议，许可期 4 年，总额为 4 亿美元。根据 IDC2010 年年报公布的内容，2009 年，IDC 与三星电子及其子公司签订专利许可协议"2009 年三星 PLA"，授权三星非独占性、全球范围内之 2G、3G 标准下的终端设备和基础设施的固定专利权使用费，总额为 4 亿美元，许可期限截至 2012 年，授权期为 4 年。即 IDC 许可给三星 4 年的专利许可使用费为 4 亿美元。根据美国战略分析公司对全球手机市场的分析，三星 2009 ~ 2012 年手机销售总额为 1 610.67 亿美元。按照许可费率计算，IDC 许可三星的专利许可费率也在 0.19% 左右。

广东省高级人民法院在判决中认为，如果按照一次性支付专利许可费计算，IDC 提供给华为的 10.5 亿美元的专利许可费报价是苹果的 19 倍，是三星的 2 倍多，因此，IDC 对华为提出的多次报价均明显高于其对苹果和三星等其他公司的专利许可费，违背了 FRAND 的义务。

（2）华为诉康文森案❷

康文森是一家注册于卢森堡的 NPE，从诺基亚受让了包含涉案专利在内的专利包。在华为启动中国相关司法程序之前，康文森于 2017 年 7 月 24 日向位于伦敦的英国高等法院起诉华为，请求英国法院判定华为及其关联公司侵犯其 4 件英国专利，并确定其全球专利组合的全球 FRAND 许可费。针对康文森在 2017 年末所列明的其主张的 11 件

---

❶ 广东省人民高级法院（2013）粤高法民三终字第 306 号民事判决书。
❷ 南京市中级人民法院（2018）苏 01 民初 232、233、234 号民事判决书。

中国专利，华为启动了专利无效行政程序。2018 年 1 月，华为在南京市中级人民法院起诉康文森，请求法院确认其不侵犯康文森所拥有的 3 件中国专利，并就康文森所拥有的全部中国标准必要专利确定 FRAND 许可条件。

法院在判决中认定，康文森声明其拥有的中国标准必要专利一共 15 件，涉及 10 个专利族，其中 8 件专利已经在无效宣告程序中被宣告全部无效，余下专利中的 6 件对比相关标准文本分析其非标准所必需，只有 1 件专利属于 3GPP 组织下关于 4G 技术的标准必要专利。

在该案审理中，双方争议的焦点之一在于如何计算 FRAND 许可费率。

华为主张适用自上而下法计算 FRAND 许可费率。具体过程为测算全球市场和中国市场上 2G、3G、4G 标准对手机价格的贡献价值，根据全球累积费率折算出中国市场上 2G、3G、4G 通信标准的累积费率。再根据中国 2G、3G、4G 认定的标准必要专利数，计算单族专利在中国的许可费率，并对多模手机进行相应调整。

康文森主张适用可比协议法计算 FRAND 许可费率。康文森引用专家报告指出，诺基亚专利包的真实必要率（即真实必要专利与声明必要专利的比例）与爱立信的真实必要率相仿，就此推论康文森与无线星球两个专利包的质量大体相等，具有可比性。具体过程为确定无线星球中国标准必要专利作为全球许可时的许可费率，根据康文森中国标准必要专利与无线星球中国标准必要专利之间的数量差异对上述许可费率进行调整，得到康文森中国标准必要专利作为全球许可一部分时的许可费率，并鉴于仅计算中国标准必要专利许可费率而非全球费率，再对其直接翻倍得到标准必要专利的单独许可中国许可费率。

对于康文森的主张，南京市中级人民法院主要从专利质量可比性的角度出发，认为康文森提供的作为证据的许可协议中所涉专利包质量并不具有可比性，未予以采纳。具体理由是：其一，无线星球是从爱立信受让的专利包，康文森是从诺基亚受让的专利包，但是它们都不是整包购买，而只是购买了一部分的分包，因此，即使诺基亚与爱立信的专利包质量相近，也无法据此得出无线星球的专利包质量与康文森专利包质量相近的结论。其二，即使按照报告所述，诺基亚的标准必要率平均值为 50.6%，即诺基亚的声明专利中有近一半是非真实标准必要的，这还没有计算大量的未声明专利。而根据该案查明的事实，康文森在该案中提出的包括 15 件专利的专利包，8 件已被宣布全部无效，剩余的 7 件中也只有 1 件是标准必要专利。由此可以看出，将诺基亚的平均标准必要率直接适用到康文森的专利包上是缺乏基础和条件的（见表 4 - 4 - 1）。

表 4 - 4 - 1　康文森主张的费率与南京法院判决的费率

康文森（中国费率）	南京市中级人民法院（中国费率）
2G：0.032%	单模 2G 或 3G 移动终端产品：0
2G/3G：0.181%	单模 4G 移动终端产品：0.00225%
2G/3G/4G：0.130%	多模 2G/3G/4G 移动终端产品：0.0018%

南京市中级人民法院采纳了华为所主张的自上而下法，并确定康文森在中国的标准必要专利许可费率的计算公式为：

单族专利的中国费率 = 标准在中国的行业累积费率 × 单族专利的贡献占比。

具体方式为：

① 确认全球累积费率。某一标准的行业累积费率可以理解为一部通信设备所能承载的该标准相关技术专利的最大价值占该通信设备价格的比例。在新的通信标准推出之前，主要相关技术企业会对未来标准必要专利所能收取的许可费率的上限作出承诺。这些行业声明所宣布的行业累积费率通常会被作为测算专利许可费的基础。该案中，南京市中级人民法院通过引用专家报告、美国和中国司法裁判以及业界的共识和重要的标准必要专利持有者的提议等多个数据来源，确认全球累积费率 2G 为 5%，3G 为 5%，4G 为 6% ~ 8%，并将该累积费率适用于发达国家的行业累积费率区间。

② 测算标准在中国的行业累积费率。由于中国的手机市场在市场格局、竞争态势和对新产品的更迭速度等方面均表现出异于其他国家之处，在中国直接适用发达国家的累积费率并不合适。基于专家报告，认定中国 2G/3G/4G 行业累积费率：2G 为 2.17%；3G 为 2.17%；4G 为 3.93% ~ 5.24%。

③ 认定中国标准必要专利总族数。在 2G 领域，517 个专利族被认定为中国标准必要专利；在 3G 领域，1218 个专利族被认定为中国标准必要专利；在 4G 领域，2036 个专利族被认定为中国标准必要专利。

④ 单模移动终端产品中各标准项下的许可费率。

⑤ 基于单模移动终端产品的许可费率调整多模移动终端产品的许可费率。最终，法院判决华为仅需就康文森的 1 件专利的 4G 移动终端产品支付标准必要专利许可费率 0.0018%。

综上所述，从标准组织、我国法律实践和行业主要观点来看：

标准组织对许可费的计算方法缺少规制。标准组织的本身职责主要在于组织制定标准，而制定许可费计算细则对于标准组织来说是一项挑战；另外，标准组织之间也存在一定的竞争关系，过于激进或限制性太强的许可政策可能使相应标准在竞争中处于不利地位。

多数许可费之诉都以和解告终，通过司法判决对实践的指引作用也是分散的和有限的。由行政机关制定一整套标准必要专利许可费计算规则是必由之路。与美国、欧洲、日本、韩国等主要国家和地区相比，我国主要由各级人民法院作为政策研究者和制定者，目前还缺少行政机关的身影。对许可费的计算方法，最高人民法院在《最高人民法院关于审理专利纠纷案件适用法律问题的若干规定》中认为，应基于合理利润，适用自上而下法和可比协议法。对行业累积费率和不同价格终端的许可费率，我国司法的基本观点是标准必要专利的许可费始终应与其价值贡献关联，专利权人要求的许可费总量不能超过使用者产品总利润的一定比例，通过设置行业累积费率限制许可费总量。对可比协议法，广东省高级人民法院认为，许可协议是否具有可比性，可综合考虑许可交易的主体、许可标的之间的关联性、许可费包含的交易对象及许可谈判双方真实意思表示等因素。此外，北京市高级人民法院还增加了许可协议覆盖的专利包是否可比的因素。自上而下法的关键仍在如何确定行业累积费率。

基于行业主要观点，由行政机关出台详尽的谈判和纠纷指南有其必要性和迫切性。对我国产业初步分析，无论是 5G 领域，还是物联网和汽车领域，都有众多实施人。汽车产业中，车企此前的惯例是将知识产权问题前移至供应商，其缺乏相应的知识产权队伍和系统的应对经验，而各级供应商的体量过小，也难以与身经百战的专利权人抗衡。可以预见的是，随着应用场景的逐步开发，物联网行业将会涌现众多的中小企业，这一点也与日本和韩国的情形类似。因此，为保护本国产业健康发展，服务中小企业，避免它们在进入市场后因为对知识产权规则不了解而遭受致命打压，由行政机关出台详尽的谈判和纠纷指南有其必要性和迫切性。同时，我国是创新大国，众多的优秀企业在 5G 标准、音视频标准等领域占有重要席位，它们参与国际竞争和本国市场拓展时同样需要政策的支撑。政策的制定需体现这些企业的关切，保护它们的利益。体现 FRAND 费率是政策制定的应有之义，全球争夺 SEP 规则话语权的形势下，各国的司法和行政也存在竞争关系。政策的制定不能自说自话，务必要保持中立、展现国际化视野和全球思维。简言之，行政机关的职责在于找到相关利益的最大公约数，并将之体现在政策中，这无疑是非常困难的，这从美国相关政策经多部门共同声明几易其稿仍旧难产就可窥见。

4.4.4 专利池

（1）标准组织的规定

专利池的知识产权政策一般由专利池成员协商制定，同时也受到多种因素的影响和制约。除了需要满足反垄断法规的要求外，还需要满足标准化组织的有关政策。专利池的知识产权政策主要包括知识产权许可的基本原则、许可条件以及专利许可费标准等。

正如前文提到的 3GPP、ETSI、IEEE 等标准化组织在它们的知识产权政策中规定了许可的 FRAND 原则，且反垄断机关对技术标准专利许可也有 FRAND 原则的要求，因此，专利池的对外许可专利一般遵循 FRAND 原则。

专利池在对外进行专利许可时，一般执行统一的收费标准，这也是 FRAND 原则的体现。为满足 FRAND 的要求，确定合理的专利收费标准和专利池成员的分配比例，专利池需要确定一套专利许可费收取和分配的计算方案。但是实践中，专利池并不会完全透明地告知专利许可费率的定价具体参考了哪些因素。例如 Avanci 专利池，虽然它曾经承诺无论多少专利所有者加入，汽车专利使用费都不会改变，但是在 2022 年 7 月，Avanci 在其官网突然公布了涨价消息，宣布在 2022 年 8 月 31 日之后签订的协议，4G 汽车的许可费率将提高到每辆车 20 美元，涨幅在 33% 左右，且未透露许可费率涨价的原因。

（2）我国相关法律法规和政策性规定

我国现行的法律法规中，还没有专门针对专利池的法律条文。对专利池运营过程中出现的滥用权利的行为的规制，需要结合如前文提到的《最高人民法院关于审理侵犯专利权纠纷案件应用法律若干问题的解释（二）》《专利法》等法律规范。另外，2019 年 1 月 4 日国务院反垄断委员会印发了《国务院反垄断委员会关于知识产权领域的反垄断指南》，在第五章涉及知识产权的其他情形中将专利池定义为专利联营，其中指出：

"一些涉及知识产权的情形可能构成不同类型的垄断行为，也可能涉及特定主体，可根据个案情况进行分析，适用《反垄断法》的相关规定。"

该反垄断指南第 26 条对专利联营进行了规定：

专利联营，是指两个或者两个以上经营者将各自的专利共同许可给联营成员或者第三方。专利联营各方通常委托联营成员或者独立第三方对联营进行管理。联营具体方式包括达成协议，设立公司或者其他实体等。

专利联营一般可以降低交易成本，提高许可效率，具有促进竞争的效果。但是，专利联营也可能排除、限制竞争，具体分析时可以考虑以下因素：

（一）经营者在相关市场的市场份额及其对市场的控制力；

（二）联营中的专利是否涉及具有替代关系的技术；

（三）是否限制联营成员单独对外许可专利或研发技术；

（四）经营者是否通过联营交换商品价格、产量等信息；

（五）经营者是否通过联营进行交叉许可、独占性回授或者排他性回授、订立不质疑条款及实施其他限制等；

（六）经营者是否通过联营以不公平高价许可专利、搭售、附加不合理交易条件或者实行差别待遇等。

除此之外，为打破国外技术标准及其专利池的垄断，我国开始积极研发自主技术标准，并且探索组建自主标准下的本土专利池。如我国自主研发的音视频压缩标准 AVS 专利池，2002 年，"数字音视频编解码技术标准工作组"（AVS 工作组）由国家信息产业部科学技术司批准成立。2004 年负责知识产权管理的 AVS 专利池管理委员会成立，其中管理委员会委员包括从国家相关部委邀请的技术和管理专家、专利许可人委员，以及实施 AVS 标准的企业。AVS 专利池的具体运营由 AVS 专利池管理中心负责，该中心由中国科学院计算技术研究所与信息产业部电子科学技术情报研究所联合发起成立，是一个非营利机构。AVS 标准及专利池的出现拉低了国际视频行业的专利授权费用，为新技术的采用和推广创造了更多机会，在应对涉外知识产权纠纷、促进行业内各企业实现共赢等方面起到了积极作用。

（3）行业主要观点

目前专利池模式的许可一般有两个层面的意义，一个是通过一次许可即可完成一揽子许可，无需逐个与专利权人签订许可合同，得以降低许可交易费，减少许可费叠加和滞留问题；另一个是一定程度上提高透明度。首先专利权人在入池时，专利池会对其持有的 SEP 进行必要性评估，其次专利池确定的许可费率对行业累积费率具有标杆作用，对未入池专利权人的报价具有约束作用。

专利池的总体目标是就专利许可范围以及费率和其他条款达成共识，这将激励大量许可人和大量被许可人同意以最小的摩擦参与该计划。专利池的本质取决于找到实施人和创新者都可以接受的条款，因此绝大多数许可交易都是自愿的，而不是诉讼驱动的。专利池形成期间的谈判模拟市场谈判，并且是市场谈判的良好代表，专利所有者和实施人之间——"许可方"和"实施人"模式和激励机制都推动了这一过程，确保了这些商业模式之间的利益平衡。因此，由此产生的费率也是一种平衡：可能略低于专利所有者可能喜欢的程度，但略高于实施人可能喜欢的程度，但作为公平的折中方案，双方都可以接受，这是公平合理的市场费率的定义，是在竞争市场中普遍存在的比率。因此，在决定成为专利池中的许可人时，专利所有者明确表明它愿意放弃更高的单位收入，以支持更广泛和更快速的实施。因为许可是一种销售活动，而不是诉讼活动，"最高费率"使专利池对潜在被许可人的吸引力降低，使销售变得更加困难，从而延长了销售周期，进而使销售成本更高，降低了专利池和分配给许可人的许可费收入。此外，较高的费率意味着 SEP 许可环境中的风险较高。所有这些后果都与专利池的长期商业利益背道而驰。

但是专利池目前也存在一些问题，一个是各专利池的管理策略各不相同，对入池的专利权人，有的专利池不允许专利权人再单独与被许可人开展许可，有的专利池并无此规定，另外，专利池需要符合竞争法的规定，避免被认为具有市场支配地位而成为竞争法或反垄断法规制的对象。

结　语

由于通信的目标是实现人与人、人与物、物与物之间的互联互通，因此，通信领域成为需要通过标准进行规范的最重要领域。通信领域的标准必要专利（SEP）也通过标准的推广产生出了巨大的经济利益。在数字经济时代，通信技术成为社会生活的基础设施，并开始进入汽车、物联网等十万亿级规模的市场，未来，通信领域的标准必要专利还将攀升到新的高度。

我国通信产业经历了1G空白、2G跟随、3G突破、4G并跑到5G引领的历程。在5G声明的标准必要专利中，中国创新主体的声明已达到了近40%，我国正成为先进通信技术的输出国。同时，我国又是工业制造大国和消费大国，因此，如何形成符合我国社会经济和技术发展规律的、充分激发专利权人和实施人各方创新主体活力的、平衡的标准必要专利社会治理框架是突破当前标准必要专利困境的目标所在。

但是，标准必要专利的许可行为十分复杂，涵盖技术、法律、经济、产业、社会等方方面面的问题，并且，由于通信领域互联互通的内生特性，标准必要专利的许可行为天然具有国际性。美国、欧盟等世界主要法域的政治实体致力于解决标准必要专利问题已十年有余，但标准必要专利生态系统仍纷繁复杂。因此，形成适合我国国情的标准必要专利社会治理框架必须坚持系统思维，着眼发展大局，统筹立法、行政、司法、产业和社会团体各个层面来加以推进。

我国高度重视标准必要专利的社会治理工作，已通过《知识产权强国建设纲要（2021—2035年）》等多个宏观政策指引来要求加强专利和标准的协同发展。同时，在过去的几十年，尤其是党的十八大以来，在知识产权领域，我们一直全面寻求与落实世界知识产权组织框架下的多边合作，同时致力于构建开放、包容的世界市场，不断完善知识产权全链条保护，优化国内营商环境。相信，在各方同心合力、一体推进下，我们一定会拨开标准必要专利的当前迷雾，找到适合我国国情的标准必要专利社会治理框架。